GRAND LIVRE

DES

PATISSIERS ET DES CONFISEURS

MOTTEROZ, Adm.-Direct. des Imprimeries réunies, A, rue Mignon, 2, Paris

GRAND LIVRE

DES

PATISSIERS ET DES CONFISEURS

PAR

URBAIN-DUBOIS

AUTEUR DE LA *CUISINE ARTISTIQUE*, DE LA *CUISINE DE TOUS LES PAYS*, DE LA *CUISINE CLASSIQUE*

OUVRAGE EN DEUX PARTIES

RENFERMANT CENT TRENTE-HUIT PLANCHES GRAVÉES

Première partie : 38 Planches

7489.

PARIS

LIBRAIRIE E. DENTU, GALERIE D'ORLÉANS, PALAIS-ROYAL

ET DANS TOUTES LES GRANDES LIBRAIRIES

1883

Droits de traduction et de reproduction réservés.

Ⓒ

PRÉFACE

Depuis bien longtemps on me demandait de faire pour la Pâtisserie, ce que j'ai fait pour la Cuisine, c'est-à-dire, établir sur de larges bases une œuvre où seraient concentrés tous les éléments propres à inspirer le goût de l'étude aux jeunes gens, et à les guider dans le travail minutieux et complexe de leur profession.

Cette œuvre existait déjà, en partie du moins, mais elle se trouvait disséminée dans les différents ouvrages que j'ai publiés. Pour donner un corps à ces éléments épars, pour mettre en pleine lumière leur importance, il ne me restait donc qu'à les réunir, à les grouper avec ordre, à les perfectionner en les complétant : c'est exactement ce que j'ai fait.

Et, bien que ceci ne soit que la première partie de l'œuvre projetée, ceux qui voudront la suivre et l'étudier en ses lignes essentielles, comprendront sans peine qu'elle ne sera ni la moins utile, ni la moins remarquable.

Je traite ici deux branches d'autant plus appréciables pour les pâtissiers, qu'elles constituent ensemble le complément indispensable de leurs études : les entremets sucrés et les pièces ornementales.

Ceux qui tiennent compte des leçons de l'expérience savent parfaitement qu'un pâtissier, ne connaissant pas à fond les multiples combinaisons des entremets, doit forcément rester un praticien incomplet ; et que celui qui néglige l'étude de l'ornementation ne saurait prétendre à devenir un artiste accompli.

Mais ce serait une erreur de croire que tous les praticiens possèdent réellement le goût et les aptitudes nécessaires aux conceptions élevées et grandioses ; je sais fort bien qu'il en est, dont la nature rebelle ou timorée est incapable d'aucun effort persévérant ; cependant, même pour ceux-ci, n'est-ce pas naturel qu'ils cherchent à s'initier, au moins superficiellement, aux notions principales de l'art ? ne doivent-ils pas se familiariser de bonne heure avec le progrès incessant de notre époque, aussi bien qu'avec les transformations qu'il entraîne ?

Je ne suis pas seul à penser qu'à l'heure présente, nul ne doit rester indifférent aux innovations sérieuses et compétentes, tendant à élever l'intelligence des travailleurs.

Aussi, suis-je disposé à croire que les bonnes traditions, les enseignements et les puissants motifs de démonstration réunis en ce livre, deviendront profitables aux esprits robustes qui sentent en eux l'ardente ambition d'étudier pour grandir.

URBAIN-DUBOIS

Paris, novembre 1882.

LA PATISSERIE

La Pâtisserie qui, à son début sur nos tables, n'était que le simple accessoire d'un dîner, a pris, depuis un demi-siècle, des développements très étendus. Son rôle, de secondaire qu'il était, est devenu important, capital; elle se pose à côté de la Cuisine comme une sœur cadette, mais émancipée et libre, avec des droits égaux et des prétentions aussi légitimes.

Cela est si vrai que la cuisine moderne ne pourrait plus se passer d'un auxiliaire si puissant et si riche de son propre *fonds*, riche surtout de la splendeur de ses ornements : la Cuisine et la Pâtisserie sont par ce fait indivisiblement unies, inséparables.

Bornée aux premiers besoins du métier, c'est-à-dire considérée dans sa plus simple expression, la Pâtisserie joue néanmoins un rôle éminent dans le service de la table; mais, si par l'ornementation sérieuse, élevée, on s'attache à lui donner tout le relief qu'elle comporte, elle se transforme aussitôt, et s'élève d'un trait à la hauteur des plus intéressantes conceptions de l'art. La nature multiple et variée de son ornementation en rend certainement l'étude compliquée et difficile : il faut être ardent, passionné, convaincu pour la continuer! Mais rien n'arrête nos artistes, rien ne les détourne du but à atteindre; ils cherchent avec persévérance à orner leur esprit des connaissances qu'ils ignorent, à s'inspirer des beautés de la sculpture et de l'architecture : le bronze, le marbre, les fruits, les fleurs et ces mille sujets sans nom et sans style, mais gracieux et attrayants , tout enfin ce qui peut plaire et séduire, en attestant la fécondité de l'art, tout les attire, tout les entraîne. Quand ils ne peuvent innover, ils imitent, mais ils imitent avec tant de bon goût et de science, qu'ils ajoutent souvent à la beauté des modèles.

Qu'elles sont coquettes et élégantes ces pièces sorties de la pointe d'un cornet, ou exécutées en pastillage, avec leur forme svelte et légère, leurs lignes correctes, leurs fines colonnes ou leurs bordures dentelées! Rien n'est plus attrayant qu'une sultane, rien n'est plus subtil, plus léger qu'une aigrette dont la transparence imite le cristal! Quand on est étranger aux secrètes ressources de cet art, on ne se doute guère des surprises, des merveilleux produits qu'un praticien habile peut tirer d'un pain de sucre!

Pour ceux qui sont à même de juger de ses progrès, il est évident que la Pâtisserie a atteint un haut degré de perfection. Nos savants devanciers lui avaient imprimé un élan de grandeur qui n'est pas près de disparaître, car nos praticiens contemporains cultivent l'héritage du passé avec une persévérance digne des premiers maîtres, et sans cesse en progression. La Pâtisserie n'est donc pas une science sans prestige, elle a ses souvenirs et ses traditions! Au point où elle est arrivée aujourd'hui, on peut en définir la portée par ces mots qui la caractérisent justement : c'est un art dans l'art!

Si dans ce livre, spécialement consacré à la théorie, nous ne nous étions imposé une sévère réserve vis-à-vis de toute personnalité, nous eussions pu citer un grand nombre de confrères qui, de nos jours, ont acquis dans cette partie une notoriété marquante et en quelque sorte une célébrité ; mais pour être juste, il nous eût fallu nommer tous ceux s'en occupant à divers degrés, avec sollicitude, tous ceux enfin qui, rivalisant d'efforts pour la faire progresser, consacrent leurs veilles et leurs soins à la recherche du bien. A ces esprits supérieurs toutes nos sympathies sont acquises, et s'il ne nous est permis de les louer hautement, qu'ils sachent du moins que nous leur réservons notre admiration la plus sincère, et que nous serons toujours flatté d'applaudir à eurs succès.

Mais à côté de ces praticiens habiles, assez heureux pour atteindre le faîte difficile de la célébrité, combien d'hommes laborieux, combien d'intelligences d'élite, de capacités réelles, mais modestes et souvent inconnues, travaillent en silence au perfectionnement de l'art, et lui apportent leur part si grande d'innovations utiles, sans même se douter de leur mérite!

Que de productions ingénieuses, hardies, s'échappent de ces imaginations actives et passionnées, sans que les applaudissements de la foule viennent compenser leur labeur! A voir ces hommes à l'œuvre, on croirait qu'ils travaillent pour la postérité, et pourtant, ils le savent, leurs productions, si méritoires qu'elles soient, n'ont qu'une durée éphémère, et ne peuvent avoir du retentissement que dans un horizon restreint!

Si nous cherchions ailleurs d'autres arguments capables de rehausser l'importance et le mérite de la pâtisserie, il nous suffirait de dire que, même dans ses transformations diverses, elle est toujours restée éminemment française. A l'étranger, on l'imite difficilement, et, bien qu'une foule d'habiles praticiens se soient répandus dans toutes les contrées gastronomiques, le génie de la science reste fidèle à son berceau! Cette considération ne suffirait-elle pas, en effet, pour nous la rendre sympathique, si déjà elle n'avait tant d'autres titres à notre admiration?

Dans la pratique, la pâtisserie est d'une exécution très minutieuse, et réclame les soins attentifs d'une constante sollicitude, d'une expérience éprouvée, car ici tout est calcul, toutes les opérations sont méthodiques : le poids, la quantité, le nombre, sont des lois absolues. Le choix et la qualité des matières premières, le point précis de la manipulation, le degré et la durée des cuissons, sont autant de règles fixes qu'il faut suivre sous peine d'insuccès.

Le four exige une connaissance si précise et si approfondie, que l'expérience seule peut en faire apprécier la portée. En somme, pour réussir, il faut qu'un pâtissier soit d'une intelligence éclairée et sûre, d'une attention constante ; il faut qu'il possède le goût fin et délicat, il faut enfin, qu'il s'instruise à l'école de la pratique : le goût et la pratique sont indispensables à l'artiste.

Mais il lui faut ce goût judicieux, cette pratique intelligente qui éclaire et guide avec sécurité, et non point ce travail aveugle et machinal consistant à reproduire ce qu'on a déjà fait ou à copier ce qu'on a vu faire, sans réflexion, sans génie. Il faut, au contraire, qu'un homme, tout en restant dans le domaine des bons principes, sache néanmoins briser les liens dangereux de la routine, et franchir

PLANCHE DU BUFFET.

le cercle de la voie battue; il faut qu'il sache se rendre compte des difficultés, en cherchant à les vaincre; il faut, en un mot, qu'il ait l'intelligence de se créer des ressources diverses : il ne doit point se borner à exceller dans un genre, il faut absolument qu'il soit varié dans ses connaissances aussi bien que dans ses productions.

Les praticiens qui n'ont aucune sympathie pour l'ornementation de la pâtisserie, prétendent que l'apprêt parfait d'une *pièce de fond* a un mérite supérieur aux pièces d'ornementation les plus élégantes, mais ce mérite, si précieux qu'il soit, et que nul ne conteste, n'a jamais été incompatible avec l'ornementation sérieuse et bien entendue : plus les pièces de fond sont parfaites, moins l'ornementation peut leur nuire.

Ce qui, selon nous, constitue le praticien vraiment supérieur, ce n'est pas de négliger l'étude d'une partie au détriment de l'autre, ni d'en répudier aucune, c'est, au contraire, de savoir les traiter toutes avec une égale science et un égal succès.

Les hommes sérieux et compétents savent fort bien qu'en pâtisserie comme en cuisine, il faut viser à charmer les yeux des gourmets avant d'en satisfaire le goût. Si cet axiome rencontre encore des incrédules, et si nous cherchons à le faire prévaloir, c'est que maintes fois nous avons pu constater les dangers d'une obstination systématique, aussi bien que les inconvénients d'une spécialité exclusive.

GRAND BUFFET DE BAL

On entend, par *buffet de bal,* un souper froid dressé sur une table, autour de laquelle aucun convive ne s'assied. Cependant, nous nous empressons d'ajouter que, dans bien des pays, en Russie notamment, il est fréquemment servi, indépendamment du buffet, des petites tables, entourées de sièges, sur lesquels les convives peuvent s'asseoir; nous ajoutons encore que, dans les soupers servis sur buffet, il est souvent servi un ou plusieurs hors-d'œuvre chauds, et du consommé : cela n'a rien d'anormal.

Les soupers froids sont ordinairement servis dans de vastes salles; les tables sont droites, ou disposées en fer-à-cheval; le fer-à-cheval est plus usité. Dans les deux cas, la table est toujours rapprochée des murs du fond ou des côtés, afin de laisser plus d'espace aux convives, et rendre le service indépendant; ce service s'opère toujours du côté opposé à celui où mangent les convives : il ne peut pas en être autrement.

Les salles qui conviennent le mieux pour dresser les tables en fer-à-cheval sont celles dont la forme est plus large que longue. Si alors le corps de la table s'étend sur toute la longueur de la salle, ses ailes s'adossant aux deux extrémités, l'espace réservé aux convives y gagne considérablement.

Les tables formant le buffet doivent être larges, parfaitement reliées entre elles, bien d'aplomb et surtout d'une solidité à toute épreuve; elles doivent être couvertes avec de grandes nappes, dont les pans arrivent jusqu'au parquet, tout au moins du côté visible aux convives.

Pour être luxueux, un grand buffet doit être garni de grosses pièces ornementales, exécutées, soit en pastillage, soit en *stéato-plastique*, c'est-à-dire en graisse à modeler : les deux genres s'allient parfaitement; ils se complètent l'un par l'autre.

Les pièces principales, les plus volumineuses, doivent être posées sur le milieu du buffet, et former ce qu'on appelle le *groupe central;* sur les grands buffets, ce groupe est toujours composé de trois pièces : les petits buffets peuvent cependant fort bien se passer de groupe central; une seule grosse pièce en tient souvent lieu; mais sur les buffets grands et vastes, il faut au moins trois pièces pour composer ce groupe central, quelquefois cinq. Quand il se compose de trois pièces, celle du milieu peut être exécutée en pastillage, en glace-royale ou en pâte d'amandes; en ce cas, les deux autres doivent être en stéato-plastique ou en stéarine. Si, au contraire, la pièce de milieu est en graisse, celles des côtés doivent être exécutées en pastillage. Dans les deux cas la pièce du milieu doit toujours être plus haute que les autres.

Ces pièces ornementales, bien qu'occupant le centre du buffet, doivent être plutôt placées sur l'arrière de la table, que sur l'avant, c'est-à-dire sur la troisième ligne, afin de conserver plus de place libre. Les moyennes pièces, en dehors du groupe central, sont distribuées sur les ailes du buffet, à distance les unes des autres, mais toujours symétriquement, c'est-à-dire, en plaçant à égale distance, de chaque côté, celles de même nature et de même hauteur; c'est là un simple détail qui a pourtant son importance.

Les moyennes pièces de pâtisserie se composent de sultanes sur socles ou sur tambours, de charlottes historiées, de napolitains, de gros biscuits, babas, meringues, et enfin de gradins garnis avec des gâteaux. Le nombre nécessaire de ces pièces ne peut pas être déterminé; ce qu'on peut dire, c'est qu'elles doivent être d'autant plus abondantes, que la table se trouve dépourvue et dégarnie de ses ornements obligés, c'est-à-dire, de candélabres ou autres pièces d'argenterie, de corbeilles de fleurs ou corbeilles de fruits naturels. Les pièces d'argenterie, les fruits et les fleurs jouent un rôle important sur la table d'un buffet de bal, surtout les belles fleurs, parfumées, artistement groupées. Mais, en somme, un buffet n'est vraiment grandiose, imposant au regard, que quand la troisième ligne se trouve abondamment garnie de pièces ornementales, symétriquement entremêlées avec celles dont nous venons de parler.

Un point essentiel, ne devant pas être perdu de vue par les praticiens dans l'ornementation d'une table de buffet, c'est que, plus la salle est vaste et la table longue, plus les pièces ornementales doivent être élevées, volumineuses; les petites pièces seules, isolées, sont sans effet et passent inaperçues; il est grand nombre de sujets qui, vus dans la cuisine ou le laboratoire de la pâtisserie, semblent avoir des dimensions démesurées, tandis qu'une fois dressés, ils se trouvent tout juste en harmonie avec l'étendue de la table et la hauteur de la salle; autre chose est de voir les grosses pièces dans le laboratoire ou sur des tables dressées dans une vaste salle.

En avant de la troisième ligne, sur celle du centre, doivent être disposées les grosses pièces de cuisine : les poissons entiers, les dindes, les chapons, les pâtés, les jambons, et enfin toutes les pièces mangeables, de forme volumineuse; ces pièces doivent être alternées avec des mets dressés dans des plats ronds : des entrées et des entremets. La première ligne, c'est-à-dire la plus rapprochée des convives, est disposée dans le même ordre : les plats de rôts, de galantines, de langues à l'écarlate, dressés sur des plats longs, sont alternés avec des pains de fruits, avec des gelées et des crèmes, avec des pâtés, des salades, des chaufroix, et enfin, avec tous les mets dressés dans des plats ronds.

Les règles à observer dans la distribution des mets, sur la table d'un buffet, peuvent se résumer ainsi : veiller, avant tout, à la symétrie d'ensemble; rendre les mets d'un accès facile; les distribuer de telle façon que le convive, abordant la table, trouve à sa portée, dans un rayon peu étendu, un groupe varié, représentant en quelque sorte l'ensemble du souper : voilà en quelques mots le secret de la théorie.

Dans les cas où la disposition des appartements ne permet pas de dresser des tables en fer-à-cheval; par exemple, dans une salle longue et étroite, où l'on est obligé de placer les tables sur les côtés, en laissant les convives au milieu, alors le mode d'ornementation peut être modifié et les pièces ornementales être placées hors du buffet, c'est-à-dire au fond de la salle, du côté opposé aux portes donnant accès dans la salle; en ce cas, ces pièces sont symétriquement disposées, sur une estrade formant gradin, de façon à être vues de tous les convives. C'est dans ces conditions qu'on dressait autrefois les buffets à la cour des Tuileries, et qu'on les dresse encore aujourd'hui à la cour de Belgique.

Sur la table du buffet, le couvert des convives est mis sur le côté rentrant du fer-à-cheval, et même sur les bouts. La serviette pliée à plat est tout simplement placée sur le côté gauche de l'assiette, en compagnie d'une fourchette: un couteau est placé à droite. Le pain coupé est déposé dans de petites corbeilles ou des assiettes, et celles-ci réparties à distance sur toute l'étendue de la table. Le vin est versé par des servants, le présentant aux convives, sur des petits plateaux, à mesure qu'il est demandé. Tout ce dont les convives ont besoin, et qu'ils ne peuvent prendre eux-mêmes, leur est donné par les servants placés derrière le buffet; quelques hommes de service seulement sont disséminés de loin en loin, du côté où se trouvent les convives, afin de mettre la table en ordre, à mesure que les places sont libres.

Même dans les buffets peu nombreux, il n'est pas toujours facile, ni possible de faire manger tout le monde à la fois, sans produire un certain embarras, si la salle n'est pas très vaste; en ce cas, mieux vaut que le souper ait lieu en deux fois, car alors la table peut être remise en ordre, et les plats dégarnis remplacés par des mets nouveaux.

Mais dans les grandes réunions, quand les convives excèdent le nombre de cinq cents, à moins toutefois de disposer d'une très vaste salle, il convient de dresser plusieurs buffets : plus le nombre des convives est élevé, plus les buffets doivent être multipliés. Mais le nombre de ces buffets est cependant subordonné à l'espace dont on dispose; car, multiplier les buffets dans un local insuffisant, serait augmenter la difficulté en cherchant à l'éviter.

Il ressort de ces considérations que le nombre des convives doit, avant tout, être basé sur la disposition, sur l'étendue du local; il en est d'un buffet comme d'un dîner : vouloir amplifier sur le nombre possible, ce n'est ni satisfaire aux nécessités du service, ni procurer aux invités les facilités qu'ils recherchent; en d'autres termes, c'est aller droit à la confusion.

Quel que soit le nombre des convives, la première condition d'un souper dressé sur buffet, c'est d'être abondant en toute chose, varié dans sa composition. En dehors des pièces ornementales, les mets doivent être dressés avec élégance, mais aussi avec simplicité ; il faut que les convives, obligés qu'ils sont, le plus souvent, de se servir eux-mêmes, ne rencontrent aucun obstacle qui les gêne ou les intimide. Les parties mangeables d'une pièce ornée doivent toujours être visiblement distinctes, de façon à ne provoquer aucune méprise.

Les pièces dressées entières, tout en conservant leur forme, doivent être découpées, de manière à offrir les plus grandes facilités à ceux qui les abordent : seules, les pièces qui ne sont pas mangeables, doivent rester intactes.

Excepté les rôts et les poissons, les viandes doivent être désossées, faciles à s'en servir ou faciles à couper. Il en est de même des gros entremets, des gros biscuits et des babas.

Les pièces restant intactes, sont destinées par ce fait à ne pas être touchées ; mais, en ce cas, elles doivent être entourées de garnitures abondantes, pouvant dédommager les convives.

Les mets pouvant être introduits dans un souper de bal, sont nombreux ; il convient cependant de n'admettre que les plus distingués, et même de choisir ceux qui, par leur nature et leurs qualités, se prêtent le mieux à être mangés froids.

En pâtisserie, ce sont d'abord les pâtés froids, les grandes pièces-montées destinées à concourir à la composition du *groupe central ;* puis les grosses pièces de pâtisserie sur socle ou sur tambour, les gradins étagés, les petits socles historiés, les entremets moulés ou dressés sur plat : crèmes, gelées, pains, millefeuilles, napolitains, charlottes, babas, et enfin les petits gâteaux détachés, dressés sur serviette ou sur des socles bas. En cuisine, les poissons, les viandes de boucherie, la volaille et le gibier sont toujours admis, mais dans de certaines limites.

Parmi les gros poissons, les saumons, les truites, les filets de sole, les homards et langoustes, les crevettes, les huîtres et le caviar, composent une série de premier choix. Parmi les volailles, les dindes, les poulardes, les chapons, les poulets, les foies-gras, sont les seules espèces qui doivent y figurer.

Parmi le gibier, sont acceptés : d'abord les faisans, les perdreaux, les gélinottes et les coqs de bruyères, les bécassines, les grives et mauviettes ; puis le sanglier, le daim et le chevreuil.

De la viande de boucherie, les filets, les rosbifs, frais ou salés, et les langues de bœuf à l'écarlate ; les longes, selles ou noix de veau, et enfin les jambons, sont les seuls admissibles.

Les légumes ne sont acceptés qu'à titre de garniture ; mais les truffes sont indispensables.

Aux yeux de beaucoup de gourmets, et en somme pour la plupart des convives, les truffes ont un grand attrait ; il faut qu'ils en voient en abondance, qu'ils en mangent à souhait : les truffes et le champagne constituent bien ce luxe générique, ébouriffant, qui captive et entraîne : c'est celui que les amphitryons visant à l'effet, ne négligeront jamais.

Quant aux apprêts qu'il convient de donner aux aliments divers composant les grands soupers, on peut les résumer par cet axiome incontestable, que les plus simples sont les meilleurs ; et, en effet, des belles pièces de volaille, de gibier, de poisson, devant être mangées froides, peuvent être cuites simplement ; de coûteux apprêts n'en augmentent pas les qualités ; le luxe de ces pièces, c'est d'être bien dressées, bien garnies ; les belles garnitures variées et abondantes, ne doivent jamais être négligées. La gelée d'aspic, belle, limpide, transparente, savoureuse, est par ce fait le corollaire des pièces froides.

Les mets les plus recherchés dans ces soupers, sont les beaux rôtis, en général; les poissons, les salades, maigres ou grasses; les pâtés, les galantines, les chaufroix, les truffes; les gâteaux grands ou petits, les biscuits, les gelées douces, les crèmes diverses, les charlottes, les compotes abondantes et variées, les beaux fruits frais ou confits, les fruits glacés, les sandwichs, les petits pains garnis, les petites bouchées.

Cependant, praticiens, ne l'oubliez pas, la fantaisie est une puissance avec laquelle il faut compter : elle a beaucoup d'attraits, beaucoup d'idoles; elle aime la recherche, les surprises flatteuses, les originalités bien comprises ; elle entend satisfaire à tous ses caprices, elle veut qu'on lui obéisse. Mais, qu'importe! vous pouvez la suivre, vous avez les mains pleines de ressources, et la science culinaire aussi bien que celle du pâtissier sont en quelque sorte infinies, inépuisables. Variez, variez donc votre travail, changez, innovez ; vous trouverez ainsi d'agréables et utiles compensations à vos efforts.

Quant à la quantité de mets que peut comporter un souper dressé sur buffet, elle est naturellement subordonnée au nombre des convives. Dans la *Cuisine classique* existent un grand nombre de menus, où le nombre des mets est déterminé, en raison de l'importance des soupers.

LA CUISINE CHEZ TOUS LES PEUPLES

LE RUSTIQUE ET LE GOURMET

LE RUSTIQUE : D'où venez-vous ? où donc allez-vous ?

LE GOURMET : Pardon, je suis pressé. Vous voyez un homme en train de coucher par écrit, pour n'en pas oublier une seule, les plus admirables leçons. Elles sont d'hier, et laissent déjà bien loin les antiques préceptes de Pythagore, de Socrate et de Platon.

LE RUSTIQUE : Je suis confus de mon indiscrétion. Excusez-moi, de grâce. Au fait, si quelque détail vous échappe, à coup sûr, vous l'aurez retrouvé bien vite au fond de cette mémoire imperturbable, un vrai chef-d'œuvre de l'art.

LE GOURMET : C'est vrai ! Je m'appliquais justement à mettre en ordre cette foule d'idées ingénieuses et toutes nouvelles, attachées par un fil, mais par un fil si facile à rompre.

LE RUSTIQUE : Au moins dites-moi son nom, rien que le nom de ce nouveau sage ! Est-ce un Français ? Serait-il étranger ?

LE GOURMET : Il s'appelle *Urbain Dubois*; rassurez-vous, c'est un Français, mais il est cuisinier de LL. MM. le roi et la reine de Prusse. Avouez que l'on peut servir de plus méchants maîtres. Notez bien qu'il les sert *à bouche que veux-tu*. Cet Urbain Dubois a déjà publié deux gros tomes in-4° : **la Cuisine classique**, un vrai livre où les gourmets tels que moi ont appris déjà beaucoup de choses. Mais que de choses il nous reste à savoir ! Souffrez cependant que je vous les répète à ma façon :

« Pour manger avec aisance et sans raideur, il faut être assis d'aplomb, très à l'aise, ni trop haut ni trop bas ; le buste à égale distance du dossier de la chaise et de la table. Une fois bien à l'aise, on aura soin de poser à gauche de son assiette une fourchette solide, à droite la cuiller et le couteau à large lame arrondie. Le potage est absorbé en tenant la cuiller de la main droite. Pour manger, on prendra sa fourchette de la main gauche, en tenant l'index allongé afin de la maintenir dans une position horizontale. On tiendra le couteau de la main droite, et jamais, sous aucun prétexte, il ne faut le porter à sa bouche... » Et voilà, pour manger convenablement, tout ce qu'il faut savoir. « Qui dit *un menu* prononce une grande parole. Un coup d'œil jeté sur un menu fait juger du cuisinier et de l'amphitryon. Menu mal fait, dîner perdu. Chaque plat doit être en bon ordre, à sa place ; à chaque mets, son caractère qui le distingue, par la forme et par le fond, du plat qui le précède ou du plat qui doit le suivre. Ayez bien soin de varier l'arome et la nuance des diverses sauces. Si, par malheur, quelque désastre arrive (un poisson qui manque, un rôt qui brûle), on reconnaît le bon service à la façon dont cette lacune est remplie. Oui ; mais, pour franchir l'obstacle, il faut un coup d'œil rapide et la complète intelligence des devoirs acceptés, par un cuisinier qui se respecte. »

Quand il a bien raconté ces préliminaires, notre homme insiste, et, tout rempli des enseignements de *la Cuisine de tous les pays* [1], pour tous les pays, le voilà qui referait volontiers le festin de Trimalcion, ou, mieux encore, le menu de Balthazar.

En ce moment je compris son enthousiasme, et l'eau me vint à la bouche rien que des soupes (*soupe* est le mot qu'il emploie, il laisse aux cartes des restaurateurs le potage) que l'on trouve à chaque instant en nombre infini, de toute provenance : après les simples juliennes, viennent les succulentes purées ; puis, les soupes exotiques qui font rêver les gourmets : la soupe écossaise, la soupe aux huîtres à l'américaine ; le *puchero* (voilà pour l'Espagne), à la Mamesbury (voilà pour l'Angleterre), à la purée belge, à la soupe de turbot ; la soupe à la reine de Hollande, le hochepot, voilà pour le monde entier ; le riz aux choux (Milan), le sagou (Florence), la soupe aux queues de veau (Amsterdam), aux queues de bœuf (Suède), la bisque aux écrevisses (Chaussée-d'Antin), la bouillabaisse (Marseille),

1. *La Cuisine de tous les pays*. Un gros tome grand in-8° de 600 pages, dans lesquelles sont prodiguées les gravures les plus exactes et les plus variées. Paris, Dentu, libraire-éditeur.

tortue à l'américaine (New-York), potage Pierre-le-Grand (Moscou). Voilà comment nous retrouvons les deux mondes autour de cette immense table, entreteneuse de la paix universelle. Ainsi s'est agrandie, en voyageant, la définition de Montaigne, il appelait *la table* « une entreteneuse de l'amitié ».

Juge donc, ami lecteur (on se tutoierait volontiers en causant de ces fêtes de chaque jour), de la suite et de la variété des plats servis dans le livre du grand chef Urbain Dubois : pâté-chaud de poulet à l'anglaise ; grives rôties à l'allemande ; chapon rôti sauce toulousaine. Que dites-vous aussi de l'*aspasia* aux truffes, du saumon à l'allemande, du bar à la hollandaise, des mayonnaises de langouste, du levraut à la Cumberland, du jambon des Asturies et des asperges à l'espagnole ? Nous avons aussi l'oie à l'alsacienne, la truite à la genevoise ; les ortolans rôtis à l'italienne et l'aileron de tortue à l'anglaise, les huîtres d'Ostende et la bordure à la Toulouse, qu'en dites-vous ? C'est parfait, tout autant que le soufflé parfait ou les glaces panachées. Nous mangerons, s'il vous plaît, les petits-pois à la française, la fondue à la genevoise, la moscovite à l'ananas, les cailles à la Périgueux, les artichauts à la Colbert. Nous avons aussi le potage au blé vert, à l'usage des jeunes gens qui mangent leur blé en herbe, et les bouchées de grives à la bohémienne.

Vous êtes restée en ces menus, copiés dans les mémoires de toutes les grandes ambassades, aimable et généreuse princesse Bagration, et votre nom hospitalier revient sans cesse en cette histoire où tout flambe et flamboie. Il ne déplaît pas au grand Empereur d'avoir donné son nom au poulet à la Marengo. Le sterlet à la Chambord, ou les côtelettes à la Joinville, deux souvenirs de reconnaissance et de respect. Pensez-vous que M. de Chateaubriand, un grand mangeur, n'ait pas été flatté la première fois qu'on lui servit, chez Borel, ce double beefsteak appelé *un Châteaubriand ?* « Et maintenant, disait-il à son digne ami Cuvier, je ne peux plus mourir ! » C'est ainsi que nous sommes restés fidèles au consommé à la Bagration, que nous acceptons volontiers la crème d'orge à la Kisseleff, la volaille à la Sévigné, le saumon à la Colbert, le faisan à la Richelieu, voire le chaufroix de grives à la Lucullus. Gloire à Rossini ! Purée à la Rossini, savarin à l'orange, timbale de poires à la Bourdaloue, pêches à la Condé.

Toutefois, dans cette cuisine de tous les pays, donnons la première place à la cuisine française. Honorons, comme il convient, les mauviettes rôties, le gigot de mouton braisé, le rosbif... international, les haricots à la bretonne, les pommes de terre frites ! ! ! les perdreaux rôtis, le jambon, les pâtés de Strasbourg, les tomates farcies, les filets de sole au gratin, les bécassines en choufroix, les quenelles sans nom d'auteur, la poularde au riz, les cardons à la moelle, la chicorée aux œufs pochés et autres anonymes qui manquent de parrains, mais non d'amateurs. L'art français avant tout.

Les menus les plus célèbres ont été composés par des cuisiniers français, pour les tables choisies dont le monde est fier à bon droit ; à savoir : S. M. le roi de Grèce, S. A. I. la grande-duchesse Marie, S. A. I. la grande-duchesse Hélène, S. A. R. le duc d'Aumale, le baron Werner, le marquis de Londesborough, Yorkshire-Club à New-York, le baron Sina, le duc d'Ossuna, le baron de Budberg, S. A. le prince Frédéric-Charles, le prince Radziwill, S. A. le duc de Saxe-Weimar, le comte de Bismarck, S. A. le prince Charles de Prusse, le duc de Marlborough, le baron de Rothschild, le comte Ferdinand de Trauttmannsdorff, Mme Karamgin, S. A. R. le prince Frédéric-Guillaume de Prusse.

Nous pourrions comparer, mais le temps nous manque, à ce grand couvert de l'Europe au dix-neuvième siècle, le petit couvert en 1745, et même les petits repas du temps du roi Louis XIV. Non seulement sous le grand roi on déjeune, on goûte, on soupe, mais encore on y *regoubillonne*, pour nous servir d'un mot consacré chez monsieur le grand prieur. Le célèbre auteur de *la Cuisine classique* et de *la Cuisine de tous les pays* eût bien fait de sauver la chose et le mot *regoubillonnage*. N'était-ce pas, je n'en sais rien, ce plat réservé, ce chaufroix qu'on appelait un *en-cas ?* Ces princes de la maison de Bourbon étaient de si gros mangeurs !

Dans les *Mémoires du duc de Luynes* sur la cour de Louis XV, un livre où l'histoire est à nu, voilà comment se nourrissait S. M. à son petit couvert : « Le dîner est toujours uniforme pour le nombre des plats ; il se compose ou de deux potages ou d'un potage avec un plat de pain pour mettre le bouillon ; ensuite on lui sert deux plats : d'un côté, une grosse pièce, un jour du mouton, l'autre du bœuf et l'autre du veau, dont il fait son principal dîner ; et, de l'autre côté, une entrée tout unie de veau ou mouton. Ensuite on lui sert trois plats de rôti tous bardés, un de perdrix ou de lapin, et l'autre de pigeons ou d'oiseaux de rivière. Ensuite on sert le dessert, composé de deux plats de fruits montés aux deux bouts de la table, deux compotes et deux assiettes de fruits secs, dans lesquelles il y a toujours régulièrement un morceau de cédrat seul. Le roi ne mange jamais de compote ni de cédrat, tout au plus une orange quand il se porte bien.

Comparé aux disciples de *la Cuisine de tous pays*, ce roi-là n'est même pas un gourmand, c'est un glouton. Toutefois il se piquait de cuisine. Il avait dans son antichambre une cuisine portative. Il excellait dans les œufs brouillés, sans doute par émulation avec le grand Condé, qui se piquait de bien faire une omelette. Il écrivait à Mme de Ventadour : « Chère maman, je vous quitte à la hâte ; ce soir j'essaye un nouveau cuisinier. » Ce nouveau cuisinier avait appartenu à M. le duc de Nevers ; il s'appelait Moustier, et il fit ses conditions avec le roi. Outre des gages considérables, il voulait trois habits par an, à son choix, et ne faire à souper que deux fois la semaine. Il voulut aussi être nommé par le grand maître-d'hôtel, et non par le premier maître-d'hôtel, ce qui était bien différent.

b

Presque à la même heure, il y avait en Prusse un grand homme appelé Frédéric II, qui donnait chaque jour à ses officiers l'exemple de la sobriété et du bel esprit. M. Urbain Dubois ne sera pas fâché de savoir comment vivait ce héros du dix-huitième siècle : « Le roi de Prusse donne tous les jours à dîner à un grand nombre d'officiers. Ce dîner est composé d'une soupière de bouillon, d'un grand plat de viandes bouillies de toute espèce, d'un grand plat de rôtis en pile, et d'un autre grand plat de légumes. On ne sert jamais de fruits sur sa table ; ils sont trop chers. Il reste trois ou quatre heures à table à faire la conversation, ne buvant que du vin de Champagne, avec de l'eau très modérément. » Et pas un des convives ne regrettait ce fameux festin donné par Frédéric-Guillaume, électeur de Brandebourg, à quarante personnes royales. Il y fut dépensé cinquante mille écus, si l'on en croit l'ex-*éreinteur* de Voltaire, M. Nicolardot.

Les histoires de cette époque sont remplies de toute espèce d'honneurs accordés aux cuisiniers d'un grand mérite. Au bal masqué du roi, où parurent toutes les dames en grand habit (le roi portait un habit de velours bleu ciselé, doublé de satin blanc, avec une garniture de boutons de diamants, le Saint-Esprit bordé en diamants, et la veste d'une riche étoffe d'or) ; pendant que les plus beaux seigneurs de la cour, Richelieu, Noailles, Villeroy, La Trémouille, prince de Conti, prince de Clermont s'évertuaient, en dansant, à ne pas tourner le dos à Sa Majesté, on remarqua, faisant face à M. le prince de Beveren, un danseur masqué de si belle apparence et qui dansait si bien, qu'il intrigua tout le salon d'Hercule. Mme la princesse de Conti voulut danser avec l'inconnu, et l'admiration redoubla. Enfin, comme on lui demanda son nom, il répondit qu'il était vraiment quelqu'un, et qu'il avait eu souvent l'honneur de donner à dîner aux plus grands seigneurs de la cour ; puis il disparut en faisant un beau salut à Sa Majesté. On ne sut que plus tard que ce gentilhomme était le cuisinier de M. de Montijo, l'ambassadeur d'Espagne, dont la magnificence épouvantait la cour de France. Aux fêtes du mariage espagnol, il avait payé ses quatre carrosses trois cent vingt mille livres, il n'avait pas moins de soixante-dix laquais, dont chaque habit coûtait mille livres, et quarante écuyers. La fête qu'il avait donnée avec l'aide et le concours de son cuisinier lui avait coûté un million. Les princesses royales ne furent pas très fâchées de leur méprise, et tout bas elles convenaient qu'elles n'avaient jamais dansé avec un plus beau danseur.

Nous n'avons pas voulu passer sous silence une anecdote qui rentre si complètement dans notre sujet. — Pardieu, vous dira M. Nicolardot, le temps était loin où les Sabines, avant d'être enlevées par les Romains, posèrent pour conditions de cet enlèvement de ne jamais faire le pain ou le dîner de leurs maris. Ce même Nicolardot a trouvé, sans la chercher, une admirable expression dont la langue française fera son profit, je l'espère, en parlant d'un anachorète exténué par un long jeûne : Pendant quarante ans, saint Conrad ne *larda* son pain que d'herbes crues. Je crois bien que ceci est traduit des *Acta sanctorum !*

Mais, juste ciel ! que nous voilà loin de *la Cuisine de tous les peuples !* Dans ce livre savoureux, vous apprenez toute la science des *fines-herbes*, vous saurez enfin distinguer le *velouté* du *suprême*, et la *béchamel* de l'*espagnole ;* farces de volaille, de perdreaux, de génilottes à la crème, au gratin, toutes ces bonnes choses, les voilà mises à la portée de tous les peuples. Mais le grand chapitre est et sera toujours le chapitre intéressant du bœuf. Le bœuf cosmopolite, on le mange à toutes les sauces : à la jardinière, à la flamande, à la provençale ; on le mange aussi rôti, braisé, glacé. Après le bœuf, le mouton, toute la boucherie. Entendez-vous grésiller le chapon au riz, à côté de la dinde et de la pintade. Ah ! bon ! voici maintenant les poulets, les canards et les canetons. Le traité des pâtés ferait un livre à part. Les œufs, voici les œufs, quelle fête ! Et la pâtisserie... on s'y perd. Écoutez l'illustre Carême : « On fait assez volontiers une bonne pâtisserie, elle est très difficile à cuire. Il y a pâte et pâte : il y a la pâte fine et la pâte brisée. Étudiez, pâtissiers, mes frères, le four gai, le four vif, jusqu'à ce que vous arriviez à l'âme du four. » Telles étaient les leçons du Quintilien en bonnet de coton. Son grand malheur était que parfois il s'éloignait un peu trop de la cuisine bourgeoise et se perdait dans la nue. Urbain Dubois nous y ramène. Il a peut-être moins d'invention que son maître, il est plus clair et plus net. Certes, il a beaucoup lu Brillat-Savarin, mais il resté fidèle à Berchoux. L'auteur de *la Gastronomie*, à côté de l'auteur de *la Physiologie du goût*, c'est Virgile après Tite-Live. Berchoux enseigne à bien dîner, posément, longuement, sans emphase. Il sait par cœur le calendrier gastronomique ; en un mot c'est un bourgeois qui dîne, et *la Cuisine pour tous les pays* est un livre bourgeois.

Nous aurions voulu saluer dans ces pages tant de bienfaiteurs dont le nom doit vivre, et rendre les honneurs mérités aux habiles cuisiniers qui indiquaient la route aux sauciers et aux rôtisseurs de l'avenir, le timide Luines, le gracieux Tirolay, l'élégant Richaud, le fécond Feuillet, l'intelligent Bouche-Seiche, Avice, un fantaisiste et le premier de tous, le maître absolu de la cuisine et des cuisiniers de son temps, le grand *Laguipière*. Il n'a pas eu son pareil tant qu'il a vécu ; on ne l'a pas remplacé depuis qu'il est mort.

Un cuisinier est un mortel divin.

(C'est un vers de Voltaire.) — Il eut pour *patron et* dans ses cuisines brûlantes un jeune élève qui s'appelait *Carême*. Homme généreux et dévoué, il n'a pas voulu passer sur cette terre comme passe le comédien célèbre, sans rien laisser de la passion qui l'animait. Il n'a pas emporté dans sa tombe une seule des inventions qui l'ont placé parmi les bienfaiteurs de l'humanité : pas une meringue, pas un soufflé, pas un nougat. Des envieux, — il avait des envieux plus à lui seul que tous les maréchaux de France réunis, — ces envieux disaient de lui : *Quoi d'étonnant ! il porte avec lui une poudre secrète !* — Ma poudre secrète, la voilà, c'est de l'alun calciné mêlé à de la crème de tartre, avec quoi je fais du sucre tout ce que je veux. Mais quel est l'artiste en ce monde — je parle de l'artiste de talent — qui n'ait pas sa poudre secrète ? Seulement il faut être bien désintéressé pour dire tout son secret, même après sa mort.

Cet homme est mort à son poste, en donnant une leçon de son art. Le jour même de sa mort, un de ses disciples lui avait fait manger des quenelles de sole. — « Les quenelles étaient bien faites, lui dit le grand artiste, mais trop vivement. Il faut, vois-tu, secouer doucement la casserole. » Disant ces mots, il imitait, par un faible mouvement, le mouvement qu'il voulait indiquer. — Après deux ou trois tours, la main s'arrêta. — *Carême* avait vécu.

Ne vous étonnez pas de ces louanges posthumes. Les Grecs eux-mêmes mirent en regard des sages sept cuisiniers célèbres choisis parmi ceux qui faisaient des repas publics. Ils firent mieux, si l'on en croit Athénée ; à la sentence que chacun des sages regardait comme sa devise, les Grecs opposèrent le ragoût que chacun des sept cuisiniers regardait comme son chef-d'œuvre. *Il en faudrait au moins un à l'Institut*, disait M. de Talleyrand.

Mais quoi ! le temps nous manque, il faut en finir. Si vous trouvez, ami lecteur, que nous avons parlé trop sérieusement d'une science frivole, écoutez à ce propos les très sérieuses paroles d'un homme sérieux : « Je lui faisais compte de sa charge. Alors il me fit un discours de cette science de gueule, avec une gravité et une contenance magistrale, comme s'il m'eust parlé de quelque grand point de théologie. Il m'a déchiffré une différence d'appétits : celui qu'on a à jeun, qu'on a après le second et le tiers service : les moyens surtout de lui plaire simplement, tantost de l'esveiller et picquer : la police de ses sauces, premièrement en général, et puis particularisant les qualitez des ingrédiens et leurs effects : les différences des salades, selon leur saison, celle qui doit estre servie froide, la façon de les orner et embellir, pour les rendre encore plus plaisantes à la vue. Après cela il est entré sur l'ordre du service, plein de belles et importantes considérations :

> Il importe beaucoup de savoir en effet
> Comme on découpe un lièvre et désosse un poulet.
>
> (JUVÉNAL, satire V.)

Et tout cela enflé de riches et magnifiques paroles : et celles mesmes qu'on emploie à traicter du gouvernement d'un empire. »

Encore un mot pour finir. Nous lisons dans le *Traité des festins* du savant Muret, au chapitre II : *Des abus qui se commettent dans les festins*, les abus que voici : « Les défauts sont de quatre sortes. Le premier, c'est quand on n'invite jamais personne, et qu'on ne veut point non plus aller chez les autres, ce qui tient un peu du sauvage. Le second, c'est quand on veut bien donner à manger chez soy, mais qu'on ne veut point manger ailleurs, ce qui paraît un peu trop fier, méprisant et orgueilleux. Le troisième, c'est quand on va volontiers manger chez les autres, et qu'on ne voudrait pas avoir donné un verre d'eau chez soy, ce qui est d'une extrême ingratitude et avarice. Le quatrième, quand on invite des personnes pour les faire mourir de faim, ce qui ne peut avoir que des suites fâcheuses et produire de très méchants effets. »

Comme on l'interrogeait pour savoir quel titre il donnerait à la cuisine : *La cuisine*, répondait Socrate, *est un procédé*. S'il avait pu lire les livres de Carême et de M. Urbain Dubois, Socrate n'eût pas hésité à répondre : La cuisine est un grand art.

(*Débats.*)

JULES JANIN.

LA CUISINE... DANS TOUS LES PAYS

Un personnage qui peut avoir, à l'heure voulue, son influence diplomatique, M. *Urbain Dubois*, chef de cuisine du roi et de la reine de Prusse, vient de publier un gros livre.

Il y est question du Danemark et du Rhin, de la Saxe et du Hanovre, mais au point de vue de la bonne chère seulement.

Ce qui occupe le plus l'érudit écrivain dans ce fleuve que

Nous avons eu dans notre verre,

ce sont les *carpes*, et dans les affaires d'Italie, il médite principalement sur le *macaroni à la livournaise* et les *glaces à la palermitaine.*

En un mot, M. Urbain Dubois vient de publier, chez Dentu, *la Cuisine de tous les pays*, avec cette épigraphe significative : *Si la langue universelle est encore un grand rêve, on n'en saurait dire autant de la cuisine universelle.*

L'étiquette du sac m'a séduit. J'ai été entraîné par la déclaration de l'éditeur, qui dit, parlant comme un régisseur au public :

« *La Cuisine de tous les pays* est un ouvrage d'une incomparable originalité : simple, précis et à la fois très étendu, il renferme des éléments si divers qu'on peut dire, sans exagération, qu'il est un résumé scientifique de la cuisine universelle. A côté de l'école parisienne, celle des provinces françaises y est largement représentée; les cuisines : allemande, anglaise, américaine, hollandaise, italienne, russe, espagnole, turque, moldave, polonaise, fournissent leur contingent de mets populaires et nationaux. La cuisine des Persans, des Indiens et des Arabes n'a pas même été omise.

» L'auteur de ce livre n'a pas hésité à faire le tour de l'Europe, afin de recueillir par lui-même les matières indispensables à une œuvre qui, avant tout, devait être neuve et vraie. »

J'ai voulu savoir si la cuisine des peuples étrangers exciterait mon appétit... et ouvrant le livre aux bons endroits.. j'ai été me mettre à table devant les cuisines les plus excentriques.

Tout d'abord je suis en opposition avec l'honorable M. Urbain Dubois. — Il enseigne, avant de citer les plats, la manière de manger.

Il nous apprend, dans les termes suivants, la façon de manœuvrer son couvert; il dit :

« Pour manger avec aisance et sans raideur automatique, il faut d'abord être assis commodément et d'aplomb, ni trop haut ni trop bas; tenir le buste droit, à une égale distance du dossier de la chaise et de la table. Il faut avoir, à gauche son assiette, une fourchette solide, lourde plutôt que légère; à droite, la cuiller et le couteau, celui-ci à large lame arrondie à son extrémité.

» Quand les mains ne sont pas occupées à découper ou à porter les aliments à la bouche, on peut les appuyer contre les parties angulaires de la table, mais à la hauteur du poignet seulement.

» Dès qu'on se dispose à manger (si ce n'est le potage qui s'absorbe toujours en tenant la cuiller de la main droite) ou à couper les aliments déposés dans son assiette, on doit prendre sa fourchette de la main gauche, en renverser les pointes, en appuyant dessus avec l'index allongé, pour la maintenir dans une position presque horizontale. On prend alors le couteau avec la main droite, et, à l'aide de sa lame arrondie, on enveloppe le morceau coupé soit avec la sauce, soit avec les garnitures qui se trouvent associées à la viande, pour les porter à la bouche, mais uniquement avec le concours de la fourchette et par conséquent de la main gauche : le couteau ne doit jamais être porté à la bouche.

» A mesure qu'on cesse de couper ou de manger, soit pour prendre part à la conversation, soit qu'on attende un autre mets, le couteau et la fourchette doivent être posés sur l'assiette, le manche de l'un tourné vers la droite, et la poignée de l'autre tournée vers la gauche, autrement dit les deux extrémités en dedans, de façon à pouvoir les enlever d'un trait lorsqu'on a besoin de s'en servir de nouveau.

» Comme on le voit, la méthode que je préconise repose en quelque sorte tout entière sur ce principe que la fourchette reste invariablement au service de la main gauche, tandis que la cuiller et le couteau appartiennent à la main droite ; dans tous les cas, il ne faut pas les déplacer en les passant de gauche à droite ou de droite à gauche. Ce déplacement est quelquefois le résultat d'une distraction qu'on ne saurait trop éviter, car, dès que les instruments sont dérangés de l'emploi qui leur est naturellement assigné, l'embarras se manifeste. La gaucherie apparente ou réelle tient donc tout simplement à l'observation plus ou moins attentive de quelques règles qui, en apparence, paraissent insignifiantes, mais dont un convive expérimenté ne se départit jamais. »

Je ne suis pas de l'avis du préopinant, et je me servirai toujours de la main droite pour manier la fourchette, dût-on me renvoyer avec les enfants à la petite table...

M. Urbain Dubois paye un juste tribut d'hommages à la soupe, et il nous apprend que les soupes russes sont les plus chères, car le plus souvent la soupe, dans un festin russe, coûte autant que le reste du dîner.

J'aurai à citer, dans les soupes étrangères, deux ou trois spécimens fort singuliers.

On n'y croirait peut-être pas... si je ne donnais ici les vraies recettes fournies par mon auteur :

« *Soupe aux cerises, à l'allemande.* — Cette soupe, sans être très distinguée, jouit cependant en Allemagne d'une certaine popularité. — Retirer noyaux et queues à trois quarts de litre de cerises aigres, fraîchement cueillies; en mettre les deux tiers dans une marmite en terre ou dans une casserole non étamée, car l'étain ternirait la couleur des fruits; les mouiller avec un litre d'eau chaude; ajouter un morceau de cannelle et un peu de zeste de citron; poser la casserole sur feu vif, et cuire les cerises 10 minutes. Lier alors le liquide avec 2 cuillerées de fécule délayée à l'eau froide ; 10 minutes après, passer les cerises et le liquide au tamis. Verser ensuite la soupe dans la même casserole, ajouter les cerises réservées, ainsi qu'un peu de sucre, la faire bouillir, la retirer sur le côté du feu.

» D'autre part, piler 2 poignées de noyaux de cerises ; les déposer dans un poêlon rouge, ajouter 2 ou 3 verres de vin de Bordeaux ; donner quelques bouillons au liquide, le retirer sur le côté du feu. Quelques minutes après, le passer à travers une serviette, le mêler à la soupe, et verser celle-ci dans la soupière. Envoyer séparément une assiette de biscuits à la cuiller coupés en petits dés.

» *Soupe à la bière, à la berlinoise.* — Faire fondre 150 grammes de beurre dans une casserole, le mêler avec 150 grammes de farine pour former une pâte légère ; cuire celle-ci quelques secondes, en la tournant, sans lui faire prendre couleur ; la délayer ensuite avec la valeur de 3 litres de bière (blanche ou brune, mais légère) ; tourner le liquide sur feu jusqu'à l'ébullition, le retirer sur le côté pour le faire dépouiller 25 minutes.

» Verser dans une petite casserole la valeur d'un demi-verre de rhum, autant de vin blanc du Rhin, ajouter un morceau de gingembre coupé, un morceau de cannelle, 180 grammes de sucre, le zeste d'un citron ; couvrir la casserole, la tenir au bain-marie.

» Quand la soupe est bien dégraissée, la lier avec une quinzaine de jaunes d'œuf délayés ; la vanner sans la faire bouillir, ni même la chauffer trop ; la passer au tamis dans une autre casserole, lui mêler 200 grammes de beurre divisé en petites parties ; aussitôt après, ajouter l'infusion au rhum, en la passant, et la verser dans la soupière ; envoyer séparément de minces tranches de pain grillées. »

Il faut lire, dans la *Cuisine de tous les pays*, les potages singuliers dont la description n'exclut pas les recettes de nos soupes françaises les mieux famées ; il faut apprendre comment se font le *Cucido à la portugaise*, — le *Puchero à l'espagnole*, — le *Consommé des épicuriens*, — le *Consommé des Jacobins*, — la *Julienne à la russe*, — la *soupe aux queues de veau à l'indienne*, — le *couscous des Arabes*, — la *soupe du Pacha*, — le *cooki-leeki des Écossais*, — le *riz aux choux des Milanais*, — la *soupe du Grand-Duc*, — la *soupe Mille-fanti*, — la *purée de mauviettes à la persane*, — et cela sans préjudice de la *bouillabaisse* provençale et de la *garbure* des Gascons.

Celui de tous les écrivains de ce siècle qui sut avoir le plus de gaieté communicative, le chansonnier Désaugiers, a dit :

> Un cuisinier, quand je dîne,
> Me semble un être divin
> Qui, du fond de sa cuisine,
> Gouverne le genre humain :
> Qu'ici-bas on le contemple
> Comme un ministre du ciel,
> Car la cuisine est un temple
> Dont les fourneaux sont l'autel...

Je ne suis pas aussi enthousiaste, en fait de bonne chère, que le prédécesseur de Béranger.

Et si je fouille aujourd'hui dans la *Cuisine de tous les pays*, c'est bien plus pour prendre des notes... que des réconfortants...

« *Petites anguilles du Tibre aux petits-pois.* — Prendre 5 à 6 petites anguilles vivantes, mais seulement de l'épaisseur du petit doigt ; les tuer, en supprimer la peau et la tête, distribuer leurs corps en tronçons. — Hacher un oignon, le faire revenir avec beurre ou huile, ajouter les tronçons d'anguille, les assaisonner, les sauter à feu vif et les cuire à moitié ; ajouter alors la valeur d'un demi-litre de petits-pois tendres, écossés, un bouquet de persil, un peu de sel et poivre ; couvrir la casserole, cuire le ragoût avec du feu sur le couvercle. Quand le poisson est cuit, lier le ragoût avec un morceau de beurre-manié ; en supprimer le bouquet, et le dresser sur un plat chaud. — Ce mets est très estimé à Rome, où les anguilles sont si bonnes ; on peut bien le préparer partout ailleurs, mais il faut absolument que les anguilles soient jeunes et minces. »

Vous rirez de moi si vous voulez, mais si jamais je vais à Rome... où mènent tous les chemins... je demanderai qu'on me serve les petits-pois... à part...

J'ai remarqué dans la viande de boucherie :

« *Ousoun-Kebap, rôti à la turque.* — Couper un morceau de filet de bœuf en très gros carrés, les assaisonner avec sel et poivre, les enfiler à une petite broche mince, en les alternant avec des tranches de graisse de queue de mouton[1] et quelques feuilles de laurier, les serrer étroitement, les faire rôtir au feu de broche ou à la napolitaine ;

---

1. « La queue de mouton en Turquie tient lieu du lard prohibé par les lois du prophète. J'ai vu à Constantinople, des queues de mouton, qui, sans exagération, pesaient bien 20 kilogrammes.

» C'est à ce point qu'on est obligé de soutenir les queues de mouton, vivants, par une espèce de petit chariot sur lequel elles portent. Les Turcs estiment beaucoup la graisse de queue de mouton. »

quand les viandes sont atteintes à point, les saler, les débrocher, les dresser sur un plat, les couper par tranches horizon
tales pour les servir. »

Il y a aussi :

« *Le Pain de foie de veau à l'allemande*. — Choisir un bon foie de veau (600 grammes), le gratter avec un couteau afin de retirer les fibres ou *grappes* des chairs; passer celles-ci au tamis, les assaisonner avec sel et poivre, les mêler avec une petite pincée d'oignon finement haché, un peu de persil.

» Mettre 300 grammes de beurre dans une terrine tiède, le travailler à la cuiller pour le lier en crème; ajouter 7 à 8 jaunes d'œuf, l'un après l'autre. Quand l'appareil est mousseux, mélanger une pincée de farine, 3 poignées de panure blanche râpée, et enfin le foie de veau; l'assaisonner, en essayer une petite partie dans un moule à tartelette, en le faisant pocher au four. — Beurrer un grand moule uni, à cylindre, le paner avec de la panure blanche, l'emplir avec l'appareil, le poser sur un plafond avec de l'eau, le masquer en dessus avec du papier beurré, et le pousser au four modéré pour le faire pocher trois quarts d'heure. Sortir alors le moule du four, en égoutter la graisse, et renverser le pain sur un plat chaud; le masquer avec une sauce piquante. »

Je n'ai que l'embarras du choix dans la nomenclature des mets inconnus à nos ménages français, et que M. Urbain Dubois nous enseigne, avec la manière de le servir.

Ici c'est un *cimier de cerf à l'allemande*, c'est-à-dire une venaison que l'on absorbe... avec une sauce aux cerises. Plus loin, ce sont des *noques viennoises* ou bien encore l'*ombre écaillé de Lausanne*. Mais il est un mets que je ne saurais passer sous silence, ce sont les :

« *Pattes d'ours à la russe*. — En Russie on vend les pattes d'ours écorchées. C'est un mets peu connu de l'Europe centrale et peu appétissant pour les Occidentaux.

» Laver les pattes d'ours, les essuyer, les saler, les déposer dans une terrine, les couvrir avec une marinade cuite, au vinaigre; les faire macérer 2 ou 3 jours. Foncer une casserole avec des débris de lard et de jambon, des légumes émincés, ranger les pattes d'ours sur les légumes, les mouiller à couvert avec la moitié de leur marinade et du bouillon; les couvrir avec des bardes de lard, les faire cuire 7 ou 8 heures à feu très doux, en allongeant le mouillement à mesure qu'il réduit.

» Quand les pattes sont à point, les laisser à peu près refroidir dans leur cuisson; les égoutter, les éponger, les diviser chacune en quatre parties sur leur longueur; les saupoudrer avec du cayenne, les rouler dans du saindoux fondu, les paner et les faire griller une demi-heure à feu très doux; les dresser sur un plat. Verser au fond de celui-ci une sauce piquante réduite, finie avec deux cuillerées... de gelée de groseilles. »

Je vous fais grâce du *gâteau de maïs américain*, — du *kalalou à l'orientale*, et même des *œufs de vanneau dans un nid en beurre*.

J'ai voulu uniquement vous prouver que la communion des peuples s'effectue... puisqu'ils laissent, les uns et les autres, pénétrer le secret de leurs casseroles respectives.

Le siècle dernier était fort enclin à plaisanter les bons moines, et j'ai répété en son temps les vers célèbres que voici :

> Un vendredi, le frère Polycarpe
> Au prieur vint se présenter :
> « Ne mangez pas, dit-il, de cette carpe !
> Hier, avec du lard, je la vis préparer... »
> L'ardent prieur, que ce discours chagrine,
> Lui jetant un sombre regard :
> « Partez ! dit-il, maudit bavard;
> Qu'alliez-vous faire à la cuisine?... »

Si le livre de M. Urbain Dubois avait fait partie de la bibliothèque de son monastère, le bon prieur eût vu qu'on pouvait faire des carpes à la marinière, — à la polonaise, — à la Narbonne, — à la russe, — à la bière, — à la matelote, et qu'il existait plus d'une manière... de ne pas les manger au gras.

Je n'ai cité ici que les mets *singuliers*; il y a douze cent quatre-vingt-sept recettes dans ce livre, qui sort du prosaïsme de la *Cuisinière Bourgeoise*.

Le cuisinier s'y fait chimiste, hygiéniste, historien...

Il va regarder dans tous les plats et découvre, au profit de la science culinaire, les marmites les plus imposantes.

Il vous initie aux menus les plus affriolants : un menu servi à Constantinople dans un dîner à l'ambassade de France, — un menu servi au roi de Grèce, au Kursaal de Nauheim, — un menu servi chez M. Baroche, ministre de la justice, — un autre chez M. de Metternich, ambassadeur d'Autriche à Paris.

Les noms des artistes culinaires qui ont servi ces menus sont mentionnés en toutes lettres.

C'est M. Jules Tarêtte chez M. Walewski.

C'est M. Charlier chez M. Thiers.

C'est M. Alexandre chez le maréchal Niel.

C'est M. Piscart chez le baron James de Rothschild.

Je ne dois point omettre M. Ripé, cuisinier du comte de Bismarck, qui a rendu hommage à la France en servant, l'an dernier, à la table du président du conseil à Berlin, des salmis de bécasses *à la Périgord*, une casserole de riz *à la Toulouse*, et le potage *à la Reine Hortense*.

. Je ne sais si M. Urbain Dubois est jeune ou vieux; mais il a le courage de la jeunesse: il ose!... Ce n'est pas peu de chose, en gastronomie comme en affaires!...

Et bien que, contrairement à ses avis, je manie la fourchette comme je manie la plume, de la main droite, je n'en suis pas moins prêt à lui appliquer la maxime de Lucain : *Audaces fortuna juvat !*

TIMOTHÉE TRIMM.

(*Le Petit Journal.*)

L'ART DE LA CUISINE

Il y a cuisiniers et cuisiniers, comme il y a fagots et fagots, et n'est pas qui veut expert en sauces, en ragoûts et en rôts. Pour être bon cuisinier, comme pour être bon peintre, il faut, avant tout, la vocation. Le premier venu, il est vrai, pourvu qu'il ait quelque intelligence, peut apprendre à peindre, comme le premier venu peut apprendre à faire la cuisine. Dans le premier cas, vous aurez une toile bien faite, bien léchée; dans le second, une cuisine ayant peut-être bon air, mais le tableau comme le plat ne seront ni d'un peintre ni d'un cuisinier; ni l'un ni l'autre n'auront la marque de fabrique, la griffe du maître, rien enfin de ce qui provoque l'enthousiasme et l'admiration. Dans l'argot d'atelier, on appelle cela, je crois, le *coup de fion*, et tout le monde n'a pas cela dans la main.

C'est un don naturel que les fées bienfaisantes cachent quelque part dans le berceau des futurs artistes, et certains rapins le possèdent comme certains marmitons. Il se développe avec l'étude, et voilà tout. L'art de la cuisine a toujours été particulièrement en estime, dans tous les temps et dans tous les pays; il marchait même de pair avec les autres arts. C'est si vrai que les peuples qui ne savaient pas manger n'ont pas d'histoire artistique. Ce n'est pas en se nourrissant de brouet que l'on fait pousser les idées! Les Spartiates, qui furent parfois de bons soldats, ont toujours été de médiocres artistes. Je suis persuadé, au contraire, que l'on mangeait très bien à Athènes du temps de *Périclès*, et que *Phidias*, en sculptant les frises du Parthénon, avait mangé tout autre chose que des salaisons. La cuisine ne se rapprochait assurément pas de la nôtre, — je dis la nôtre pour me faire passer pour un sybarite. — Bien des ingrédients en honneur aujourd'hui manquaient aux cuisines du temps; mais les gourmets ne s'en plaignaient point, puisqu'ils ne les connaissaient pas, et ils avaient comme compensation bien des choses aujourd'hui ignorées.

A Rome, qui a aussi sa grande histoire artistique, on mangeait très bien; puis il arriva que l'on mangea beaucoup. Les estomacs des citoyens d'un empire qui avait absorbé tout le monde connu devaient être insatiables, et les festins de *Lucullus* ou d'autres, décrits par des poètes qui s'en indignaient, tout en y prenant part et en se léchant les lèvres avant de les signaler à la postérité, étaient d'une opulence épouvantable. Il paraît même que quelquefois le repas se divisait en plusieurs parties, séparées par une sorte d'intermède que les convives mettaient à profit pour se préparer à faire bonne figure dans la suivante. On conçoit que, pour un pareil métier, l'estomac devait être plus que solide. Malgré cela, l'abondance n'excluait pas la délicatesse. Les cuisiniers d'alors s'en préoccupaient beaucoup, au contraire. Ils avaient de la concurrence et de l'émulation, et c'est bien certainement un cuisinier amoureux de son art et en quête de nouveauté culinaire qui suggéra l'idée de jeter les esclaves aux murènes, pour rendre la chair de celles-ci plus succulente.

Je ne parle pas des cuisines égyptienne, assyrienne et persane. Il ne nous en est pas revenu beaucoup de détails; mais l'art était en grand honneur chez tous ces peuples, et, par suite, la cuisine ne dut pas y être dédaignée. Après la chute de l'empire romain, mort des suites d'une indigestion de provinces, il n'y eut plus de beaux jours pour la cuisine. Les barbares, qui se mirent à sillonner l'Europe et qui étaient toujours en marche, n'avaient pas le temps de s'en occuper et ne s'en inquiétaient guère, mangeant d'une façon très sommaire, mais avec une ignorance complète de tous les raffinements que l'on pouvait faire subir, pour la plus grande satisfaction du palais, au morceau de chair crue qu'ils dévoraient à belles dents.

Puis vint le moyen âge et le beau temps des chasses, où le gros gibier faisait à peu près tous les frais de la cuisine. Ce fut le temps des humeurs batailleuses, où, si l'on chantait après boire, on se pourfendait aussi quelquefois. Le sang était allumé par cette nourriture échauffante que l'on prenait en abondance, après des exercices violents. Ce fut aussi le temps des troubadours et des chevaliers, des chansons d'amour et des tournois en l'honneur des belles. Mais la cuisine manquait de délicatesse. Je me l'imagine à peu près comme une immense rôtisserie où, devant un foyer comme on n'en voit plus, rôtissaient des bêtes entières ou du moins des quartiers de bêtes et des pièces de venaison. Il n'y avait pas plus d'élégance dans la cuisine que dans les mœurs, et l'on mangeait brutalement, comme la plupart du temps on agissait.

Mais l'art de la cuisine, l'art véritable, appartient à notre époque moderne, et surtout contemporaine. L'antiquité gourmande ne nous a pas laissé de noms de cuisiniers, ce qui donnerait à croire qu'ils se valaient à peu près tous et qu'il n'y avait pas dans la profession de supériorités marquées. Ce qui fait, au contraire, la supériorité de la cuisine contemporaine, c'est l'émulation et la préoccupation qu'ont tous les artistes en cuisine de ne pas faire comme les autres, fussent-ils des maîtres; d'avoir, en un mot, chacun sa spécialité; c'est aussi le raisonnement. La cuisine, aujourd'hui, est raisonnée; elle a ses règles et ses théories, surtout la cuisine française, qui est cosmopolite et qui compte des représentants dans toutes les villes du monde.

Et ne croyez pas que cela soit rien. La cuisine d'un peuple exerce une grande influence, sur lui d'abord et aussi sur les autres peuples. Les nations polies et policées se préoccupent beaucoup de leur cuisine, et leur caractère général dépend très souvent de la façon dont on y mange. C'est le sang qui profite de tout cela et qui fait les gens épais ou alertes, selon la façon dont ils sont nourris. Aujourd'hui le comble de l'art, dans les dîners, c'est de bien manger, en touchant à beaucoup de choses, et le talent du cuisinier consiste à savoir varier les menus et aussi, et surtout, à préparer les mets de telle manière que, si l'appétit n'est pas toujours en éveil, le désir ne doit jamais être éteint. C'est pour cela qu'il faut au cuisinier de vocation une étude particulière, une observation soutenue, une sorte de prescience du goût de ses convives, et, en même temps, ce qu'il ne faut jamais oublier sur la terre des vignes généreuses, la savante gradation des vins qui doivent toujours venir à leur place.

Voici la théorie du cuisinier moderne, dans les mains duquel le hasard a mis des ingrédients nouveaux à faire tressaillir dans leurs tombeaux les grands gourmets d'autrefois, mais qui doivent être employés avec la plus grande circonspection, *secundum artem*, pour que la vraie mesure soit atteinte et non dépassée. C'est la théorie développée dans une série d'ouvrages que l'on pourrait appeler les codes de la cuisine moderne, par un artiste à réputation aujourd'hui européenne, M. *Urbain Dubois*[1], dont la juste renommée fut célébrée par des maîtres ès lettres, tels que *Jules Janin* et d'autres, et qui, pratiquement et théoriquement, démontre, avec une grande clarté et une grande précision de style, que la cuisine française est la première du monde, en ce sens qu'elle crée, tout en s'appropriant pour les perfectionner, les procédés des autres, et qu'il y aurait injustice à ne pas ranger au nombre des arts la grande cuisine, source des idées saines qui viennent de la satisfaction de l'estomac, la cuisine soignée, qui flatte agréablement trois sens : la vue d'abord, puis l'odorat et le goût.

Tout cela, me direz-vous, est très vrai; mais tous les lecteurs ne peuvent avoir un *Urbain Dubois* pour cuisinier. Hélas! les journalistes non plus, et c'est bien ce qui me désole. Mais, à défaut du praticien, on se contente du professeur, et, son livre en main, avec un peu d'habileté et beaucoup de bon vouloir, il n'y a qu'à suivre ses conseils pour devenir, sinon un artiste, du moins un cuisinier présentable à l'occasion. Il suffit de s'y mettre avec confiance et conviction.

9 Novembre 1878.

JEAN DE NIVELLE.

(*Le Soleil.*)

1. Ouvrages publiés sur la cuisine, par M. Urbain Dubois : *Cuisine artistique, Cuisine classique, Cuisne de tous les pays, École des cuisinières* et enfin la *Nouvelle cuisine bourgeoise*, éditée par M. Dentu, Palais-Royal.

DÉTREMPES ET APPAREILS

DE PATISSERIE

Pâte à dresser. — *Proportions* : 500 grammes farine, 375 grammes beurre, 4 décilitres d'eau [1], un tas de sel.

Tamisez la farine sur le *tour*, rassemblez-la en tas, étalez-la en forme de couronne, en faisant un vide sur le milieu avec la main : c'est ce qu'on appelle faire la *fontaine;* au centre de la farine, déposez le beurre, manié en hiver, raffermi sur glace en été, mais, dans les deux cas, divisé en petites parties; ajoutez le sel et l'eau; incorporez peu à peu le beurre, la farine et le liquide; quand la farine est à peu près absorbée, que la pâte commence à prendre du corps, travaillez-la vivement, détachez-en les parties collées sur le *tour*, fraisez-la deux fois en été, trois fois en hiver. Détachez-la aussitôt du *tour* pour l'assembler et la mouler de forme ronde et lisse; couvrez-la, laissez-la reposer une heure.

Pour les détrempes, dans lesquelles le beurre entre en grande quantité, il convient toujours d'opérer vivement, afin d'éviter la décomposition de la pâte.

Pâte à dresser, pour pâté-chaud. — *Proportions* : 500 grammes farine, 175 grammes beurre, une pincée de sel, 4 à 5 décilitres d'eau froide.

Faites la fontaine, mettez sur le centre, eau, beurre et sel. Faites la détrempe, fraisez trois fois la pâte; laissez-la reposer.

Pâte à dresser, ordinaire. — *Proportions* : 500 grammes farine, 250 grammes beurre, 4 à 5 décilitres eau, 15 grammes sel. — Même opération que la précédente.

Pâte à dresser, molle. — *Proportions* : 500 grammes farine, 350 beurre, 1 tas de sel. Faites la détrempe, fraisez trois fois la pâte.

Pâte à dresser, pour timbale. — *Proportions* : 500 grammes farine, 200 grammes beurre, 3 jaunes d'œuf, 3 cuillerées de sucre en poudre, une pincée de sel, 2 à 3 décilitres d'eau froide.

Faites la détrempe, en procédant comme il est dit plus haut. — Cette pâte est destinée à foncer les timbales d'entremets.

Pâte à dresser, à l'eau chaude, pour pâté froid. — Dans le midi de la France, on ne prépare la pâte pour les pâtés que d'après cette méthode; cette pâte, cuite, est excellente à manger.

Proportions : 500 grammes farine, 350 grammes beurre, 3 décilitres d'eau, 20 grammes sel, 2 jaunes.

1. La quantité d'eau nécessaire à la détrempe est toujours difficile à préciser, car elle est variable selon que la farine est plus ou moins sèche, plus ou moins absorbante.

1

Tamisez la farine sur la table, faites la fontaine. Faites fondre le beurre et le sel dans l'eau, soufflez le beurre dans le centre de la fontaine. Faites la détrempe, en ajoutant l'eau nécessaire. Terminez comme la pâte à foncer. Laissez reposer.

Pâte à dresser, à l'alsacienne. — *Proportions :* 500 grammes farine, 150 grammes beurre, 3 à 4 décilitres d'eau, sel.

Tamisez la farine sur le tour, faites la fontaine; au centre de celle-ci, déposez le sel, le beurre, l'eau; maniez le beurre avec la farine, incorporez celle-ci peu à peu, de façon à obtenir une pâte lisse et ferme; fraisez-la trois fois, moulez-la, enveloppez-la dans un linge, laissez-la reposer quelques heures avant de l'employer. — Cette pâte convient pour les pâtés montés à la main et pour les pâtés façon de Strasbourg.

Pâte à dresser, cuite, à l'anglaise, pour les croûtes imitées. — *Proportions :* 500 grammes farine, 150 grammes beurre, 3 décilitres d'eau, un tas de sel [1].

Versez l'eau dans une casserole, ajoutez le beurre, faites partir le liquide en ébullition; retirez-le hors du feu pour incorporer, à l'aide de la cuiller, toute la farine qu'il peut absorber, en opérant comme pour la pâte à chou, mais la pâte doit être un peu plus ferme; desséchez-la quelques minutes, versez-la sur le tour fariné, pour la travailler à la main, en lui faisant absorber peu à peu 250 grammes de farine; laissez-la alors reposer quelques minutes, puis tourez-la comme du feuilletage, à 7 tours : ce travail exclut les bulles d'air que la pâte pourrait contenir et la rend très lisse. — Avec cette pâte on peut monter des croûtes à pâté, non mangeables; on peut aussi exécuter de jolies bordures et de petites croustades. — On ne cuit pas cette pâte, on la fait sécher à l'air, après l'avoir dorée.

Pâte à foncer ordinaire. — *Proportions :* 500 grammes farine, 250 grammes beurre, 3 décilitres d'eau froide, une pincée de sel. — Tamisez la farine sur le tour, faites la fontaine ; placez au centre de celle-ci le sel, l'eau, le beurre, ce dernier en petites parties à la fois ; rassemblez ces éléments en masse compacte, détachez la pâte du tour, fraisez-la deux fois; moulez-la ensuite pour la faire reposer une heure dans un linge fariné.

Pâte à foncer, pour entremets. — *Proportions :* 500 grammes farine, 300 grammes beurre, 125 grammes sucre, pincée de sel, 3 œufs, 3 décilitres eau. — Faites la fontaine ; quand la pâte est lisse, fraisez-la une fois.

Pâte à foncer, fine. — *Proportions :* 500 grammes farine, 350 grammes beurre, 3 jaunes d'œuf, 3 décilitres d'eau froide, grain de sel.

Tamisez la farine sur le tour, faites la *fontaine*, déposez dans le centre le sel, l'eau, les œufs, le beurre ; incorporez peu à peu la farine ; assemblez la pâte pour la fraiser deux fois, la mouler et la laisser reposer une heure.

Pâte brisée. — *Proportions :* 500 grammes farine, 350 grammes beurre, 3 décilitres d'eau froide, 30 grammes sel.

Faites la fontaine, placez le beurre, le sel et l'eau dans le centre ; incorporez peu à peu la farine avec le beurre et l'eau ; quand la pâte est lisse, assemblez-la; moulez-la sans la fraiser; donnez-lui 2 tours, en opérant comme pour la pâte feuilletée.

Pâte brisée, pour timbale. — *Proportions :* 500 grammes farine, 300 grammes beurre, 3 jaunes d'œuf, 3 décilitres eau froide, une pincée de sel.

Faites la détrempe lisse; moulez la pâte sans la fraiser ; laissez-la reposer avant de l'employer.

---

1. Un *tas de sel* équivaut au contenu d'une cuiller à café (10 grammes).

Pâte à échaudé. — *Proportions :* 500 grammes farine, 150 grammes beurre, 8 à 9 œufs, un tas de sel, une pincée de potasse pulvérisée ou une pincée de bi-carbonate.

Faites la détrempe sur la table, en opérant comme pour la brioche, mais en tenant la pâte plus ferme. Mettez-la dans une terrine, couvrez et faites reposer 4 à 5 heures dans un lieu frais. Abaissez-la ensuite sur la table, en bande de 3 centimètres de largeur ; coupez ces bandes en morceaux de 4 à 5 centimètres de longueur ; arrondissez légèrement les morceaux, posez-les debout sur une grille en fer-blanc percée de petits trous et beurrée. Faites bouillir une casserole d'eau, retirez-la sur le côté, plongez la grille dans l'eau ; tenez-la ainsi jusqu'à ce que les morceaux de pâte montent ; enlevez-les à l'écumoire, mettez-les dans un grand vase d'eau froide ; faites-les dégorger 4 à 5 heures. Égouttez-les ensuite, laissez-les bien ressuyer à l'air ; rangez-les alors à distance, sur des plaques à échaudé, cuisez-les à four chaud.

Pâte à tourte. — *Proportions :* 500 grammes farine, 135 grammes beurre, un tas de sel ; faites la détrempe avec 3 décilitres d'eau ; fraisez la pâte trois fois.

Pâte à nouille. — Tamisez sur le tour, 500 grammes de farine ; faites la fontaine, déposez sur le centre une pincée de sel, 6 à 7 œufs entiers. Incorporez peu à peu la farine, afin d'obtenir une pâte lisse, pas trop ferme. Moulez-la ; couvrez-la avec un linge ou un moule à timbale ; laissez-la reposer un quart d'heure.

Pâte à nouille, sucrée. — *Proportions :* 500 grammes farine, 60 grammes beurre, 100 grammes sucre fin, un grain de sel, 4 à 5 jaunes, 2 œufs entiers. — Cette pâte convient pour le décor des pâtés et des grosses timbales foncées dans des moules unis ; on applique d'abord le décor, puis on fonce avec la pâte à foncer. En cuisant, cette pâte prend une nuance plus accentuée que celle avec laquelle on a foncé le moule.

Pâte à pouding, à l'anglaise. — Tamisez 500 grammes de farine sur le tour ; formez-la en cercle ; mettez dans le centre 300 grammes de graisse de rognon de bœuf, épluchée, fortement hachée, une pincée de sel, 3 décilitres d'eau. Faites-la détremper en pâte lisse ; laissez-la reposer.

Pâte à décorer les timbales. — Tamisez sur le tour 500 grammes de farine ; faites la fontaine ; déposez sur le centre 100 grammes de glace de sucre, pincée de sel, 2 œufs entiers, 5 à 6 jaunes, 4 cuillerées d'eau. Faites-la détremper, en pâte lisse ; laissez reposer la pâte.

Pâte anglaise blanche, pour bordures. — *Proportions :* 500 grammes farine, 125 grammes glace de sucre, 2 décilitres eau froide ou lait.

Faites la détrempe, bien lisse, enfermez-la sous une terrine, faites-la reposer une heure. — On emploie cette pâte pour les bordures de plat ou pour décorer.

Pâte à flan. — *Proportions :* 500 grammes farine, 350 grammes beurre, 2 cuillerées sucre, 2 jaunes d'œuf, 1 décilitre eau froide, pincée de sel.

Tamisez la farine sur le tour, faites la fontaine ; déposez au centre le beurre, le sucre, l'eau, les jaunes, le sel ; incorporez la farine, peu à peu, rassemblez la pâte pour la *fraiser* deux fois, la mouler, la faire reposer un quart d'heure.

Pâte à tartelette. — Tamisez 500 grammes de farine, sur le tour ; faites la fontaine ; dans le centre, déposez 350 grammes de beurre, manié et divisé en petites parties, 3 jaunes d'œufs, pincée de sel, 150 grammes de sucre en poudre, un peu d'eau froide. Mêlez d'abord le beurre avec les œufs et le sucre, incorporez ensuite la farine, peu à peu, sans travailler beaucoup la pâte ; faites-la reposer une demi-heure.

Pâte feuilletée, au beurre. — *Proportions* : 500 grammes belle farine [1], 500 grammes beurre, 3 à 4 décilitres d'eau [2] froide, une pincée de sel.

Tamisez la farine sur le *tour* pour former la *fontaine*; déposez dans le centre le sel, l'eau, un petit morceau de beurre; maniez avec la main le beurre et l'eau, incorporez la farine peu à peu, en la ramenant vers le centre, afin que l'eau ne s'échappe pas par les côtés. Quand l'eau se trouve à peu près absorbée, incorporez la farine avec le restant pour former une pâte molle, élastique, pouvant être roulée sur le tour sans s'y attacher; quand elle est moulée, il ne doit rester sur le tour aucune parcelle de farine ni de pâte, c'est le signe le plus évident de la parfaite confection de la détrempe.

Dans l'intervalle, maniez le beurre dans un linge pour le lisser, en épongeant toute son humidité et lui donnant une forme carrée, de l'épaisseur de 3 centimètres; enveloppez-le avec un linge, tenez-le au frais; en été, il convient de le faire frapper sur glace des deux côtés, pour le manier ensuite dans un linge, car au moment de l'emploi, il doit se trouver au même degré de consistance que la pâte.

Au bout d'un quart d'heure de repos, prenez la pâte sur le tour fariné, abaissez-la, en la battant avec la main, de l'épaisseur de 1 centimètre, pour lui donner la forme carrée; posez alors le beurre sur cette abaisse, pliez les bords de celle-ci sur le beurre pour les faire joindre sur le centre, de façon à l'envelopper complètement; saupoudrez la surface de la pâte avec de la farine, abaissez-la, avec le rouleau, en la poussant devant soi jusqu'à ce qu'elle se trouve trois fois plus longue que large. Pour obtenir ce résultat, le rouleau doit glisser sur la pâte, tout en la poussant en avant, aussi lisse que possible, mais surtout en maintenant les bords de l'abaisse bien droits. — Il faut bien observer pendant l'opération, que le beurre ne se sépare pas de la pâte; c'est là un inconvénient qu'il faut éviter sous peine de manquer la détrempe. — Quand la pâte n'a plus que l'épaisseur de 7 à 8 millimètres, ployez-la en trois, sur sa longueur, en commençant par le bout le plus rapproché; ramenez-la juste aux deux tiers de la longueur de l'abaisse; puis ramenez l'extrémité opposée de la pâte sur la partie ployée, afin de la couvrir exactement : à ce point, elle doit former un carré légèrement allongé, c'est ce qui constitue un *tour*.

Assurez la pâte avec un coup de rouleau, faites-lui faire un demi-tour à droite, afin de l'abaisser dans le sens contraire qu'elle a été ployée, mais toujours en procédant d'après la même méthode; pliez-la de nouveau en trois, laissez-la reposer 10 à 12 minutes : elle a alors 2 tours.

Saupoudrez la table avec de la farine, donnez de nouveau 2 *tours* à la pâte, en procédant exactement comme il vient d'être dit; laissez encore reposer la pâte : 10 minutes après, donnez les deux derniers tours, toujours d'après la même méthode. Le feuilletage se trouve alors à 6 tours.

Dans quelques cas, on ne donne que 5 tours et demi. — Quand on veut diminuer la force du feuilletage, on lui donne 2 tours de plus.

En été, le travail du feuilletage exige des soins particuliers, car l'influence de la chaleur peut nuire à l'opération; pour éviter cet inconvénient, il faut avoir recours à l'emploi de la glace; mais en ce cas même, il convient d'user de certaines précautions, c'est-à-dire qu'il faut éviter le contact direct de la glace avec la pâte, en posant celle-ci sur un linge étalé sur un tamis ou un plafond; on pose alors celui-ci sur la glace, ou, ce qui est préférable, sur les grilles d'une armoire à glace. En tout cas, il convient d'opérer dans un lieu aussi froid que possible.

On prépare également du feuilletage avec de la graisse de rognons de bœuf, épluchée, dégorgée, pilée, passée au tamis; les proportions sont les mêmes que pour le feuilletage au beurre; on procède à sa confection exactement d'après la même méthode.

Pâte feuilletée, commune. — *Proportions :* 500 grammes farine, 350 grammes beurre, sel, 3 à 4 décilitres d'eau. — Faites la détrempe. Quand la pâte est reposée, beurrez-la, tourez-la, en lui donnant 5 à 6 tours, selon l'emploi auquel elle est destinée.

1. La plus belle, la meilleure farine qu'on puisse employer en pâtisserie, c'est la farine de Hongrie. — Le beurre pour feuilletage doit être étoffé, ferme, élastique.

2. Il est absolument impossible de préciser la quantité exacte d'eau que telle quantité de farine absorbera, parce que toutes les farines n'ont pas les mêmes qualités; c'est donc là une affaire d'appréciation que la pratique enseigne, car on ne mesure jamais l'eau : quand on n'est pas sûr de soi, il faut délayer la farine, en la mouillant peu à peu avec l'eau, mais en observant de ne pas corder la pâte; laissez-la reposer.

Pâte demi-feuilletage. — Les rognures de feuilletage, assemblées, abaissées, constituent un excellent *demi-feuilletage*; mais si l'on doit faire la détrempe, on opère à l'égal du feuilletage, avec cette différence qu'on n'emploie que trois quarts de beurre au lieu *de livre* pour *livre*, et qu'on donne 5 tours à la pâte au lieu de 6 tours comme on donne au feuilletage fin.

Pâte à plomb. — *Proportions* : 500 grammes farine, 350 grammes beurre, 1 œuf entier, 2 à 3 jaunes, un tas de sel, 3 tas de sucre, 2 décilitres de crème.

Tamisez la farine sur le tour, étalez-la en fontaine; au centre de celle-ci, placez le sel, le sucre, les œufs, le beurre; incorporez peu à peu la farine avec le liquide; fraisez la pâte deux fois; faites-la reposer avant de la mouler.

Pâte à plomb, fine. — *Proportions* : 500 grammes farine, 450 grammes beurre, 1 tas de sel, quatre fois autant de sucre, 5 à 6 œufs, quelques cuillerées de crème crue.

Faites la fontaine, déposez dans le centre le sel, le sucre, la crème, le beurre; amalgamez le beurre, les œufs et le liquide, incorporez la farine, en tenant la pâte légèrement molle; fraisez-la deux fois; laissez reposer 2 heures.

Pâte à plomb, aux fleurs d'oranger. — *Proportions* : 500 grammes farine, 400 grammes beurre, 4 à 5 jaunes d'œuf, pincée de sel, 50 grammes sucre, lait et eau de fleurs d'oranger. — Faites la fontaine; mettez dans le centre beurre, œufs, sel, sucre, lait et eau de fleurs d'oranger, faites la détrempe; fraisez la pâte deux fois, laissez-la reposer 12 heures.

Pâte à gâteau des rois. — *Proportions* : 500 grammes farine, 350 grammes beurre, un peu de sel, un tas de sucre, 3 à 4 décilitres d'eau. — Faites la fontaine, déposez sur le centre le beurre, le sel, le sucre et l'eau; faites la détrempe, assemblez la pâte, donnez 3 tours d'après le même procédé que pour le feuilletage.

Pâte à galette, fraisée. — *Proportions* : 500 grammes farine, 350 grammes beurre, 3 à 4 décilitres d'eau, un tas de sel. — Faites la fontaine, mettez dans le centre le beurre, l'eau et le sel; assemblez la pâte, fraisez-la trois fois; à chaque fois, trempez les mains dans l'eau froide pour humecter la pâte et la rendre plus lisse; moulez-la, laissez-la reposer un quart d'heure.

Pâte à galette, fine. — *Proportions* : 500 grammes farine, 400 grammes beurre, un tas de sel, 3 à 4 décilitres d'eau. — Détrempez la pâte comme pour feuilletage; quand elle est reposée, abaissez-la; posez le beurre dessus, ployez-la; donnez 4 tours et demi à 5 tours.

Pâte à pain de cuisine. — Ce pain est spécialement destiné à l'usage de la cuisine, soit pour en faire de la mie, soit pour faire des croûtons, soit enfin pour tailler des croustades : c'est ce qu'on appelle du pain *anglais*. Dans les grandes villes, on peut toujours trouver à l'acheter, mais à la campagne, les pâtissiers se trouvent dans l'obligation de le préparer eux-mêmes, ce qui en reste est bien facile.

Proportions : 500 grammes de belle farine, 3 à 4 décilitres de lait, 20 grammes levure, une pincée de sel.

Tamisez la farine dans une sébile ou une terrine, faites-la tiédir; avec le tiers de cette farine et la levure délayée avec le lait tiède, préparez, dans la terrine même, un levain léger; laissez-le monter au double de son volume; incorporez-lui alors, peu à peu, le restant de la farine, en ajoutant le lait nécessaire pour obtenir une pâte ferme; travaillez cette pâte 25 minutes, afin de lui donner du corps, en la coupant à plusieurs reprises avec les mains, en l'humectant de temps en temps avec du lait, afin de l'obtenir plus lisse.

A ce point, couvrez-la avec un linge pour la tenir à l'étuve tiède, et la faire lever une heure. Moulez-la sur la table farinée, déposez-la dans une casserole ronde ou carrée, mais légèrement beurrée : la pâte ne doit emplir la casserole qu'à moitié; piquez le dessus de la pâte avec une aiguille à brider, tenez-la trois quarts d'heure à la température de la cuisine, avant de pousser la casserole au four. Il est à remarquer que plus on laisse revenir la pâte, plus le pain est léger. Or, dans les cas où le pain doit être serré, c'est-à-dire quand il doit servir pour croustade, la pâte doit peu lever ; en ce cas, le pain doit être cuit à casserole couverte, avec un poids sur le couvercle. — Le four pour cuire ce pain doit être bien atteint, mais légèrement tombé ; il faut le cuire une heure et quart.

Pâte à pain aux œufs, à l'allemande. — Tamisez 500 grammes de farine ; prenez-en le quart pour préparer un levain avec 20 grammes de levure délayée au lait tiède ; faites revenir le levain à l'étuve dans une terrine.

Dans l'intervalle, faites la fontaine avec le restant de la farine tiède ; déposez au centre une pincée de sel, 4 jaunes d'œuf, quelques cuillerées de lait tiède et 100 grammes de beurre ; faites la détrempe, en donnant à la pâte la même consistance qu'à la pâte à brioche ; quand elle est lisse, mêlez-lui le levain ; déposez-la dans une terrine, faites-la revenir à température douce, du double de son volume primitif ; rompez-la ensuite pour la mouler.

Pâte à pain, au beurre, à la polonaise. — Tamisez 500 grammes de farine, retirez-en le quart pour faire un levain avec 30 grammes de levure délayée au lait. Étalez le reste de la farine en fontaine : au centre de celle-ci déposez une pincée de sel, 150 grammes de beurre fondu, quelques cuillerées de crème ; faites la détrempe de même consistance que la pâte à brioche ; incorporez le levain, travaillez encore la pâte quelques minutes ; déposez-la dans une terrine saupoudrée de farine, couvrez-la avec un linge, faites-la lever à température douce.

Pâte à gaufre, aux avelines. — Torréfiez 500 grammes d'avelines ; retirez-en la peau, hachez-les finement ; mettez-les dans une terrine, mêlez-leur 500 grammes de sucre en poudre, 200 grammes de farine, étendez-les avec des œufs entiers, de façon à obtenir une pâte coulante. Cuisez la pâte étalée en couche mince sur des plaques cirées et farinées.

Pâte à gaufre, à l'italienne. — 500 grammes amandes hachées, 300 grammes sucre, 150 grammes farine, 1 œuf entier, 4 blancs, vanille ou zeste, grain de sel.

Mettez dans une terrine le sucre, les amandes, la farine, sel et zeste, délayez avec les œufs. — Pâte coulante ; cuisez sur plaque beurrée, farinée ; avec cette pâte on peut faire des cornets.

Pâte à gaufre, à l'allemande. — 500 grammes amandes émincées, 250 grammes sucre, 150 grammes farine, 6 œufs entiers, grain de sel, zeste râpé. — Travaillez dans une terrine le sucre, les amandes, la farine, les œufs ; ajoutez sel et zeste. — Pâte coulante ; cuisez sur plaque cirée.

Pâte à gaufres légères. — 500 grammes beurre, 500 grammes farine, 16 jaunes d'œuf, 16 blancs fouettés, 1 litre de crème fouettée, 2 cuillerées de sucre vanillé, grain de sel. — Faites fondre à moitié le beurre dans une terrine ; travaillez-le avec une cuiller jusqu'à ce qu'il soit lié ; ajoutez alors les jaunes, peu à peu, sans cesser de travailler ; quand l'appareil est mousseux, ajoutez la farine, en la tamisant ; incorporez ensuite les blancs fouettés, le sucre, la crème fouettée, non sucrée, le sel. — Cuisez dans un gaufrier creux : excellent résultat.

Pâte à feuilles de chêne. — Pilez 500 grammes d'amandes moulues, en ajoutant, peu à peu, 2 blancs et 500 grammes de sucre en poudre, zeste râpé. Retirez la pâte dans une terrine ; mêlez-lui 50 grammes de farine ; délayez-la au point voulu avec du blanc d'œuf. — Avec cette pâte, on peut faire des cornets : cuisez à four chaud sur plaque cirée.

Pâte blanche, à bordure. — *Proportions :* 500 grammes fécule, 500 grammes glace de sucre, 3 à 4 blancs d'œuf. — Faites la détrempe, en tenant la pâte ferme. Travaillez-la bien ; laissez reposer avant de l'abaisser.

Pâte à Muffing. — *Proportions :* 500 grammes farine, un demi-litre de lait, 30 grammes levure, une pincée de sel.

Délayez la levure avec le lait tiède ; avec ce liquide, faites la détrempe. Couvrez la pâte, faites-la lever dans un endroit tiède.

Pâte à chou ordinaire. — Faites bouillir 2 décilitres et demi d'eau, avec un grain de sel, 25 grammes sucre, 150 grammes beurre, un brin de zeste. — Faites bouillir l'eau avec le beurre, sel et sucre ; quand le beurre monte, retirez le liquide du feu, incorporez-lui 250 grammes de farine. Liez bien la pâte, en la travaillant avec la cuiller ; remettez-la sur feu pour la dessécher 5 minutes, sans la quitter. Laissez-la légèrement refroidir, incorporez-lui 5 à 6 œufs entiers.

Pâte à chou, fine. — *Proportions :* 500 grammes farine tamisée, 500 grammes beurre, demi-litre d'eau, 12 à 15 œufs, 30 grammes de sucre en poudre, un grain de sel.

Versez l'eau dans une casserole, ajoutez le sucre, le sel, 300 grammes de beurre ; faites bouillir ; quand le beurre monte, retirez du feu ; incorporez alors la farine au liquide, d'un trait, à l'aide d'une cuiller ; liez la pâte sur feu, afin de l'obtenir lisse et légère ; desséchez-la quelques minutes, c'est-à-dire travaillez-la sur feu jusqu'à ce que le beurre suinte ; retirez-la alors du feu pour lui faire perdre sa plus grande chaleur, mais toujours en la travaillant à la cuiller ; mêlez aussitôt les œufs un à un ; en dernier lieu, ajoutez le restant du beurre, peu à peu. Quand la pâte est terminée, elle doit être bien lisse, avoir la consistance d'une farce à quenelle légère, tomber de la cuiller avec une certaine résistance, afin qu'en la couchant sur plaque elle ne s'étale pas. — On doit cuire la pâte aussitôt terminée.

Pâte à chou, pour pains de la Mecque. — Faites bouillir 2 décilitres et demi de lait avec un grain de sel, 50 grammes de sucre, 200 grammes de beurre ; quand le beurre monte, retirez du feu, incorporez au liquide 250 grammes de farine ; liez bien la pâte, remettez-la sur feu doux pour la dessécher 5 à 6 minutes, sans la quitter. Retirez-la du feu, et, 2 minutes après, incorporez-lui 7 à 8 œufs entiers, en même temps que 50 grammes de beurre ; elle doit être légèrement coulante.

Pâte à gnoquis. — *Proportions :* 250 grammes farine, 250 grammes amidon en poudre ou fécule, 300 grammes beurre, 20 jaunes, 6 à 7 œufs entiers, 1 litre et demi de lait, une pincée de sucre, sel, muscade, une poignée de parmesan râpé.

Mettez dans une terrine farine et amidon, œufs, sucre, sel et muscade ; délayez avec le lait, et passez au tamis dans une casserole ; ajoutez moitié du beurre et le parmesan.

Tournez sur feu pour lier la pâte ; aussitôt qu'elle commence à faire des grumeaux, retirez-la, travaillez-la hors du feu, jusqu'à ce qu'elle soit lisse ; remettez-la sur feu, cuisez-la 5 à 6 minutes, sans la quitter. Mêlez-lui alors le restant du beurre, versez-la sur un plafond à rebord, beurré ou mouillé à l'eau froide, en lui donnant l'épaisseur d'un centimètre et demi ; laissez refroidir sur glace 5 à 6 heures.

Pâte à ramequin. — *Proportions :* 500 grammes farine, 300 grammes beurre, 4 à 5 décilitres lait, 10 œufs, 150 grammes parmesan râpé, 150 grammes gruyère coupé en dés, 6 cuillerées crème fouettée, 50 grammes sucre, une pincée de poivre.

Faites bouillir le lait avec le sucre et la moitié du beurre ; retirez aussitôt la casserole du feu pour incorporer la farine au liquide, en travaillant la pâte à la cuiller ; liez-la sur feu, desséchez-la jusqu'à ce que le beurre suinte ; retirez-la, changez-la de casserole, incorporez-lui les œufs l'un après l'autre, ainsi que le restant du beurre ; en dernier lieu, ajoutez le parmesan, le gruyère et le poivre.

Pâte à couques. — *Proportions :* 500 grammes farine, 175 grammes beurre, 7 à 8 œufs, 1 décilitre crème crue, 15 grammes levure, 2 tas de sucre, 2 tas de sel.

Faites la détrempe sur la table, comme pour la brioche : même consistance de pâte ; faites lever en lieu frais, rompez-la 4 heures après; faites lever de nouveau, rompez-la encore avant de former les couques; faites de nouveau lever ceux-ci. — La forme des couques est longue de 6 à 8 centimètres, pointue des deux bouts, genre navette; on leur donne cette forme, en roulant la pâte sur la table farinée.

Pâte à grisin. — *Proportions* : 2 kilogrammes de farine, 500 grammes de levain de pain, 2 œufs par kilogramme de farine, 125 grammes de sucre, une pincée de sel.

Faites le levain, rafraîchissez-le; ajoutez la farine, le sel, les œufs et le sucre. Faites lever la pâte tout doucement. Mettez-la sur la table, divisez-la en petites parties; moulez celles-ci en bâtons; rangez-les sur des plaques; faites lever à température douce; dorez et cuisez à bon four.

Pâte à beignets viennois. — *Proportions* : 500 grammes farine, 150 grammes beurre fondu, 60 grammes sucre, 40 grammes amandes hachées, 2 œufs entiers, 7 à 8 jaunes, 2 décilitres et demi de lait tiède, 30 grammes levure; zeste râpé, fleurs de muscade pilées, grain de sel.

Mettez la farine dans une terrine chaude; avec le quart de celle-ci et la levure délayée avec le lait, faites un levain dans la terrine même. Couvrez-le avec une partie de la farine; faites lever. Travaillez ensuite le levain avec la main; ajoutez les œufs peu à peu, en incorporant la farine : il faut faire prendre beaucoup de corps à la pâte en la travaillant.

En dernier lieu, ajoutez le beurre, les amandes, le sel, zeste et fleur de muscade. Faites lever à température douce; rompez-la encore : il est absolument nécessaire d'opérer dans un lieu à température douce, éloigné des courants d'air. — Faites lever les beignets avant de les cuire.

Pâte à la russe. — *Proportions* : 500 grammes farine, 300 grammes beurre, 6 jaunes, 3 œufs entiers, 1 décilitre et demi crème, 25 grammes levure, un petit tas de sel, 3 tas de sucre en poudre, zestes hachés.

On procède à la confection de cette détrempe d'après la même méthode que pour la brioche. — Cette pâte est employée pour les croûtes.

Pâte à coulibiac. — *Proportions* : 500 grammes farine, 200 grammes beurre, 5 œufs, 1 décilitre lait, 30 grammes levure, une pincée de sel.

Faites fondre le beurre; délayez la levure avec le lait tiède, passez-la au tamis. Tamisez la farine dans une terrine; faites la fontaine, en la serrant contre les parois; déposez sur le centre, les œufs, la moitié du beurre fondu, le sel et la levure dissoute à l'eau tiède; incorporez la farine peu à peu; à mesure que la pâte prend de la consistance, mêlez le restant du beurre; travaillez la pâte 10 à 12 minutes pour lui faire prendre du corps; rassemblez-la alors sur le centre de la terrine; saupoudrez-la en dessus avec de la farine, couvrez-la avec un linge, sans que celui-ci touche à la pâte; tenez-la à température douce pour la faire lever du double de son volume.

Pâte à précieuses. — *Proportions* : 800 grammes farine, 260 grammes sucre, 200 grammes amandes moulues, 60 grammes beurre, 2 œufs entiers, 5 jaunes, grain de sel. — Faites la fontaine sur le tour; mettez dans le centre, les œufs, le sucre et le beurre; faites la détrempe. Moulez la pâte, laissez-la reposer un quart d'heure.

Pâte à tarte anglaise. — Tamisez sur le tour 200 grammes de farine de froment et 200 de farine de riz ou de l'arow-root; mêlez-les, étalez-les en cercle; dans le centre, déposez 250 grammes de beurre divisé en petites parties, grain de sel, 2 décilitres d'eau, 2 cuillerées de sucre, 2 œufs entiers. Faites la détrempe en pâte lisse; laissez reposer la pâte.

Pâte frolle (pasta-frolla) à la romaine. — *Proportions* : 500 grammes farine, 250 grammes bon saindoux, 250 grammes sucre en poudre, 4 à 5 jaunes d'œuf, grain de sel, le zeste d'un citron haché.

Faites la fontaine avec la farine tamisée; déposez sur le centre, le sucre, le sel, le saindoux, les œufs, le zeste ; maniez d'abord ces éléments ensemble, incorporez-les avec la farine, par petites parties à la fois ; rangez à mesure ces parties de côté, rassemblez-les ensuite pour mouler la pâte sans la fraiser ; faites-la reposer 20 minutes sur glace. — Opérez vivement pour ne pas échauffer la pâte avec les mains.

Pâte frolle à la brémoise. — *Proportions* : 500 grammes farine, 200 grammes beurre, 100 grammes saindoux, 250 grammes sucre, 5 jaunes d'œuf, grain de sel, demi-zeste de citron haché.

Déposez les jaunes d'œuf dans une petite casserole, liez-les sur feu très doux, en les tournant à la cuiller; aussitôt liés, trempez le fond de la casserole à l'eau froide pour affaiblir la chaleur. — Faites la fontaine avec la farine, déposez sur le centre, les jaunes d'œuf, le beurre, le saindoux, le sucre, le sel ; faites le mélange avec la lame du couteau; assemblez la pâte, fraisez-la vivement pour la rendre lisse ; faites-la reposer sur glace.

Pâte frolle à la française. — *Proportions* : 500 grammes farine, 250 grammes beurre, 250 grammes sucre, 1 œuf entier, 4 à 5 jaunes, grain de sel, 1 cuillerée cognac. — Opérez comme il est dit pour la pâte frolle à la romaine.

Pâte frolle à l'allemande. — *Proportions* : 500 grammes farine, 250 grammes beurre, 175 grammes sucre, 8 à 9 jaunes d'œuf, grain de sel.

Faites bien refroidir le beurre sur glace ; maniez-le ensuite, en l'épongeant dans un linge. Faites la fontaine, déposez sur le centre le beurre, le sucre, les œufs, le sel, une cuillerée d'eau bien froide. Avec la lame d'un large couteau, mélangez le beurre avec les œufs et le liquide, incorporez la farine peu à peu ; à mesure qu'une petite partie de pâte est consistante, retirez-la de côté. Rassemblez ensuite ces parties, sans travailler davantage la pâte. Tenez-la sur glace jusqu'au moment de l'employer.

Pâte frolle à la florentine. — *Proportions* : 500 grammes farine, 350 grammes beurre, 250 grammes sucre, 200 grammes chocolat râpé, 6 jaunes et 2 œufs entiers, pincée de cannelle, 1 cuillerée de sucre en poudre, grain de sel.

Faites la détrempe en pâte lisse ; moulez-la ; faites-la reposer une heure sur glace.

Pâte frolle à la napolitain. — *Proportions* : 500 grammes farine, 250 grammes beurre, 250 grammes sucre, 250 grammes amandes, 2 jaunes, 2 œufs entiers, 2 cuillerées de crème crue, grain de sel, demi-zeste râpé de citron ou d'orange.

Mondez les amandes, pilez-les avec une poignée de sucre, un blanc d'œuf ; passez-les au tamis. — Faites la fontaine avec la farine tamisée ; déposez au centre la crème, le restant du sucre et des œufs, le beurre, le sel, les amandes. Mêlez d'abord ces éléments avec la main, incorporez ensuite la farine ; faites la détrempe en pâte lisse ; moulez-la, faites-la refroidir une heure sur glace.

Pâte à napolitain. — 500 grammes sucre au zeste de citron, 500 grammes amandes moulues, 500 grammes farine, 375 grammes beurre, 2 œufs entiers, 6 jaunes, grain de sel. — Opérez comme pour la pâte frolle. — On peut aussi préparer la pâte dans les proportions suivantes : 500 grammes farine, 400 grammes amandes douces dont quelques-unes amères, 250 grammes beurre, 200 grammes sucre en poudre, 6 à 7 œufs, grain de sel, zeste râpé sur du sucre.

On trouvera plus bas une pâte à napolitain donnant d'excellents résultats.

Pâte à brioche fine. — *Proportions* : 500 grammes belle farine, 400 grammes beurre fin, 7 à 8 œufs entiers, 2 tas de sel, 2 tas de sucre, 12 à 15 grammes de levure [1], quelques cuillerées de crème crue, 2 cuillerées de cognac. — Le bon beurre, la farine supérieure sont indispensables pour obtenir de la belle et

---

1. Pour les pâtes levées, la quantité de levure dépend de ses qualités : plus elle est faible, plus on l'augmente. — Il en est de même pour les œufs : plus ils sont petits, plus il en faut. — De toutes les pâtes levées, la brioche est celle qui exige le moins de levure.

bonne brioche. — En petite quantité, cette pâte réussit moins bien; il faut faire au moins 3 livres de farine.

Tamisez la farine ; avec un quart et la levure délayée à l'eau tiède, faites un levain un peu plus ferme que pour baba. Mettez-le dans une casserole, couvrez-le, faites-le lever à l'étuve.

Faites la fontaine avec le restant de la farine ; dans le centre, mettez le beurre, la crème, le sel, le sucre et 2 œufs. Faites la détrempe, en ajoutant peu à peu les œufs ; fraisez trois fois la pâte, puis battez-la vivement 12 à 15 minutes ; quand elle est lisse, qu'elle a pris du corps, mêlez-lui le levain ; travaillez-la encore 5 à 6 minutes ; ajoutez le cognac.

Avec de la farine, saupoudrez une sébile ou une terrine vernie, mettez la pâte dedans ; couvrez-la, tenez-la dans un lieu frais ; si elle montait vite, rompez-la.

On fait ordinairement la pâte le soir, pour l'employer le matin, en hiver surtout ; en été, 5 à 6 heures suffisent pour la faire lever. Dans les deux cas, il faut la rompre une ou deux fois, c'est-à-dire la sortir de la terrine, la mettre sur le tour fariné pour la travailler 2 minutes ; la remettre dans la terrine. — La pâte à brioche doit lever lentement ; elle ne doit pas exiger d'être rompue avant 4 à 5 heures après sa préparation (voyez plus loin l'article *Brioche pour grosse pièce*). — On prépare la brioche la plus fine avec presque autant de beurre que farine : 450 pour 500 grammes, c'est-à-dire à peu près livre par livre.

Pâte à brioche commune. — *Proportions :* 500 grammes farine, 7 à 8 œufs, 300 grammes beurre fin, 10 à 12 grammes levure, 2 tas de sel, le double de sucre en poudre, le tiers d'un verre de crème crue. — Pour la manipulation, voyez l'article qui précède.

Pâte à brioche à l'italienne. — *Proportions :* 500 grammes farine, 300 grammes beurre, 7 à 8 œufs, 10 grammes sel, 50 grammes sucre, 15 grammes levure.

Tamisez la farine dans une terrine tiède, faites la fontaine ; au centre de celle-ci, déposez le sel, le sucre, le beurre, 4 à 5 œufs entiers, ainsi que la levure délayée avec un peu de lait tiède, passée au tamis ; maniez d'abord le beurre avec les œufs, incorporez peu à peu la farine avec le liquide ; travaillez la pâte avec la main, 10 à 12 minutes, pour lui faire prendre du corps ; quand elle est bien lisse, élastique, couvrez la terrine avec un linge, placez-la à l'étuve douce. Dès que la pâte commence à lever, rompez-la encore, en la travaillant avec une cuiller, sans la couper ; chaque 10 minutes recommencez ce travail, en incorporant peu à peu le restant des œufs. Au bout de 2 heures, la pâte doit être à point ; sortez-la de l'étuve, laissez-la raffermir ; moulez-la, faites-la lever à peu près au double de son volume, tout doucement, avant de la cuire.

Pâte à brioche mousseline. — Mêlez trois quarts de pâte à baba avec un quart de pâte à brioche, ramollie avec un œuf. Faites lever deux fois ; moulez.

Pâte à savarin. — *Proportions :* 500 grammes farine, 175 grammes beurre, 60 grammes sucre, 15 œufs, 15 grammes levure, 2 décilitres de lait, grain de sel, quelques cuillerées de crème crue. — Pour la manipulation de la pâte, voyez aux *Grosses pièces de pâtisserie*.

Pâte à savarin, à l'orange. — *Proportions :* 500 grammes farine, 275 grammes beurre, 15 œufs, 15 grammes levure, grain de sel, 4 cuillerées de sucre à l'orange, 4 cuillerées d'amandes amères hachées, 1 décilitre de crème crue.

Faites la détrempe dans la terrine tiède, en opérant comme pour le baba ; la pâte doit être longtemps travaillée avec la moitié du beurre seulement, on mêle le reste en dernier lieu.

Pâte à cougloff, à la viennoise. — *Proportions :* 500 grammes farine, 500 grammes beurre, 4 cuillerées sucre, 22 à 24 œufs, selon leur grosseur, 125 grammes d'amandes amères, fleur de muscade et zeste haché, grain de sel, 20 grammes de levure.

Mettez le beurre dans une terrine tiède, travaillez-le jusqu'à ce qu'il soit lié en crème, bien mousseux ; ajoutez alors les œufs, un à un, en même temps que la farine ; travaillez longtemps la pâte ; quand elle est à point, mêlez-lui la levure délayée avec un peu d'eau tiède; ajoutez les amandes, sel, sucre, zeste et fleur de muscade. Faites lever la pâte dans le moule beurré; cuisez à four doux.

Pâte à cougloff à la bohémienne. — *Proportions :* 500 grammes farine, 500 grammes beurre, 15 œufs, 6 jaunes, 20 grammes levure, 4 cuillerées de sucre, zeste haché, 2 cuillerées de rhum, grain de sel. — Faites la détrempe dans une terrine tiède, en procédant comme il est dit à l'article précédent.

Pâte à cougloff, à la bavaroise. — *Proportions:* 500 grammes farine, 500 grammes beurre, 18 à 20 œufs, 6 jaunes, 15 grammes levure, 4 cuillerées amandes pilées, pincée de fleur de muscade, grain de sel. — Faites la détrempe dans la terrine tiède, en opérant comme il est dit pour le cougloff viennois.

Pâte à cougloff, à la crème. — *Proportions:* 500 grammes farine, 290 grammes beurre, 16 œufs, 1 cuillerée de sucre d'orange, grain de sel, 3 décilitres crème,, 20 grammes levure. — Travaillez le beurre dans une terrine tiède, pour le rendre mousseux; ajoutez les œufs un à un, et en même temps un peu de farine. Travaillez longtemps la pâte; ajoutez les ingrédients et la levure délayée. Emplissez les moules, faites lever, cuisez à four gai.

Pâte à cougloff, à la hollandaise. — *Proportions :* 500 grammes farine, 375 grammes beurre, 15 œufs entiers, 175 grammes sucre à l'orange, 20 grammes levure, grain de sel, 1 décilitre et demi lait.

Pâte à soleil. — Préparez 500 grammes de pâte à savarin, dans une terrine ou sébile; quand elle est levée, incorporez-lui 200 grammes d'avelines pilées avec 2 œufs, passez au tamis; emplissez les moules, laissez lever la pâte.

Pâte à gorenflot. — Préparez dans une sébile, 500 grammes de pâte à savarin; quand elle est levée, rompez-la, mêlez-lui 500 grammes d'amandes pilées avec quelques cuillerées de marasquin passées au tamis. Emplissez les moules pour faire de nouveau lever la pâte.

Pâte à baba, aux raisins. — *Proportion :* 500 grammes farine, 300 grammes beurre, 8 œufs entiers, 60 grammes sucre, grain de sel, 1 décilitre de lait, quelques cuillerées de crème, 20 grammes levure, 150 grammes raisins secs, 100 grammes d'écorces confites. — Pour la manipulation de la pâte, voyez aux *Grosses pièces de pâtisserie.*

Pâte à baba, à la varsovienne. — *Proportions:* 500 grammes farine, 250 grammes beurre, 200 grammes sucre, 8 œufs entiers, 4 jaunes, une pointe de safran, 30 grammes de levure, 2 décilitres de lait, quelques cuillerées de crème, une pincée cannelle, 100 grammes amandes douces et amères, grain de sel. — Faites fondre le beurre pour l'épurer; laissez-le refroidir à moitié. Faites piler les amandes avec une cuillerée de sucre à l'orange. Tamisez la farine dans une sébile, tenez-la à l'étuve douce. Déposez les jaunes et les œufs entiers dans une casserole, faites-les fouetter au bain-marie, jusqu'à ce qu'ils soient tièdes et mousseux. — Opérez dans un lieu chaud.

Délayez la levure avec le lait tiède, passez au tamis. Sortez la sébile de l'étuve, faites un creux sur le centre de la farine; dans ce creux versez la levure délayée; avec ce liquide et un quart de la farine, préparez un levain de consistance molle; couvrez-le avec la farine qui l'entoure, puis couvrez la sébile avec un linge; tenez-la à température douce jusqu'à ce que le levain ait doublé de volume. Rompez-le, ajoutez le sel, le sucre, la crème, le quart du beurre, les deux tiers des œufs; incorporez peu à peu la farine, de façon à former une pâte ferme; travaillez-la 10 à 12 minutes pour lui donner du corps. Incorporez enfin le restant du beurre et des œufs, peu à la fois, les amandes, le safran et la cannelle, mais sans cesser de travailler fortement la pâte. Couvrez-la avec un linge, tenez-la à température douce, laissez-la jusqu'à ce qu'elle soit légèrement montée; emplissez alors les moules; faites de nouveau lever la pâte avant de la cuire.

Pâte à baba, à la crème. — *Proportions :* 500 grammes farine, 375 grammes beurre, 7 à 8 œufs, 20 grammes de levure, grain de sel, 2 tas de sucre, 4 cuillerées de crème, 3 cuillerées de rhum.

Tamisez la farine dans une terrine ; prenez-en le quart pour faire le levain dans une casserole.

Faites la fontaine ; dans le centre mettez le beurre, la crème, le sel, le sucre, 2 œufs ; mélangez le beurre et les œufs avec les mains ; incorporez la farine peu à peu ; travaillez fortement la pâte, en ajoutant le restant des œufs, un à un. Quand elle est bien lisse, ajoutez le levain ; travaillez encore la pâte 4 à 5 minutes ; mêlez-lui alors le rhum. Faites-la revenir dans les moules.

On peut aussi mêler à la pâte des raisins de Smyrne et de Corinthe : 300 grammes par livre de farine et 100 grammes de cédrat.

Pâte à mazarin. — *Proportions :* 500 grammes farine, 200 grammes beurre, 150 grammes sucre, 5 œufs entiers, 3 jaunes, 2 décilitres de lait, 20 grammes levure, grain de sel. — Pour la manipulation, voyez aux *Entremets chauds.*

Pâte à mazarin, aux amandes. — *Proportions :* 500 grammes farine, 175 grammes beurre, 20 grammes levure, 100 grammes amandes hachées, 4 cuillerées de sucre au citron ou à l'orange, 7 à 8 œufs, 2 décilitres de crème crue, grain de sel.

Faites la détrempe dans une sébile, en opérant comme il est dit aux *Entremets chauds.*

Pâte à munich, aux amandes. — *Proportions :* 500 grammes farine, 375 grammes beurre, 8 œufs, grain de sel, 60 grammes sucre, 100 grammes amandes émincées, 20 grammes levure.

Faites le levain avec le quart de la farine, la levure et l'eau nécessaire. Avec le restant de la farine, préparez la détrempe, dans une sébile, ajoutez les œufs, peu à peu, le sel ; réservez moitié du beurre pour la fin, de façon à donner plus de corps à la pâte ; tenez-la molle. Ajoutez le sucre, puis le levain. Faites lever la pâte avant de la mouler. Saupoudrez le moule beurré avec les amandes émincées.

Pâte à complègne. — *Proportions :* 500 grammes farine, 300 grammes beurre, 50 grammes sucre, 5 œufs entiers, 5 jaunes, 2 cuillerées de sucre en poudre, grain de sel, zeste d'orange râpé, 20 grammes levure, demi-verre de crème fouettée. — Faites la détrempe d'après la même méthode que pour le baba.

Pâte à complègne, aux amandes. — *Proportions :* 500 grammes farine, 250 grammes beurre, 7 jaunes, 2 œufs, 60 grammes amandes hachées, 20 grammes levure, grain de sel, grain de sucre, 1 décilitre crème crue.

Faites la détrempe dans une sébile tiède, en opérant comme pour le baba : pâte molle. Faites lever dans les moules.

Pâte à frire. — Déposez dans une terrine 500 grammes de farine tamisée, ajoutez un grain de sel, 4 cuillerées d'huile ; délayez-la avec 3 à 4 décilitres d'eau tiède, de la bière ou du vin blanc, en la travaillant à la cuiller, pour l'obtenir lisse, sans grumeaux, mais surtout sans la corder ; elle doit avoir la consistance d'une crème anglaise, mais assez liée pour qu'elle masque la cuiller ; laissez-la reposer une heure, à couvert.

Au moment de l'employer, incorporez-lui 4 à 5 blancs d'œuf fouettés, bien fermes.

Si cette pâte est destinée à des entremets chauds, on peut ajouter quelques cuillerées de cognac ou de l'eau de fleurs d'oranger, mais avant l'incorporation des blancs. — On peut toujours remplacer l'huile par du beurre fondu.

Pâte à frire, à l'italienne. — Cassez 6 œufs dans une terrine, mêlez-leur 6 cuillerées de farine ; délayez l'appareil avec un décilitre d'huile, 2 cuillerées de vin blanc ; ajoutez un grain de sel ; travaillez 7 à 8 minutes la pâte avec la cuiller.

Pâte d'amandes, gommée, à la vanille. — Faites dégorger 7 à 8 heures, à l'eau froide, 500 grammes de belles amandes douces mêlées avec quelques-unes d'amères, mondées.

Égouttez-les, pilez-les; passez-les au tamis, remettez-les dans le mortier; pilez-les de nouveau en leur mêlant peu à peu un blanc d'œuf et 500 grammes de sucre vanillé, passé au tamis de soie.

Mettez la pâte dans un poêlon ou une casserole; desséchez-la un quart d'heure, sur feu doux, sans la quitter, c'est-à-dire jusqu'au point où elle se détache du vase. Mettez-la alors sur la table saupoudrée de sucre fin; aussitôt qu'elle est à peu près refroidie, travaillez-la avec les mains, en lui incorporant 2 cuillerées de gomme adragante, ramollie, passée à travers un linge, comme pour le pastillage; travaillez-la encore, en lui incorporant du sucre fin, jusqu'à ce qu'elle acquière la consistance du pastillage; enfermez-la alors dans un vase, laissez-la reposer quelques heures avant de l'employer.

Pâte d'amandes, pour charlotte. — Pilez 500 grammes d'amandes avec 500 grammes de sucre, en ajoutant, peu à peu, 2 œufs; placez la pâte sur le tour, travaillez-la avec les mains, en lui incorporant 250 grammes de beurre, 300 grammes de farine, 6 œufs entiers et quelques jaunes, sel, zeste haché. Laissez-la reposer; abaissez-la pâte mince, cuisez-la sur plaque; en la sortant, détaillez-la.

Pâte d'amandes, à couper. — Pilez 500 grammes d'amandes mondées, avec 500 grammes de sucre en poudre, en ajoutant des blancs pour la rendre à consistance de pâte à macarons. Retirez-la sur la table, incorporez-lui 500 grammes de glace de sucre. Abaissez-la, coupez-la, cuisez-la à four doux.

Pâte d'amandes, aux œufs. — Pilez bien 500 grammes d'amandes, en additionnant peu à peu, 250 grammes de sucre vanillé, 8 jaunes d'œuf; déposez cette pâte sur le tour, travaillez-la avec les mains, en incorporant 250 grammes de sucre fin; moulez-la, tenez-la à couvert.

Pâte d'amandes, pour petit four. — *Proportions :* 500 grammes amandes, 500 grammes sucre, 4 blancs d'œuf, essence, grain de sel. — Pilez les amandes avec le sucre, en additionnant les blancs peu à peu; retirez la pâte du mortier, tenez-la à couvert dans une terrine.

Pâte d'amandes, pour timbale. — Pilez 500 grammes d'amandes mondées et séchées, en ajoutant 1 blanc d'œuf; ajoutez, peu à peu, 500 grammes de sucre, un peu de zeste de citron haché; retirez la pâte dans une terrine, mêlez-lui 50 grammes de farine; délayez-la ensuite en pâte molle avec des blancs d'œuf.

Pâte à massepain. — Mondez 250 grammes d'amandes; faites-les dégorger, égouttez-les; pilez-les en ajoutant quelques gouttes d'eau; quand elles sont converties en pâte, passez-les au tamis; mettez-les dans un poêlon, mêlez-leur peu à peu 750 grammes de sucre cuit au petit *cassé*, à la vanille; desséchez la pâte quelques minutes sur feu, sans faire bouillir, mettez-la de nouveau dans le mortier pour la piler, jusqu'à ce qu'elle soit bien lisse, qu'elle ait pris beaucoup de corps; retirez-la, moulez-la sur un marbre saupoudré de sucre fin.

Pâte d'amandes, soufflée. — Pilez 500 grammes d'amandes mondées, dégorgées; mêlez-leur, peu à peu, 1 kilogramme de sucre et 8 blancs d'œuf, en donnant du corps à la pâte; travaillez-la alors sur le tour, en incorporant encore 1 kilogramme de sucre fin; quand le sucre est absorbé, moulez la pâte, tenez-la à couvert.

Pâte d'amandes, à vacherin. — Pilez 500 grammes d'amandes mondées, en ajoutant 2 cuillerées d'eau froide et 100 grammes de sucre; passez-les aux tamis. Mettez-les dans un poêlon avec 500 grammes de glace de sucre; desséchez la pâte sur feu modéré, sans faire bouillir, sans cesser de remuer avec une cuiller, jusqu'à ce qu'elle ne s'attache plus aux doigts.

A ce point, mettez-la sur un marbre, travaillez-la avec la cuiller, puis avec la main jusqu'à ce qu'elle soit refroidie. Mêlez-lui alors 2 cuillerées de gomme adragante ramollie, passée, comme pour le pastillage. Mélangez bien la gomme et la pâte, incorporez-lui peu à peu, 4 à 500 grammes de glace de sucre, en opérant comme pour le pastillage.

Avec cette pâte, on prépare des abaisses pour entremets ou pièces mangeables.

Pâte à massepain, aux fleurs d'oranger. — *Proportions* : 500 grammes d'amandes, 600 grammes de sucre, 4 cuillerées d'eau de fleurs d'oranger, grain de sel.

Pilez les amandes avec l'eau de fleurs d'oranger, déposez-les dans un poêlon ; ajoutez le sucre ; posez le poêlon sur feu doux pour dessécher la pâte, sans faire bouillir, en la travaillant jusqu'à ce qu'elle ne colle plus aux doigts ; travaillez-la ensuite sur la table saupoudrée de sucre fin pour la rendre lisse, en lui mêlant encore de la glace de sucre.

Pâte à plum-cake. — *Proportions* : 500 grammes farine, 500 grammes beurre, 500 grammes sucre, 8 œufs entiers, 5 jaunes, pincée de sel, 200 grammes raisins de Corinthe, autant de Smyrne, 100 grammes écorces confites. — Mettez le beurre dans une terrine tiède ; travaillez-le avec une cuiller jusqu'à ce qu'il soit en crème ; ajoutez le sucre et les œufs peu à peu, puis la farine ; en dernier lieu, les raisins et écorces.

Pâte à croûtes de Gênes. — *Proportions* : 500 grammes sucre, 350 grammes farine, 250 grammes beurre fin, 8 œufs, 200 grammes raisins de Smyrne, zeste, grain de sel.

Travaillez le beurre avec le sucre et les œufs dans une terrine ; quand l'appareil est bien mousseux, ajoutez la farine séchée et tamisée, puis les œufs et les raisins. — Couchez les croûtes sur plaque beurrée.

Pâte à gâteau d'York. — *Proportions* : 500 grammes farine, 400 grammes sucre, 250 grammes d'amandes pilées, grain de sel, pincée de bicarbonate.

Étalez la farine en fontaine ; sur le centre, déposez le sucre, les amandes et le sel. Délayez le sucre, le carbonate et les amandes avec du lait ; incorporez la farine, peu à peu, en tenant la pâte molle et lisse, mais sans la fraiser ; donnez-lui 7 tours, comme un feuilletage. — Coupez les gâteaux de forme ronde ou longue, de l'épaisseur d'un tiers de centimètre ; rangez-les sur plaque ; dorez-les avec du lait ; cuisez à four chaud.

Pâte à biscuit anglais. — *Proportions* : 500 grammes farine, 250 grammes sucre, 80 grammes beurre, 4 œufs, un peu de lait, une cuillerée à café d'ammoniaque pulvérisée, grain de sel.

Faites la fontaine, placez dans le centre les œufs, le beurre, le sel, le lait. — Pâte lisse et ferme, abaissée, mince, détaillée au coupe-pâte ; cuire à four vif.

———

Appareil à gaufres italiennes. — *Proportions* : 250 grammes farine, 200 grammes glace de sucre, 100 grammes d'amandes moulues, 4 blancs d'œuf, zestes, grain de sel.

Travaillez le sucre avec les blancs, ajoutez la farine, cuisez l'appareil à four chaud, sur plaque cirée et farinée.

Appareil à gaufres roulées. — *Proportions* : 500 grammes amandes, 250 grammes sucre, 175 grammes farine, 8 blancs fouettés, grain de sel, zeste.

Prenez les amandes moulues, mêlez-les avec le sucre, dans une terrine ; ajoutez les blancs peu à peu ; en dernier lieu, la farine. — Cuisez sur plaque cirée ; roulez ensuite ces gaufres en cornet ou en tube.

Appareil de palais de dames. — *Proportions* : 500 grammes sucre, 500 grammes farine,

11 œufs, grain de sel, essence. — Travaillez le sucre avec la moitié des œufs; quand l'appareil est mousseux, ajoutez le restant des œufs peu à peu; incorporez ensuite la farine, en la tamisant.

Couchez l'appareil à la poche, sur plaque beurrée et farinée; cuisez à four vif.

Appareil à dariole. — Pour 8 darioles : un moule à dariole de sucre, autant de farine, un demi-moule de pralin, 1 œuf et 1 jaune, 4 moules de lait, 2 cuillerées d'eau de fleurs d'oranger, grain de sel.

Appareil de génoise, fouetté sur feu. — *Proportions :* 500 grammes farine, 500 grammes sucre, 500 grammes beurre fondu, 12 œufs entiers, zeste râpé, grain de sel.

Mettez dans une bassine le sucre, le sel, les œufs; mêlez et fouettez sur feu très doux. Quand l'appareil est léger, retirez du feu; ajoutez le beurre fondu, la farine, puis le zeste. — Cuisez sur plaque ou moules plats.

Appareil de génoise sur feu, à la farine de riz. — *Proportions :* 500 grammes de sucre; 375 grammes farine de riz, 500 grammes beurre, 4 cuillerées de kirsch, autant d'eau de fleurs d'oranger, 16 œufs, grain de sel.

Mêlez les œufs avec le sucre; fouettez sur feu; quand l'appareil est léger, retirez-le, mêlez-lui peu à peu la farine tamisée, puis le beurre fondu, kirsch et eau de fleurs d'oranger, sel. — Cuisez en moules plats ou sur plaque; four doux.

Appareil de génoise, aux zestes. — *Proportions :* 500 grammes sucre, 500 grammes farine, 500 grammes beurre, 16 œufs, zeste, grain de sel.

Travaillez 12 œufs avec le sucre; ajoutez sel et zeste, farine, le beurre et le restant des œufs.

Appareil de génoise, aux amandes et vanille. — *Proportions :* 500 grammes sucre, 400 grammes farine, 300 grammes beurre, 200 grammes amandes douces et amères, moulues, 7 œufs entiers, 5 jaunes, 5 blancs fouettés, vanille, un grain de sel.

Mettez le sucre et les amandes dans une terrine, mêlez les œufs peu à peu; ajoutez la farine, travaillez 3 minutes; ajoutez le beurre, la farine, le sel, les blancs fouettés. — Cuisez sur plaque ou en moules plats.

Appareil de génoise, à l'orange. — *Proportions :* 500 grammes sucre, dont 50 parfumé à l'orange, 300 grammes farine, 50 grammes fécule de pommes de terre, 250 grammes amandes, 400 grammes beurre, 4 œufs entiers, 4 jaunes, 4 blancs fouettés, zeste, grain de sel.

Pilez les amandes avec un œuf, déposez dans une terrine, ajoutez le sucre, les œufs entiers, les jaunes, le sel; travaillez l'appareil comme du biscuit; quand il est mousseux et léger, incorporez les amandes, puis le beurre fondu en crème, la fécule et la farine, en les tamisant; ajoutez enfin les blancs fouettés.

Cuisez l'appareil dans un plafond beurré, fariné ou glacé.

Appareil de génoise, pour croquembouche. — *Proportions :* 500 grammes sucre, 500 grammes farine, 500 grammes beurre, 12 œufs, zeste, grain de sel.

Mêlez simplement le sucre et les œufs dans une terrine; ajoutez peu à peu la farine et le beurre fondu, sel, zeste. — Cuisez sur plaque beurrée, farinée ou couverte de papier beurré; four doux.

Appareil de génoise sèche, pour timbale. — *Proportions :* 500 grammes sucre, 500 grammes farine, 10 œufs entiers, 250 grammes beurre fondu et épuré, grain de sel, un petit verre d'eau-de-vie.

Mêlez dans une terrine le sucre, les œufs, le beurre, la farine et l'eau-de-vie, sans travailler beaucoup. — Cuisez sur plaque beurrée et farinée.

Appareil de génoise cassante. — Pesez 8 œufs, le même poids de sucre, autant de beurre, autant de farine, autant d'amandes. Déposez le sucre dans une terrine, travaillez-le vivement avec les œufs;

quand l'appareil est léger, ajoutez un grain de sel, la farine, les amandes pilées, passées au tamis, puis le beurre et 100 grammes de fécule; quand l'incorporation est faite, ajoutez 4 cuillerées de cognac. — Cuisez à four doux, sur plaque ou en moules beurrés.

Appareil de génoise aux raisins. — *Proportions* : 500 grammes sucre, 350 grammes farine, 50 grammes fécule de pommes de terre, 400 grammes beurre fondu, 8 jaunes d'œuf, 4 blancs fouettés, 150 grammes raisins de Smyrne, demi-zeste de citron haché, grain de sel.

Travaillez, dans une terrine, le sucre avec les œufs; quand l'appareil est léger, incorporez la farine et la fécule, le beurre fondu en crème, le sel, les 4 blancs fouettés, puis les raisins et le zeste haché. — On cuit cet appareil en moules beurrés ou sur plaque couverte de papier.

Appareil de génoise aux pistaches. — *Proportions* : 500 grammes sucre (dont 50 vanillé), 350 grammes farine, 400 grammes beurre, 50 grammes fécule de pommes de terre, 8 œufs entiers, 3 blancs fouettés, 125 grammes de pistaches, grain de sel.

Maniez le beurre dans un linge, déposez-le dans une terrine tiède, travaillez-le à la cuiller, jusqu'à ce qu'il soit crémeux; ajoutez alors 1 œuf entier, une poignée de sucre, le sel et le zeste; quand l'appareil est bien mêlé, ajoutez une autre poignée de sucre; continuez ainsi l'opération jusqu'à ce que le sucre et les œufs soient absorbés; ajoutez les pistaches pilées, mêlées avec le suc de 2 oranges; incorporez la farine et la fécule en les tamisant, et ensuite les blancs fouettés.

Appareil de génoise angélique. — *Proportions* : 500 grammes sucre, 500 grammes farine, 8 œufs entiers bien battus, 200 grammes angélique, 500 grammes beurre fondu et épuré, 8 blancs fouettés, grain de sel.

Travaillez le sucre avec les œufs; quand l'appareil est mousseux, ajoutez la farine, le beurre ensuite, puis les blancs fouettés et l'angélique coupée en dés. — Cuisez en petits moules beurrés.

Appareil de génoise chinoise. — *Proportions* : 500 grammes sucre, 500 grammes farine, 600 grammes beurre fondu et épuré, 8 à 10 jaunes d'œuf, 8 blancs fouettés, 300 grammes chinois confits, 6 cuillerées de rhum, grain de sel.

Travaillez le sucre avec les jaunes; quand l'appareil est mousseux, ajoutez la farine tamisée, le beurre, le rhum, le sel, les blancs fouettés, puis les chinois coupés en tranches minces. Cuisez l'appareil sur plaque; quand il est à point, pralinez-le, saupoudrez avec du sucre en poudre; faites sécher au four. Divisez ensuite l'abaisse.

Appareil de gâteau de broche polonais. — *Proportions* : 500 grammes farine, 250 grammes fécule, 500 grammes beurre, 500 grammes sucre, 25 jaunes d'œuf, 17 blancs, 1 bâton de vanille, zeste de citron et d'orange, macis, sel. — Pour la manipulation, voyez au chapitre des *Grosses pièces de pâtisserie*.

Appareil de gâteau de broche, à l'allemande. — *Proportions* : 500 grammes sucre en poudre, vanillé, 500 grammes beurre, 375 grammes farine, 175 grammes amidon en poudre, 6 œufs entiers, 18 jaunes, demi-litre de crème fouettée, sel, liqueurs.

Travaillez le beurre en crème, ajoutez les œufs entiers, puis les jaunes; travaillez longtemps l'appareil; mêlez-lui ensuite les blancs fouettés, la farine et l'amidon : la crème fouettée ne doit être incorporée qu'au moment de cuire l'appareil.

Appareil de madeleine. — *Proportions* : 500 grammes sucre, 500 grammes beurre, 500 grammes farine, 8 à 9 œufs entiers, grain de sel, essence.

Déposez dans une terrine le sucre, la farine et les œufs; mêlez et fouettez sur feu doux; quand l'appareil est léger, retirez-le; incorporez peu à peu le beurre fondu en crème. — Cuisez l'appareil à four doux, dans des moules beurrés ou sur plaque couverte de papier.

Appareil de madeleine à l'orange. — *Proportions :* 500 grammes sucre, dont 50 à l'orange, 400 grammes farine, 50 grammes fécule, 12 jaunes, 1 œuf entier, 6 blancs fouettés, 400 grammes beurre, 4 cuillerées de cognac, une cuillerée d'eau de fleurs d'oranger, sel.

Mêlez le sucre avec les jaunes et l'œuf entier; incorporez le beurre fondu, en crème, puis la farine et la fécule tamisées, le cognac, l'essence, en dernier lieu les blancs fouettés. — Cuisez l'appareil en petits moules, beurrés, ou sur plaque couverte de papier.

Appareil de pannequets communs. — *Proportions :* 250 grammes farine, 175 grammes sucre, 100 grammes de beurre, 6 œufs entiers, un demi-litre de lait, sel, essence.

Mêlez dans une terrine le sucre, la farine, le beurre fondu; délayez peu à peu avec les œufs et le lait.

Appareil de pannequets, à la crème. — *Proportions :* 500 grammes farine, 250 grammes beurre, 100 grammes sucre, 10 œufs, 1 litre de crème crue, grain de sel, zeste râpé.

Mettez dans une terrine la farine, le sucre, le sel, les œufs et zeste; mêlez et délayez avec la crème; ajoutez le beurre dissous.

Appareil de pannequets, léger. — *Proportions :* 500 grammes farine, 500 grammes beurre, 400 grammes sucre, 12 jaunes d'œuf, 8 blancs fouettés, sel, 6 décilitres de lait.

Travaillez les jaunes et le sucre dans une terrine; ajoutez le beurre fondu et la farine, délayez, peu à peu, l'appareil avec le lait tiède; incorporez ensuite les blancs fouettés.

Appareil de précieuses. — *Proportions :* 500 grammes sucre en poudre, 250 grammes fécule, 75 grammes amandes hachées, un grain de sel, zeste râpé, 3 œufs entiers, 10 jaunes, 5 blancs fouettés.

Mettez, dans une terrine, farine, jaunes d'œuf, sel, sucre, zeste et amandes; travaillez 5 minutes avec une cuiller; incorporez ensuite les 5 blancs fouettés.

Appareil de gâteau-bouff, à l'allemande. — *Proportions :* 500 grammes sucre, 300 grammes farine, 420 grammes beurre, 24 jaunes d'œuf, 24 blancs fouettés, 150 grammes raisins de Corinthe, le suc d'un citron, zeste haché, grain de sel.

Mêlez le sucre et les jaunes dans une terrine, travaillez l'appareil 20 minutes avec le fouet; ajoutez le suc de citron et le zeste; hachez le beurre avec la farine; mêlez-les avec l'appareil; incorporez les blancs fouettés et les raisins. — Cuisez en moule ou sur plaque.

Appareil de biscuit-punch. — *Proportions :* 500 grammes sucre, 250 grammes farine, 250 grammes fécule, 375 grammes beurre fondu, 3 œufs entiers, 11 jaunes, 4 blancs fouettés, un petit verre de rhum, zestes de citron et d'orange hachés, grain de sel.

Déposez le sucre dans une terrine, ajoutez les jaunes peu à peu, en travaillant l'appareil avec une cuiller; quand celui-ci est léger, ajoutez le beurre, le rhum, les blancs fouettés, la fécule et la farine tamisées, zeste et sel. — Cuisez l'appareil en moule ou sur plaque.

Appareil de biscuit commun. — *Proportions :* 500 grammes sucre, 300 grammes farine, 16 jaunes, 16 blancs fouettés, une cuillerée de fécule, zeste haché, sel.

Travaillez dans une terrine le sucre avec les jaunes; quand l'appareil est mousseux, incorporez la farine bien sèche, tamisée, en même temps que les blancs fouettés. — Cuisez en moule ou sur plaque couverte de papier.

Appareil de biscuit fin. — *Proportions :* 500 grammes sucre en poudre, non déglacé, 40 grammes sucre vanillé, 125 grammes belle farine, 125 grammes fécule de pommes de terre, 10 œufs [1], grain de sel.

1. Le nombre d'œufs prescrit pour les pâtes comme aussi pour les appareils de biscuit, est basé sur le poids des œufs de Paris dont 8 pèsent une livre ; s'ils sont plus petits, il faut en augmenter le nombre.

3

La farine et la fécule doivent être bien séchées et tamisées, les œufs doivent être bien frais.

Coupez les œufs, mettez les 10 jaunes dans une terrine et les blancs dans la bassine à fouetter. Aux jaunes mêlez le sucre en poudre et le sucre vanillé ; travaillez vivement l'appareil avec une cuiller en bois, jusqu'à ce qu'il soit mousseux et léger.

Mêlez-lui alors les blancs fouettés avec un grain de sel, bien fermes ; ajoutez ensuite la fécule et la farine, en les tamisant peu à peu sur l'appareil. — Cuisez en moules ou en petites caisses.

Appareil de biscuit pour grosse pièce. — *Proportions* : 500 grammes sucre, 150 grammes fécule, 150 grammes farine, 10 à 12 jaunes, autant de blancs fouettés, vanille ou zeste, sel. — Voyez aux *Grosses pièces de pâtisserie.*

Appareil de biscuit, en moule de moyenne grosseur. — 500 grammes sucre, 150 grammes farine, 150 grammes fécule, 12 jaunes, 12 blancs fouettés, un grain de sel, zeste ou vanille.

Appareil de biscuit manqué, à l'orange. — *Proportions* : 500 grammes sucre en poudre dont une partie à l'orange, 400 grammes farine, 12 jaunes, 4 œufs entiers, 12 blancs fouettés, 250 grammes beurre fondu, sel.

Travaillez le sucre avec les 12 jaunes et les œufs entiers ; quand l'appareil est léger, incorporez le beurre fondu et la moitié de la farine, ainsi qu'une partie des blancs fouettés ; le mélange opéré, ajoutez le reste de la farine en la tamisant, puis le reste des blancs fouettés. — Cuisez l'appareil en moule ou sur plaque couverte de papier.

Appareil de biscuit manqué, au cédrat. — *Proportions* : 500 grammes sucre en poudre, 400 grammes farine, 250 grammes beurre fondu, 10 jaunes d'œuf, 6 œufs entiers, 10 blancs fouettés, sel, zeste râpé, 150 grammes de cédrat confit coupé en petits dés.

Travaillez le sucre avec les jaunes, dans une terrine ; faites mousser ; ajoutez sel, zeste et œufs entiers ; travaillez encore quelques minutes, puis mêlez la farine, les blancs fouettés et le cédrat ; cuisez sur un plafond beurré et masqué de papier. — On praline ordinairement ce biscuit avec des amandes hachées, mêlées avec sucre en poudre et œufs.

Appareil de biscuit d'Espagne. — *Proportions* : 500 grammes sucre, 300 grammes farine, 50 grammes fécule, 20 jaunes d'œuf, 7 blancs fouettés, zeste de citron ou d'orange haché, sel.

Travaillez le sucre avec les jaunes, incorporez la farine et la fécule tamisées, ainsi que les blancs fouettés et le zeste.

Appareil de biscuit en feuilles. — *Proportions* : 500 grammes sucre dont 50 vanillé, 300 grammes amandes sèches, pilées avec le suc d'une orange ; 350 grammes farine, 150 grammes beurre fondu, 21 jaunes d'œuf, 16 blancs fouettés, grain de sel, zeste d'orange.

Travaillez les jaunes et le sucre 10 à 12 minutes ; ajoutez les amandes passées au tamis, le beurre fondu, les blancs fouettés, la fécule et la farine, en les tamisant. — Couchez, mince, sur plaque couverte, cuisez à four doux de papier.

Appareil de biscuit aux pistaches. — *Proportions* : 500 grammes sucre, 275 grammes farine, 250 grammes pistaches pilées et passées, 22 jaunes d'œuf, 8 blancs fouettés, vanille et eau de fleurs d'oranger, grain de sel.

Travaillez les jaunes avec le sucre et le sel ; quand l'appareil est léger, incorporez les pistaches, pilées avec l'eau de fleurs d'oranger, puis les blancs fouettés et la farine, en la tamisant peu à peu. — Cuisez en petits moules ou sur plaque couverte de papier.

Appareil de biscuit aux noix fraîches. — *Proportions* : 500 grammes sucre, dont une partie à l'orange, 350 grammes farine, 400 grammes noix fraîches, épluchées; 20 jaunes d'œuf, 10 blancs fouettés, le suc d'une orange, sel.

Pilez finement les noix avec un peu de sucre et le suc d'orange; travaillez le sucre avec les jaunes dans une terrine; quand l'appareil est mousseux, incorporez la purée de noix, la farine, puis les blancs fouettés. — Cuisez en petits moules ou sur plaque.

Appareil de biscuit aux avelines. — *Proportions :* 300 grammes sucre dont 50 grammes vanillé, 150 grammes farine et 160 grammes fécule, 400 grammes avelines, 22 jaunes, 6 blancs fouettés, sel.

Faites griller les avelines dans un poêlon jusqu'à ce que la peau s'en détache; épluchez-les, pilez-les finement avec un peu de sucre. Travaillez les jaunes et le sucre dans une terrine; quand l'appareil est mousseux, incorporez les avelines, la farine, la fécule, ainsi que les blancs fouettés. — Cuisez cet appareil en petits moules ou sur plaque couverte de papier.

Appareil de biscuit aux avelines et au kirsch. — *Proportions :* 500 grammes avelines torréfiées, sans peau; 500 grammes sucre, 500 grammes fécule, 8 œufs entiers, 8 jaunes, 8 blancs fouettés, grain de sel, zestes râpés de citron ou d'orange, liqueurs.

Pilez les avelines, en ajoutant peu à peu le sucre; quand elles sont converties en pâte, mettez-les dans une terrine; travaillez longtemps l'appareil, en ajoutant les œufs entiers, un à un, et 5 à 6 cuillerées de kirsch. Ajoutez ensuite les jaunes, puis la fécule, le sel, les zestes, les blancs fouettés. Cuisez à four doux, en moule ou sur plaque couverte de papier.

Appareil ambroisie. — *Proportions :* 500 grammes amandes, 500 grammes sucre, 250 grammes beurre fin, 175 grammes fécule, 7 œufs entiers, 3 petits verres de curaçao, grain de sel.

Pilez les amandes, en ajoutant peu à peu 2 blancs d'œuf. Mêlez alors le sucre, puis le beurre; travaillez ensuite l'appareil avec le pilon, de façon à lui donner du corps et le faire blanchir; ajoutez les œufs, peu à la fois. Quand l'appareil est bien mousseux, ajoutez le curaçao. — Cuisez dans des moules plats, à four doux.

Appareil de biscuit ambroisie (2e méthode). — *Proportions :* 500 grammes amandes, 500 grammes sucre, 250 grammes beurre, 60 grammes fécule, 2 verres de curaçao, 7 œufs, zeste d'orange, grain de sel.

Pilez les amandes avec la moitié du sucre, ajoutez la moitié des œufs; travaillez le restant du sucre avec les œufs, ajoutez le beurre, peu à peu; quand l'appareil est mousseux, incorporez les amandes pilées, la fécule, le zeste haché, le curaçao. — Cuisez à four doux.

Appareil de biscuit roulé. — *Proportions :* 500 grammes farine, 500 grammes sucre, 22 jaunes, 20 blancs, un grain de sel, zeste de citron haché, sel.

Travaillez le sucre avec les jaunes; quand l'appareil est mousseux, incorporez les blancs fouettés, en même temps que la farine tamisée. — Cuisez sur plaque couverte de papier, en couche mince.

Appareil de biscuit au citron. — *Proportions :* 500 grammes sucre, 250 grammes farine, 50 grammes fécule, 12 œufs entiers, zeste de citron râpé, grain de sel.

Mêlez le sucre et les œufs dans une bassine, fouettez-les sur feu doux; quand l'appareil est mousseux, retirez-le du feu, incorporez la farine et la fécule, tamisées; en dernier lieu, ajoutez le zeste. Cuisez en moule ou sur plaque couverte de papier.

Appareil de biscuit pensée. — *Proportions :* 500 grammes sucre, 250 grammes amandes, 250 grammes beurre, 150 grammes fécule, 14 jaunes, 4 blancs fouettés, une gousse vanille, grain de sel.

Mêlez le sucre et les jaunes dans une bassine; travaillez l'appareil comme pour biscuit, quand il est bien léger, fouettez-le quelques minutes sur feu très doux; incorporez les amandes, la fécule, le beurre et enfin es blancs fouettés. — Cuisez dans des moules à *trois-frères.*

3*

Appareil de biscuit moscovite. — *Proportions* : 500 grammes sucre, dont une partie vanillé, 375 grammes farine, 200 grammes beurre cuit à la *noisette*, 150 grammes amandes, 18 jaunes, 2 œufs entiers, 12 blancs fouettés, grain de sel.

Pilez les amandes avec les œufs entiers ; passez-les au tamis ; travaillez le sucre avec les jaunes ; quand l'appareil est léger, incorporez les amandes, le beurre, les blancs fouettés, la farine tamisée. — Cuisez en moule ou sur plaque couverte de papier.

Appareil de biscuit norwégien. — *Proportions* : 500 grammes sucre, 350 grammes farine, 350 grammes beurre fondu, 250 grammes avelines, 20 œufs, zestes, sel.

Travaillez le sucre avec 16 œufs. Pilez les avelines avec 4 œufs ; passez-les au tamis ; mêlez-les à l'appareil ; 10 minutes après, ajoutez la farine tamisée, et enfin le beurre fondu. — Cuisez en moules plats ou sur plaque : glacez avec une glace au kirsch.

Appareil de biscuit sicilien. — *Proportions* : 500 grammes sucre, 250 grammes farine, 8 œufs entiers et 8 jaunes, 300 grammes beurre fondu, 20 grammes amandes amères, pilées, passées, 4 cuillerées marasquin, sel.

Mêlez le sucre, les œufs, les amandes et le sel ; fouettez l'appareil jusqu'à ce qu'il soit mousseux ; ajoutez alors le beurre, puis le marasquin. — Cuisez en moules plats ou sur plaque.

Appareil de biscuit fondant. — *Proportions* : 500 grammes sucre en poudre, 375 grammes farine, 300 grammes beurre fondu, 180 grammes amandes, 4 cuillerées de kirsch, 12 œufs, sel, zeste d'orange.

Mêlez le sucre avec les œufs ; fouettez sur feu. Quand l'appareil est léger, ajoutez les amandes pilées avec un peu de lait ; puis la farine tamisée, le beurre, le kirsch, sel et zestes. — Cuisez en moules plats ou sur plaque ; four doux.

Appareil de biscuit à moka. — Travaillez, dans une bassine, 16 jaunes d'œuf et 500 grammes de sucre ; quand l'appareil est léger, ajoutez 16 blancs fouettés, en même temps que 250 grammes de farine et 200 grammes de fécule, mêlées et tamisées. Cuisez sur plaques ou en moules de moyenne grosseur. — C'est le biscuit qu'on emploie pour les mokas ou tous autres gâteaux garnis de crème au beurre.

Appareil de biscuit sableux pour les tourtes. — *Proportions* : 500 grammes sucre en poudre, 500 grammes beurre, 400 grammes farine et 100 grammes fécule, 200 grammes amandes moulues, 12 jaunes d'œuf, 12 blancs fouettés, grains de sel, zestes rapés.

Travaillez le beurre dans une terrine tiède ; quand il est crémeux, ajoutez les jaunes peu à peu, le sucre, la moitié de fécule et farine, en les tamisant, puis les amandes, et enfin les blancs fouettés, en même temps que le restant de la farine, sel, zestes. — Étalez l'appareil sur plaque couverte de papier, lissez-en la surface, en lui donnant l'épaisseur de trois quarts de centimètre, cuisez à four doux.

Appareil de biscuit Eugénie. — *Proportions* : 500 grammes amandes, 500 grammes sucre, 250 grammes beurre, 175 grammes fécule de pommes de terre, 7 œufs, 4 cuillerées de curaçao, sel.

Pilez les amandes avec quelques gouttes d'eau froide, quelques parties de sucre ; mettez-les dans une terrine, travaillez fortement l'appareil en mêlant le restant du sucre ; incorporez les œufs et le beurre, puis la fécule et le curaçao. — Cuisez à four doux, dans des moules beurrés et glacés.

Appareil de biscuit léger. — *Proportions* : 500 grammes sucre vanillé [1], 300 grammes fariné, 50 grammes fécule, 17 jaunes d'œuf, 17 blancs fouettés, grain de sel.

_____

1. Quand on dit du sucre vanillé, il faut entendre qu'il est mêlé avec une certaine quantité de sucre à la vanille.

Travaillez le sucre avec les jaunes; quand l'appareil est léger, incorporez la farine et la fécule bien sèches et tamisées, ainsi que les blancs fouettés.

Appareil de biscuit vanillé. — *Proportions :* 500 grammes sucre, dont une partie vanillée, 175 grammes farine, 175 grammes fécule, 12 jaunes d'œuf, 12 blancs fouettés, sel.

Pilez le sucre avec un bâton de vanille; passez au tamis. Travaillez le sucre avec les jaunes; quand l'appareil est bien léger, mêlez-lui les blancs fouettés, en tamisant la farine et la fécule dessus. — Cuisez en moule ou sur plaque; glacez à la vanille.

Appareil de biscuit mexicain. — *Proportions :* 500 grammes sucre, 500 grammes farine de riz, 500 grammes beurre fondu, 12 œufs entiers, 24 jaunes, vanille, sel.

Pilez le sucre avec la vanille; passez-le dans une bassine; ajoutez les œufs, mêlez et fouettez jusqu'à ce que l'appareil soit mousseux. Ajoutez alors la farine de riz, en la tamisant. — Cuisez en moules plats ou sur plaque, four modéré. Glacez au kirsch.

Appareil de biscuit à l'infante. — *Proportions :* 500 grammes sucre, 500 grammes beurre fin, 350 grammes amandes, 250 grammes belle farine, 10 blancs d'œuf nature, 10 blancs fouettés, 1 décilitre de rhum, zeste d'orange, grain de sel.

Pilez les amandes avec le zeste, délayez avec le rhum et passez. — Travaillez le beurre dans une terrine, en lui mêlant peu à peu 10 blancs d'œuf et le sucre en poudre. Ajoutez ensuite les amandes, puis la farine et les blancs fouettés. — Cuisez en moules plats ou sur plaque, feu modéré. — Glacez au rhum.

Appareil de biscuit de Genève. — *Proportions :* 500 grammes sucre, dont une partie à l'orange, 500 grammes farine, 12 jaunes, 4 œufs entiers, 6 blancs fouettés, 175 grammes beurre fondu, 150 grammes amandes finement hachées, grain de sel.

Mêlez le sucre et les jaunes, travaillez l'appareil 2 minutes seulement; incorporez ensuite le beurre fondu, les amandes, la farine, en même temps que les blancs fouettés. — Cuisez en moules beurrés ou sur plaque à rebords, couverte de papier.

Appareil de biscuit fin, aux amandes. — 500 grammes sucre vanillé, 325 grammes amandes (dont quelques-unes amères), 175 grammes farine, 80 grammes fécule, 5 œufs entiers, 12 jaunes, 8 blancs fouettés, sel.

Séchez les amandes, pilez-les avec une poignée de sucre et les œufs entiers, passez-les au tamis. — Travaillez le sucre avec les jaunes jusqu'à ce que l'appareil soit bien mousseux; ajoutez peu à peu les amandes, puis versez la moitié de l'appareil dans les blancs fouettés; mêlez aussitôt les deux parties, en additionnant la fécule et la farine, en tamisant celle-ci, peu à peu, sur l'appareil.

Appareil de biscuit d'amandes, à la vanille. — Pilez 500 grammes d'amandes douces, dont 40 grammes d'amères, mondées; mêlez-leur, peu à peu, 500 grammes de sucre en poudre, à la vanille, 8 jaunes d'œuf et 1 œuf entier, l'un après l'autre. Retirez l'appareil dans une terrine, mêlez-lui encore 6 jaunes d'œuf, en le travaillant. Fouettez les 14 blancs, et, avec une petite partie de ceux-ci, délayez d'abord l'appareil aux amandes, puis mêlez-les tous, en ajoutant peu à peu 200 grammes de farine tamisée sur l'appareil peu à peu.

Appareil de biscuit aux amandes, travaillé sur feu. — *Proportions :* 500 grammes sucre, 250 grammes farine de riz, 150 grammes amandes, 150 grammes beurre fondu, 8 œufs entiers, zeste, sel.

Travaillez les œufs et le sucre dans une bassine; au bout de 7 ou 8 minutes, posez celle-ci sur feu modéré, sans cesser le travail; quand l'appareil est légèrement chaud, bien lié, incorporez la farine, le beurre, les amandes, le zeste haché. — Cuisez en moule ou sur plaque couverte de papier.

Appareil de biscuit aux amandes et au citron. — *Proportions :* 500 grammes amandes, 500 grammes sucre, 500 grammes beurre fondu, épuré ; 16 jaunes, 16 blancs fouettés, grain de sel, zeste de citron.

Travaillez, dans une terrine, les jaunes et le sucre ; quand l'appareil est mousseux, ajoutez les amandes moulues, le beurre, les blancs fouettés, sel, zeste. — Cuisez sur plaque beurrée.

Appareil de biscuit d'amandes, au kirsch. — Pilez 500 grammes d'amandes douces avec quelques-unes d'amères, mondées ; ajoutez de temps en temps un peu de sucre, 4 cuillerées de kirsch et 1 blanc d'œuf.

Mettez-les dans une terrine, ajoutez 500 grammes de sucre en poudre, 4 œufs entiers, grain de sel. Travaillez vivement l'appareil pendant 10 minutes ; ajoutez alors 10 jaunes ; travaillez encore 10 minutes. Quand l'appareil est mousseux, mêlez-lui 10 blancs fouettés et 350 grammes de fécule. — Cuisez en moules beurrés : four doux.

Appareil de biscuit aux amandes et à l'anisette. — Pilez 200 grammes d'amandes mondées, douces, et 30 grammes d'amères, en les mouillant avec un œuf ; ajoutez 500 grammes de sucre en poudre, puis 3 œufs entiers et 8 jaunes. Mettez l'appareil dans une terrine, mêlez-lui 125 grammes de fécule, un grain de sel et 4 cuillerées d'anisette. Fouettez les 8 blancs, mêlez-leur 125 grammes de fécule, incorporez-les avec l'appareil aux amandes. — Cuisez dans des moules unis.

Appareil de biscuit à l'abricot. — *Proportions:* 500 grammes sucre en poudre au citron, 250 grammes fécule de pommes de terre, 200 grammes marmelade d'abricots, 12 jaunes, 4 blancs fouettés, grain de sel.

Mettez les jaunes dans une bassine, broyez-les ; ajoutez le sucre, puis la marmelade passée ; travaillez l'appareil 12 à 15 minutes. Fouettez les blancs ; quand ils sont bien fermes, mêlez-les peu à peu avec l'appareil, en même temps que la farine, en tamisant celle-ci. — Cuisez dans des moules à flan, ou sur plaques minces.

Appareil de biscuit à la Richelieu. — *Proportions:* 500 grammes de sucre, 500 grammes amandes, 175 grammes beurre, 175 grammes farine, 16 jaunes d'œuf, 8 blancs fouettés, sel, vanille.

Pilez bien les amandes avec un peu de sucre et un jaune d'œuf, passez-les au tamis. Travaillez le sucre et les jaunes dans une terrine ; quand l'appareil est mousseux, incorporez les amandes, le beurre fondu, les blancs fouettés. — Cuisez en moules plats.

Appareil de biscuit à la reine. — Fouettez 16 blancs d'œuf, mêlez-leur 500 grammes de sucre, en faisant tomber celui-ci à travers un tamis ; incorporez à l'appareil la même quantité de crème fouettée que de blancs d'œuf, en même temps que 500 grammes de farine, en la tamisant sur l'appareil. — Cuisez sur plaques beurrées et farinées.

Appareil de biscuit mousseline. — *Proportions :* 500 grammes sucre, 250 grammes fécule, 16 blancs, 16 jaunes, le suc de 2 citrons, zeste râpé, sel.

Travaillez le sucre et les jaunes ; quand l'appareil est bien mousseux, incorporez la fécule (en la tamisant) ainsi que les blancs fouettés. En dernier lieu, ajoutez le suc de citron.

Appareil de biscuit hollandais. — *Proportions:* 325 grammes farine, 175 grammes amandes, 250 grammes beurre, 8 œufs entiers, 8 jaunes, 8 blancs, sel, vanille.

Hachez finement les amandes sans les monder. Travaillez dans une terrine le sucre avec les œufs entiers et les jaunes ; quand l'appareil est mousseux, ajoutez la farine tamisée, les amandes, le beurre fondu en crème, les blancs fouettés, en dernier lieu. — Cuisez sur plaque ou dans des moules beurrés.

Appareil de biscuit bénédictin. — Pilez 250 grammes d'amandes avec un blanc d'œuf, passez-les au tamis ; déposez-les dans une terrine, avec 500 grammes de sucre ; travaillez l'appareil quelques minutes, ajoutez 350 grammes de beurre fondu ; travaillez-le encore quelques minutes, incorporez-lui 12 blancs d'œuf fouettés ; ajoutez zeste de citron et une pincée de cannelle en poudre, 75 grammes de farine mêlée avec autant de fécule, un grain de sel. — Cuisez sur plaque couverte de papier ou en moules glacés.

Appareil de biscuit friand. — *Proportions :* 500 grammes sucre, dont une partie vanillée, 200 grammes amandes pilées avec 4 jaunes, 200 grammes farine, 100 grammes fécule, 150 grammes beurre fondu, 24 jaunes, 12 blancs fouettés, sel.

Déposez le sucre dans une terrine, ajoutez les jaunes, travaillez l'appareil avec le fouet pendant 15 minutes, incorporez alors les amandes, le beurre, les blancs fouettés, la farine et la fécule ; ces dernières, en les tamisant. — Cet appareil convient pour être poussé à la poche. On peut aussi le cuire en moule ou sur plaque beurrée, farinée.

Appareil de biscuit au pain noir. — *Proportions :* 500 grammes sucre, 200 grammes mie de pain noir, séchée, pilée, passée au tamis, 400 grammes amandes pilées avec 3 œufs, 22 à 24 jaunes, 16 à 18 blancs, une pincée de fécule, une cuillerée à café de poudre de cannelle, de girofle et de muscade, zestes hachés de citron et d'orange, 150 grammes d'écorces confites, grain de sel.

Travaillez 20 minutes les jaunes et le sucre ; quand l'appareil est léger, incorporez les amandes, le pain noir, la fécule et les blancs ; en dernier lieu, ajoutez les écorces coupées en petits dés, les zestes hachés. — Cuisez l'appareil en moule ou sur plaque.

Appareil de biscuit sableux. — *Proportions :* 500 grammes sucre, 500 grammes beurre, 250 grammes fécule, 250 grammes farine, 12 jaunes, 12 blancs fouettés, vanille, grain de sel.

Travaillez le beurre et le sucre dans une terrine, en ajoutant peu à peu les 12 jaunes ; quand l'appareil est mousseux, ajoutez peu à peu moitié de la farine et moitié de la fécule ; puis les blancs fouettés, et enfin le restant de la farine et fécule, en les tamisant. Cuisez à four doux, sur plaque couverte de papier. — Ce biscuit est employé pour la confection des tourtes de confiserie.

Appareil de biscuit sableux, pour chaud. - *Proportions :* 500 grammes sucre, 500 grammes beurre, 25 grammes farine, 250 grammes amidon en poudre ou fécule, 18 œufs entiers, sel, zestes.

Mettez dans une bassine 500 grammes de sucre en poudre et 18 œufs entiers ; mêlez-les bien ; puis, fouettez l'appareil sur feu très doux, sans faire grainer ; quand il est mousseux et léger, retirez-le, fouettez-le jusqu'à ce qu'il soit refroidi ; ajoutez alors farine et fécule, puis le beurre tiède, peu à peu. Cuisez sur plaques beurrées et farinées.

Appareil de biscuit Saint-Hilaire. — *Proportions :* 500 grammes amandes, 500 grammes sucre, 175 grammes farine, 175 grammes fécule de pommes de terre, 8 œufs entiers, 8 blancs fouettés, à peu près le même volume de *chantilly* ou crème fouettée, sel, zeste haché.

Travaillez les œufs avec le sucre, ajoutez la farine et la fécule (tamisées), puis les amandes pilées avec un blanc d'œuf, passées au tamis ; incorporez les blancs et la crème en dernier lieu. — Cuisez à four doux, en moule bas ou sur plaque couverte de papier.

Appareil de biscuit de Gênes. — *Proportions :* 500 grammes amandes, 500 grammes sucre, 250 grammes beurre, 175 grammes fécule, 8 œufs entiers, sel, 2 cuillerées sucre d'orange.

Pilez les amandes avec le sucre d'orange et un œuf, passez au tamis. Travaillez le sucre avec le restant des œufs ; quand l'appareil est mousseux, fouettez-le sur feu doux ; incorporez ensuite la fécule tamisée, le beurre fondu. — Cuisez à four doux, dans des moules plats.

Appareil de biscuit impérial. — *Proportions :* 500 grammes sucre, 500 grammes beurre, 500 grammes farine, 500 grammes fruits confits, préalablement ramollis, 30 blancs d'œuf fouettés, 20 jaunes, 4 cuillerées de rhum, grain de sel.

Travaillez les jaunes avec le sucre ; quand l'appareil est mousseux, ajoutez la farine, le beurre fondu, les blancs, le rhum, en dernier lieu les fruits confits coupés en petits dés. — Cuisez à four doux dans des moules plats.

Appareil de biscuit Galicia. — *Proportions :* 500 grammes sucre, 380 grammes farine, 190 grammes amandes amères, 12 œufs, sel, zeste.

Cassez 9 œufs, en mettant les blancs dans une bassine, les jaunes dans une terrine ; travaillez les jaunes avec le sucre, le sel, le zeste ; ajoutez ensuite les 3 œufs restant. Quand l'appareil est mousseux, ajoutez la farine et les amandes, puis les blancs fouettés. — Cuisez sur plaque ou en moule.

Appareil de biscuit Malmaison. — *Proportions :* 500 grammes sucre, 375 grammes farine, 200 grammes beurre à la noisette, 175 grammes avelines torréfiées et pilées, 16 œufs, sel, zeste d'orange et de citron.

Travaillez les jaunes et le sucre comme pour biscuit fin ; pilez les avelines avec un blanc d'œuf et un peu de sucre ; passez-les au tamis, mêlez-les à l'appareil mousseux ; ajoutez la farine, le beurre et les blancs fouettés. — Cuisez en moules plats, à cylindre, comme pour gâteaux du Congrès, beurrés et glacés ; cuisez à four doux, bien atteint.

Appareil de biscuit sur feu. — *Proportions :* 500 grammes sucre vanillé, 175 grammes farine, 175 grammes fécule, 12 œufs entiers, sel.

Battez les œufs avec le sucre, posez la bassine sur feu très doux ; fouettez jusqu'à ce que l'appareil soit bien mousseux ; retirez-le, mêlez-lui la farine et la fécule, en les tamisant sur l'appareil. — Cuisez sur plaque ou en petits moules.

Appareil de biscuit au chocolat. — *Proportions :* 500 grammes sucre vanillé, 125 grammes chocolat en poudre, 250 grammes farine, 100 grammes fécule, 16 jaunes, 10 blancs fouettés, grain de sel.

Travaillez les jaunes avec le sucre jusqu'à ce que l'appareil soit léger ; incorporez alors le chocolat, les blancs fouettés, la farine et la fécule, en les tamisant sur l'appareil, mais peu à peu. — Cuisez en moule ou sur plaque.

Appareil de biscuit au chocolat (2ᵉ méthode).—Mettez 500 grammes de sucre dans une terrine, travaillez-le avec 5 œufs entiers ; ajoutez un grain de sel, 200 grammes de chocolat râpé, 400 grammes de farine, puis 10 jaunes d'œuf, et enfin 10 blancs fouettés. Cuisez à four doux, sur plaque couverte de papier.

Appareil de biscuit au café. — *Proportions :* Préparez un appareil de biscuit commun (page 18) ; quand les blancs sont incorporés, ajoutez peu à peu quelques cuillerées d'essence de café. — Cuisez en moule ou sur plaque.

Appareil de biscuit trois-frères. — *Proportions :* 500 grammes sucre vanillé ; 375 grammes farine de riz, 100 grammes amandes, 100 grammes avelines, 12 œufs entiers, 300 grammes beurre épuré, un grain de sel.

Pilez les amandes et les avelines avec un peu de sucre et un œuf ; passez-les au tamis. — Cassez les œufs dans une bassine, mêlez-leur le sucre, le sel ; fouettez l'appareil sur feu très doux jusqu'à ce qu'il soit mousseux et lié ; retirez-le alors pour incorporer tour à tour la farine, les amandes et avelines, puis le beurre liquide, mais froid.

Appareil de biscuit aux fleurs d'oranger. — *Proportions :* 500 grammes sucre vanillé, 325 grammes amandes, 400 grammes farine, 28 jaunes, 10 blancs fouettés, un demi-verre de rhum, autant de kirsch, 10 à 12 grammes de fleurs d'oranger, pralinées, grain de sel.

Pilez les amandes, délayez-les avec les liqueurs, exprimez-les dans un linge. — Travaillez le sucre avec les jaunes, le sel, comme pour biscuit; quand l'appareil est bien mousseux, incorporez la farine, les blancs fouettés,en dernier lieu, les fleurs d'oranger, pilées, l'infusion aux amandes (les amandes n'entrant pas dans l'appareil). — Cuisez en moules plats.

Appareil de biscuit financier. — *Proportions :* 500 grammes sucre, dont une partie à la vanille, 350 grammes farine, 200 grammes beurre fondu, 150 grammes amandes douces et amères, 14 blancs d'œuf, 4 jaunes, sel.

Fouettez le sucre avec les blancs jusqu'à ce que l'appareil soit mousseux ; ajoutez le beurre fondu, la farine, les amandes pilées avec les jaunes, passées au tamis. — Cuisez l'appareil en moules plats ou sur plaques couvertes de papier.

Appareil de biscuit de Turin. — *Proportions :* 500 grammes sucre, 250 grammes farine, 250 grammes amandes, 250 grammes beurre, 9 œufs entiers, zestes, sel, quelques cuillerées de crème.

Pilez les amandes avec la crème; quand elles sont converties en pâte, passez-les au tamis. Mettez dans une bassine les œufs, le sucre, le sel; fouettez l'appareil sur feu doux jusqu'à ce qu'il soit lié et mousseux; incorporez alors la farine et les amandes, le beurre fondu, les zestes râpés. — Cuisez en moules plats ou sur plaques.

Appareil de biscuit orangeade. — *Proportions :* 500 grammes sucre, dont une partie à l'orange ; 250 grammes amandes, 375 grammes farine, 250 grammes écorce confite d'oranges, 12 jaunes, 9 œufs entiers, grain de sel.

Pilez les amandes avec une petite partie du sucre et 2 ou 3 œufs; passez-les au tamis. Mettez dans une terrine le restant du sucre, les jaunes, œufs entiers, le sel; travaillez l'appareil jusqu'à ce qu'il soit mousseux; ajoutez la farine, les amandes, les écorces hachées. -— Cuisez dans des moules plats.

Appareil de biscuit viennois. — Déposez dans une terrine tiède 400 grammes de beurre éponge ; travaillez-le avec une cuiller pour le ramollir ; ajoutez alors 20 jaunes d'œuf, un à un, et de temps en temps une poignée de sucre vanillé, jusqu'à concurrence de 500 grammes. Quand l'appareil est bien mousseux, incorporez-lui 300 grammes de farine et 100 grammes de fécule, tamisées, 7 blancs fouettés, grain de sel. -— Cuisez l'appareil en moules ou sur plaques.

Appareil de biscuit Cussy. —— *Proportions :* 500 grammes sucre dont une partie à la vanille, 400 grammes amandes, 200 grammes beurre fondu, 250 grammes farine de riz, 8 œufs entiers, 6 cuillerées de marasquin, un brin de zeste d'orange et de citron, sel.

Pilez les amandes avec le marasquin, passez-les au tamis. Travaillez le sucre et les œufs dans une terrine ; quand l'appareil est bien mousseux, fouettez-le quelques minutes sur feu; retirez-le pour incorporer le beurre, la farine de riz et les zestes finement hachés ou râpés. — Cuisez l'appareil en moules plats ou sur plaques beurrées, glacées à la fécule.

Appareil de biscuit Cussy (2ᵉ méthode). — Travaillez 16 jaunes avec 500 grammes de sucre et le zeste d'un citron râpé; quand l'appareil est mousseux, incorporez 175 grammes d'amandes (douces et amères) pilées, passées au tamis; ajoutez 250 grammes de farine bien sèche, tamisée, en même temps que les 16 blancs fouettés et 400 grammes de beurre épuré, bien chaud. — Cuisez en moules plats.

Appareil de biscuit Cussy (3ᵉ méthode). — *Proportions :* 500 grammes sucre en poudre, vanillé, 300 grammes farine de riz, 150 grammes beurre, 14 œufs, sel.

Travaillez le sucre et les œufs dans une bassine ; mêlez l'appareil, fouettez-le sur feu très doux; quand il est bien mousseux, retirez-le ; mêlez-lui la farine de riz, puis le beurre fondu, décanté.

Appareil de biscuit Delisle. — *Proportions :* 500 grammes sucre, 350 grammes beurre épuré, 350 grammes farine, 100 grammes fécule, 12 œufs entiers, zeste de citron et d'orange, grain de sel.

Travaillez dans une bassine les œufs et le sucre, sur feu doux; incorporez ensuite la farine et la fécule, puis le beurre, le sel, le zeste.

Appareil de biscuit Berchoux. — *Proportions* : 500 grammes sucre vanillé, 250 grammes beurre, 250 grammes avelines moulues, 100 grammes fécule, 16 œufs, 1 décilitre de kirsch, sel.

Fouettez les œufs avec le sucre sur feu très doux; ajoutez la fécule, les avelines, le sel, puis le beurre; le kirsch en dernier lieu.

Appareil de biscuit de Savoie. — *Proportions* : 500 grammes sucre en poudre vanillé; 350 grammes moitié farine, moitié fécule, bien sèches, 14 jaunes d'œuf, 14 blancs fouettés, sel.

Fouettez le sucre avec les jaunes; quand l'appareil est mousseux, ajoutez la farine et la fécule, le sel, puis les blancs fouettés.

Appareil de biscuit florentin. — *Proportions* : 500 grammes sucre vanillé, 400 grammes amandes, 300 grammes farine de riz, 300 grammes beurre, 8 jaunes, 8 blancs fouettés, sel, quelques gouttes d'essence de néroli ou fleurs d'oranger, pralinées.

Travaillez le sucre avec les jaunes, sur feu doux; retirez l'appareil, mêlez-lui la farine de riz, les amandes moulues, les blancs, le beurre et enfin l'essence.

Appareil de biscuit breton. — *Proportions* : 500 grammes sucre, 275 grammes amandes, 200 grammes farine, 60 grammes fécule, 30 jaunes, 10 à 12 blancs fouettés, un bâton de vanille, grain de sel.

Pilez les amandes avec quelques jaunes. Mettez dans une terrine le sucre vanillé et le restant des jaunes; fouettez l'appareil; quand il est mousseux, ajoutez les amandes, le sel, puis les blancs fouettés, en même temps que la fécule et la farine, tamisées peu à peu.

Appareil de biscuit flamand. — *Proportions* : 500 grammes sucre, 350 grammes farine, 8 œufs entiers, 8 jaunes, 8 blancs fouettés, 150 grammes raisins, par parties égales: Smyrne et Corinthe, 100 grammes de cédrat confit, 375 grammes beurre fondu et épuré, grain de sel.

Travaillez le sucre avec les jaunes; quand l'appareil est mousseux, ajoutez la farine, le beurre, les blancs fouettés : raisins et cédrat en dernier lieu. Cuisez dans une caisse en fer-blanc, beurrée.

Appareil de biscuit surfin. — *Proportions* : 500 grammes sucre, 175 grammes farine, 175 grammes fécule, 12 jaunes, 12 blancs fouettés, grain de sel.

Travaillez les œufs avec le sucre, dans une bassine; 5 minutes après, posez celle-ci sur feu doux; fouettez l'appareil; quand il est mousseux, retirez-le; incorporez peu à peu la farine et la fécule, en les tamisant; ajoutez en même temps les blancs et un arome quelconque.

Appareil de biscuit au rhum. — 500 grammes sucre, 500 grammes farine, 4 œufs entiers, 4 jaunes, 8 blancs fouettés, 500 grammes beurre, le quart d'un verre de rhum, 100 grammes d'amandes, grain de sel.

Pilez les amandes avec un entier; passez-les au tamis. — Travaillez, dans une terrine, le sucre avec les œufs entiers et les jaunes, le sel; quand l'appareil est mousseux, ajoutez les amandes; 5 minutes après, le beurre, les blancs fouettés, la farine, puis le rhum.

Appareil de biscuit à la crème, en caisses. — *Proportions* : 500 grammes sucre vanillé, 125 grammes farine, 125 grammes fécule, 12 jaunes, 12 blancs fouettés, demi-litre de bonne crème fouettée, grain de sel.

Travaillez le sucre avec les jaunes, le sel; quand l'appareil est mousseux, ajoutez les blancs fouettés, puis la crème, bien égouttée. — Emplissez de petites caisses en papier, cuisez à four très doux; en les sortant, saupoudrez-les de sucre vanillé.

Appareil de biscuit Palmerston. — *Proportions :* 500 grammes sucre vanillé, 400 grammes farine, 400 grammes beurre, 400 grammes amandes, dont quelques-unes amères, 12 œufs, 2 blancs fouettés, grain de sel.

Travaillez dans une bassine les œufs et le sucre ; 7 à 8 minutes après, fouettez l'appareil sur feu doux en incorporant le beurre par petites parties ; quand il est mousseux, retirez-le du feu, mêlez-lui la farine tamisée et les blancs, puis les amandes pilées, passées au tamis. — Cuisez l'appareil sur plaque ou en moules beurrés et farinés.

Appareil de biscuit palermitain. — *Proportions :* 500 grammes pistaches, 500 grammes sucre, 3 jaunes d'œuf, 16 blancs, 90 grammes farine, 90 grammes amandes, eau de fleurs d'oranger, zeste, grain de sel.

Pilez les pistaches et les amandes avec un blanc d'œuf. Travaillez dans une terrine les jaunes et 1 blanc d'œuf avec la moitié du sucre ; ajoutez-les avec les pistaches pilées. Fouettez 15 blancs, mêlez-les avec l'appareil, ajoutez le zeste, le sel, puis le restant du sucre et la farine, l'eau de fleurs d'oranger. — Cuisez à four doux.

Appareil de biscuit de Portugal. — *Proportions :* 500 grammes sucre, 250 grammes amandes, dont quelques-unes amères, 200 grammes fécule, 12 jaunes d'œuf, 12 blancs, 3 sucs d'orange, 4 zestes, grain de sel.

Travaillez le sucre avec les jaunes, comme pour biscuit ; pilez les amandes avec un blanc d'œuf, les zestes et deux cuillerées de sucre ; passez-les au tamis, mettez-les dans une terrine, délayez-les avec le suc d'orange. Quand l'appareil aux œufs est bien mousseux, incorporez-lui les amandes, la fécule tamisée, en même temps que les blancs fouettés. — Cuisez l'appareil sur plaques ou en petits moules.

Appareil de biscuit de Reims, de fabrique. — *Proportions :* 3 kilogrammes et demi de sucre, 2 kilogrammes et demi d'œuf, 2 kilogrammes et demi de farine, 125 grammes vanille, pincée de sel. — Travaillez à la machine les œufs et le sucre pilé avec la vanille, jusqu'à ce que l'appareil soit bien mousseux ; ajoutez la farine. Emplissez les moules beurrés à la graisse de rognons, fondue. Cuisez à bon four ; sortez-les pour les tenir 8 heures à l'étuve douce avant de les démouler.

Appareil de meringue fine. — *Proportions :* 250 grammes sucre en poudre, 250 grammes glace de sucre, 8 blancs d'œuf (œufs de 2 onces), grain de sel.

Déposez les blancs dans une bassine avec un grain de sel, une pincée d'alun en poudre ; fouettez-les d'abord tout doucement ; précipitez le mouvement à mesure que leur volume augmente ; quand ils sont fermes, fouettez-les plus vivement en leur faisant prendre du corps ; si alors ils tendent à grainer, ajoutez soit une petite poignée de sucre, soit le suc d'un demi-citron ou un peu d'acide citrique ; quand ils sont lisses et fermes, retirez le fouet ; incorporez alors le sucre par petites parties à la fois, à l'aide d'une grande cuiller, mais de façon à ne pas fatiguer trop les blancs.

Appareil à meringue, à l'italienne. — *Proportions :* 500 grammes sucre, 5 à 6 blancs d'œuf, grain de sel.

Cassez le sucre en petits morceaux, déposez-le dans un poêlon, humectez-le avec la moitié de son poids d'eau, laissez-le dissoudre ; ajoutez un demi-bâton de vanille, cuisez-le au *boulé* ; retirez-le alors du feu. Fouettez les blancs ; quand ils sont bien fermes, retirez la vanille du sirop pour verser celui-ci, peu à peu, sur les blancs, mais en fouettant toujours ; chauffez légèrement la bassine pour tiédir l'appareil, en le travaillant à la cuiller ; retirez-le aussitôt pour l'employer.

Appareil de nougat à la reine. — Mondez les amandes, divisez-les chacune en deux parties, faites-les sécher, pesez-les. Avec ces amandes, la moitié de leur poids de sucre en poudre, préparez un appareil à nougat, d'après les prescriptions données aux grosses pièces de pâtisserie.

Appareil de nougat, en dés. — Mondez les amandes ; lavez-les bien, épongez-les sur un linge, coupez-les en dés, roulez-les ensuite dans une passoire, afin d'enlever les parties pulvérisées ; faites-les sécher à température douce ; pesez-les, et, avec elles, préparez le nougat, avec un peu plus que la moitié de leur poids de sucre (1 kilogramme d'amandes, 500 grammes de sucre). — Cet appareil est ordinairement appliqué à la préparation des pièces-montées en nougat.

Appareil de nougat aux pistaches. — *Proportions :* 500 grammes sucre, 300 grammes pistaches, 4 cuillerées de suc de citron.

Le procédé est le même que pour le nougat aux amandes. — On monde les pistaches pour les faire sécher ; on peut les employer entières, coupées en moitiés, en filets ou en dés. — On peut mêler amandes et pistaches.

Appareil de nougat aux avelines. — *Proportions :* 500 grammes sucre, 300 grammes avelines, 4 cuillerées de suc de citron, sel.

Le procédé est le même que pour le nougat aux amandes (voyez aux *Grosses pièces de pâtisserie*); seulement, au lieu d'échauder les avelines, on les fait légèrement torréfier, puis on les frotte dans un linge pour en supprimer la peau, et les couper en dés ou les hacher.

ENTREMETS CHAUDS ET FROIDS

Au point de vue de la gastronomie, l'entremets de douceur est certainement d'une valeur considérable; il marche de pair avec les mets les plus indispensables à remplir le cadre d'un dîner distingué; il les égale tous en importance; il a, de plus, en sa faveur, le privilège de pouvoir en être exclu sans préjudice des règles élémentaires, sans que son absence ne laisse une lacune difficile à combler, car il plaît à tous. Il fait donc bien partie intégrante d'un dîner; il en est le complément indispensable, puisqu'il n'est pas de festin où il n'ait sa place marquée, son rôle distinct, d'avance désigné.

Au point de vue de la science culinaire, son rôle est d'autant plus sérieux qu'il exige du praticien des connaissances multiples; il est d'autant plus appréciable que tous ne réussissent pas avec un égal succès à lui donner son véritable cachet de distinction.

Les entremets de douceur sont de deux genres tout à fait distincts et apparents: les chauds et les froids. Mais, dans l'un comme dans l'autre genre, les variétés sont nombreuses et pour ainsi dire infinies; car la moindre modification, dans l'apprêt de leur confection ou dans l'ordre de leurs détails, en modifie l'expression et leur donne un caractère nouveau.

Pour la plupart, les entremets sucrés comportent une certaine coquetterie; mais l'art de les orner, de les rendre plus luxueux, mérite d'être étudié; les moyens dont les praticiens disposent aujourd'hui sont abondants et variés; il suffit de savoir les choisir et de s'attacher à les appliquer avec discernement.

La nature des entremets chauds est par elle-même très diverse; les uns sont cuits au four ou dans la friture, les autres au bain-marie ou dans l'eau. Quelques-uns sont servis secs; d'autres, au contraire, sont servis saucés. D'aucuns exigent d'être servis dans leur état naturel, sans luxe, sans entourage: tandis que les autres comportent des garnitures ou des ornements; tous, enfin, ont leur caractère particulier.

Les entremets chauds peuvent être ornés avec des hâtelets, avec de petites coupes ou croustades; ils peuvent être garnis avec des fruits au sirop, et aussi avec des fritures sucrées.

Les entremets froids sont aussi de différente nature ; les uns ne sont froids qu'à l'état naturel, les autres sont refroidis sur glace, d'autres, enfin, sont congelés ou plutôt *frappés* à la glace salée. Pour la plupart, ils se prêtent mieux que les chauds à être ornementés ou garnis : le sucre filé, les sujets en pastillage, les hâtelets transparents ou composés de fruits leur sont applicables. Ils peuvent être entourés et garnis avec de petits gâteaux, des fruits au sirop, des croûtons de gelée, de petits pains de fruits, et, enfin, avec des fruits glacés au *cassé*.

En dehors de leur genre particulier, les entremets froids trouvent dans la pâtisserie d'utiles auxiliaires : les meringues, les nougats, les croquembouches, les coupes, les corbeilles garnies, et, enfin, ces beaux et bons petits gâteaux dont notre école est si riche, constituent des ressources considérables. L'office lui-même contribue dans une large mesure à augmenter ce contingent : les plombières, les mousses, les glaces sont autant d'éléments d'un grand prix dont les praticiens habiles peuvent tirer le plus grand profit.

En somme, les entremets de douceur, qu'ils soient chauds ou froids, exigent d'être traités avec des soins compétents. Ils doivent être coquets et élégants, mais surtout délicats, bien rendus, bien finis. Ce n'est qu'à ces conditions qu'ils sont estimés et qu'ils possèdent une véritable valeur.

GARNITURES ET SAUCES D'ENTREMETS CHAUDS

Hâtelets d'entremets chauds. — Dans quelques cas, on peut orner les entremets chauds avec des hâtelets qui diffèrent naturellement de ceux des entrées ou des relevés, et par leur physionomie et par leur nature. Les hâtelets eux-mêmes, c'est-à-dire les brochettes sur lesquelles ils sont formés, sont différentes ; elles sont composées d'une simple lame sans ornements, pointue des deux bouts, afin de pouvoir orner l'une des extrémités avec un sujet en pastillage levé à la planche. — On garnit ces brochettes avec de jolis fruits confits ou en compote, mais de nuances variées, formant un ensemble agréable à l'œil. On pique ces hâtelets soit sur les entremets eux-mêmes, soit sur des supports disposés sur le centre des entremets ou sur des gradins d'entremets. — Ces mêmes hâtelets de fruits sont quelquefois appliqués aux compotes.

Garniture d'entremets chauds. — On compose ordinairement les garnitures des entremets chauds avec des fritures, croquettes ou beignets, comme aussi avec des fruits en compote, tels que : reines-claudes, ananas, pommes, abricots, pêches, etc.; ces fruits sont entiers ou divisés, selon leur grosseur, selon leur forme.

Sauce à pouding, à l'anglaise. — Travaillez dans une casserole, à l'aide d'une cuiller en bois, 100 grammes de beurre; quand il est ramolli, mêlez-lui 2 cuillerées de farine et 4 à 5 cuillerées de sucre en poudre; ajoutez 1 décilitre de madère, rhum ou cognac, autant d'eau, un peu de zeste; tournez la sauce sur feu, comme une sauce au beurre, jusqu'à ce qu'elle soit bien liée, mais en évitant de la faire bouillir; passez-la, finissez-la avec quelques cuillerées de madère ou de rhum, pour l'alléger au point voulu.

Sauce américaine. — Faites infuser, dans du sirop à 30 degrés, pendant 2 heures, un morceau de cannelle, un brin de macis ou fleur de muscade, racine de gingembre et zeste de citron; chauffez jusqu'à l'ébullition. — Passez le liquide, mêlez-lui 2 décilitres de bon rhum.

Sauce à la crème et au rhum. — Broyez 6 jaunes d'œuf dans un casserole; ajoutez 6 cuillerées de sucre en poudre et une demi-cuillerée d'*arow-root* [1]; délayez peu à peu l'appareil avec 3 décilitres de lait cuit; tournez la sauce sur feu modéré, pour la lier sans ébullition. Passez-la au tamis fin, vannez-la, finissez-la avec quelques cuillerées de bon rhum.

Sauce au madère. — Chauffez, dans une petite casserole, 2 décilitres de madère avec à peu près la même quantité de sirop à 32 degrés; au premier bouillon, liez le liquide avec une cuillerée d'arow-root délayé à l'eau froide; ajoutez le quart d'un zeste d'orange ou de citron. Passez la sauce, beurrez-la.

Sauce abricots. — Délayez la valeur de 2 décilitres de marmelade d'abricots avec 2 décilitres de sirop de fruits, léger; passez au tamis dans une casserole; ajoutez un morceau de vanille, un demi-verre de madère, de kirsch ou de noyau; chauffez à point, sans faire bouillir. — Si l'on opère avec de la purée de fruits frais, il faut ajouter du sucre et lier légèrement la sauce avec de l'arow-root.

Sauce églantine. — Déposez dans un poêlon la valeur d'un verre de marmelade de fruits d'églantier; délayez-la avec un verre de vin blanc et du sirop, ajoutez un peu de zeste de citron; faites bouillir en tournant; retirez-la sur le côté du feu; cuisez-la un quart d'heure en l'allongeant avec du sirop si elle devenait trop épaisse; quand elle est liée à point, passez-la; finissez-la avec quelques cuillerées de rhum.

Sauce à l'orgeat. — Cuisez 200 grammes de sucre au petit *cassé;* décuisez-le avec 2 décilitres de lait d'amandes, ajoutez un demi-bâton de vanille; faites bouillir le liquide, liez-le avec de l'arow-root délayé. — Au premier bouillon, passez la sauce, finissez-la avec quelques cuillerées de crème double.

Sauce chaude, aux pêches. — Épluchez quelques petites pêches, mettez-les dans un poêlon avec du sucre en poudre, un morceau de vanille; quand elles sont fondues, passez-les au tamis fin; délayez la purée avec un peu de sirop léger; chauffez-la; au premier bouillon, retirez-la du feu, finissez-la avec quelques cuillerées de marasquin et quelques gouttes de carmin; beurrez-la.

Sauce à l'ananas. — Infusez une heure quelques parures hachées d'ananas cru, avec 3 décilitres de sirop; passez au tamis; avec ce sirop, étendez 4 cuillerées de purée de pommes, ajoutez un demi-bâton de vanille; chauffez la sauce à point, en la tournant sur feu; liez-la avec un peu d'arow-root délayé; faites-la bouillir, passez-la; mêlez-lui 4 à 5 cuillerées d'ananas cru, coupé en petits dés. — On peut remplacer la vanille par une addition de kirsch; en ce cas, il faut mêler la liqueur au moment même de servir la sauce.

Sauce aux sucs de fruits. — Les sucs de groseilles, de cerises, de framboises sont très fréquemment servis comme sauces d'entremets chauds; ces sucs sont cuits ou crus; s'ils sont cuits, ils doivent être sucrés et concentrés à l'égal des sirops ordinaires. S'ils sont crus, ils sont simplement mêlés avec de la

---

1. L'*arow-root* est la seule fécule avec laquelle on doit lier les sauces aux fruits, la fécule de pommes de terre donne à ces sauces un goût désagréable.

glace de sucre, un peu de zeste, sans les chauffer. — Les sucs de fruits, cuits, peuvent être beurrés en dernier lieu ou légèrement liés avec de l'arow-root délayé à l'eau froide.

Sauce aux purées de fruits. — Les fraises, les pêches et abricots frais fournissent d'excellentes sauces d'entremets. Ces fruits sont passés au tamis, et la purée est déposée dans une terrine ou un poêlon ; on la délaye avec du sirop ou on lui mêle une égale quantité de glace de sucre ou du sucre en poudre, on la tient sur glace jusqu'à ce qu'elle soit bien saisie. A défaut de fruits frais, on emploie des purées de fruits conservés ; en général, le résultat n'est pas tout à fait le même.

Pour les sauces abricots, la pulpe conservée donne de bons résultats ; à défaut de celle-ci, on emploie de la bonne marmelade. — Les purées de fruits frais : de fraises ou de framboises, sucrées, bien refroidies, appliquées aux entremets chauds, donnent à ceux-ci un cachet tout particulier.

Sauce au punch. — Mêlez dans une casserole 1 décilitre de rhum, 1 décilitre de cognac ; ajoutez 150 grammes de sucre en pain, préalablement imbibé avec de l'eau, le quart d'un bâton de vanille, un zeste d'orange ou de citron, un brin de cannelle et de fleur de muscade. Quelques minutes avant de servir, chauffez le liquide sur feu, en laissant enflammer l'esprit ; retirez la casserole du feu, couvrez-la aussitôt pour éteindre la flamme ; additionnez le suc d'une orange, passez et servez.

Sauce bischof. — Mêlez dans un poêlon 2 décilitres de vin blanc avec autant de sirop ; faites bouillir le liquide ; ajoutez alors le zeste d'un citron et d'une orange, émincés en julienne, blanchis à fond ; ajoutez encore une vingtaine d'amandes, autant de pistaches mondées, coupées en filets, 200 grammes de raisins : Corinthe et Smyrne, ramollis à l'eau tiède. Donnez seulement un bouillon et servez.

Sauce au chocolat. — Faites fondre à la bouche du four, dans une petite casserole, 200 grammes de bon cacao ou chocolat sans sucre ; broyez-le avec une cuiller, étendez-le, peu à peu, avec du sirop ou de l'eau tiède ; en ce dernier cas, sucrez-le ; ajoutez un bâton de vanille ; tournez le liquide sur feu ; au premier bouillon, retirez-le sur le côté, cuisez-le un quart d'heure. Finissez la sauce, hors du feu, avec quelques cuillerées de bonne crème crue.

Sauce au café. — Torréfiez 200 grammes de café en grains ; faites-le piler au mortier, déposez cette poudre dans un vase, contenant 3 décilitres d'eau bouillante ; couvrez le vase, retirez-le aussitôt du feu ; au bout d'un quart d'heure passez l'infusion à travers un linge. — D'autre part, broyez 10 jaunes d'œuf dans une casserole, ajoutez quelques cuillerées de sucre fin et une demi-cuillerée d'arow-root ; délayez avec l'infusion au café ; tournez la sauce sur feu comme une crème ordinaire ; quand elle est liée, passez-la au tamis ou à la passoire fine.

Sauce crème anglaise, à l'orange. — Mêlez 8 à 10 jaunes d'œuf dans une terrine avec 200 grammes de sucre en poudre ; délayez avec un demi-litre de bon lait ou de crème simple ; passez le liquide au tamis, dans une casserole ; liez-le sur feu, sans ébullition : retirez-le aussitôt, ajoutez un demi-zeste de citron, versez dans une terrine. Vannez la sauce hors du feu, jusqu'à ce qu'elle soit à peu près refroidie ; passez-la.

Sauce crème anglaise, aux avelines. — Faites torréfier au four 200 grammes d'avelines sans coquilles ; supprimez-en la peau, pilez-les, plongez-les dans une crème anglaise à la vanille, liée sur feu au moment, c'est-à-dire bouillante ; retirez-la, vannez-la jusqu'à ce qu'elle soit à peu près refroidie ; passez-la au tamis fin. — On peut infuser ces crèmes, aux amandes, aux noix fraîches, aux pistaches pilées, mais non torréfiées.

Sabayon au vin. — Déposez dans une terrine 10 jaunes et un œuf entier, un quart de litre de sucre en poudre, un brin de zeste ; mouillez avec un quart de litre de bon vin du Rhin ; passez à l'étamine, dans un poêlon ou une casserole ; posez-le sur feu très doux, fouettez le liquide jusqu'à ce qu'il soit bien chaud, mousseux et ferme ; retirez-le du feu, fouettez-le encore 4 à 5 minutes.

Sauce liée, aux liqueurs. — Faites bouillir 3 décilitres de sirop, liez-le avec de l'arow-root délayé à l'eau froide ; ajoutez un brin de zeste, cuisez 2 minutes. Passez la sauce, mêlez-lui soit de la crème d'anisette, crème d'angélique ou crème de noyau, soit enfin du rhum, du kirsch ou toute autre liqueur.

Sauce mousseuse à la moelle, pour le plum-pudding. — Faites dégorger 150 grammes de moelle ; coupez-la en morceaux, faites-la dissoudre, passez-la à travers une serviette, dans une terrine vernie ; travaillez-la avec une cuiller jusqu'à ce qu'elle commence à mousser : ajoutez alors 100 grammes de beurre frais, distribué en petites parties, en l'incorporant peu à peu, finissez la sauce avec 2 cuillerées de sucre d'orange et 4 à 5 cuillerées de rhum, kirsch ou cognac ; versez-la dans une saucière, servez-la telle et quelle.

Sauce aux cerises. — Mettez dans un poêlon 2 poignées de cerises aigres, pilées avec leurs noyaux ; délayez avec un verre de vin rouge ; ajoutez un morceau de sucre, de la cannelle, du zeste de citron ; faites bouillir jusqu'à ce que les cerises soient bien cuites ; passez-les alors au tamis, remettez la purée dans le poêlon, liez-la avec une cuillerée d'arow-root étendu à froid ; faites bouillir ; ajoutez 5 à 6 cuillerées de cerises, mi-sucre, préalablement rafraîchies à l'eau tiède ; retirez et servez. — En Allemagne, on prépare cette sauce avec des cerises sèches.

Sauce Richelieu, à la vanille. — Chauffez du sirop vanillé, à 30 degrés ; retirez-le, mêlez-lui quelques cuillerées de kirsch et quelques cuillerées de cerises mi-sucre, lavées à l'eau tiède, bien épongées.

Infusion pour baba. — *Proportions :* 1 litre de sirop à 28 degrés, 1 décilitre et demi de rhum, 1 décilitre de marasquin, zeste d'orange et de citron. Faites bouillir le sirop ; retirez-le, mêlez-lui les zestes et les liqueurs : siropez aussitôt.

Infusion pour savarin. — *Proportions :* 1 litre de sirop vanillé, à 30 degrés, 1 décilitre de rhum, 1 décilitre de cognac, 1 décilitre de kirsch, 1 décilitre de lait d'amandes, concentré : zestes de citron et d'orange. — Faites bouillir le sirop avec la vanille, retirez-le du feu ; mêlez-lui les liqueurs, les zestes, le lait d'amandes ; passez ; siropez aussitôt.

ENTREMETS CHAUDS

POUDING DE CABINET A LA ROYALE

Broyez, dans une terrine, 10 jaunes et 2 œufs entiers ; ajoutez 350 grammes de sucre en poudre, vanillé ; à défaut de vanille, mettez des zestes. Délayez avec 6 décilitres de bon lait et 4 décilitres de crème crue ; laissez infuser quelques minutes, passez au tamis deux ou trois fois.

Beurrez un moule à timbale de la contenance d'un litre ; masquez-le avec un rond de papier. Coupez en tranches transversales et minces, une brioche cuite dans une casserole un peu plus large que le moule à timbale ; supprimez la croûte de ces tranches, en les coupant de même diamètre

5

que le moule, videz-les au centre avec un coupe-pâte de 4 à 5 centimètres de diamètre; abricotez chaque tranche, d'un côté; puis montez-les dans le moule, l'une sur l'autre, en les saupoudrant alternativement avec des pistaches et des macarons écrasés. Quand le moule est plein, emplissez le puits laissé par les abaisses rondes, avec une garniture de fruits confits, composée d'abricots, ananas, chinois confits, coupés en dés, ainsi que des cerises entières. Versez alors l'appareil dans le moule, peu à peu; faites pocher le pouding au *bain-marie*, sans ébullition. Trois quarts d'heure après, renversez-le sur plat chaud; masquez-le avec une sauce abricots au marasquin.

POUDING DE CABINET A L'ITALIENNE

Émiettez, dans une terrine, 400 grammes de biscuit ordinaire, génoise ou madeleine; mêlez-lui quelques macarons écrasés, une cuillerée de sucre de citron, délayez avec 3 œufs entiers, 8 jaunes, 2 décilitres de crème crue, un petit verre de rhum; passez au tamis. Mêlez alors à cet appareil 250 grammes d'écorces confites de citron et d'orange, coupées en dés, ainsi que 2 poignées de raisins de Corinthe et Smyrne, épluchés et ramollis à l'eau tiède; versez l'appareil dans un moule à dôme beurré, fariné; couvrez-le avec un rond de papier; posez-le sur le fond d'une casserole, appuyé sur un grand coupe-pâte, ayant de l'eau chaude jusqu'à moitié de sa hauteur; faites-le pocher trois quarts d'heure au bain-marie. — Au moment de servir démoulez-le sur plat, glacez-le au pinceau avec de la marmelade d'abricots réduite; versez dans le fond du plat un peu de sauce au punch; envoyez le surplus en saucière.

POUDING DE CABINET A LA REINE

Coupez, à l'emporte-pièce rond, une trentaine de tranches de pain de cuisine, de l'épaisseur de 1 centimètre sur 4 de diamètre; imbibez-les avec quelques jaunes d'œuf étendus avec un peu de crème crue, sucrée; rangez-les sur une plaque. — Fouettez 2 œufs entiers et 8 jaunes; étendez-les avec 4 décilitres de crème; ajoutez le sucre nécessaire dont une partie vanillée; passez cet appareil au tamis fin. — Beurrez un moule à timbale, foncez-le avec un rond de papier; sur ce fond, rangez une couche de tranches de pain; saupoudrez-les avec de l'ananas confit coupé en dés, mêlé avec quelques pistaches, également en dés; sur ces fruits, rangez encore une couche de pain; saupoudrez aussi avec ananas et pistaches. Quand le moule est plein, versez l'appareil sur le pain, peu à peu; placez ce moule dans une casserole, sur un trépied, avec de l'eau chaude jusqu'à moitié de sa hauteur; faites pocher le pouding au bain-marie, une heure, sans ébullition; renversez-le sur plat, masquez-le avec du sirop d'ananas.

POUDING AU MALAGA

Maniez 250 grammes de beurre dans un linge; déposez-le dans une terrine tiède, travaillez-le avec une cuiller, en additionnant 15 jaunes d'œuf, l'un après l'autre, en même temps qu'une poignée de sucre fin, jusqu'à concurrence de 250 grammes; en dernier lieu, mêlez-lui 4 cuillerées de marmelade de pommes et 8 blancs d'œuf fouettés.

Beurrez un moule à cylindre, uni; glacez-le à la fécule, remplissez-le, couche par couche, avec l'appareil, en alternant celui-ci avec des biscuits à la cuiller, trempés à mesure dans du vin de Malaga. Quand le moule est plein, posez-le sur le fond d'une casserole avec de l'eau bouillante jusqu'à moitié de sa hauteur, faites pocher au bain-marie. — Au moment de servir, démoulez le pouding sur plat, remplissez le puits de l'entremets avec un sabayon au malaga; saucez également le fond du plat, envoyez le restant dans une saucière.

POUDING AU PAIN NOIR, A L'ALLEMANDE

Déposez dans une terrine 150 grammes de beurre, travaillez-le avec une cuiller en ajoutant 6 jaunes et 3 œufs entiers; puis 200 grammes de sucre en poudre, dont une partie parfumée au zeste de citron; quand le sucre est mêlé, ajoutez 200 grammes d'amandes hachées ou moulues, sans être mondées, une pincée de cannelle en poudre, une cuillerée de chocolat râpé, 4 cuillerées d'écorces de citron en petits dés, 150 grammes de beurre fondu, 250 grammes de mie de pain noir (pumpernikel) râpée et humectée avec quelques cuillerées de vin rouge; versez l'appareil dans un moule à dôme beurré; placez celui-ci dans une casserole avec de l'eau chaude jusqu'au tiers de hauteur, poussez-le au four modéré. Trois quarts d'heure après, démoulez le pouding sur plat, envoyez séparément une sauce bischof ou une sauce aux cerises.

POUDING A LA VERNET

Faites dégorger 400 grammes de moelle de bœuf; pilez-la, passez-la au tamis; déposez-la dans une terrine, avec 100 grammes de beurre fin; travaillez avec une cuiller jusqu'à ce que l'appareil soit mousseux; ajoutez 160 grammes de sucre; travaillez, en ajoutant, peu à peu, 5 œufs entiers, et 5 jaunes; quand l'appareil est crémeux, ajoutez 7 à 8 cuillerées de purée de marrons, sucrée et vanillée; une cuillerée de farine de riz, 250 grammes de raisins de Smyrne, autant d'ananas coupés en dés, 4 cuillerées de kirsch; versez le tout dans un moule uni, à cylindre, beurré, fariné; faites pocher une heure au bain-marie, sans ébullition. — Au moment de servir, dressez le pouding sur plat, masquez-le avec un sirop d'ananas au kirsch.

POUDING A LA TYROLIENNE

Émiettez 400 grammes de biscuit; déposez-le dans une terrine, délayez-le avec 5 œufs entiers et 5 jaunes; passez au tamis. — Faites ramollir, à la bouche du four, 200 grammes de chocolat; broyez-le, mêlez-lui, peu à peu, l'appareil; ajoutez 150 grammes de moelle de bœuf hachée, 2 poignées de raisins de Smyrne, 4 cuillerées de marmelade d'abricots, une de sucre vanillé, et enfin, 4 décilitres de crème crue; versez le tout dans un moule à dôme beurré, fariné; placez le moule

dans une casserole avec un peu d'eau, faites pocher au four trois quarts d'heure. — Démoulez le
pouding sur plat, masquez-le avec une sauce au chocolat.

POUDING A LA VÉSUVIENNE

Mettez dans une terrine la valeur d'un demi-litre de purée de marrons, sucrée et vanillée;
ajoutez 250 grammes de raisins de Smyrne et écorces confites, 2 cuillerées de marasquin,
2 œufs entiers et 10 jaunes, 7 à 8 cuillerées de riz cuit à la crème; versez cet appareil dans un
moule à cylindre, de forme basse, beurré, fariné; placez-le dans une casserole avec un peu d'eau;
faites pocher au bain-marie. — Au moment de servir, démoulez le pouding sur un plat en métal;
garnissez-en le vide central avec un gros salpicon de fruits confits, mêlés. Faites chauffer 2 décilitres
de rhum avec 150 grammes de sucre; aussitôt que l'esprit s'enflamme, versez-le sur le pouding. —
Ce mets doit être présenté à table avec une extrême attention, afin de prévenir tout accident.

POUDING A L'ÉCOSSAISE

Faites imbiber au lait 400 grammes de mie de pain blanc; exprimez-en l'humidité, mettez-la
dans une casserole; broyez-la, ajoutez 175 grammes de moelle de bœuf, autant de graisse de rognons
de bœuf, l'une et l'autre finement hachées; ajoutez encore 250 grammes de sucre, 400 grammes de
raisins de Smyrne et écorces confites, 1 décilitre de rhum, le zeste d'une orange, 2 œufs entiers et
10 jaunes; en dernier lieu, ajoutez 4 blancs fouettés; versez l'appareil dans un moule à timbale
beurré, fariné; placez-le dans une casserole, appuyé sur un trépied avec de l'eau chaude jusqu'à
moitié de hauteur; faites partir l'eau en ébullition; couvrez la casserole, poussez-la au four;
faites pocher l'appareil, avec ébullition. — Une heure après, renversez le pouding sur plat, masquez-le avec une sauce abricots, au madère.

POUDING DE PAIN A L'ANGLAISE (BREAD-PUDDING)

Coupez en gros dés 500 grammes de mie de pain de cuisine; déposez-la dans une terrine,
humectez-la avec du lait chaud; quand elle est bien imbibée, exprimez-la, par petite quantité
à la fois; mettez-la à mesure dans une terrine, broyez-la avec une cuiller; ajoutez à l'appareil
150 grammes de beurre, un grain de sel, 250 grammes de sucre vanillé, 6 œufs entiers et 4 jaunes,
300 grammes de raisins de Smyrne, 6 macarons écrasés, quelques cuillerées de crème crue;
quand le mélange est opéré, versez l'appareil dans un moule à timbale beurré, fariné; placez ce
moule dans une casserole, appuyée sur un trépied ou un coupe-pâte, avec de l'eau jusqu'à moité de
hauteur; faites partir le liquide en ébullition, couvrez la casserole, poussez au four, en maintenant
l'ébullition pendant une heure. — Au moment de servir, démoulez le pouding sur plat, masquez-le
avec une crème anglaise à la vanille.

POUDING AU PAIN, A LA GASTRONOME

Épluchez 100 grammes de graisse de rognons de bœuf; pilez-la avec une égale quantité de moelle de bœuf; passez-les au tamis; déposez-les dans une terrine. Ajoutez alors 250 grammes de sucre, 12 jaunes et 2 œufs entiers, de deux en deux, en travaillant avec une cuiller. Quand l'appareil est mousseux, incorporez-lui la valeur de 4 à 500 grammes de mie de pain de cuisine, d'abord imbibée avec du lait, puis bien exprimée et broyée; ajoutez encore 300 grammes de raisins de Smyrne et écorces confites, zeste haché, grain de sel, 1 décilitre de rhum. — Versez l'appareil dans un moule à dôme beurré, fariné; mettez celui-ci dans une casserole avec de l'eau chaude jusqu'à moitié de hauteur; cuisez le pouding une heure et quart, à couvert, au four ou sur un fourneau. — Au moment de servir, renversez-le sur plat, masquez-le avec une sauce abricots au rhum.

POUDING WELLINGTON

Cuisez 3 douzaines de petits pannequets au sucre; parez-les, étalez-les sur une plaque, masquez-les avec une légère couche de marmelade d'abricots. — Cuisez un moyen moule à timbale de crème au bain-marie, parfumée au café; quand elle est refroidie, renversez-la dans une terrine, broyez-la avec une cuiller, passez-la au tamis; mêlez-lui alors 2 œufs entiers et 8 à 10 jaunes.

Beurrez un moule à dôme, masquez-en le fond et les parois avec quelques pannequets, en les appuyant du côté qui n'est pas masqué de marmelade; pliez les autres pannequets en carrés, rangez-les dans l'intérieur du moule, par couches, en les alternant avec une petite partie de l'appareil à la crème.

Quand le moule est plein, masquez-en toute l'ouverture avec un large pannequet. Placez le moule dans une casserole, en l'appuyant sur un grand coupe-pâte; versez de l'eau chaude dans la casserole jusqu'à moitié de la hauteur du moule, faites pocher le pouding au *bain-marie*, sans ébullition. — Au moment de servir, démoulez-le sur plat, masquez-le avec une crème anglaise, au café.

POUDING GEORGE-QUATRE

Cuisez 3 à 4 douzaines de pannequets minces; masquez-les d'un côté avec une couche de riz à la crème, sucré, vanillé, fini avec quelques jaunes d'œuf, un peu de beurre; pliez ces pannequets en carré long, tous dans les mêmes dimensions. — Beurrez grassement un moule à timbale avec du beurre épuré; glacez-le au sucre fin, puis masquez-en le fond et les pourtours avec les pannequets, en les dressant par couches et en couronnes superposées, mais à plat; garnissez le vide avec le restant des pannequets pliés, en les alternant avec des fruits confits, coupés en dés : ananas, cerises et angélique; couvrez l'ouverture du moule avec un rond de papier, placez-le sur un petit

plafond, poussez-le à four vif, tenez-le ainsi jusqu'à ce que les pannequets soient glacés de belle couleur. En sortant le pouding, dégagez-en les pourtours, renversez-le sur plat; masquez le fond de
celui-ci avec une sauce abricots, au kirsch ou au marasquin.

POUDING A L'AMÉRICAINE

Levez les chairs blanches de 2 poulets rôtis, retirez-en la peau, pilez-les avec 150 grammes
de moelle de bœuf; ajoutez la valeur de 3 décilitres de bouillie à la crème, vanillée; retirez l'appareil
dans une terrine, incorporez-lui la valeur de 1 décilitre de marmelade de pommes, une pointe de
fleur de muscade pilée, 3 œufs entiers, 8 jaunes, un demi-zeste de citron haché, 5 à 600 grammes de
raisins de Corinthe et de Smyrne. Versez cet appareil dans un moule uni, à cylindre, beurré, fariné;
faites-le pocher une heure, au bain-marie, sans ébullition. — Au moment de servir, renversez le
pouding sur plat, masquez-le avec une crème anglaise au rhum ou au madère (page 32).

POUDING D'ABRICOTS, A L'ANGLAISE

Coupez en quartiers une vingtaine de bons abricots, fermes; déposez-les dans une terrine,
saupoudrez-les avec une poignée de sucre en poudre, faites-les macérer une demi-heure, en les sautant de temps en temps.

Avec de la pâte à pouding mince, foncez un moule à dôme plus large que haut; garnissez-en
le vide avec les quartiers d'abricots, en les dressant par couches, et les alternant avec de la cassonade
ou du sucre; couvrez les fruits avec un rond de pâte, soudez celle-ci avec celle des parois; fermez
le moule avec son couvercle, enveloppez-le dans un linge, plongez-le à l'eau bouillante, cuisez-le une
heure et demie, à feu vif. — Au moment de servir, sortez le moule, déballez-le, renversez le pouding
sur plat, masquez-le avec une sauce abricots, au madère.

POUDING A LA COWLEY

Travaillez dans une terrine, à l'aide d'une cuiller, 200 grammes de sucre avec 4 jaunes d'œuf;
quand l'appareil est mousseux, ajoutez 200 grammes d'amandes pilées avec 2 jaunes d'œuf, passées
au tamis. — D'autre part, déposez dans une terrine 5 à 6 cuillerées de pulpe de pommes de terre
cuites au four ou sous les cendres chaudes, passée au tamis; travaillez-la, en incorporant 2 cuillerées
de sucre vanillé, 3 jaunes et un œuf entier; mêlez l'appareil aux amandes, ajoutez un morceau de
beurre fin et 4 à 5 blancs d'œuf fouettés; versez-le alors dans un moule à timbale, beurré, glacé au
sucre. — Placez le moule sur un plafond avec un peu d'eau chaude, poussez-le au four modéré. Au
bout d'une heure, démoulez le pouding sur plat, masquez-le avec une crème anglaise à la vanille.

POUDING A LA CAMERANI

Foncez un moule à dôme avec de la pâte fine, bien reposée. — Préparez un appareil à soufflé avec 200 grammes de farine, une cuillerée de fécule, le lait et le beurre nécessaires. Aussitôt qu'il est lié, sucrez-le; ajoutez 150 grammes d'amandes pilées avec 2 jaunes d'œuf, passées au tamis, 5 jaunes, puis 6 blancs fouettés. — Faites cuire au lait 4 à 5 poignées de nouilles ciselées; égouttez-les sur un tamis, versez-les dans une terrine; mêlez-leur un morceau de beurre, 150 grammes d'écorces d'orange, autant d'ananas et de marrons confits, coupés en dés, 2 poignées de raisins de Smyrne, 3 œufs entiers. Mêlez les deux appareils, emplissez le moule; couvrez celui-ci avec un rond de pâte, soudez-la avec celle des bords; fermez le moule avec son couvercle, enveloppez-le dans un linge, plongez-lui à l'eau bouillante; donnez-lui 1 heure et demie d'ébullition. — Déballez le moule, renversez le pouding sur plat, masquez-le avec un sirop d'ananas au marasquin.

POUDING DE HANOVRE

Déposez dans une terrine tiède 300 grammes de beurre manié, travaillez-le à la cuiller; quand il est mousseux, mêlez-lui 4 jaunes, 1 œuf entier, mais peu à peu; quand l'appareil est bien léger, incorporez-lui 2 cuillerées de farine, 4 de sucre à l'orange, 4 d'écorces confites de citron, coupées en petits dés, un grain de sel, 2 poignées de raisins de Smyrne, enfin 300 grammes de mie de pain humectée avec du lait, puis égouttée sur un tamis et broyée. Versez l'appareil dans un moule à dôme beurré, fariné; fermez celui-ci, enveloppez-le dans une serviette, plongez-le à l'eau bouillante; donnez 2 heures d'ébullition continue. — Sortez le moule, déballez-le; démoulez le pouding sur plat; masquez-le avec une sauce abricots, au marasquin.

POUDING DE SEMOULE AU BAIN-MARIE

Je considère cet entremets simple, comme très recommandable et excellent.

1 litre de lait, 250 grammes de semoule fine, 250 grammes de sucre, 250 grammes de beurre, 4 œufs entiers, 12 jaunes, 8 blancs fouettés, zeste, grain de sel.

Faites bouillir le lait; incorporez-lui, peu à peu, la semoule, en la laissant tomber en pluie; remuez avec une cuiller à l'endroit où elle tombe, afin d'obtenir une bouillie lisse, sans grumeaux. Au premier bouillon, retirez-la sur le côté; ajoutez le sucre, la moitié du beurre et le sel; cuisez 10 à 12 minutes. En dernier lieu, remettez-la sur feu pour la faire réduire 2 minutes sans la quitter; ajoutez le zeste, retirez-la; quand elle est à peu près froide, ajoutez le restant du beurre, les œufs entiers, les jaunes, et enfin les blancs fouettés; retirez le zeste. — Avec cette quantité d'appareil on peut faire 3 moyens moules.

Beurrez un grand moule à cylindre ; emplissez-le à peu près à hauteur avec l'appareil ; mettez-le dans une casserole avec de l'eau chaude jusqu'à mi-hauteur du moule ; faites bouillir l'eau ; couvrez la casserole, cuisez le pouding trois quarts d'heure, en maintenant toujours l'eau au même degré, sans ébullition prononcée.

Démoulez le pouding sur plat, servez-le avec un sabayon ou une sauce églantine.

POUDING DE RIZ, A LA PORTUGAISE

Lavez 4 à 500 grammes de beau riz, cuisez-le à grande eau, mêlée avec le suc de quelques citrons, en ayant soin de conserver les grains bien entiers et pas trop cuits ; égouttez-le aussitôt dans une casserole, ajoutez 200 grammes de beurre, le sucre nécessaire ; couvrez la casserole, tenez-la à la bouche du four jusqu'à ce que toute l'humidité du riz soit absorbée. A ce point, changez le riz de casserole, mêlez-lui 2 cuillerées de sucre d'orange, 100 grammes de raisins de Smyrne, un petit salpicon composé d'écorces confites : citron, orange, cédrat, ainsi que quelques cuillerées de pistaches coupées en dés ; incorporez-lui ensuite 7 à 8 jaunes d'œuf et 2 blancs fouettés. Versez-le dans une casserole à soufflé, beurrée ; placez la casserole dans un sautoir avec de l'eau bouillante jusqu'à moitié de hauteur ; cuisez le pouding à four modéré ; glacez-le au sucre quelques minutes avant de le sortir : posez la casserole sur serviette pliée ; dressez alors sur l'appareil une couronne de quartiers d'orange parés à vif, sans pépins.

POUDING DE RIZ, A L'ORANGE

Lavez 350 grammes de riz, faites-le blanchir à point, égouttez-le, placez-le dans une casserole ; mouillez-le largement avec du lait, ajoutez un grain de sel, cuisez-le sans le toucher jusqu'à ce qu'il soit à sec, bien tendre ; retirez-le alors du feu ; ajoutez un morceau de beurre fin, 200 grammes de sucre en poudre, dont 50 grammes à l'orange ; couvrez la casserole ; 10 minutes après, versez l'appareil dans une terrine ; incorporez-lui 300 grammes de fruits et écorces confits, coupés en petits dés, une poignée de cerises mi-sucre, entières, 6 jaunes, 2 œufs entiers, 2 blancs fouettés, et quelques cuillerées de crème fouettée. Avec cet appareil remplissez un moule à timbale beurré, pané ; arrosez-le avec un peu de beurre, posez-le sur un plafond, poussez-le au four modéré.

Trois quarts d'heure après, retirez le pouding, démoulez-le sur plat, masquez le fond de celui-ci avec une crème anglaise, à l'orange. Envoyez le surplus en saucière.

POUDING DE RIZ, A LA BOURDALOUE

Cuisez un pouding de riz, en procédant d'après la méthode prescrite dans l'article qui précède, sans fruit. Quand il est sorti du four, cernez-le en dessus pour le vider, en laissant, autour et au fond, une épaisseur de 2 centimètres ; remplissez-en le vide avec une crème frangipane chaude, aux amandes, mêlée avec un gros salpicon de fruits confits variés, 2 jaunes d'œuf, un blanc fouetté; tenez-le 20 minutes à la bouche du four. — Au moment de servir, démoulez le pouding sur plat, masquez-le avec une sauce abricots, à la vanille.

POUDING DE NOUILLES, A L'ITALIENNE

Préparez une pâte à nouille avec 4 œufs; abaissez-la, émincez-la; cuisez les nouilles 6 à 8 minutes, avec lait et grain de sel; égouttez-les sur un tamis, versez-les aussitôt dans une casserole; ajoutez un morceau de beurre fin, 200 grammes de sucre; couvrez l'appareil. Cinq minutes après, incorporez-lui 125 grammes de beurre, 6 jaunes, 1 œuf entier, 6 macarons pulvérisés, un demi-zeste de citron haché, 300 grammes de cédrat confit, coupé en dés; finissez-le avec 2 cuillerées de crème fouettée; versez-le dans un moule à timbale beurré, glacé au sucre. Couvrez le pouding avec du papier, posez-le sur un plafond, poussez-le à four modéré pour le cuire trois quarts d'heure. — Au dernier moment, démoulez-le sur plat, masquez-le avec une crème anglaise, aux amandes.

POUDING SOUFFLÉ, AUX AMANDES

Mettez, dans une casserole, 7 à 8 cuillerées de fécule de riz; délayez-la avec 6 décilitres de lait d'amandes douces et amères; ajoutez un grain de sel, un morceau de beurre; liez l'appareil sur feu, en le tournant avec une cuiller; quand il est arrivé au point de consistance d'un appareil à soufflé, retirez-le; incorporez-lui 150 grammes de sucre vanillé, 100 grammes de beurre, 10 jaunes, un œuf entier, 2 cuillerées de crème, 4 blancs fouettés, bien fermes. — Beurrez un moule à timbale, remplissez-le avec l'appareil, par couches alternées avec des lames de biscuit coupées minces, masquées avec de la marmelade d'abricots; quand le moule est plein, posez-le dans une casserole avec de l'eau chaude jusqu'à moitié de hauteur, faites pocher le pouding trois quarts d'heure, au bain-marie. — Au dernier moment, démoulez-le sur plat, masquez-le avec une crème anglaise aux amandes et à la vanille.

POUDING SOUFFLÉ, DE FRANCFORT

Travaillez 250 grammes de beurre dans une terrine, en lui mêlant un à un 6 à 8 jaunes d'œuf; quand l'appareil est mousseux, ajoutez 175 grammes d'amandes séchées, pilées, passées au tamis, 175 grammes de sucre en poudre, 125 grammes de mie de pain noir, séchée, pulvérisée, passée au tamis, quelques cuillerées d'écorce confites, coupées en petits dés, 2 cuillerées de sucre vanillé, une pincée de cannelle en poudre, 6 blancs d'œuf fouettés; rangez l'appareil dans un moule, couches par couches, alternées avec quelques cerises mi-sucre; posez le moule dans une casserole, avec de l'eau

6

chaude jusqu'à moitié de hauteur ; poussez-le à four doux, cuisez-le 35 minutes. — Démoulez le pouding sur plat, masquez le fond de celui-ci avec une sauce aux cerises ou une sauce abricots ; envoyez le
surplus en saucière.

POUDING SOUFFLÉ AU CITRON

Déposez dans une casserole 10 jaunes d'œuf, 150 grammes de sucre en poudre, 150 grammes
de beurre ; une cuillerée de fécule, le suc de 2 citrons ; posez-la sur feu très doux, cuisez l'appareil,
en le tournant à la cuiller, jusqu'à ce qu'il soit lié comme une crème anglaise ; passez-le alors à l'étamine, dans une terrine ; vannez-le jusqu'à ce qu'il soit froid ; mêlez-lui, peu à peu, 10 blancs
fouettés. Versez-le dans un moule à dôme beurré, fariné ; placez celui-ci dans une casserole,
appuyé sur un coupe-pâte, ayant de l'eau jusqu'au tiers de sa hauteur ; faites bouillir l'eau, poussez la
casserole à four doux ; cuisez le pouding 35 minutes, à four fermé ou sur le fourneau avec du feu sur le
couvercle. — Au moment de servir, démoulez l'entremets sur plat, masquez le fond de celui-ci avec
une crème anglaise au citron ; envoyez le surplus de la crème dans une saucière. — Ce pouding doit
être servi en sortant du four.

POUDING SOUFFLÉ, A LA SAXONNE

500 grammes de farine, 500 grammes de beurre, 500 grammes de sucre, trois quarts de
litre de lait, 22 jaunes, 20 blancs fouettés, grain de sel, vanille : ces proportions suffisent pour
4 moules.

Faites bouillir le lait avec une gousse de vanille coupée ; couvrez la casserole, retirez-la du feu ;
quelques minutes après, placez la farine dans une autre casserole, délayez-la avec le lait chaud, mais
peu à peu, afin de ne pas faire de grumeaux ; mêlez-lui alors la moitié du beurre, la moitié du sucre
et le sel ; posez la casserole sur feu modéré, tournez l'appareil à la cuiller jusqu'à ce qu'il commence
à prendre de la consistance ; retirez-le aussitôt, afin de mieux le lier, en le travaillant fortement.
Quand il est bien lisse, remettez-le sur feu pour le travailler de nouveau et le dessécher jusqu'à ce
qu'il se détache du fond de la casserole ; à ce point, versez-le dans une terrine ; aussitôt qu'il a perdu
sa grande chaleur, travaillez-le fortement avec la cuiller, en lui incorporant, peu à peu, les jaunes
d'œuf, ainsi que le restant du sucre et du beurre, puis les blancs, bien fermes.

Avec cet appareil remplissez un moule uni, à cylindre, préalablement beurré, glacé au sucre
et à la fécule ; posez-le dans une casserole avec de l'eau jusqu'à moitié de hauteur ; faites bouillir l'eau,
couvrez et cuisez 50 minutes, à four modéré, mais sans ébullition visible ; 10 minutes avant de servir,
mettez du feu sur le couvercle de la casserole, afin de saisir légèrement l'appareil sur le haut. Renversez le pouding sur plat ; masquez avec une crème anglaise à la vanille. — Cet appareil de pouding
est peu pratiqué en France ; c'est un tort, car il est excellent.

POUDING SOUFFLÉ AU CHOCOLAT

Préparez un petit appareil, en procédant d'après la méthode prescrite dans l'article qui précède ; avant d'incorporer les œufs, mêlez-lui 3 à 4 cuillerées de chocolat sans sucre, dissous, broyé, puis délayé avec 2 jaunes d'œuf ; incorporez le restant des œufs à l'appareil, le beurre, et, en dernier lieu, les blancs fouettés ; versez-le dans un moule à cylindre beurré, fariné ; cuisez-le à couvert, au bain-marie, en opérant comme il vient d'être dit pour le pouding saxon. — Au moment de servir, renversez le pouding sur plat, masquez-le avec une sauce au chocolat à la vanille et à la crème (page 32).

POUDING SOUFFLÉ, A L'ESPAGNOLE

Faites fondre 250 grammes de beurre, épurez-le, versez-le dans une casserole pour le chauffer ; mêlez-lui 2 fortes poignées de panure blanche et fine ; cuisez celle-ci, en la tournant à la cuiller, jusqu'à ce qu'elle ait pris une couleur blonde ; retirez-la, délayez-la, peu à peu, avec 7 ou 8 décilitres de lait tiède ; tournez l'appareil sur feu jusqu'à ce qu'il commence à devenir consistant ; retirez aussitôt la casserole hors du feu, liez l'appareil, en le travaillant fortement. Quand il est lisse, mêlez-lui 200 grammes de sucre vanillé ; cuisez-le encore quelques minutes ; versez-le dans une autre casserole, mêlez-lui 3 œufs entiers et 6 jaunes. Quand il est froid, incorporez-lui 5 blancs fouettés et quelques cuillerées de crème fouettée ; versez-le dans un moule cylindrique, uni, beurré ; posez celui-ci dans une casserole avec de l'eau jusqu'à mi-hauteur ; faites pocher trois quarts d'heure le pouding, à four modéré. Renversez-le sur plat, masquez-le avec une crème anglaise.

ROYAL-PUDDING

Cuisez une brioche dans un moule à dôme ; quand elle est démoulée et refroidie, coupez-la en tranches transversales ; masquez ensuite chaque tranche avec une couche de marmelade d'abricots, saupoudrez-les avec une pincée d'ananas coupé en dés fins ; rangez-les dans le même moule bien beurré, en commençant par les tranches plus étroites, de façon à remettre en forme la brioche. Préparez un litre d'appareil à pouding de cabinet (page 33) parfumé aux zestes, aux amandes ou à la vanille ; versez-le peu à peu dans le moule ; cuisez trois quarts d'heure le pouding au bain-marie. Démoulez-le sur plat, masquez-le avec une sauce abricots au madère.

POUDING DU MÉNESTREL

Mettez dans une terrine 250 grammes de graisse hachée de rognons de bœuf, autant de panure blanche, autant de cassonade, autant de raisins de Smyrne et de Corinthe, autant d'abricots confits et de pommes crues, l'un et l'autre coupés en quartiers ; ajoutez une pincée de zeste de citron haché,

6 œufs entiers et un verre de rhum. Versez l'appareil dans un linge humide, beurré et fariné, comme pour un plum-pudding ; nouez-le fortement ; cuisez-le à l'eau une heure et demie. — Égouttez le pouding, renversez-le sur plat ; arrosez-le avec une sauce madère.

POUDING A L'ANANAS

Préparez un petit appareil à pouding saxon ; quand il est fini, mêlez-lui un salpicon d'ananas confit, versez-le dans un moule beurré, fariné ; faites-le pocher trois quarts d'heure au bain-marie. — Au moment de servir, démoulez le pouding sur plat, masquez-le avec un sirop d'ananas ; entourez-le avec couronne de tranches d'ananas, frais ou de conserve, en ce dernier cas, il faut leur donner 3 façons avec du sirop à 30 degrés.

POUDING A LA CAMBACÉRÈS

Pilez 250 grammes de moelle de bœuf crue ; passez-la au tamis, déposez-la dans une terrine, travaillez-la avec une cuiller, en additionnant 8 jaunes d'œuf et 150 grammes de sucre. — D'autre part, pilez 300 grammes d'amandes douces avec une douzaine d'amères ; passez-les au tamis. — Pilez également 300 grammes de raisins secs, épépinés, autant d'écorces confites ; passez aussi au tamis ; placez cette purée dans une autre terrine. Mêlez-lui les amandes, puis 4 à 5 œufs entiers, et enfin l'appareil à la moelle ; ajoutez 100 grammes de farine, 300 grammes de biscuit émietté, 100 grammes d'angélique coupée en dés, un décilitre de crème de noyau et un décilitre de rhum. Versez l'appareil dans un moule [1] à dôme beurré et fariné ; faites-le pocher trois quarts d'heure, au bain-marie. — Au moment de servir, démoulez le pouding sur plat, masquez-le avec une sauce abricots, mêlée avec un décilitre de crème de noyau.

CHARLOTTE DE POMMES, A LA VANILLE

Beurrez grassement un moule à charlotte ; masquez-en le fond avec des lames minces de pain de cuisine coupées en pointe, en formant une rosace serrée, sans laisser de jour, mais en ayant soin de tremper à mesure ces lames de pain dans du beurre fondu, pour les imbiber. — Coupez d'autres lames minces de pain, en forme de carré long, juste de la hauteur du moule, de la largeur de 3 centimètres ; imbibez-les à mesure, d'un côté seulement, dans du beurre fondu, appliquez-les, une à une, tout autour et contre les parois du moule, en les posant debout et à cheval ; couvrez le moule avec une cloche, tenez-le dans un lieu frais.

Coupez en quartiers une vingtaine de pommes reinettes ; supprimez-en le cœur, pelez-les pour les émincer un peu épais ; placez-les dans un sautoir, largement beurré ; ajoutez un demi-bâton de

1. Les proportions établies dans les recettes de cette série sont en général plutôt pour deux entremets que pour un seul.

vanille coupé, une poignée de sucre en poudre ; posez le sautoir sur feu vif, sautez les pommes jusqu'à ce qu'elles soient bien saisies ; aussitôt qu'elles ont réduit leur humidité, liez-les avec un peu de marmelade d'abricots : les pommes doivent rester fermes et entières ; retirez-les du feu.

Dix minutes après, égouttez le liquide que les pommes ont rendu, et, avec elles, emplissez le vide du moule à charlotte ; couvrez-le avec une tranche ronde de pain, formant son diamètre ; beurrez grassement le pain, sur les bords. Posez le moule sur un plafond, poussez-le à four vif, pour saisir le pain ; retirez-le sur feu plus modéré, afin de bien chauffer les pommes et glacer le pain de belle couleur ; 25 minutes suffisent. — En sortant la charlotte du four, renversez-la sur plat, sans enlever le moule. Épongez le beurre du plat, enlevez le moule, glacez la charlotte au pinceau avec un peu de marmelade d'abricots, entourez-en la base avec une couronne de quartiers de pomme, parés, blanchis, finis de cuire dans de la marmelade d'abricots étendue avec du sirop et un peu de rhum. — Envoyez en même temps une sauce abricots à la vanille.

CHARLOTTE A LA VARSOVIENNE

Foncez un moule à charlotte avec du pain beurré, en procédant comme il vient d'être dit ; masquez intérieurement ce pain, autour et au fond, avec une couche de marmelade de pommes, très serrée. — Une demi-heure avant de servir, emplissez le vide du moule avec une macédoine de gros fruits variés, demi-confits ou cuits au sirop, suivant leur nature, tels que : reines-claudes, abricots, pêches, ananas, pommes, poires, cerises, verjus ; tous ces fruits doivent être sans noyaux, cuits, bien épongés, rangés par couches dans le moule, en les alternant avec un peu de marmelade d'abricots. Couvrez les fruits avec une tranche ronde de pain, du même diamètre que l'ouverture du moule, masquée d'un côté avec une couche de marmelade de pommes ; beurrez-la en dessus.

Posez le moule sur un plafond, poussez-le à four vif ; cuisez la charlotte jusqu'à ce que le pain soit de belle couleur. Sortez-la, tenez-la ainsi quelques minutes ; renversez-la ensuite sur plat ; épongez-en le beurre, enlevez le moule ; saucez le fond du plat avec une marmelade d'abricots au madère ; envoyez le surplus dans une saucière.

TIMBALE A LA CONDÉ

Beurrez un moule à timbale ; saupoudrez-le avec des amandes hachées ; foncez-le avec une pâte à flan ; masquez la pâte au fond et autour avec du papier beurré ; emplissez le vide de la caisse avec de la farine ordinaire, cuisez la croûte *à blanc*. Quand elle est de belle couleur, sortez-la ; enlevez la farine et le papier, sans la démouler.

Cuisez 300 grammes de riz à la crème et à la vanille ; tenez-le à consistance d'appareil à pouding ; liez-le avec quelques jaunes d'œuf, finissez-le avec un morceau de beurre fin. Avec cet appareil masquez la croûte de la timbale, à l'intérieur, avec une couche de 2 centimètres d'épaisseur ; garnissez aussitôt le vide avec des moitiés d'abricots, fermes, pelés, légèrement blanchis, liés avec un peu de marmelade d'abricots; couvrez-les avec une couche de riz, et celui-ci avec un rond de papier; tenez 25 minutes la timbale à la bouche du four. — Renversez-la ensuite sur plat; ornez-la, en dessus, avec un petit décor d'angélique; entourez-en la base, avec une couronne de beignets d'abricots, c'est-à-dire des demi-abricots dont le creux est garni avec de la frangipane aux amandes, panés et frits; masquez-les avec de la sauce abricots, envoyez séparément une saucière de cette sauce.

TIMBALE DE MARRONS AU MARASQUIN

Retirez la première écorce à un cent de marrons; plongez-les à l'eau bouillante; supprimez-en la peau; mettez-les dans une casserole avec deux verres de lait et un demi-bâton de vanille, pour les cuire tout doucement. Quand le mouillement est à sec, les marrons doivent se trouver cuits; passez-les au tamis.

Pour 600 grammes de purée, cuisez 350 grammes de suc au *boulé*, avec un morceau de vanille dedans; quand il est à point, mêlez-lui peu à peu la purée de marrons; travaillez l'appareil sur feu jusqu'à ce qu'il soit bien desséché, lisse, compact, qu'il ne colle plus à la main et qu'il se détache du fond de la casserole. Prenez-le alors par petites parties avec une cuiller, pour masquer le fond et les parois d'un moule à charlotte, huilé à l'huile douce, et dont le fond est plaqué avec un rond de papier; pressez l'appareil, lissez-le aussi bien que possible, en lui donnant un demi-centimètre d'épaisseur. Emplissez aussitôt le vide de la timbale avec un appareil de riz à la crème et à la vanille, mêlé avec des cerises mi-sucre; renversez la timbale sur plat, masquez-la avec une sauce au marasquin.

TIMBALE A LA DUCHESSE

Prenez la valeur de 600 grammes de pâte à flan, un peu ferme; divisez-la en parties de la grosseur d'un œuf; roulez-les avec les mains, sur la table farinée, pour en former des cordons de l'épaisseur d'un macaroni; montez ceux-ci en spirale contre les parois intérieures du moule, en commençant par le fond, mais en ayant soin de tremper à mesure la pâte dans du beurre fondu, ayant perdu toute sa chaleur, disposé dans une assiette creuse et tiède; soudez le bout de ces cordons avec attention. Aussitôt le moule foncé, emplissez le vide de la timbale, par couches, avec des quartiers de pomme légèrement cuits au beurre, glacés à la marmelade d'abricots, en saupoudrant chaque couche avec une pincée de raisins de Smyrne; masquez l'appareil, en dessus, avec une abaisse en pâte; posez le moule sur un plafond, poussez-le à four vif; cuisez la timbale une demi-heure; renversez-la sur plat, masquez-la au pinceau avec de la marmelade d'abricots, serrée; envoyez séparément une sauce abricots au madère.

TIMBALE A L'ESPAGNOLE

Abaissez 600 grammes de pâte fine, de l'épaisseur de 2 millimètres ; détaillez-la au coupe-pâte, en ronds de 3 centimètres de diamètre. Aussitôt coupés, prenez ces ronds avec la pointe d'une lardoire, trempez-les dans le beurre fondu et épuré ; montez-les en couronnes superposées, un peu à cheval, en les appuyant contre les parois et le fond d'un moule à dôme.

Faites blanchir à grande eau 2 à 300 grammes de beau riz ; mêlez au liquide le suc de quelques citrons. Quand il est à point, égouttez-le, déposez-le dans une terrine, mêlez-lui une poignée de sucre ou quelques cuillerées de sirop vanillé ; laissez macérer 2 heures.

Déposez dans une autre terrine 4 décilitres de purée de marrons, sucrée, vanillée ; travaillez-la à la cuiller, en lui incorporant 6 jaunes d'œuf, 5 blancs fouettés ; ajoutez un morceau de beurre, quelques amandes vertes, 2 tranches d'ananas confit, émincé, 2 poignées de raisins de Smyrne et, en dernier lieu, le riz bien égoutté, puis quelques cuillerées de marasquin. — Remplissez le moule avec cet appareil, couvrez-le avec une abaisse mince de pâte et avec un rond de papier beurré ; cuisez trois quarts d'heure, à four modéré. Démoulez la timbale sur plat, masquez-la avec un sirop vanillé, entourez-en la base avec une couronne de marrons demi-confits.

TIMBALE DE RIZ A LA NAPOLITAINE

Avec de la pâte frolle reposée, préparez une quinzaine d'abaisses rondes, évidées sur le centre, dont 2 seulement pleines, en procédant comme pour un gâteau napolitain. En les sortant du four, coupez-les à l'aide d'un moule à timbale ; faites-les refroidir sous presse légère, afin de les obtenir bien droites. Masquez les deux abaisses pleines avec de la frangipane, et sur celles-ci, rangez celles qui sont évidées, en les posant les unes sur les autres, et les alternant aussi avec une couche de frangipane. Quand la timbale est montée, masquez-en les contours et le dessus avec de la marmelade d'abricots ; tenez-la un quart d'heure à l'étuve douce. — Au moment de servir, dressez-la sur plat, masquez-la avec une sauce abricots au marasquin, saupoudrez avec des pistaches hachées ; garnissez le puits avec un appareil de riz à la crème, vanillé, fini avec quelques cuillerées de lait d'amandes, et avec quelques cuillerées de crème fouettée.

TIMBALE DE FRUITS A LA PARISIENNE

Cuisez une brioche dans un moule à dôme, de forme élevée ; quand elle est sortie du four et refroidie, coupez-la droite sur le haut, cernez-la pour la vider, en laissant 1 centimètre et demi d'épaisseur ; tenez-la au chaud, sans la sortir du moule ; réservez le rond enlevé.

Versez dans un poêlon un demi-verre de madère, ajoutez 250 grammes de raisins, par moitié de Smyrne et de Corinthe, préalablement ramollis à l'eau tiède; puis 4 à 5 cuillerées de confitures de cerises égouttées de leur sirop, lavées; donnez un seul bouillon au liquide, retirez-le du feu. — Dans un autre poêlon, placez quelques quartiers de pêche et d'abricot frais ou en compote.

Au moment de servir, masquez intérieurement la brioche avec une couche de marmelade d'abricots, serrée; garnissez-en le vide avec les pêches et les abricots, en les rangeant par couches alternées avec les raisins; arrosez avec un peu de marmelade d'abricots, délayée au madère.

Fermez l'ouverture de la brioche avec le rond supérieur tenu en réserve, renversez-la sur plat; masquez-la avec une sauce abricots au madère, saupoudrez-la avec des pistaches hachées, entourez-la avec une couronne de reines-claudes entières.

TIMBALE DE RIZ AUX POMMES

Foncez un moule à timbale avec de la pâte à flan; garnissez-en le vide, par couches, avec du bon riz cuit au lait et à la vanille, fini avec du beurre et de la crème; alternez chaque couche avec une couche de pommes au beurre, saupoudrées avec de l'ananas confit. Couvrez avec de la pâte; cuisez à four vif, 25 minutes. Démoulez-la sur plat, arrosez-la avec un peu de sauce abricots au kirsch.

TIMBALE A LA LAGUIPIERRE

Abaissez la valeur de 5 à 600 grammes de pâte à flan, de l'épaisseur de 2 millimètres; détaillez cette abaisse avec un coupe-pâte rond, ayant 3 centimètres de diamètre. — Prenez ces ronds un à un, trempez-les dans du beurre fondu, posez-en un sur le centre d'un moule à dôme; autour de ce rond, contre les parois du moule, montez les autres ronds en couronnes superposées, en ayant soin de les poser à cheval, sans négliger de les humecter. — Cuisez à grande eau 150 grammes de riz; quand il est bien égoutté, déposez-le dans une terrine, mêlez-lui 150 grammes d'ananas confit, coupé en dés, autant de marrons confits, divisés, autant de raisins de Smyrne, 100 grammes de pistaches; arrosez le riz et les fruits avec la valeur de 2 décilitres de marasquin; faites-les macérer un quart d'heure.

Égouttez-en ensuite le liquide, mêlez-leur un égal volume d'appareil à soufflé; versez aussitôt dans le moule; posez celui-ci sur un plafond, poussez-le à four modéré. Aussitôt que l'appareil du haut est saisi, couvrez-le avec du papier. — Quand la pâte est cuite, retirez la timbale, laissez-la un peu tomber, renversez-la sur plat; humectez la pâte au pinceau avec de la marmelade d'abricots, versez dans le fond du plat une petite crème anglaise à la vanille.

TIMBALE A LA SAVARIN

Cuisez un savarin dans un moule à dôme; laissez-le refroidir; coupez-le droit en dessus; cernez-le, videz-le, en réservant le couvercle.

D'autre part, mettez dans un petit poêlon 250 grammes de raisins, arrosez-les avec la valeur d'un vérre de vin blanc, ajoutez un peu de zeste; donnez un bouillon au liquide, versez-le sur un tamis. Mettez les raisins dans une terrine, mêlez-leur un égal volume de cerises confites et autant de boules de pommes coupées à l'aide d'une cuiller à racine, légèrement cuites dans du sirop; liez ces fruits avec quelques cuillerées de marmelade d'abricots; ajoutez 2 ou 3 cuillerées de lait d'amandes et de curaçao. — Chauffez les fruits sans ébullition; chauffez également la timbale pour l'emplir avec les fruits; couvrez-la avec son couvercle, renversez-la sur plat; masquez-la avec un peu de sauce abricots.

TIMBALE DE POIRES A LA D'ARENBERG

Décorez un moule à timbale avec de la pâte à nouille, sucrée; foncez-le avec de la pâte à flan. Coupez en quartiers une douzaine de petites poires de *beurré*, pelez-les, supprimez-en le cœur; émincez-les, cuisez-les avec beurre, sucre et vanille, en les tenant un peu fermes; liez-les avec quelques cuillerées de marmelade d'abricots, laissez-les à moitié refroidir, et avec elles, garnissez le vide du moule; couvrez avec une abaisse de pâte, en la soudant avec celle des bords. Poussez alors le moule à four modéré; cuisez la timbale trois quarts d'heure. — En la sortant, renversez-la sur plat chaud, masquez-la avec une sauce abricots, au marasquin.

CRÈME AU BAIN-MARIE, AU CAFÉ

Torréfiez dans un poêlon 250 grammes de café; aussitôt à point, versez-le dans une casserole contenant 7 à 8 décilitres de lait bouillant; couvrez hermétiquement, laissez infuser 25 minutes. Passez le liquide au tamis, allongez-le avec 3 décilitres de crème crue. — Mettez dans une terrine 3 œufs entiers et 15 jaunes, 350 grammes de sucre; battez l'appareil avec le fouet, étendez-le peu à peu avec l'infusion au café; passez deux ou trois fois au tamis, puis versez dans un moule à timbale dont le fond est masqué avec un rond de papier, très légèrement beurré. Placez le moule dans une casserole, en l'appuyant sur un trépied, avec de l'eau chaude jusqu'à moitié de sa hauteur; faites pocher l'appareil une heure, au bain-marie, à couvert, sans ébullition. — Retirez ensuite la casserole du feu, tenez-la ainsi un quart d'heure. Quand l'appareil est à moitié refroidi, dégagez-le du moule avec la lame d'un petit couteau; renversez la crème sur plat, masquez-la avec une anglaise au café.

CRÈME AUX FLEURS D'ORANGER

Le parfum de fleurs d'oranger est peut-être celui qui s'allie le mieux avec la crème au bain-marie; il faut seulement avoir soin d'employer de l'eau de fleurs d'oranger de bonne provenance et de premier choix.

Beurrez un moule à timbale; masquez-en le fond avec un rond de papier, afin de faciliter plus tard le démoulage de la crème. — Faites bouillir 7 à 8 décilitres de bon lait; retirez-le, sucrez-le

7

à point. — Cassez 3 œufs dans une terrine, ajoutez 14 jaunes et un grain de sel; broyez-les, délayez-les peu à peu avec le lait et 3 décilitres de crème crue. Passez l'appareil; mêlez-lui un demi-décilitre d'eau de fleurs d'oranger; passez-le encore, faites pocher la crème au bain-marie, en opérant comme il est dit dans l'article qui précède. — Au moment de servir, renversez la crème sur plat, masquez-la avec une anglaise aux amandes.

CROUTES AUX FRUITS ET AU MADÈRE

Égouttez 3 à 400 grammes de cerises en confitures ou cerises mi-sucre, bien rouges; passez-les à l'eau tiède, égouttez-les, déposez-les dans un poêlon; ajoutez une forte poignée de raisins de Smyrne, également lavés à l'eau tiède, autant d'amandes vertes confites, autant d'ananas frais ou confits, et enfin 4 cuillerées de pistaches mondées : les amandes, l'ananas, les pistaches doivent être coupés en dés. Mouillez ces fruits à couvert avec moitié madère, moitié sirop vanillé, tenez-les de côté pour ne les chauffer qu'au moment. — Coupez quelques tranches de mie de pain de cuisine, de 1 centimètre d'épaisseur; sur ces tranches, coupez une trentaine de ronds, à l'aide d'un coupe-pâte ayant 4 centimètres de diamètre; évidez 6 de ces ronds; rangez-les sur une plaque légèrement beurrée ensemble avec les ronds qui ne sont pas vidés; saupoudrez-les de sucre fin, faites-les glacer au four.

En les sortant, masquez-les en dessous avec un peu de marmelade consistante, collez-les de quatre en quatre. Dressez alors ces petites colonnes en cercle, dans le plat; arrosez-les avec de la sauce abricots au madère, chaude. Sur chaque colonne posez un des anneaux réservés, et sur ceux-ci, posez une belle reine-claude. Garnissez alors le vide central avec les fruits préparés. Envoyez séparément une saucière du sirop au madère.

CROUTES AUX FRUITS, A LA PORTUGAISE

Coupez 9 tranches de mie de pain de cuisine d'un centimètre d'épaisseur; sur ces tranches, coupez des croûtes de forme ovale, cernez-les à une petite distance des bords, faites-les frire au beurre dans un sautoir, pour leur faire prendre une légère couleur blonde. Égouttez-les sur un linge, ouvrez-les, videz-les; emplissez-en le vide avec un salpicon d'ananas lié avec un peu de marmelade d'abricots; dressez-les en couronne, sur plat. Garnissez le puits avec des quartiers d'orange, parés à vif, sucrés à la vanille; envoyez séparément une sauce abricots au malaga.

CROUTES A LA VICTORIA

Collez sur le centre d'un plat rond un petit support en pain frit, ayant 6 à 7 centimètres de haut, masquez-le avec de la marmelade d'abricots, entourez-le complètement avec des cerises mi-sucre, dressées, par rang, les unes sur les autres. — Bordez le plat avec une bordure en pain frit, en collant les détails avec du repère, selon la méthode appliquée aux bordures de plat; tenez le plat à l'étuve.

Préparez un salpicon avec des écorces confites, raisins de Smyrne, ananas, cerises mi-sucre, quelques cuillerées d'angélique ou pistaches; mouillez avec un peu de madère, tenez-les au chaud.

Coupez 15 croûtes en brioche ou en savarin d'un demi-centimètre d'épaisseur, de forme ovale, d'un égal diamètre; masquez-les, d'un côté, avec une mince couche d'amandes hachées mêlées avec égale quantité de sucre en poudre, délayées avec du blanc d'œuf : c'est ce qu'on appelle *appareil à Condé*. Saupoudrez cette couche avec du sucre fin, faites glacer les croûtes au four.

Masquez le fond du plat avec une épaisse couche du salpicon préparé, bien égoutté; sur cette couche dressez les croûtes en couronne, puis dressez les tranches d'ananas debout et à cheval entre les croûtes et le support. Piquez alors en éventail, sur le haut du support, 3 petits hâtelets garnis de beaux fruits; piquez-en un plus haut que les autres, droit, sur le centre : ces hâtelets sont composés avec des reines-claudes vertes, des fraises, des détails de pommes ou poires, blancs ou rouges, coupés au couteau ou à l'emporte-pièce.

Envoyez en même temps une saucière de sauce madère, mêlée avec un salpicon de fruits. — Les salpicons de fruits qu'on sert avec les entremets chauds ne doivent jamais macérer longtemps ni dans le sirop; ils ne doivent pas bouillir surtout, sinon ils deviennent désagréables à manger.

CROUTES A L'ITALIENNE

Coupez des tranches de mie de pain de cuisine, ayant l'épaisseur de 7 à 8 millimètres; distribuez-les de forme ovale; rangez-les dans un plat, les unes à côté des autres; imbibez-les avec de la crème double, crue, sucrée, parfumée; aussitôt qu'elles sont imbibées, égouttez-les bien, roulez-les dans des macarons pulvérisés, trempez-les dans des œufs battus; panez-les ensuite à la panure blanche; égalisez-les avec la lame d'un couteau, faites-les frire dans un sautoir avec du beurre clarifié. Quand elles sont de belle couleur, des deux côtés, égouttez-les sur un linge; nappez-les d'un côté, au pinceau, avec de la marmelade d'abricots, dressez-les en couronne sur plat; garnissez le centre de cette couronne avec des boules de pommes et poires enlevées à la cuiller, cuites dans un sirop léger; les premières blanches, les poires rouges; ajoutez quelques cuillerées de pistaches; nappez ces fruits avec un sirop réduit, parfumé au marasquin; envoyez le surplus dans une saucière.

CROUTES A L'ESPAGNOLE

Coupez une vingtaine de croûtes en brioche ordinaire, de l'épaisseur de 8 millimètres et de forme ovale; saupoudrez-les avec du sucre fin, faites-les glacer au four; dressez-les en couronne sur un plat, masquez-les avec une sauce abricots, au curaçao; garnissez le centre de la couronne avec des marrons demi-confits, mêlés avec quelques cuillerées de raisins de Smyrne et une poignée de pistaches; envoyez en même temps une saucière de sirop au curaçao, mêlé avec un salpicon de fruits choisis et quelques raisins de Smyrne.

CROUTES PRINTANIÈRES, AUX FRUITS

Mêlez dans une terrine quelques cuillerées d'ananas coupé en gros dés, quelques cerises crues, sans queues ni noyau; autant de belles fraises et de framboises, autant de quartiers d'orange parés à vif, quelques cuillerées de belles groseilles rouges et blanches. — Coupez une quinzaine de tranches de mie de pain de cuisine, de forme ronde, de l'épaisseur de 7 à 8 millimètres; cernez-les, faites-les frire au beurre. Videz-les; emplissez-en le vide avec un salpicon de fruits confits, lié avec un peu de marmelade d'abricots; masquez le salpicon avec une belle moitié d'abricots en compote, mais ferme, coupé du diamètre de l'ouverture; nappez-les au pinceau avec un sirop réduit.

Dressez les croûtes en couronne, sur plat; arrosez les fruits réservés, avec du sirop au punch, bien chaud; dressez-les dans le puits de la couronne formée par les croûtes; arrosez-les avec une partie du sirop, envoyez le restant dans une saucière, après lui avoir mêlé quelques pistaches mondées, coupées en filets.

POMMES A LA NESSELRODE

Préparez la valeur de 3 verres de marmelade de pommes de Canada, à la vanille, sucrée, passée. — Déposez dans une terrine 200 grammes de beurre épongé, légèrement ramolli; travaillez-le avec la cuiller, en additionnant, peu à peu, 1 œuf entier et 12 jaunes. Quand l'appareil est bien mousseux, ajoutez une pincée de fécule, puis la purée de pommes, et ensuite 200 grammes de poudre de macarons; versez cet appareil dans un moule beurré et fariné, faites-le pocher au bain-marie. — Au moment de servir, démoulez l'entremets sur plat chaud, masquez-le avec un peu de marmelade d'abricots, délayée au lait d'amandes.

POMMES AU RIZ, A L'ORANGE

Faites blanchir 300 grammes de beau riz; égouttez-le, cuisez-le dans une casserole avec du lait. Quand il est à point, sucrez-le, finissez-le avec quelques cuillerées de crème crue, 100 grammes de beurre fin, 3 jaunes d'œuf, 2 cuillerées de sucre d'orange. Versez l'appareil dans un moule à bordure uni, beurré, en tassant le moule sur un linge; tenez-le à l'étuve.

D'autre part, cuisez 8 à 10 belles pommes reinettes, coupées en quartiers; égouttez-les, déposez-les dans une petite terrine; mouillez-les à couvert avec un bon sirop vanillé; laissez-les refroidir avec un rond de papier dessus. — Deux heures après, égouttez-les, rangez-les dans un sautoir. Mêlez un peu de suc de pommes au sirop, faites-le réduire de moitié, versez-le dans le sautoir; faites macérer les pommes un quart d'heure. Dressez-les ensuite en buisson, dans le centre de la bordure de riz, renversée sur plat. Décorez-les avec quelques losanges d'angélique; arrosez-les avec le sirop réduit, envoyez séparément une sauce abricots, légèrement liée.

POMMES GRATINÉES

Masquez le fond d'un plat avec une couche épaisse de frangipane à la vanille et aux amandes; laissez-la refroidir. — Coupez en quartiers 6 grosses pommes de calville; pelez-les, cuisez-les à l'eau acidulée, en les tenant un peu fermes; égouttez-les, faites-les refroidir dans du sirop vanillé.

Une demi-heure avant de servir, égouttez les quartiers de pomme; dressez-les en dôme sur la crème, emplissez-en les vides avec la frangipane; nappez-les au pinceau avec de la marmelade d'abricots, tiède; tenez un quart d'heure le plat à la bouche du four; sortez-les, saupoudrez-les avec des amandes pralinées et hachées; poussez autour du plat, contre la couche de crème, de grosses perles en meringue; saupoudrez celles-ci et les amandes avec du sucre en poudre, faites légèrement colorer au four.

POMMES VOISIN

Coupez en quartiers 8 bonnes pommes de reinette; pelez-les, supprimez-en le cœur; faites-les légèrement blanchir; égouttez-les, rangez-les dans un sautoir beurré; arrosez-les avec quelque cuillerées de marmelade d'abricots; tenez-les à la bouche du four. — Avec 8 autres pommes, préparez de la marmelade un peu serrée.

Foncez un cercle à flan avec de la pâte sucrée, masquez-en le fond et le tour avec du papier beurré, emplissez-en le vide avec de la farine ordinaire ou des noyaux de cerises séchés; cuisez à four modéré.

En sortant la croûte, videz-la, glissez-la sur un plat sans retirer le cercle; abricotez-la intérieurement. Montez alors les quartiers de pomme en pyramide, par couches, dans la croûte, en saupoudrant chaque couche avec une pincée de macarons écrasés; masquez la pyramide avec la marmelade préparée, et ensuite avec une couche d'appareil à Condé[1]; saupoudrez celui-ci avec du sucre, faites glacer à la salamandre. Enlevez le cercle, essuyez bien le plat avant de l'envoyer.

POMMES AU MADÈRE

Coupez transversalement, chacune en deux parties, une dizaine de pommes calvilles; retirez-en le cœur à l'aide d'une cuiller à racine; tournez chaque moitié en arrondissant les angles; faites-les très légèrement blanchir, puis rangez-les dans un sautoir beurré; mouillez-les à hauteur avec de la marmelade d'abricots légère, étendue avec du sirop vanillé et un peu de madère; finissez de les cuire ainsi sur feu très doux. — Quand elles sont bien glacées, dressez-les en dôme sur un plat dont le fond est entouré avec une couronne de croûtons de pains frits au beurre, formant bordure; arrosez-les avec la sauce réduite, saupoudrez avec des pistaches hachées ou émincées.

1. On prépare cet appareil avec autant de sucre en poudre que d'amandes hachées, délayés au blanc d'œuf.

POMMES AU BEURRE

Divisez en quartiers 10 grosses pommes reinettes, en supprimant la peau et le cœur; arrondissez les angles, faites-les blanchir, rangez-les dans un sautoir les unes à côté des autres; arrosez-les largement avec du beurre fondu, saupoudrez avec un peu de sucre vanillé, cuisez-les tout doucement, en les retournant; quand elles sont à peu près cuites, masquez-les avec de la marmelade d'abricots, étendue avec du sirop vanillé; faites-les mijoter 10 minutes. Dressez-les ensuite en dôme, sur le centre d'un plat chaud; entourez la base du dôme avec de petites croquettes de riz, moulées en forme de reine-claude; entre le dôme et les croquettes, piquez en éventail des feuilles d'angélique, coupées en pointe, nappez-les avec de la sauce abricots, envoyez séparément une saucière de sirop de pommes au marasquin, mêlé avec des pistaches émincées.

POMMES A LA RICHELIEU

Videz sur le centre 8 à 10 petites pommes de calville; pelez-les, faites-les blanchir légèrement, en les tenant fermes, blanches, bien entières; égouttez-les, placez-les dans un vase plat; couvrez avec du sirop serré, chaud et vanillé. — Avec une grosse cuiller à racine, coupez une vingtaine de boules de pommes crues; faites-les blanchir; égouttez-les, mettez-les dans un poêlon avec du sirop rougi au carmin; chauffez et retirez du feu.

Avec les parures de pommes et quelques autres reinettes de Canada, préparez une marmelade à la vanille; faites-la réduire, serrée; étalez-la, sur le fond d'un plat, en anneau de 3 centimètres de large sur 1 d'épaisseur. Au centre de ce plat, collez un support en pain frit, forme de pyramide ronde; tenez le plat à l'étuve.

Égouttez les pommes entières, emplissez-en le vide avec une frangipane à la vanille; nappez-les au pinceau avec leur sirop réduit. Posez sur chacune d'elles une grosse cerise ou une petite reine-claude verte; dressez-les l'une à côté de l'autre sur l'anneau en marmelade. Masquez la pyramide au pinceau avec de la marmelade d'abricots, entourez-la avec des tranches d'ananas, coupées minces, étroites et longues, en les posant debout et à cheval. Sur le haut de la pyramide, piquez un hâtelet garni de fruits. Autour des pommes entières, dressez une chaîne de boules de pommes rouges; masquez-les avec du sirop vanillé. Envoyez en même temps une saucière de sauce Richelieu, aux cerises.

POMMES A LA DAUPHINE

Coupez en tranches épaisses 3 à 4 grosses pommes; passez ces tranches au coupe-pâte, afin de les obtenir d'un égal diamètre; videz-les en anneaux avec un tube à colonne; faites-les blanchir 2 secondes seulement; puis, rangez-les à plat dans un sautoir; mouillez-les à hauteur avec du sirop vanillé, chaud; faites-les macérer un quart d'heure. Sur un plat d'entremets, dressez un anneau en riz à la crème, consistant; au centre de cet anneau, dressez une pyramide de belles cerises en compote ou cerises mi-sucre lavées à l'eau tiède. — Égouttez les pommes, dressez-les en couronne sur le riz en les appuyant contre les cerises; nappez-les au pinceau avec de la gelée de pommes, dissoute; autour du riz, dressez une couronne de reines-claudes. Envoyez en même temps une saucière de sirop de pommes réduit, mêlé avec du marasquin.

PÊCHES AU RIZ, AU MARASQUIN

Cuisez 250 grammes de riz à la crème en le tenant consistant (page 108); quand il est fini, emplissez une douzaine de moules à dariole, beurrés; placez ces moules sur un plafond, tenez-les à l'étuve. Coupez, chacune en deux parties, 8 à 10 belles pêches, supprimez-en les noyaux, plongez-les à l'eau bouillante pour en retirer la peau; quand elles sont parées, divisez chaque moitié en deux parties, placez-les dans un poêlon, couvrez avec du sirop épais, vanillé; couvrez le poêlon, tenez-le hors du feu.

Au moment de servir, démoulez les petits pains de riz, rangez-les en cercle sur le tour du fond d'un plat; dans le vide du cercle, dressez une épaisse couche de riz; sur ce riz, dressez les quartiers de pêche, en dôme; ornez le dôme avec des feuilles d'angélique coupées en pointe; sur le haut de chaque petit pain, posez un anneau en pâte d'abricots; sur le centre de cet anneau, posez une grosse cerise mi-sucre. Masquez les pêches avec leur sirop réduit à 30 degrés, mêlé avec quelques cuillerées de bon marasquin. Envoyez le surplus dans une saucière.

ABRICOTS A LA COLBERT

Fendez en deux une quinzaine de beaux abricots, pas trop mûrs; retirez-en la peau, plongez-les à l'eau bouillante, quelques secondes seulement, pour les attendrir légèrement. Égouttez-les aussitôt, faites-les macérer une heure dans du sirop épais, froid; égouttez-les ensuite sur un linge, épongez-les, emplissez le creux de chaque moitié d'abricots avec du riz à la crème, fini avec quelques jaunes d'œuf, de façon à imiter un abricot entier; masquez-les avec une légère couche de marmelade; roulez-les dans des macarons pulvérisés; trempez-les dans des œufs battus, panez-les à la panure blanche; faites-les frire de belle couleur. — Égouttez-les, dressez-les en buisson sur plat chaud; masquez-les largement avec une sauce abricots, finie avec quelques cuillerées de lait d'amandes et du kirsch.

MARRONS AU RIZ, A L'ESPAGNOLE

Beurrez un moule à dôme; décorez-le intérieurement avec de gros détails d'angélique confite, ramollie à l'eau tiède. — Blanchissez 300 grammes de riz; égouttez-le, rafraîchissez-le, cuisez-le à la crème avec un morceau de vanille; quand il est à point, changez-le de casserole; finissez-le avec un

7*

morceau de bon beurre et 5 à 6 jaunes d'œuf ; dressez-le contre les parois et le fond du moule à timbale, beurré, décoré, en lui donnant l'épaisseur de 1 centimètre et demi ; lissez-le bien, emplissez-en le vide avec une garniture de marrons demi-confits, égouttés de leur sirop, entremêlés avec des raisins de Smyrne ramollis ; arrosez ces fruits avec quelques cuillerées de marmelade d'abricots au marasquin ; couvrez-les avec une couche de riz, et celle-ci avec un rond de papier. Tenez le moule au bain-marie 20 minutes. — Renversez ensuite le pain sur plat, masquez le fond de celui-ci avec le sirop des marrons, mêlé avec un peu de bon marasquin.

SOUFFLÉ AUX ZESTES

Faites fondre 175 grammes de beurre, dans une casserole ; mêlez-lui 100 grammes de farine ; cuisez la pâte sur feu doux, en la tournant ; délayez-la avec un demi-litre de crème simple, chaude, infusée aux zestes ; liez l'appareil sur feu, sans le quitter ; retirez-le pour le lisser, en le travaillant fortement ; desséchez-le quelques minutes, versez-le dans une terrine ; mêlez-lui alors 100 grammes de sucre de citron ou d'orange, un grain de sel, 9 à 10 jaunes, l'un après l'autre, sans cesser de le travailler ; ajoutez 80 grammes de beurre fin divisé ; puis 9 blancs fouettés, et enfin quelques cuillerées de crème fouettée, mêlée avec du sucre d'orange ou de citron.

Versez l'appareil dans deux casseroles à soufflé, beurrées ; cuisez-le à four doux 35 à 40 minutes. — Cinq minutes avant de sortir les soufflés du four, saupoudrez-les avec du sucre aux zestes. En sortant les casseroles, posez-les sur un plafond chauffé, couvrez-les avec une cloche en tôle, ayant un rebord sur le haut, de façon à pouvoir mettre de la cendre chaude dessus.

Cet appareil est un des meilleurs que je connaisse, c'est un des plus pratiques, facile à préparer ; quand il est cuit, il se tient très bien et peut rester au four quelques minutes de plus sans en souffrir. Ceux qui voudront l'essayer seront de mon avis : il faut seulement disposer d'un four bien atteint, mais peu chaud. — Pour un dîner de 12 couverts il convient de servir 2 soufflés.

SOUFFLÉ AU CITRON

Encore un excellent entremets recommandable. — Mettez dans une casserole 15 jaunes d'œuf, 250 grammes de beurre, 250 grammes de sucre, un grain de sel et le suc de 2 citrons ; travaillez cet appareil quelques minutes ; puis liez-le sur feu sans le quitter, et sans faire bouillir. Retirez-le du feu, laissez-le à moitié refroidir sans cesser de le travailler ; incorporez-lui peu à peu 15 blancs d'œuf fouettés, une pincée de zeste de citron finement haché, et une cuillerée de fécule. Le mélange opéré, versez-le dans une casserole à soufflé, mettez celle-ci dans un plafond avec un peu d'eau chaude, cuisez-le 25 minutes, à four doux ; en le sortant, couvrez-le d'une cloche chaude, envoyez-le aussitôt.

SOUFFLÉ DAUPHIN

Préparez un appareil comme pour le pouding saxon ; beurrez une casserole à soufflé ; étalez une couche de l'appareil sur le fond de la casserole beurrée ; poussez la casserole au four chaud, aussitôt que la surface de la couche est saisie, retirez la casserole à la bouche du four ; masquez l'appareil avec une légère couche de marmelade d'abricots ; sur celle-ci étalez une autre couche d'appareil à soufflé, faites-le saisir, et masquez-le encore avec la marmelade ; continuez ainsi jusqu'à ce que la casserole soit pleine ; poussez-la alors au four doux ; cuisez le soufflé 35 minutes, en le glaçant de belle couleur. Dressez-le aussitôt sur plat chaud, couvrez-le avec une cloche chaude.

SOUFFLÉ DE RIZ, AU MARASQUIN

Cuisez à grande eau 200 grammes de riz ; égouttez-le, déposez-le dans une terrine, arrosez-le avec un peu de marasquin.

Préparez un appareil à soufflé, comme pour le soufflé aux zestes. Quand les blancs sont incorporés, dressez-le par couches dans 2 casseroles à soufflé, en alternant chaque couche avec une petite partie du riz, bien égoutté. Quand les casseroles sont aux trois quarts pleines, posez-les sur un plafond, poussez celui-ci à four doux, bien atteint ; 3 minutes après, sortez-les pour les fendre en croix ; repoussez-les aussitôt au four, cuisez-les 25 minutes, en les glaçant deux fois au sucre fin. En les sortant du four, couvrez-les d'une cloche bien chaude ; envoyez-les aussitôt.

SOUFFLÉ A LA PALPHY

Préparez un appareil à soufflé, à la vanille, tel qu'il est décrit à la page 56. — D'autre part, cuisez mince une plaque de biscuit en feuilles ; fendez-le par le milieu, afin d'en diminuer l'épaisseur ; divisez-les en ronds un peu plus étroits que l'ouverture d'une casserole à soufflé (il en faut 4 pour un soufflé) ; imbibez-les légèrement avec du marasquin, masquez-les d'un côté avec une couche de marmelade d'abricots, serrée.

Étalez dans chaque casserole une couche d'appareil à soufflé, ayant 2 centimètres d'épaisseur ; sur cette couche posez un rond de biscuit ; masquez celui-ci avec une autre couche d'appareil ; continuez ainsi, en alternant l'appareil et le biscuit, jusqu'à ce que les casseroles soient à peu près emplies ; posez-les alors sur une plaque, couvrez avec du papier, poussez à four doux. Quand les soufflés sont bien montés, enlevez le papier, saupoudrez avec du sucre, faites glacer de belle couleur ; retirez-les aussitôt, couvrez-les d'une cloche bien chaude pour les envoyer.

SOUFFLÉ AUX AMANDES

Triez 250 grammes d'amandes, mêlées avec quelques-unes d'amères ; frottez-les dans un linge, hachez-les finement. — Mêlez dans une terrine 300 grammes de sucre en poudre vanillé et 10 jaunes d'œuf ; travaillez avec une cuiller comme pour biscuit ; quand l'appareil est bien mousseux, incorporez-lui peu à peu les amandes, en même temps que 8 blancs fouettés, bien fermes, et la valeur

8

d'un verre de crème fouettée ; versez l'appareil dans 2 casseroles à soufflé, beurrées ; posez les casseroles sur un plafond, couvrez les soufflés avec un papier, poussez-les à four modéré, cuisez-les à four doux, sans trop les colorer. Au dernier moment, glacez-les avec du sucre vanillé ; envoyez-les aussitôt.

SOUFFLÉS AU CHOCOLAT, EN CAISSES

Mettez dans un sautoir 4 tablettes de bon chocolat à la vanille, cassées en morceaux ; ajoutez quelques cuillerées d'eau, tenez à la bouche du four, jusqu'à ce que le chocolat soit bien ramolli ; broyez-le alors avec une cuiller en bois ; ajoutez 100 grammes de sucre et 6 jaunes d'œuf ; 2 minutes après, délayez l'appareil avec la valeur de 2 blancs d'œuf fouettés ; puis versez-le sur 5 à 6 blancs fouettés ; ajoutez un peu de sucre vanillé et la valeur d'un verre de crème fouettée. Avec cet appareil, emplissez de petites caisses en papier ou en porcelaine, rangez celles-ci sur un plafond, poussez au four doux, cuisez 20 minutes ; glacez-les au sucre ; en les sortant, couvrez-les avec une cloche chaude, envoyez-les aussitôt.

SOUFFLÉ DE POMMES, A LA RUSSE

Tenez au chaud, dans une casserole, la valeur d'un demi-litre de marmelade de pommes à la vanille, peu sucrée, mais bien réduite ; 25 à 30 minutes avant de servir, chauffez-la bien, en la tournant ; retirez-la du feu ; incorporez-lui vivement 6 blancs d'œuf fouettés, bien fermes et sucrés ; versez aussitôt l'appareil dans 2 casseroles à soufflé ; lissez-le, en le montant en dôme, saupoudrez-le avec du sucre fin, poussez les casseroles à four très doux. Sortez-les 20 à 25 minutes après, dressez-les sur plat couvert d'une serviette, servez-les. — Cet appareil à soufflé ne tombe pas du tout.

SOUFFLÉ RUSSE, A L'ANANAS

Avec un appareil de biscuit fin, remplissez un moule à pâté-chaud, bas de forme, à charnières, beurré, glacé ; cuisez-le à four modéré.

En le sortant, démoulez-le, laissez-le refroidir. Parez-le droit en dessus, videz-le en partie, sans l'amincir trop sur les côtés. Masquez-le au fond et autour avec une couche de marmelade d'abricots au rhum, tiède. Essuyez le moule, remettez le biscuit dedans, tenez-le à l'étuve.

Mettez dans un poêlon 300 grammes de belle marmelade d'abricots et un demi-bâton de vanille ; tournez-la sur feu, faites-la réduire 4 à 5 minutes, sans la quitter : si elle était trop légère il faudrait en mettre davantage et la faire réduire quelques minutes de plus, afin de la serrer. Retirez-la, enlevez la vanille, mêlez-lui, par moitié, un demi-décilitre de rhum et de curaçao ; incorporez aussitôt 6 blancs d'œuf fouettés en neige, légèrement sucrés, avec du sucre d'orange ou de citron râpé sur l'écorce des fruits, et parfumés au rhum ou au curaçao : cet appareil doit être fortement aromatisé, afin de corriger la fadeur des blancs d'œuf ; ajoutez 200 grammes d'ananas confit, coupé en dés.

Quand le mélange est opéré, remplissez le vide du biscuit avec l'appareil, en le montant en dôme ; lissez-en les surfaces, perlez-le tout autour, à l'aide d'un cornet, avec le même appareil ;

tenez-le 15 à 20 minutes à four doux. En le sortant, masquez-en les surfaces, à l'aide du pinceau, avec de la marmelade chaude, décorez-les avec des détails d'ananas et d'angélique. Dressez l'entremets sur plat, enlevez le moule et servez.

SOUFFLÉ D'ABRICOTS, A FROID

Mettez dans une bassine étamée 4 décilitres de purée d'abricots sans sucre, mais ferme : les fruits peuvent être cuits ou crus ; mêlez-lui le double de son volume de glace de sucre, parfumée à l'orange ; posez la bassine sur glace, travaillez l'appareil à la cuiller jusqu'à ce qu'il soit bien lié ; ajoutez alors un blanc d'œuf non fouetté ; continuez à travailler vivement l'appareil ; aussitôt que ce blanc est bien incorporé, ajoutez-en un autre, et ainsi de suite jusqu'à concurrence de 10 blancs : pour que l'appareil devienne léger, il faut le travailler au moins trois quarts d'heure ; versez-le dans une casserole à soufflé, cuisez-le 20 minutes à four doux.

SOUFFLÉ A LA GELÉE DE FRAMBOISES

Mettez dans une petite bassine mince 500 grammes de gelée de framboises ; broyez-la bien avec une cuiller ; ajoutez peu à peu une forte poignée de glace de sucre, à l'orange ; posez la bassine sur glace, travaillez l'appareil 12 à 15 minutes ; mêlez-lui alors 2 blancs d'œuf non fouettés ; travaillez encore l'appareil 10 à 12 minutes ; mêlez-lui ensuite 6 blancs fouettés, bien fermes, puis quelques gouttes de carmin ; versez cet appareil dans 2 casseroles à soufflé ; cuisez 20 minutes à four doux. En sortant les soufflés du four, saupoudrez-les avec du sucre en poudre ; envoyez-les aussitôt.

PETITS SOUFFLÉS AU CAFÉ

Faites torréfier 125 grammes de grains de café, dans un poêlon ; mêlez-le à un demi-litre de lait bouillant ; couvrez, laissez infuser 20 minutes ; passez ensuite le liquide au tamis fin.

Faites un roux blond avec un morceau de beurre et 100 grammes de farine ; délayez avec l'infusion au café ; tournez jusqu'à l'ébullition, ajoutez 100 grammes de sucre en poudre, cuisez 7 à 8 minutes sans cesser de travailler ; retirez-le du feu. Quelques minutes après, mêlez à l'appareil un petit morceau de beurre, 5 jaunes d'œuf l'un après l'autre, puis 5 blancs fouettés ; cuisez en petites caisses plissées ou en porcelaine.

PETITS SOUFFLÉS A L'ORANGE

Mettez dans une terrine, 150 grammes de farine et une cuillerée de fécule ; délayez avec 2 verres de lait cuit ; passez l'appareil au tamis dans une casserole ; ajoutez un grain de sel, 100 grammes de beurre, zeste d'orange, 125 grammes de sucre ; posez la casserole sur feu modéré ; tournez l'appareil avec une cuiller en bois pour le lier, sans faire de grumeaux ; quand il est lisse, faites-le réduire quelques minutes, sans le quitter, pour lui donner la consistance d'une béchamel serrée.

Versez alors l'appareil dans une autre casserole ou une terrine, incorporez-lui, peu à peu, 12 jaunes d'œuf et 125 grammes de beurre ; quand il est froid, mêlez-lui 8 blancs fouettés, bien fermes, 2 ou 3 cuillerées de bonne crème fouettée, 2 cuillerées de sucre d'orange.

Avec cet appareil emplissez 24 petites caisses en papier ou en porcelaine, rangez-les sur une plaque recouverte de papier, poussez-les au four doux. Au bout de 10 à 12 minutes, saupoudrez-les avec du sucre fin, faites-les glacer. Dressez-les sur 2 plats ; envoyez-les aussitôt.

PRÉCIEUSES AUX FRAISES

Cuisez du biscuit sableux pour chaud (page 23), dans des moules ovales, à gâteaux de riz : il en faut 12 pour un entremets.

Quand les gâteaux sont démoulés et refroidis, coupez-les droit sur le haut, videz-les, en ne laissant qu'une mince épaisseur ; masquez-en l'intérieur avec une couche de marmelade d'abricots.

Mettez dans une bassine 500 grammes de glace de sucre ; délayez avec un demi-litre du suc de fraises, frais. Travaillez 5 minutes l'appareil sur glace, mêlez-lui, peu à peu, 3 à 4 blancs d'œuf non fouettés, sans cesser de travailler jusqu'à ce qu'il soit mousseux et ferme comme de la meringue.

Chauffez alors les biscuits à la bouche du four ; remplissez-les avec l'appareil, cuisez celui-ci 10 à 12 minutes, à four doux, simplement pour le pocher. Dressez les précieuses sur un petit gradin, servez-les sans retard.

OMELETTES A LA CÉLESTINE

Préparez un petit appareil à pannequet, avec de la crème crue, œufs, sucre, beurre et farine (page 67). — Mettez dans une terrine 150 grammes de farine de riz ; délayez-la avec de la crème ou du bon lait ; mettez-la dans une casserole ; ajoutez un grain de sel, 100 grammes de sucre, un demi-bâton de vanille ; tournez l'appareil sur feu doux pour le lier ; ajoutez un morceau de beurre, cuisez 7 à 8 minutes afin d'obtenir un appareil de même consistance que la frangipane ; à ce point, retirez-le, liez-le avec 4 à 5 jaunes d'œuf.

Avec du beurre épuré et l'appareil à pannequet, préparez 6 à 8 omelettes minces, de la largeur d'un poêle à pannequets ; à mesure qu'elles sont cuites, étalez-les sur un plafond, garnissez chaque omelette avec une partie de la crème, roulez-la en *portemanteau*. Disposez à mesure les omelettes sur le plafond, les unes à côté des autres ; tenez-les à la bouche du four quelques minutes ; saupoudrez-les de sucre, glacez-les au fer rougi ; dressez-les sur plat.

OMELETTE AUX CONFITURES

Cassez une quinzaine d'œufs dans une terrine, ajoutez 2 cuillerées de crème crue, un grain de sel, 4 cuillerées de sucre au citron, 50 grammes de beurre distribué en petites parties : battez bien les œufs. — Faites fondre 150 grammes de beurre dans une poêle à omelette, posez-la sur feu vif; aussitôt que le beurre est bien chaud, versez les œufs battus dans la poêle; cuisez l'omelette, en la liant avec soin, à l'aide d'une cuiller en bois; agitez en même temps la poêle sur elle-même, afin de rassembler toutes les parties; roulez l'omelette à moitié, puis déposez sur son centre quelques cuillerées de gelée de groseilles ou framboises, ferme, légèrement broyée; finissez de rouler l'omelette en portemanteau; repliez-en les bouts, renversez-la aussitôt sur plat chaud; égalisez-la, saupoudrez-la avec du sucre en poudre, glacez-la à l'aide d'un fer à glacer, rougi au feu, en formant un dessin quelconque, simple.

OMELETTE SOUFFLÉE, A LA VANILLE

Même pour un dîner de 10 couverts, cet entremets doit être servi double. — Faites fondre 250 grammes de bon beurre, tirez-le à clair. — Mettez, dans une terrine vernie, 14 jaunes d'œuf et 300 grammes de sucre vanillé; travaillez l'appareil comme pour biscuit, c'est-à-dire jusqu'à ce qu'il soit mousseux, léger; ajoutez un grain de sel, 7 à 8 macarons pulvérisés et enfin 10 blancs d'œuf fouettés, bien fermes. Versez le beurre épuré dans 2 poêles à omelettes, bien propres; chauffez-le, versez la moitié de l'appareil dans chaque poêle; sautez-le tout doucement pour le chauffer dans son ensemble, et lui faire absorber le beurre, en l'arrondissant; versez-le aussitôt dans deux plats longs, creux, beurrés; poussez-les à four doux, mais bien atteint; 2 minutes après, retirez-les, fendez-les sur la longueur avec la lame d'un couteau, jusqu'à la profondeur du plat; poussez-les de nouveau au four : 15 à 18 minutes suffisent à cuire ces omelettes; quand elles sont bien atteintes, légères, saupoudrez-les largement avec du sucre fin, à la vanille; 2 minutes après, sortez-les du four, envoyez-les sans retard. — Pour être mangées à point, il faut que les omelettes soufflées soient attendues par les convives.

ŒUFS A LA NEIGE

Cassez 12 œufs, en déposant les blancs dans une bassine, les jaunes dans une casserole; broyez ceux-ci pour les délayer avec 2 verres de lait et un de crème simple; ajoutez un grain de sel, un demi-bâton de vanille, 200 grammes de sucre en poudre. Avec cet appareil, préparez une crème anglaise; quand elle est liée, passez-la au tamis fin, dans une terrine; vannez-la jusqu'à ce qu'elle soit à peu près refroidie.

Fouettez en neige les blancs des 8 œufs; quand ils sont bien fermes, sucrez-les avec du sucre vanillé; prenez cet appareil avec une cuiller à ragoût, laissez-le tomber simplement dans de l'eau ou du lait en ébullition (l'eau est préférable), dans une casserole plate, pour le faire pocher en forme de grosses quenelles, ovales, en les retournant avec une écumoire; aussitôt que l'appareil est poché et raffermi, enlevez ces parties, déposez-les sur un tamis; quand elles sont froides, parez-les, dressez-les en couronne sur plat, presque debout; masquez légèrement le fond du plat avec la crème préparée; envoyez le surplus dans une saucière.

BORDURE DE MARRONS A LA FRAMBOISY

Préparez une petite purée de marrons, sucrée, à la vanille ; mettez-la dans une terrine, liez-la avec 3 ou 4 cuillerées de frangipane ; finissez-la, en incorporant, peu à peu, 6 jaunes et 1 œuf entier ; versez l'appareil dans un moule à bordure, uni, beurré, fariné ; faites-le pocher au bain-marie.

Cuisez à grande eau 200 grammes de beau riz, en conservant les grains entiers. Quand il est égoutté, déposez-le dans une casserole, mêlez-lui un morceau de beurre, une poignée de sucre, une poignée de pistaches en filets ; couvrez la casserole, tenez-la 10 minutes à la bouche du four. Liez alors l'appareil avec quelques cuillerées de marmelade d'abricots. — Au moment de servir, renversez la bordure sur un plat chaud, emplissez-en le vide avec le riz. Masquez le fond du plat avec un bon sirop vanillé.

BORDURE DE RIZ, AUX REINES-CLAUDES

Cuisez 250 grammes de riz à la crème (page 108) ; finissez-le avec quelques macarons pulvérisés, un morceau de beurre, 3 jaunes d'œuf, 2 cuillerées d'eau de fleurs d'oranger, 6 cuillerées de crème fouettée ; versez-le dans un moule à bordure beurré ; faites-le raffermir au bain-marie et au four. Démoulez-le sur plat ; garnissez le puits de la bordure avec une compote de reines-claudes ; glacez-les au pinceau avec un peu de leur sirop réduit à la *nappe ;* mêlez au restant de ce sirop quelques cuillerées de liqueur au noyau ; envoyez-le dans une saucière.

BORDURE DE SEMOULE AUX ABRICOTS

Préparez un petit appareil à pouding de semoule, en procédant d'après la méthode prescrite à la page 39 ; quand les blancs sont incorporés, ajoutez quelques cuillerées de crème fouettée. Avec cet appareil, emplissez un moule à bordure uni, beurré ; posez-le dans un sautoir avec de l'eau chaude jusqu'à moitié de sa hauteur ; faites pocher l'appareil au four 25 à 30 minutes. En le sortant, démoulez-le sur plat ; dressez dans le puits une compote de moitiés d'abricot, entremêlées avec quelques amandes d'abricot et quelques pistaches émincées ; arrosez les fruits avec un peu de leur sirop réduit ; masquez la bordure avec de la sauce abricots, au kirsch ; envoyez le surplus dans une saucière.

BORDURE MADELEINE AU RIZ

Dans un moule à bordure, beurré et glacé au sucre, cuisez à four doux, un petit appareil de madeleine. — **En sortant** le gâteau, parez-le droit, démoulez-le sur plat ; emplissez le puits avec un appareil de riz à la crème et à la vanille, sans œufs, fini avec quelques cuillerées de chantilly ; masquez la bordure avec une sauce abricots au marasquin ; envoyez le surplus dans une saucière.

BABA CHAUD, AU MADÈRE

Beurrez un moule à cylindre cannelé ; emplissez-le, aux deux tiers de sa hauteur, avec de la pâte à baba levée et *rompue* (page 12) ; tenez-le à température douce pour faire lever encore la pâte jusqu'à ce que le moule soit plein ; posez alors ce moule sur un plafond, poussez-le à four modéré, bien atteint ; cuisez le gâteau 40 minutes.—Dans l'intervalle, lavez à l'eau tiède 150 grammes de raisins de Smyrne ; déposez-les dans un poêlon, ajoutez moitié de leur volume d'écorces confites : citron, orange et cédrat, ainsi que quelques cuillerées d'amandes vertes, également confites, autant d'ananas coupé en petits dés ; mouillez ces fruits avec 3 décilitres de sirop à 30 degrés et 2 décilitres de vin de Madère ; donnez un seul bouillon au liquide ; tenez l'appareil au bain-marie.

Quand le baba est cuit, sortez-le du four, parez-le droit en dessus, démoulez-le sur une grille à pâtisserie ; imbibez-le avec un sirop bouillant, mêlé avec quelques cuillerées de madère et un petit verre de rhum, infusés aux zestes. Laissez bien égoutter le baba ; masquez-le avec une glace à l'orange, préparée avec de la glace de sucre et du sirop au *lissé*. Dressez-le sur plat, emplissez-en le puits avec une partie des fruits préparés ; dressez le reste autour, envoyez le surplus en saucière.

BABA CHAUD, AU CHOCOLAT

Cuisez un petit appareil à baba, dans un moule à cannelons et à cylindre. En le sortant du four, parez-le droit, démoulez-le sur une grille à pâtisserie ; imbibez-le avec un sirop à 25 degrés, bouillant, parfumé à la vanille. Quand il est égoutté, arrosez-le avec une glace cuite au chocolat, de façon à le masquer complètement ; dressez-le sur plat. Délayez le restant de la glace avec de la crème crue, faites-la bouillir et réduire quelques minutes ; passez-la, servez-la dans une saucière, en même temps que le gâteau.

PETITS BABAS AU CHOCOLAT

Cuisez une vingtaine de petits babas dans des moules à dariole ; en les sortant du four, coupez-les sur le haut, démoulez-les, trempez-les dans un sirop vanillé ; rangez-les sur une grille, le côté coupé en dessous ; puis masquez-les avec une glace cuite au chocolat, foncée en couleur : elle doit à peine masquer les gâteaux ; dressez-les en pyramide sur plat. Délayez le surplus de la glace avec un peu de bonne crème ; cuisez 5 à 6 minutes, et, avec elle, masquez le fond du plat ; servez le reste en saucière.

BRIOCHE FOURRÉE, A LA ROSSINI

Avec de la pâte à brioche levée à point (page 9), emplissez aux trois quarts de hauteur un moule à charlotte, beurré. Couvrez et laissez lever la pâte à température douce, jusqu'à ce qu'elle arrive à la hauteur des bords. Entourez alors le haut du moule avec une bande de papier. — Cuisez à four modéré.

En sortant la brioche du four, tenez-la un quart d'heure à l'étuve tiède. Coupez-la, en dessus, démoulez-la. Divisez-la en 5 ou 6 tranches transversales; reformez-la, en posant les tranches l'une sur l'autre, après les avoir abricotées. Placez-la sur une grille, masquez-la avec la même marmelade tiède, mêlée avec un peu de rhum, mais assez consistante pour pouvoir la napper; saupoudrez-en les surfaces avec des pistaches coupées, dressez-la sur plat chaud; masquez le fond de celui-ci avec une crème anglaise au rhum ou avec un sabayon; dans les deux cas, envoyez-en une saucière en même temps que l'entremets.

MAZARIN AU KIRSCH

Tamisez dans une terrine tiède 500 grammes de farine.— Délayez 30 grammes de levure avec 2 décilitres de lait tiède; avec ce liquide et le quart de la farine, préparez un levain; entourez-le avec le restant de la farine, couvrez avec un linge, tenez à température douce. Quand le levain est augmenté de deux fois son volume, travaillez-le avec la main, en mêlant 5 œufs entiers et 3 jaunes d'œuf; incorporez alors la farine peu à peu, pour en former une pâte ayant la consistance de celle à brioche; en dernier lieu, ajoutez quelques cuillerées de crème double. Quand la pâte a pris beaucoup de corps, travaillez-la en incorporant, peu à peu, 200 grammes de beurre distribué en petites parties, ainsi que 150 grammes de sucre; travaillez la pâte encore quelques minutes; couvrez et faites lever au double de sa hauteur. A ce point, rompez-la, faites-la encore lever. Prenez-la alors par petites parties, avec la main, pour emplir aux trois quarts de hauteur un moule à timbale, haut de forme, beurré; posez ce moule sur un plafond, tenez-le à température douce. — Quand la pâte est arrivée à peu près à hauteur des bords, entourez le moule avec une bande de papier beurré, poussez-le à four chaud, pour cuire le gâteau de belle couleur.

Dans l'intervalle, coupez en filets de 2 centimètres de long 4 à 500 grammes d'angélique et de cédrat confits, préalablement lavés à l'eau tiède; mettez ces filets dans un poêlon avec trois quarts de litre de sirop à 28 degrés, infusé aux zestes d'orange et citron; chauffez-le, retirez-le sur le côté du feu; incorporez-lui 400 grammes de beurre, divisé en petites parties, en le vannant toujours, afin de bien lier le liquide avec le beurre. Mêlez à l'appareil 2 décilitres de bon kirsch : cette opération doit être terminée juste au moment de dresser. — Parez le gâteau droit, démoulez-le, divisez-le en tranches transversales de 1 centimètre d'épaisseur; reformez le gâteau dans le moule bien essuyé, en alternant chaque tranche avec une partie des fruits émincés, et les arrosant avec le sirop beurré. Ces tranches peuvent être divisées en trois parties, en les posant dans le moule. — Quand le gâteau est remis en forme, renversez-le sur plat, masquez-le encore avec du sirop, envoyez le surplus en saucière.

Cet entremets doit être servi bien chaud à cause de la quantité de beurre qu'il absorbe. Les proportions données peuvent suffire au moins à 2 entremets.

SAVARIN A LA MONTMORENCY

Préparez une pâte à savarin avec 300 grammes de farine (voyez page 10); quand elle est levée, prenez-la par petites parties, pour emplir aux trois quarts un moule à savarin beurré; posez-le sur un plafond à température douce, faites revenir la pâte; aussitôt qu'elle arrive à la hauteur des bords du moule, poussez celui-ci à four chaud, mais tombé; cuisez 30 minutes. — Démoulez le gâteau sur une grille pour l'imbiber à plusieurs reprises avec un sirop chaud, parfumé au kirsch, et infusé avec des zestes; laissez-le bien égoutter; dressez-le sur plat; emplissez le puits avec de belles cerises mi-sucre, bien rouges, lavées à l'eau tiède; liez le surplus du sirop avec un peu de marmelade d'abricots; envoyez-le dans une saucière.

SAVARIN A L'ANGLAISE

Prenez de la pâte à savarin levée à point (voyez page 10); emplissez-en aux trois quarts un moule à dôme ou à timbale; aussitôt le gâteau cuit, démoulez-le pour le couper en tranches transversales de 1 centimètre d'épaisseur; imbibez légèrement chaque tranche, au pinceau, avec du sirop vanillé, au lait d'amandes; reformez le gâteau, en le montant dans le même moule, mais en masquant chaque tranche avec une couche de frangipane vanillée, finie avec du beurre à la noisette et avec un salpicon d'ananas coupé fin; renversez le gâteau sur plat, masquez le fond de celui-ci avec une crème anglaise; envoyez le surplus dans une saucière.

PETITS SAVARINS AUX PÊCHES

Coupez 10 pêches pas trop mûres, chacune en deux parties; supprimez-en le noyau, plongez-les à l'eau bouillante, pour 2 secondes seulement; égouttez-les aussitôt pour en retirer la peau; rangez-les à mesure dans un sautoir; arrosez-les avec un sirop vanillé.

D'autre part, cuisez une quinzaine de petits savarins dans de grands moules à dariole; en les sortant du four, coupez-les, en dessus, imbibez-les avec un sirop à la vanille, mêlé avec quelques cuillerées de marasquin et du lait d'amandes; masquez-les ensuite avec une glace chaude au marasquin; dressez-les en cercle, autour du fond du plat; emplissez le puits avec les pêches, en les dressant en dôme; arrosez-les avec du sirop au marasquin, saupoudrez-les avec pistaches et amandes coupées en filets. Envoyez le surplus du sirop dans une saucière.

9

PETITS SAVARINS, SAUCE AUX FRAISES

Cuisez une vingtaine de savarins dans de grands moules à dariole; en les sortant du four, trempez-les dans un sirop parfumé au zeste d'orange et de citron; égouttez-les sur une grille; masquez-les ensuite avec une glace au sucre en poudre, étendue avec du suc frais de fraises; dressez-les en pyramide, sur plat; envoyez en même temps une purée froide de fraises, étendue à point avec un sirop vanillé.

GATEAU DE COMPIÈGNE AU SABAYON

La pâte à compiègne est décrite à la page 12. — Beurrez un moule à cylindre; emplissez-le aux trois quarts avec de la pâte à compiègne, préalablement levée et rompue. Tenez-la à température douce, faites-la lever jusqu'à la hauteur des bords; entourez ceux-ci avec une bande de papier beurré. Placez alors le moule sur un plafond, poussez-le à four un peu chaud. Quand le gâteau est à point, démoulez-le, imbibez-le avec un sirop au rhum; dressez-le sur plat; emplissez-en le puits avec un sabayon au rhum, envoyez le surplus en saucière.

PETITS COMPIÈGNES AU CAFÉ

Avec de la pâte à compiègne levée et rompue, emplissez à moitié une vingtaine de grands moules à dariole beurrés; rangez-les sur un plafond, tenez-les à température douce, pour faire lever la pâte jusqu'à ce que les moules soient pleins; poussez-les alors à four chaud, cuisez les gâteaux de belle couleur. En les sortant, coupez-les en dessus; trempez-les dans un sirop parfumé à l'essence de café; aussitôt qu'ils sont égouttés, masquez-les avec une glace chaude au café; dressez-les en pyramide sur plat; envoyez en même temps une saucière de crème anglaise au café.

GATEAU DU CONGRÈS, A LA GROSEILLE

Maniez 500 grammes de beurre dans un linge pour l'éponger et le ramollir; mettez-le dans une terrine, travaillez-le vivement à la cuiller, en additionnant 250 grammes de sucre, 8 jaunes et un œuf entier, un à un; quand l'appareil est mousseux, ajoutez encore 250 grammes de sucre à l'orange, 500 grammes de fécule, peu à peu, un brin de zeste râpé, grain de sel. Prenez l'appareil avec une cuiller, emplissez un moule à *trois-frères*, c'est-à-dire de forme basse, formant cylindre sur le haut, beurré avec du beurre épuré, puis glacé à la fécule; posez-le sur un plafond, poussez à four modéré, mais bien atteint; cuisez 30 minutes. — Quand il est de belle couleur, démoulez-le sur une abaisse en pâte ferme, cuite, masquée de marmelade; emplissez simplement le puits du gâteau avec de la gelée fraîche de groseilles, transparente, mais pas trop ferme. — On ne doit servir cet entremets que dans la saison où se produisent les groseilles.

GATEAU DU CONGRÈS, AU RIZ

Préparez un gâteau du Congrès, en procédant d'après la méthode décrite à l'article précédent : aussitôt cuit, démoulez-le sur une abaisse en pâte cuite, glacez-le légèrement au pinceau avec de la marmelade d'abricots, tiède; dressez-le sur plat. Au moment de servir, emplissez le puits du gâteau avec du bon riz à la crème, bien cuit, parfumé à l'eau de fleurs d'oranger, mêlé avec un salpicon d'ananas et quelques cuillerées de pistaches coupées en petits dés ou émincées; envoyez séparément une sauce abricots à l'orange.

GATEAU BENOITON

Préparez un petit appareil de biscuit fin, à l'orange; cuisez-le dans un moule à dôme beurré, glacé : il doit être de belle couleur. Quand il est sorti du four et refroidi, coupez-le en dessus; divisez-le en tranches transversales de 1 centimètre d'épaisseur; tenez-le au chaud.

D'autre part, coupez en julienne, de l'ananas confit; mettez-le dans une casserole avec du sirop au punch. Quelques minutes avant de servir, chauffez l'ananas et le sirop. Prenez le biscuit, tranches par tranches, remettez-le en forme dans le moule où il a cuit, en étalant sur chaque tranche une couche d'ananas, et les arrosant avec un peu de sirop. Renversez le gâteau sur plat chaud, arrosez-le aussi avec du sirop, envoyez-le aussitôt.

PANNEQUETS A LA CRÈME D'ANANAS, MERINGUÉS

Avec 150 grammes de farine, 100 grammes de beurre, 100 grammes de sucre en poudre, 4 œufs entiers, 4 décilitres de bonne crème crue, préparez une pâte à pannequet : la bonne crème donne des pannequets supérieurs. — Cuisez les pannequets, masquez-les avec une frangipane à l'ananas; ployez-les en forme de carrés longs et plats; dressez-les debout, en couronne, dans le vide d'un moule à bordure uni, non contre les parois, mais appuyés les uns sur les autres, un peu inclinés, en ayant soin de les masquer avec une mince couche de frangipane, afin de les coller ensemble. Renversez le moule sur plat et masquez la couronne sur le tour, en dessus et en dedans, avec une couche de meringue; lissez-la, décorez-la, saupoudrez avec de la glace de sucre, faites colorer à four doux.

En sortant l'entremets du four, emplissez-en le vide central avec un gros salpicon d'ananas; envoyez en même temps une saucière de sirop d'ananas.

PANNEQUETS AU CHOCOLAT

Préparez un appareil à pannequets, en procédant comme il est dit à l'article précédent. Avec cet appareil, cuisez 3 douzaines de pannequets; étalez-les à mesure sur une feuille de papier; parez-les, masquez-les avec une mince couche de frangipane à la vanille; pliez-les en carré long, dressez-les en buisson sur un plat chaud, tenez-les à l'étuve. — Préparez une sauce au chocolat à la vanille, réduite sur feu jusqu'à ce qu'elle nappe à la cuiller; finissez-la avec quelques cuillerées de bonne crème crue. Masquez les pannequets avec cette sauce; envoyez le surplus en saucière.

PANNEQUETS A L'IMPÉRIALE

Cuisez une vingtaine de pannequets un peu plus larges que d'ordinaire; parez-les, masquez-les avec une couche de marmelade de pommes, réduite avec de la marmelade d'abricots, mêlée ensuite avec un salpicon d'ananas finement coupé; pliez-les en forme de carré long, dressez-les en couronne sur un plat, presque debout; tenez quelques minutes le plat à la bouche du four; emplissez le puits avec un salpicon d'ananas, mêlé avec quelques cuillerées de raisins de Smyrne et des pistaches coupées en dés; masquez les pannequets et le salpicon avec une sauce abricots au marasquin; envoyez le surplus en saucière.

PANNEQUETS A LA ROYALE

Cuisez deux douzaines de pannequets; en les sortant de la poêle, étalez-les sur un plafond; masquez-en la moitié avec de la frangipane à la vanille, l'autre moitié avec de la marmelade d'abricots. Collez, sur le centre d'un plat, un support en pain, coupé en forme de dôme, frit, bien éponge, masqué avec de la frangipane; sur ce support, dressez les pannequets, en les étalant sur toute la largeur, mais en ayant soin d'alterner ceux masqués à la marmelade avec ceux masqués à la frangipane; ces pannequets doivent former un dôme régulier; masquez celui-ci avec de la meringue, décorez-le au cornet; tenez le plat à la bouche du four doux pour colorer légèrement la meringue. Avant d'envoyer l'entremets, ornez le dôme avec de la gelée de groseilles coupée ou poussée au cornet.

PANNEQUETS GLACÉS, A LA SALAMANQUE

Cuisez une trentaine de pannequets larges et minces; étalez-les à mesure sur une plaque, parez-les, masquez-les avec une légère couche de purée de marrons au marasquin; pliez-les en carrés longs, rangez-les sur une plaque, les uns à côté des autres, saupoudrez-les avec du sucre fin, glacez-les légèrement au fer rouge; dressez-les alors en buisson sur plat; masquez-les avec un sirop de marrons, au marasquin, mêlé avec des raisins de Smyrne.

CROUSTADE A LA CRÈME

Foncez un moule à pâté-chaud, de forme basse, avec de la pâte fine ou rognures de feuilletage; posez-le sur un plafond.

Mettez dans une terrine 5 cuillerées de fécule ou arow-root, 250 grammes de sucre vanillé, 8 œufs entiers et 10 jaunes, grain de sel; broyez les œufs avec un fouet, délayez avec trois quarts de litre de crème et autant de lait cru; passez l'appareil deux fois au tamis, dans une casserole; ajoutez alors 150 grammes de beurre fin, tournez-le sur feu simplement jusqu'au point où le beurre est fondu. — Avec cet appareil, emplissez la caisse en pâte, poussez-la à four très doux; cuisez une heure au moins. — Quand la crème est prise et la pâte cuite, sortez la croustade; laissez-la à peu près refroidir, sans retirer le moule; masquez-la en dessus avec de la meringue, en formant le dôme; décorez celui-ci, en laissant un creux sur le haut; saupoudrez de sucre vanillé, poussez encore à four doux pour faire colorer d'un beau blond. En sortant la croustade, posez-la sur plat, enlevez le moule; ornez le décor avec de la marmelade d'abricots poussée au cornet; dressez sur le haut un bouquet de petits fruits confits, de nuance variée.

PETITES CROUSTADES A LA MALTAISE

Préparez 8 œufs de pâte à nouille; émincez-la; faites blanchir les nouilles au lait; égouttez-les, placez-les dans une casserole; finissez-les avec du beurre et du sucre parfumé à l'orange. Versez l'appareil dans un sautoir beurré, étalez-le en couche de 4 à 5 centimètres d'épaisseur; couvrez avec un papier beurré, faites-le refroidir avec un poids léger dessus. Quand il est bien raffermi, découpez-le en petits pains, à l'aide d'un coupe-pâte de 3 à 4 centimètres de diamètre, en le trempant chaque fois à l'eau chaude : il faut une quinzaine de ces pains; roulez-les dans des macarons pulvérisés, trempez-les dans des œufs battus, panez-les à la panure blanche et fraîche; égalisez-les avec la lame du couteau; cernez-les avec un coupe-pâte plus petit que leur diamètre.

Dix à douze minutes avant de servir, plongez-les, en deux fois, à grande friture neuve [1], pour leur faire prendre une belle couleur; égouttez-les, ouvrez-les, videz-les; roulez-les dans du sucre vanillé, remplissez-les avec un salpicon composé de fruits confits et de l'ananas frais, lié avec un peu de marmelade d'abricots. Masquez l'ouverture des croustades avec un rond d'ananas; dressez-les en buisson sur serviette pliée; envoyez séparément une sauce abricots au curaçao.

BEIGNETS DE PÊCHES

Retirez la peau et les noyaux à 7 ou 8 pêches bien mûres; divisez-les en quartiers, déposez-les dans une terrine, saupoudrez-les avec 4 cuillerées de sucre vanillé; arrosez-les avec un peu de

1. La friture destinée aux entremets doit être composée avec moitié beurre, moitié saindoux.

marasquin; faites-les macérer 10 minutes. Égouttez-les sur un linge, roulez-les dans des macarons pulvérisés; trempez-les aussitôt, un à un, dans une pâte à frire, plongez-les à mesure dans la friture chaude, mais en petite quantité à la fois; quand la pâte est sèche, de belle couleur, égouttez-les sur un linge, saupoudrez-les avec du sucre vanillé; dressez-les en buisson sur serviette pliée; envoyez-les sans délai.

BEIGNETS DE PÊCHES A L'INFANTE

Divisez, chacune en deux parties, 8 à 10 bonnes pêches d'espalier, mûres; supprimez-en les noyaux et la peau; emplissez le vide laissé par le noyau avec un morceau de pâte d'amandes à la vanille, molle; nappez alors les pêches, à l'aide du pinceau, avec une légère couche de marmelade tiède, mais serrée; roulez-les à mesure dans des macarons pulvérisés; trempez-les aussitôt dans une pâte à frire, plongez-les à grande friture, en petite quantité à la fois. Aussitôt les beignets égouttés, nappez-les au pinceau avec un peu de glace cuite ou crue, au marasquin; dressez-les sur serviette.

BEIGNETS DE POMMES, GLACÉS

Pelez 5 à 6 pommes reinettes; coupez-les en tranches transversales de 6 à 8 millimètres d'épaisseur; videz-les sur le centre; passez-les ensuite au coupe-pâte pour les obtenir uniformes; déposez-les dans une terrine, saupoudrez-les avec quelques cuillerées de sucre fin parfumé à l'orange, arrosez-les avec 2 cuillerées de cognac; laissez-les macérer 10 minutes. Égouttez-les, épongez-les sur un linge, trempez-les une à une dans une pâte à frire, de façon à les envelopper; plongez-les à mesure dans la friture chaude; remuez la poêle, en plongeant les beignets, afin qu'ils soient saisis de tous côtés en même temps et qu'ils ne s'attachent pas ensemble; mais il convient d'en mettre peu à la fois. — Quand la pâte est séchée, de belle couleur, enlevez les beignets à l'écumoire, égouttez-les sur un linge, roulez-les dans du sucre fin, glacez-les à la salamandre, dressez-les en buisson sur serviette pliée.

BEIGNETS DE POMMES, A LA DUCHESSE

Pelez 8 à 10 calvilles; coupez-les transversalement, chacune en trois parties égales, supprimez-en le cœur avec un tube à colonne; faites-les cuire à moitié dans un sirop léger; égouttez-les sur un tamis.

Mêlez dans un sautoir quelques cuillerées de marmelade d'abricots, avec son même volume de gelée de pommes et un demi-bâton de vanille; tournez sur feu jusqu'à ce que la gelée soit dissoute et l'appareil serré; trempez alors les pommes dans le liquide pour les masquer avec une couche légère; rangez-les sur un plafond, faites-les refroidir. Détachez ensuite les pommes de la plaque, roulez-les dans des macarons pulvérisés; trempez-les, une à une, dans de la pâte à frire, plongez-les à mesure à grande friture chaude; cuisez-les peu à la fois; aussitôt que la pâte est sèche, de belle couleur, égouttez-les sur un linge; nappez-les au pinceau, d'un côté seulement, avec une glace au rhum; dressez-les en buisson sur serviette pliée.

BEIGNETS DE POIRES, A LA SAINT-AMAND

Tournez une trentaine de petites poires de printemps, en laissant adhérer une partie de la queue; videz-les par le côté opposé, à l'aide d'une cuiller à racine, en retirant les parties dures du cœur; cuisez-les dans un sirop léger; laissez-les refroidir. Égouttez-les ensuite, emplissez-en le vide avec de la frangipane à la vanille, laissez refroidir; trempez-les alors, une à une, dans une pâte à frire; plongez-les à mesure dans la friture bien propre, abondante et chaude. Quand la pâte est sèche, de belle couleur, égouttez les beignets; saupoudrez-les avec du sucre vanillé; dressez-les en buisson sur serviette pliée.

BEIGNETS DE CERISES

Supprimez le noyau à 250 belles cerises fraîches, bien mûres; enfilez-les par 8 ou 10 sur de petites brochettes en bois, en les serrant les unes contre les autres; épongez-les, trempez-les dans une pâte à frire, plongez-les à friture bien chaude, mais peu à la fois; quand la pâte est bien sèche, de belle couleur, égouttez-les sur un linge, roulez-les dans du sucre en poudre, vanillé; retirez les brochettes, dressez les beignets en buisson sur serviette pliée. — On peut opérer avec des cerises mi-sucre, préalablement lavées à l'eau tiède, bien épongées.

BEIGNETS DE REINES-CLAUDES

Séparez, chacune en deux parties, 24 reines-claudes confites, lavées, bien épongées; supprimez-en les noyaux; placez, dans le creux de chaque moitié, une petite boule en pâte d'amandes un peu molle; roulez-les dans des macarons pulvérisés; trempez-les ensuite dans une pâte à frire, plongez-les à friture chaude; quand la pâte est sèche, de belle couleur, égouttez les beignets sur un linge, saupoudrez-les avec du sucre vanillé, dressez-les en buisson sur serviette. — On peut opérer ainsi avec des reines-claudes fraîches, mûres à point.

BEIGNETS D'ABRICOTS CONFITS

Lavez à l'eau tiède 30 moitiés d'abricots confits; essuyez-les, placez-les dans une terrine, arrosez-les avec quelques cuillerées de kirsch; faites-les macérer quelques minutes. Égouttez-les sur une serviette; trempez-les, une à une, dans une pâte à frire, plongez-les à mesure dans la friture chaude. Quand la pâte est sèche, de belle couleur, égouttez les beignets, saupoudrez-les avec du sucre vanillé, dressez-les en buisson sur serviette pliée.

BEIGNETS D'ANANAS A L'IMPÉRATRICE

Coupez, chacune en deux parties, une dizaine de tranches d'ananas confites, pas trop épaisses ; passez-les à l'eau tiède, épongez-les ; masquez-les d'un côté avec de la marmelade, soudez-les de deux en deux. Trempez-les dans une pâte à frire, plongez-les à mesure dans la friture chaude et neuve. Quand la pâte est sèche, de belle couleur, égouttez les beignets ; roulez-les dans du sucre vanillé, dressez-les en buisson sur serviette pliée.

BEIGNETS DE MARRONS

Préparez 5 à 600 grammes de pâte de marrons à la vanille, en procédant d'après la méthode prescrite à la page 46 ; étalez-la sur une plaque, en couche de 1 centimètre d'épaisseur ; masquez-la aussitôt avec une couche de frangipane à la vanille, laissez bien refroidir l'appareil ; coupez-le alors de forme ronde, à l'aide d'un coupe-pâte trempé à l'eau chaude. Appuyez à mesure ces ronds du côté de la crème sur des macarons pulvérisés ; trempez-les, un à un, dans de la pâte à frire, légère, plongez-les à grande friture ; égouttez-les aussitôt qu'ils sont de belle couleur ; roulez-les dans du sucre vanillé, dressez-les en buisson sur serviette pliée.

BEIGNETS DE FRAISES

Épluchez 5 à 6 douzaines de grosses fraises ananas ; masquez-les avec une légère couche de marmelade d'abricots tiède ; tenez-les au frais. Quand la marmelade est froide, roulez les fraises dans des macarons pulvérisés, trempez-les, une à une, dans une pâte à frire, plongez-les à mesure à grande friture chaude. Quand la pâte est sèche, de belle couleur, égouttez les beignets sur un linge ; roulez-les dans du sucre vanillé, dressez-les en buisson sur serviette pliée.

BEIGNETS D'ORANGES

Coupez 8 à 10 oranges chacune en 4 quartiers, en laissant adhérer l'écorce ; parez alors les chairs à vif, en passant le couteau entre les chairs et le blanc de l'écorce ; supprimez-en les semences, rangez-les dans une terrine, saupoudrez-les avec une poignée de sucre fin, faites-les macérer 10 minutes ; égouttez-les sur un linge, épongez-les ; trempez-les dans une pâte à frire, plongez-les, peu à la fois, dans la friture bien chaude. Quand la pâte est sèche, de belle couleur, égouttez les beignets, saupoudrez-les avec du sucre à l'orange, dressez-les en buisson sur serviette pliée.

BEIGNETS DE CRÈME A LA VANILLE

Avec 400 grammes moitié farine moitié fécule, 200 grammes de beurre, 100 grammes de sucre vanillé, grain de sel, 5 œufs entiers, 6 jaunes, trois quarts de litre de lait, préparez une crème pâtissière à la vanille, un peu ferme (voy. page 126) ; étalez-la sur un plafond humecté, en couche de 1 centimètre d'épaisseur ; couvrez-la avec un papier beurré, laissez-la bien refroidir. — Renversez l'appareil sur la table, saupoudrée de farine ; découpez-le en ronds avec un coupe-pâte uni, de 5 centi- mètres de diamètre, en ayant soin de le tremper dans l'eau chaude ; farinez légèrement les beignets, trempez-les dans des œufs battus, panez-les à la panure blanche ; appuyez-les légèrement avec la lame d'un couteau, rangez-les à mesure, les uns à côté des autres, sur une plaque couverte de papier. Dix minutes avant de servir, plongez-les à grande friture, mais peu à la fois, pour leur faire prendre une belle couleur ; en les sortant, égouttez-les sur un linge ; roulez-les dans du sucre vanillé, dressez-les.

BEIGNETS DE CRÈME, FOURRÉS

Prenez de la pâte d'abricots ou de pommes ; coupez-la en bandes aussi larges et aussi minces que possible ; masquez-les avec une mince couche de crème pâtissière à la vanille et aux amandes ; puis masquez cette couche avec d'autres bandes de pâte ; laissez refroidir, distribuez-les en carrés longs ; trempez-les dans une pâte à frire ou bien panez-les ; faites-les frire ; égouttez-les, sau- poudrez-les de sucre fin, vanillé ; dressez-les sur serviette.

BEIGNETS SOUFFLÉS, A L'ORANGE

Versez 2 décilitres et demi d'eau dans une casserole, ajoutez 150 grammes de beurre, 2 cuillerées de sucre en poudre, grain de sel ; posez la casserole sur feu, retirez-la au moment où l'ébullition se prononce ; remplissez le liquide avec 250 grammes de farine pour obtenir une pâte lisse, consistante, bien liée, en procédant comme pour la pâte à chou (voy. page 7) ; quand la pâte est desséchée, retirez-la du feu, changez-la de casserole, incorporez-lui 3 jaunes et 5 œufs entiers, mais peu à peu, en travaillant fortement la pâte : elle ne doit pas être trop molle ; ajoutez un morceau de beurre, la moitié d'un zeste d'orange râpé. Prenez la pâte avec une cuiller à café, faites-la tomber dans la friture, pas trop chaude, en la poussant avec le doigt, mais de façon à l'obtenir ronde ; agitez la poêle afin que les beignets ne s'attachent pas, mais qu'ils se colorent d'une

10

égale nuance ; égouttez-les sur un linge, roulez-les dans du sucre en poudre parfumé à l'orange ; dressez-les en buisson sur serviette pliée.

BEIGNETS SOUFFLÉS, A L'ITALIENNE

Préparez une pâte à beignets, en procédant d'après la méthode prescrite dans l'article précédent, mais en la tenant un peu plus ferme ; distribuez-la en parties égales, de la grosseur d'une noix ; posez à mesure ces parties sur la table farinée ; roulez-les de forme ronde ; aplatissez-les avec la lame du couteau, de l'épaisseur d'un centimètre ; plongez-les dans la friture chaude ; laissez-les juste le temps nécessaire pour les saisir superficiellement ; égouttez-les aussitôt sur un linge, laissez-les bien refroidir.

Un quart d'heure avant de servir, cernez les beignets au centre de leur épaisseur, par une légère incision pratiquée tout autour avec la lame d'un petit couteau ; plongez-les alors, peu à la fois, à grande friture modérément chaude ; au bout de quelques instants, les beignets montent droits comme des petits pâtés ; agitez la friture, afin de les cuire d'égale couleur ; égouttez-les sur un linge, roulez-les dans du sucre vanillé ; posez sur chacun d'eux une lame de gelée de pommes, coupée ronde, de la largeur du beignet ; dressez-les.

BEIGNETS VIENNOIS

Avec 500 grammes de farine, 150 grammes de beurre fondu, 60 grammes de sucre, 40 grammes d'amandes, 8 jaunes d'œuf, 2 œufs entiers, 2 décilitres et demi de lait tiède, 30 grammes de levure, zeste, sel et fleurs de muscade ; préparez une pâte à beignets viennois (voy. page 8).

Quand elle est levée deux fois, mettez-la sur le tour ; divisez-la en deux parties ; abaissez chacune d'elles en abaisse de 4 millimètres d'épaisseur ; puis, à l'aide d'une cuillère à café, rangez à distance de 4 centimètres, sur toute la surface de l'une des abaisses, des petits tas de marmelade d'abricots, consistante ; mouillez les intervalles au pinceau, posez la seconde abaisse sur celle-ci, de façon à la couvrir complètement. Avec le revers d'un coupe-pâte, appuyez l'abaisse supérieure afin de serrer la confiture sur le centre ; coupez alors les beignets avec un coupe-pâte ayant 5 centimètres de diamètre ; rangez-les à mesure sur un linge fariné, étalé sur une planche, en les renversant ; couvrez-les avec un linge léger, fariné ; tenez-les à température douce jusqu'à ce que la pâte soit devenue molle et flexible au toucher. — Prenez-les avec précaution, un à un, plongez-les à grande friture, pas trop chaude (moitié beurre, moitié saindoux) ; quand ils sont colorés d'un côté, retournez-les ; tenez-les ainsi jusqu'à ce qu'ils soient atteints à l'intérieur et de belle couleur foncée ; égouttez-les. Quand ils sont à moitié refroidis, trempez-les dans une glace au punch, cuite ou à cru ; rangez-les à mesure sur une grille d'office, pour faire égoutter la glace ; tenez-les à l'étuve. Dressez-les ensuite ; envoyez en même temps une sauce abricots. — Ces beignets ne doivent pas être servis aussitôt cuits ; ils doivent au contraire être rassis de quelques heures.

BEIGNETS DE RIZ, A LA CRÈME

Cuisez 5 à 600 grammes de riz avec du lait et un bâton de vanille, sucrez-le en dernier lieu ; finissez-le avec un peu de bonne crème ; quand l'appareil est à sec, mêlez-lui un morceau de beurre ; passez-le au tamis, peu à la fois, mais vivement, sans le faire refroidir. Déposez la purée dans une casserole, chauffez-la, en la travaillant avec une cuiller ; ajoutez 2 cuillerées de sucre vanillé, puis liez-la avec quelques jaunes d'œuf ; étalez aussitôt l'appareil sur 2 feuilles de papier, beurrées, en couches minces, de forme carrée. Masquez une de ces couches avec une crème frangipane aux amandes et à la vanille, bien serrée. Masquez cette abaisse avec l'autre, en la renversant à l'aide du papier, de façon à les coller ensemble. Laissez bien refroidir l'appareil. Divisez-le ensuite, en ronds ou en forme de carrés longs ; roulez ceux-ci dans de la poudre de macarons, trempez-les dans des œufs battus, panez-les ; faites-les frire de belle couleur ; égouttez-les ; dressez-les.

RISSOLES A LA CONFITURE

Abaissez 5 à 600 grammes de pâte brisée fine ou des rognures de feuilletage, en abaisse carrée, mince ; coupez-la droite ; puis rangez sur sa surface, à distance voulue, de petites boules de marmelade d'abricots, ferme ; humectez la pâte pour former les rissoles, en procédant d'après la même méthode que pour les rissoles grasses ; quand elles sont coupées, appuyez les bords de la pâte avec les doigts, afin d'en diminuer l'épaisseur ; coupez de nouveau les rissoles avec le même coupe-pâte, pour les égaliser et bien souder la pâte ; trempez-les alors dans des œufs battus, panez-les ; plongez-les à grande friture, peu à la fois, cuisez-les doucement. Égouttez-les, roulez-les dans du sucre vanillé, dressez-les.

RISSOLETTES A LA FRANGIPANE

Cuisez quelques grands pannequets ; distribuez-les en abaisses rondes, à l'aide d'un coupe-pâte de 8 centimètres de diamètre. Garnissez alors la moitié de la surface de chaque abaisse avec une petite partie de crème frangipane aux amandes. Humectez les bords de l'abaisse avec de la dorure, ployez-la, en soudant avec soin les deux parties. Trempez les rissolettes dans des œufs battus, panez-les, plongez-les à friture chaude ; quand elles sont de belle couleur, égouttez-les, roulez-les dans du sucre fin, dressez-les sur serviette.

CROQUETTES DE RIZ A L'ORANGE

Blanchissez à grande eau 300 grammes de riz ; faites-le cuire avec du lait, en le tenant consistant. Quand il est à point et sec, retirez-le, mêlez-lui un morceau de beurre fin, 2 cuillerées de sucre à l'orange, 8 à 10 jaunes d'œuf, 100 grammes d'écorces d'oranges confites, hachées, quelques cuillerées de crème fouettée ; étalez-le sur un plafond beurré, en couche de l'épaisseur d'un demi-centimètre ;

couvrez-le avec du papier beurré, laissez-le bien refroidir. Distribuez-le ensuite en ronds, à l'aide d'un coupe-pâte ; trempez-les dans des œufs battus, panez-les ; égalisez-les aussitôt avec la lame d'un couteau. — Quelques moments avant de servir, plongez-les à grande friture chaude ; quand elles sont de belle couleur, égouttez-les, roulez-les dans du sucre parfumé à l'orange ; dressez-les en buisson sur serviette pliée ; envoyez séparément une saucière de sauce abricots, à la vanille.

CROQUETTES DE MARRONS A LA VANILLE

Prenez 5 à 600 grammes de purée de marrons sucrée, vanillée, un peu consistante ; finissez-la avec un morceau de beurre fin, 8 à 10 jaunes d'œuf, un morceau de beurre ; laissez refroidir l'appareil. Distribuez-le ensuite en petites parties d'une égale grosseur ; posez-les sur la table farinée ; roulez-les d'abord en bouchon ; puis aplatissez-les avec la lame d'un couteau pour leur donner la forme méplate ; trempez-les dans des œufs battus, panez-les, plongez-les à grande friture chaude. Quand elles sont de belle couleur, égouttez-les sur un linge ; masquez-les ensuite avec une glace cuite à la vanille ; dressez-les en buisson sur serviette pliée.

CROQUETTES DE POMMES DE TERRE A LA VANILLE

Faites cuire au four, ou sous les cendres chaudes, une quinzaine de grosses pommes de terre farineuses ; retirez-en toutes les parties féculeuses, passez-les au tamis. — Mettez dans une casserole 500 grammes de cette purée, incorporez-lui, à l'aide d'une cuiller, 200 grammes de beurre, 150 grammes de sucre, en partie vanillé, grain de sel, 8 à 10 jaunes d'œuf. Divisez cet appareil en parties égales de la grosseur d'une noix ; roulez-les en bouchon, sur la table farinée ; trempez-les dans des œufs battus, panez-les, plongez-les à friture chaude. Quand elles sont de belle couleur, égouttez-les, roulez-les dans du sucre vanillé, dressez-les en buisson sur serviette pliée ; envoyez en même temps une saucière ou un compotier de crème fouettée, parfumée à la vanille.

SOMMAIRE DE LA PLANCHE 2

Dessin 2. — CROUTES PRALINÉES, AUX FRUITS

Beurrez un moule à bordure, à fond convexe ; emplissez-le à moitié avec de la pâte à savarin pas trop fine ; faites-la lever une heure ; cuisez à four modéré. — Démoulez le gâteau, laissez-le rassir jusqu'au lendemain. — Coupez-le alors en tranches d'un demi-centimètre d'épaisseur. Parez-les

Pl. 2

DESSIN 2.

DESSIN 3.

DESSIN 4.

DESSIN 5.

DESSIN 6.

DESSIN 7.

DESSIN 8.

DESSIN 9.

correctement ; masquez-les sur une surface avec une couche mince de marmelade d'abricots, puis avec une couche de pralin ou appareil à *condé*, c'est-à-dire une pâte faite avec amandes hachées, sucre en poudre et œufs.

Rangez-les à mesure sur une plaque ; saupoudrez-les de sucre fin, faites-les sécher à four doux ; retirez-les ensuite. Dressez-les en couronne régulière sur un anneau en pâte frolle collé sur plat, ou simplement sur une couche de pralin séchée au four dans le plat même, afin que la couronne ne s'affaisse pas ; tenez le plat à l'étuve.

Au moment de servir, garnissez le puits de la couronne avec un salpicon d'ananas coupé en gros dés, mêlé avec quelques cerises mi-sucre, bien rouges ; entourez le dôme avec un cercle de reines-claudes, posez-en une sur le haut ; arrosez les fruits avec un peu de sauce abricots au kirsch. Envoyez séparément une saucière de cette sauce.

Dessin 3. — ABRICOTS A LA PORTUGAISE

Le Portugal fournit des conserves d'abricots au sirop dans des conditions parfaites, et par ce fait très recherchées ; ces fruits sont d'une belle nuance, aux chairs épaisses et fermes, exactement dans les conditions où il est nécessaire de les avoir. C'est avec ces fruits qu'on prépare l'entremets que je vais décrire. — Dans la saison des fruits, il est évident qu'on peut employer ceux qu'on a sous la main, en les choisissant gros.

Ouvrez 2 grandes boîtes entières d'abricots ; choisissez les moitiés d'égale largeur ; rangez-les à plat dans un sautoir, avec leur sirop, un demi-bâton de vanille et leurs amandes fendues en deux ; tenez-les au chaud sans faire bouillir.

Faites blanchir 4 à 500 grammes de riz ; cuisez-le à la crème, avec un demi-bâton de vanille. Prenez-en une partie, formez-en une couche sur un plat ; laissez-le refroidir.

Finissez le restant du riz avec 5 ou 6 jaunes d'œuf et du beurre fin. Avec ce riz, formez une croûte épaisse dans un moyen moule à dôme beurré ; remplissez-en le vide avec un salpicon d'ananas cru ou confit, lié avec de la marmelade d'abricots, un peu serrée ; couvrez-le avec une couche de riz, puis avec un rond de papier beurré ; tenez-le une demi-heure au bain-marie.

Dix minutes avant de servir, renversez le moule sur le centre du plat, sans l'enlever ; dressez les moitiés d'abricots autour du dôme, en couronne régulière. Entre le riz et la couronne, piquez des feuilles d'angélique coupées en pointe, en les inclinant légèrement. Sur le haut du dôme posez une grosse reine-claude, entourez-la aussi avec des feuilles d'angélique plus petites. Nappez les abricots avec du sirop serré, appliquez sur chacun d'eux une large demi-amande bien blanche ; servez en même temps une saucière de leur sirop, lié avec un peu de marmelade d'abricots.

Dessin 4. — CHARLOTTE A LA ROYALE

Préparez un appareil de pouding saxon (page 42) ; faites-le pocher dans un grand moule à dôme ; laissez-le refroidir. Démoulez-le sur un plafond ; coupez-le en tranches transversales d'un centimètre d'épaisseur ; enlevez à mesure ces tranches avec un couvercle plat ; videz les plus larges sur le centre, avec un coupe-pâte de 3 à 4 centimètres ; videz ensuite les plus étroites avec un coupe-pâte moins large.

Rangez ces tranches sur une épaisse couche de frangipane très serrée, à la vanille et aux amandes, disposée sur un plat et refroidie, en les remettant en forme, mais en comblant à mesure le vide de chaque tranche avec un salpicon d'ananas lié avec de la marmelade d'abricots, serrée.

Cela fait, masquez le tout avec une couche de meringue ; décorez les surfaces dans le genre que représente le dessin ; saupoudrez la meringue avec de la glace de sucre ; faites-la sécher à four doux, en la colorant légèrement. Quand la charlotte est sortie du four, garnissez les cavités du décor, à l'aide d'un cornet, soit avec de la marmelade, soit avec de la gelée, soit même avec les deux. Sur le haut, dressez un petit bouquet de cerises mi-sucre ou de la gelée, en la soutenant avec des filets d'angélique coupés en pointe. On peut entourer la base avec une couronne de fruits : reines-claudes ou moitiés d'abricots ; en tout cas, on sert en même temps une saucière de purée de fraises crues, sucrée avec du sirop vanillé, refroidie sur glace.

Dessin 5. — CHARLOTTE DE POIRES, A LA NAPOLITAINE

Coupez en quartiers une douzaine de poires à cuire, de *bon chrétien*, *rousselet* ou *catillac* ; supprimez-en les parties dures et la peau ; placez-les dans une casserole avec un morceau de cannelle, le suc d'un citron ; mouillez avec du sirop et un verre de vin blanc ; cuisez à couvert, sur feu modéré. Quand elles sont à peu près à point, égouttez-les, rangez-les dans un sautoir, arrosez-les avec 2 cuillerées de marmelade d'abricots, étendue avec un peu de madère ; ajoutez 300 grammes de raisins de Smyrne et écorces confites, coupées en petits dés ; faites-les mijoter à feu doux.

Foncez un moule à dôme avec de la pâte à flan ; masquez le fond et le tour de la caisse avec une couche mince de marmelade de poires, réduite ; emplissez-en le vide avec les poires ; couvrez avec un rond de pâte ; poussez au four modéré, mais bien atteint. — Trois quarts d'heure après, sortez la charlotte du four, et, 10 minutes après, démoulez-la sur plat ; masquez-la au pinceau avec de la marmelade d'abricots réduite ; saupoudrez-en les surfaces avec des pistaches hachées ; masquez le fond du plat avec un peu de sauce abricots au madère, envoyez le surplus dans une saucière.

Dessin 6. — TIMBALE A LA MACÉDOINE

Décorez un moule à dôme avec de la pâte à nouille sucrée ; foncez-le avec de la pâte à foncer fine ; masquez intérieurement la pâte avec du papier beurré, emplissez le vide avec de la farine, cuisez à four modéré. En sortant la timbale du four, videz-la. — Déposez dans un sautoir une belle macédoine de fruits en compote et de fruits confits, de nuances et d'espèces variées, tels que : pêches, abricots, reines-claudes, coings, pommes, poires, marrons, cerises, amandes vertes, pistaches mondées, etc. ; chauffez légèrement ces fruits avec un peu de sirop vanillé.

Au moment de dresser, masquez le fond et les parois de la pâte avec une couche mince de marmelade de pommes ou d'abricots ; égouttez les fruits, rangez-les par couches dans le vide de la timbale ; arrosez chaque couche avec un peu de marmelade d'abricots, claire, mêlée avec du marasquin ; quand elle est pleine, renversez-la sur un plat d'entremets ; nappez-la au pinceau avec de la gelée de pommes, légèrement dissoute ; piquez sur le centre un petit hâtelet garni de fruits ; entourez-la, à sa base, avec une couronne de tranches d'ananas.

Servez séparément une saucière de sauce abricots ou simplement le sirop des fruits, mêlé avec du marasquin et quelques gouttes de carmin.

Dessin 7. — PLUM-PUDDING A L'ANGLAISE

Proportions : 500 grammes de graisse de rognons de bœuf, 500 grammes de raisins de Corinthe, Smyrne et Malaga, 250 grammes d'écorces confites d'orange et de cédrat, 3 à 400 grammes de bonne cassonade, 600 grammes de panure fraîche, une cuillerée de farine, un grain de sel, la moitié d'une muscade râpée, une pincée de gingembre en poudre, le zeste d'un citron haché, 10 à 12 œufs, 2 à 3 décilitres de cognac, un peu de rhum, 1 décilitre de crème : ces proportions sont pour 2 poudings.

Épluchez les raisins avec soin ; lavez-les à l'eau tiède, déposez-les dans une terrine avec les écorces coupées en dés ; faites-les macérer avec un peu de cognac.

Épluchez la graisse, hachez-la avec une cuillerée de farine ; déposez-la dans une grande terrine avec la panure, la cassonade et les œufs ; mêlez-les à l'aide d'une cuiller ; ajoutez les raisins et les écorces, le restant du cognac, le sel, la muscade, le gingembre, les zestes hachés et, en dernier lieu, la crème.

Beurrez un moule à dôme plus large que haut ; farinez-le, remplissez-le avec la moitié de l'appareil préparé. — Mouillez le centre d'une serviette ; exprimez-en l'humidité ; beurrez la partie humectée, farinez-la, appliquez-la sur l'appareil ; nouez les pans de la serviette, en dessous du moule, en enveloppant celui-ci ; ficelez fortement la serviette, plongez le moule dan une marmite d'eau bouillante ; continuez l'ébullition 4 à 5 heures.

Égouttez le moule sur un tamis, déballez-le ; coupez le pouding droit sur le haut, afin de lui donner l'aplomb nécessaire ; renversez-le avec précaution, sur plat d'entremets, afin de ne pas endommager la croûte superficielle ; enlevez un petit morceau sur le haut du pouding, remplissez ce creux avec du bon rhum sucré ; envoyez séparément une sauce anglaise au rhum, un sabayon ou une sauce mousseuse à la moelle (page 33). — Il convient d'enflammer le rhum dans la salle à manger même. — Le plat sur lequel l'entremets est dressé doit être en argent ou en ruolz.

Dessin 8. — SOUFFLÉ A LA VANILLE

Même pour un dîner simple de 10 couverts, il convient de servir cet entremets dans deux casse-roles à soufflé.

Mettez dans une terrine 200 grammes de farine et une cuillerée de fécule, délayez avec 2 verres de lait cuit, passez au tamis dans une casserole ; ajoutez un grain de sel, 100 grammes de beurre, un

11

bâton de vanille coupé, 150 grammes de sucre ; posez la casserole sur feu modéré, tournez l'appareil avec une cuiller en bois pour le lier sans grumeaux ; quand il est lisse, faites-le réduire quelques minutes, sans le quitter, pour lui donner la consistance d'une béchamel serrée.

Versez alors cet appareil dans une autre casserole, incorporez-lui, un à un, 12 jaunes d'œuf et 100 grammes de beurre ; travaillez-le quelques minutes ; quand il est froid, incorporez-lui 8 blancs fouettés, bien fermes, ainsi que quelques cuillerées de crème fouettée, bien égouttée. Le mélange opéré, versez-le dans 2 casseroles à soufflé, beurrées ; emplissez-les seulement aux trois quarts ; posez-les sur un plafond, poussez à four doux, mais bien atteint. Trois minutes après, retirez les soufflés pour les couper en croix, pénétrant jusqu'au fond des casseroles ; remettez-les aussitôt au four ; cuisez 20 à 25 minutes, en ayant soin de les glacer deux fois au sucre pendant leur cuisson. En les sortant, posez les 2 casseroles sur une couche de cendre chaude étalée sur un plafond ; couvrez-les chacune avec une cloche chauffée, faites-les porter ainsi jusqu'à la salle à manger ; là, les casseroles sont posées sur un plat couvert d'une serviette, pour être présentées aussitôt aux convives.

Les soufflés, quels qu'ils soient, exigeant des praticiens les soins les plus attentifs, ne doivent et ne peuvent être servis que dans des dîners peu nombreux.

Dessin 9. — CRÈME AU CARAMEL

Infusez un bâton de vanille dans 8 décilitres de bon lait en ébullition. Cuisez 150 grammes d'amandes comme pour nougat ; quand elles sont froides, pilez-les, versez-les dans l'infusion ; couvrez la casserole, tenez-la un quart d'heure hors du feu.

Déposez 15 jaunes d'œuf dans une terrine, broyez-les, délayez-les avec l'infusion aux amandes ; passez l'appareil au tamis, deux fois. — Cuisez dans un poêlon 250 grammes de sucre en poudre, au caramel blond ; quand il est de belle couleur, versez-en une partie dans le fond d'un moule à timbale, laissez refroidir. Versez alors l'appareil dans le moule, faites-le pocher au bain-marie une heure, sans ébullition. Retirez la casserole sans sortir le moule. Une demi-heure après, renversez la crème sur un plat chaud, masquez le fond de celui-ci avec un bon sirop au caramel, préparé avec le restant du caramel.

SOMMAIRE DE LA PLANCHE 3

Dessin 10. — ANANAS AU RIZ, A LA CRÉOLE

Parez à vif un bon ananas frais ; coupez-le en deux, sur sa longueur ; divisez chaque partie en tranches régulières ; rangez celles-ci dans une terrine, mouillez à couvert avec du sirop froid, à

Pl. 3

DESSIN 10.

DESSIN 11.

DESSIN 12.

DESSIN 13.

DESSIN 14.

DESSIN 15.

DESSIN 16.

DESSIN 17.

25 degrés ; 3 heures après, égouttez le sirop, mêlez-lui du sucre imbibé à l'eau, cuisez-le à 32 degrés. Quand il est froid, versez-le de nouveau sur les tranches d'ananas.

Cuisez 400 grammes de riz à la crème (page 108) avec de la vanille ; tenez-le consistant, finissez-le avec jaunes d'œuf et beurre ; laissez-le à peu près refroidir. Avec ce riz, imitez la forme d'un ananas, en le modelant sur une couche de riz, préalablement refroidi sur un plat. Quand l'ananas est imité et le riz froid, piquez sur le sommet quelques feuilles d'angélique, en imitation de la couronne de l'ananas ; ornez-en les surfaces avec des pointes d'angélique, pour imiter les aspérités superficielles du fruit. Nappez-le alors au pinceau avec de la marmelade d'abricots, tiède ; tenez-le à l'étuve un quart d'heure, en l'humectant souvent au pinceau, avec la même marmelade. Au dernier moment, dressez les tranches d'ananas en couronne, autour du riz ; entre l'ananas et le riz, disposez en éventail des feuilles d'angélique, coupées en pointe ; envoyez en même temps une sauce abricots à la vanille.

DESSIN 11. — CROUTES AUX CERISES

Préparez une petite croustade en pain ou en brioche ; si elle est en pain, elle doit être taillée au couteau, colorée à grande friture ; si elle est en brioche, elle doit être cuite dans un moule ; dans les deux cas, elle doit être légèrement creusée et collée sur le centre d'un plat.

Coupez 18 croûtes en brioche ou en savarin, de l'épaisseur d'un centimètre, ayant la forme ovale ; masquez-les d'un côté avec une couche de marmelade d'abricots, puis avec une couche d'appareil à condé ; saupoudrez-les avec du sucre fin ; faites-les glacer au four.

Au moment de servir, garnissez la coupe avec de belles cerises mi-sucre, lavées, bien égouttées ; entourez-la, à sa base, avec un salpicon de fruits confits, variés, chauffés avec un peu de madère, et liés avec de la marmelade d'abricots ; sur ce salpicon dressez les croûtes en couronne. Envoyez séparément une saucière de sauce madère, mêlée aussi avec du salpicon de fruits et quelques pistaches.

DESSIN 12. — POUDING SOUFFLÉ A LA REINE

Cuisez un petit appareil de biscuit roulé, décrit au chapitre des appareils ; en le sortant, masquez-le avec une couche de marmelade de framboises ou groseilles, un peu ferme, foncée en couleur ; roulez le biscuit sur lui-même, de forme cylindrique, ayant à peu près 4 centimètres de diamètre. Enveloppez-le aussitôt dans du papier pour le serrer et le maintenir rond. Une heure après, coupez-le transversalement en tranches minces ; avec ces tranches masquez entièrement les parois intérieures d'un moule à dôme beurré, en les posant à plat ; emplissez le vide du moule avec un appareil à pouding saxon (page 42) ; posez-le dans une casserole avec de l'eau bouillante jusqu'à moitié de hauteur ; cuisez-le une heure, à couvert : 10 minutes avant de le sortir, mettez du feu sur le couvercle de la casserole pour raffermir le dessus. — Au dernier moment démoulez le pouding sur plat, glacez-le au pinceau avec de la marmelade d'abricots ; piquez sur le centre un hâtelet garni de fruits ; saucez le fond du plat avec une purée froide de framboises fraîches, étendue avec du sirop vanillé.

DESSIN 13. — POMMES MERINGUÉES

Faites blanchir, et cuisez 300 grammes de riz au lait, à la vanille : finissez-le avec un peu de crème. Avec ce riz, formez une bordure sur le fond d'un plat, laissez-le bien refroidir. Rangez en dôme, dans le puits de la bordure, des quartiers de pommes reinettes, cuits au beurre et glacés à l'abricot ; masquez-en la surface, ainsi que le riz, avec une couche d'appareil à meringue ; lissez cette couche. Entourez la base du dôme avec des moitiés de pomme, de forme ovale, en les posant debout ; entourez-les avec une chaîne de petites perles en meringue ; entourez-en la base avec des perles plus grosses. Décorez le dôme au cornet, aussi avec de la meringue, dans l'ordre reproduit par le dessin ; saupoudrez la meringue avec de la glace de sucre. Poussez le plat à four doux, afin de sécher la meringue, en la colorant très légèrement. — Avant de servir l'entremets, garnissez les cavités du décor avec de la gelée ou des confitures ; posez sur le haut du dôme une belle reine-claude ; envoyez séparément une saucière de sauce abricots.

DESSIN 14. — ABRICOTS A LA CONDÉ

Séparez, chacun en deux parties, une quinzaine d'abricots, pas trop mûrs ; pelez-les, plongez-les à l'eau bouillante, pour les blanchir, 2 secondes seulement, afin de les obtenir fermes ; rangez-les dans une terrine, mouillez-les à hauteur avec du sirop vanillé, froid à 30 degrés. Une heure après, égouttez-les, dressez-les en dôme sur une épaisse couche de riz consistant, formée en creux sur un plat ; saupoudrez-les d'abord avec des amandes hachées, puis avec du sucre en poudre ; faites glacer les surfaces à four vif ou avec la salamandre. Entourez la base du dôme avec une couronne de croquettes de riz, moulées en forme d'abricots, frites, bien égouttées, ornées chacune avec une queue imitée en angélique, puis simplement roulées dans du sucre vanillé. Envoyez en même temps une saucière de sauce abricots, au marasquin.

DESSIN 15. — SAVARIN AUX FRUITS

Pelez un moyen ananas ; coupez-le en deux parties sur la longueur ; divisez chacune d'elles sur le travers, en tranches pas trop minces. Rangez-les dans un poêlon, mouillez à hauteur avec du sirop vanillé à 28 degrés, tiède. Pilez les parures de l'ananas, faites-les infuser, sans ébullition, dans 2 à 3 décilitres de sirop à 28 degrés.

Avec de la pâte à savarin finie, emplissez aux trois quarts un moule à savarin ; faites lever la pâte à température douce ; quand elle est à la hauteur des bords, cuisez à four modéré. — Faites bouil-lir 3 décilitres de sirop vanillé, à 30 degrés ; décuisez-le en lui mêlant la valeur d'un décilitre et demi de kirsch, marasquin, curaçao, rhum et lait d'amandes ; ajoutez quelques brins de zeste, passez-le.

En sortant le savarin du four, coupez-le droit sur le haut, démoulez-le sur une grille, siropez-le avec l'infusion aux liqueurs ; dressez-le sur plat chaud, entourez-le avec les tranches d'ananas simplement tiédies ; garnissez le centre du gâteau avec du riz à la crème, en le dressant en dôme. Entre le dôme et le savarin, dressez une couronne de belles demi-pêches ; sur le haut du dôme, piquez en éventail des feuilles d'angélique, coupées en pointe. Arrosez le savarin avec le surplus de 'infusion, envoyez le sirop d'ananas dans une saucière, mêlé avec un salpicon d'ananas.

Dessin 16. — PANNEQUETS MERINGUÉS

Préparez un appareil à pannequets (page 67) avec un peu moins de sucre que la dose ordinaire ; cuisez les pannequets larges et minces ; étalez-les sur une plaque à mesure qu'ils sont cuits ; masquez-les avec une couche de crème frangipane à la vanille ; ployez-les en forme de carré long ; puis dressez-les en une couronne dans un plat ; masquez-les d'abord au pinceau avec un peu de marmelade, ensuite avec un appareil à meringue, vanillé ; lissez la surface au couteau, décorez-la aussi avec de la meringue, dans le genre représenté par le dessin ; saupoudrez avec du sucre, poussez à four très doux, faites légèrement colorer. En sortant le plat du four, essuyez-le bien ; garnissez les cavités du décor, sur les contours, avec de la gelée de framboises, poussée au cornet ; emplissez le puits formé par les pannequets avec un sabayon au madère, très ferme ; envoyez le surplus en saucière.

Dessin 17. — CROUSTADE AUX PÊCHES

Foncez un moule à pâté-chaud, de forme basse, avec de la pâte à flan ; tenez-la un peu épaisse ; masquez cette pâte à l'intérieur avec du papier beurré ; emplissez-en le vide avec de la farine commune, cuisez-la *à blanc*. Quand elle est à peu près à point, sortez-la, enlevez la farine, emplissez-en le vide avec une crème frangipane aux amandes et à la vanille, finie avec quelques œufs entiers, dressée en dôme, poussez-la de nouveau à four doux pour finir de cuire la pâte et pocher la frangipane. Sortez alors l'entremets, démoulez-le sur un plat ; masquez la surface du dôme avec une couche de marmelade ; à la base de celui-ci dressez une couronne de belles moitiés de pêche ; nappez-les avec de la gelée de pommes, dissoute ; ornez-les avec quelques feuilles d'angélique, coupées en pointe, piquées en éventail. Creusez légèrement le dôme, sur le haut ; dans ce creux dressez un buisson de belles cerises mi-sucre, lavées à l'eau tiède, bien épongées ; envoyez en même temps une saucière de sirop de pêches, serré, mêlé avec du marasquin, et enfin beurré.

SOMMAIRE DE LA PLANCHE 4

Dessin 18. — TIMBALE A LA MOLITOR

Beurrez et foncez un moule à dôme avec de la pâte à tartelette (page 3) ; emplissez-en le vide avec du riz froid, à la crème ; couvrez-le avec une abaisse de pâte, cuisez 25 minutes à four doux. Sortez la timbale du four sans la démouler ; cernez-la en-dessus, ouvrez-la, en retirant le couvercle de pâte ; videz-la alors, en laissant une mince épaisseur au fond et autour. Lissez les surfaces du riz, à l'aide d'une cuiller ; emplissez-en aussitôt le vide, par couches, avec du bon riz chaud, à la crème et à la vanille, en alternant chaque couche avec une couche de marmelade d'abricots, un peu serrée. Fermez l'ouverture avec le couvercle de pâte enlevé ; renversez ensuite la timbale sur une tourtière ; masquez-en les surfaces au pinceau, avec la même marmelade d'abricots, tiède ; décorez-la avec des ronds en pâte à massepain, disposés dans l'ordre reproduit par le dessin. — Glissez la timbale sur plat, posez une reine-claude sur le haut, entourez-en la base avec des tranches d'ananas, fraîches ou de conserve ; en ce dernier cas, il faut leur donner 3 façons avec du sirop froid, à 30 degrés (page 82).

Dessin 19. — GATEAU DE CASTILLE

Préparez un bon riz à la crème, vanillé, fini avec du lait d'amandes (page 108).

Prenez un gros ananas frais ou confit, paré ; divisez-le en parties sur la longueur du fruit ; si l'ananas est frais, couvrez les tranches avec du sirop tiède, à 30 degrés ; faites-les macérer 4 à 5 heures. Si l'ananas est de conserve, donnez-lui 3 façons au sucre, en opérant comme il est dit à la page 82, article *ananas à la créole*.

Préparez un petit appareil de biscuit aux amandes (page 22) ; cuisez-le dans un moule à bordure à fond rond, beurré, glacé. Quand il est démoulé, nappez-le au pinceau, avec de la marmelade tiède, réduite ; décorez-en les pourtours, soit avec de la pâte à massepain, soit avec des détails de biscuit-punch, coupés à vif ; glissez-le sur plat. Emplissez alors le vide du moule avec du riz à la crème, un peu consistant. Montez-le en pyramide au-dessus du biscuit ; dressez autour les tranches d'ananas.

Pl. 4

DESSIN 18.

DESSIN 19.

DESSIN 20.

DESSIN 21.

DESSIN 22.

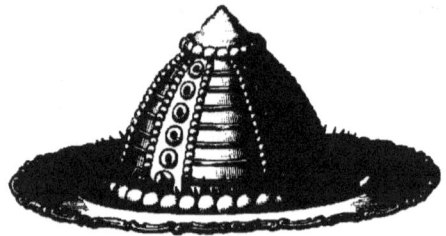

DESSIN 23.

DESSIN 24.

DESSIN 25.

Fermez l'ouverture du haut avec une petite pomme taillée à côtes ; entourez-la avec des pointes d'angélique, piquées en éventail. Entourez la base de la pyramide avec une chaîne de belles cerises mi-sucre,
lavées à l'eau tiède, macérées dans du sirop. — En même temps que l'entremets, envoyez une saucière
de sauce abricots au lait d'amandes.

Dessin 20. — PLOMPOUDING FRANÇAIS

Le pouding que je vais décrire diffère de celui qu'on prépare et qu'on sert journellement en
Angleterre, et dont l'apprêt est décrit plus haut ; celui-ci est beaucoup plus délicat, et, je dois dire,
mieux fait pour plaire à la généralité des convives ; depuis fort longtemps je ne sers que celui-là et l'ai
toujours vu manger avec plaisir, même par des gourmets anglais.

Hachez finement 250 grammes de graisse de rognons de bœuf, épluchée ; mêlez-lui peu à peu
175 grammes de farine ; mettez-les dans une terrine ; ajoutez 5 à 6 œufs entiers, l'un après l'autre, en
travaillant l'appareil avec une cuiller ; 7 à 8 minutes après, ajoutez 175 grammes de sucre en poudre,
autant de raisins de Corinthe, autant de raisins de Smyrne, 100 grammes de cédrat confit, coupé en
petits dés, 4 pommes aigres, hachées, 4 cuillerées de marmelade d'abricots, un brin de zeste, 2 à
3 clous de girofle pulvérisés, 1 décilitre de cognac, autant de rhum, un grain de sel.

Beurrez un moule cannelé, à cylindre ; farinez-le, emplissez-le à hauteur avec l'appareil ;
posez-le dans une casserole, avec de l'eau chaude jusqu'à moitié de hauteur ; faites bouillir l'eau,
couvrez la casserole ; cuisez le pouding 2 heures, au four, avec ébullition.

Au dernier moment, démoulez le pouding sur plat ; masquez-le avec une sauce abricots, mêlée
avec cognac et rhum.

Dessin 21. — SOUFFLÉ AU CHOCOLAT

Cassez en morceaux 4 tablettes de bon chocolat vanillé ; mettez-le dans une casserole avec
quelques cuillerées d'eau tiède ; couvrez-le, faites-le ramollir à la bouche du four ; broyez-le avec une
cuiller, pour le lisser ; chauffez-le sans le quitter, jusqu'à ce qu'il soit consistant. Retirez-le alors du
feu ; 2 minutes après, incorporez-lui d'abord 12 à 14 jaunes d'œuf, l'un après l'autre ; puis, 6 à 7 blancs
fouettés, légèrement sucrés. Au dernier moment, mêlez-lui quelques cuillerées de bonne crème
fouettée. Avec cette quantité d'appareil, on peut obtenir 2 ou 3 soufflés.

Avec une partie de l'appareil, remplissez à peu près une casserole à soufflé, beurrée ; entourez-
la sur le haut avec une bande de papier beurré ; posez-la sur un plafond, poussez-la à four doux ; 3 à
4 minutes après, sortez-la ; coupez l'appareil en croix, en glissant le couteau de haut en bas, jusqu'au
fond. Remettez l'appareil au four ; cuisez-le 20 minutes. Enlevez alors la bande de papier, saupoudrez
le soufflé avec du sucre fin, faites-le glacer ; envoyez-le aussitôt sur un plafond masqué d'une couche
de cendres chaudes ; couvrez-le avec une cloche chaude.

Dessin 22. — POIRES A LA MIRABEAU

Préparez un petit appareil de génoise sur feu (page 15) ; emplissez-en à peu près un moule à bordure, uni ; cuisez-le à four modéré ; cuisez le restant sur une plaque.

Coupez, chacune en deux parties, 8 à 10 poires *duchesse* ou *beurré* ; retirez-en le cœur, à l'aide d'une cuiller à racine ; pelez-les, cuisez-les bien blanches, à l'eau acidulée ; égouttez-les dans une terrine, couvrez-les avec du sirop à 25 degrés ; laissez-les macérer quelques heures.

Avec 7 ou 8 autres poires, préparez une marmelade à la vanille, un peu serrée. — Préparez aussi un émincé de poires, comme pour charlotte ; liez-le avec 2 cuillerées de marmelade d'abricots ; finissez-la avec 2 cuillerées de rhum.

Cuisez 200 grammes de riz, à la crème et à la vanille. — Sur le biscuit plat, coupez une abaisse ronde, du même diamètre que la bordure ; masquez-la d'un côté, avec de la marmelade de poires, posez la bordure dessus pour la coller ; masquez-en les pourtours, d'abord avec de la même marmelade, puis avec une mince couche de meringue fine ; décorez-les ensuite, en grillage, avec un cornet ; poussez sur le haut, les uns à côté des autres, une chaîne régulière de petits anneaux également en meringue ; saupoudrez celle-ci avec de la glace de sucre ; glissez la bordure dans un plat, faites dorer la meringue à four doux.

Au moment de servir, étalez dans le puits de la bordure, un couche de riz à la crème ; sur cette couche, dressez l'émincé de poires ; couvrez avec du riz, en montant celui-ci en dôme ; contre le dôme, dressez une couronne de demi-poires, égouttées, légèrement fardées d'un côté avec du carmin végétal. Ajoutez un peu de riz sur le centre, et, avec le restant des poires, formez une deuxième couronne, au-dessus de la première. Sur le centre de chaque anneau en meringue, posez une belle cerise mi-sucre. — En même temps que l'entremets, envoyez une saucière de sirop de poires, réduit à point, légèrement rougi.

Dessin 23. — GATEAU LYONNAIS

Prenez 300 grammmes d'amandes mondées, dont une douzaine d'amères ; pelez-les finement, en mouillant peu à peu avec 2 blancs d'œuf et 4 cuillerées de rhum. Mettez-les dans une terrine avec 300 grammes de sucre en poudre, 3 œufs entiers, 2 jaunes ; travaillez vivement l'appareil avec une cuiller pour le rendre léger ; mêlez-lui alors 4 jaunes, puis 200 grammes de fécule, et enfin 6 blancs fouettés.

Beurrez et glacez à la fécule un moule à dôme ; emplissez-le à peu près à hauteur avec une partie de la pâte ; cuisez 45 minutes à four doux ; quand le gâteau est sorti du four, laissez-le rassir quelques heures. Coupez-le ensuite sur le haut ; divisez-le en tranches, sur le travers ; prenez ces tranches une à une, imbibez-les au pinceau avec du rhum, mêlé avec du sirop, puis masquez-les avec une couche mince de frangipane aux amandes ; posez-les l'une sur l'autre pour remettre le gâteau en forme ; collez-le sur une abaisse en pâte ferme, un peu plus large que son diamètre. Creusez-le légèrement sur le haut ; masquez-en les surfaces avec une mince couche de frangipane, et ensuite avec une couche de meringue fine ; décorez cette couche au cornet, avec de la même meringue, dans l'ordre représenté par le dessin. Saupoudrez-la de sucre, faites-lui prendre belle couleur à four doux.

Dressez le gâteau sur plat ; ornez le décor avec de la gelée de pommes ou de groseilles ; entourez-en la base avec des détails en écorces d'orange, confites, coupées en pointes. — Au moment de servir, garnissez le vide du haut avec quelques cuillerées de sabayon au vin, fini avec quelques cuillerées de rhum ou de kirsch ; envoyez le surplus en saucière.

Dessin 24. — POUDING DE CABINET, A LA MODERNE

Cuisez sur papier, une plaque de biscuit en feuilles (page 18), de l'épaisseur d'un centimètre ; parez-le à vif en dessus. Sur ce biscuit, coupez une longue bande ayant 11 centimètres de large ; divisez-la transversalement en montants de 1 centimètre et demi de largeur.

Beurrez un moule uni, à cylindre ; masquez-en le fond avec un anneau de papier ; masquez-en ensuite les parois avec les montants coupés, en les appliquant alternativement l'un du côté coupé à vif, l'autre du côté jauni par la cuisson, de façon à former deux nuances distinctes.

Sur le même biscuit, coupez une abaisse ronde, un peu plus étroite que le fond du moule à cylindre ; évidez-le sur le centre pour en former un anneau ; coupez-le transversalement en petits montants, de même largeur que les premiers. Avec ces montants, coupés en pointe, masquez le fond du moule, en alternant aussi les nuances, et en les faisant raccorder avec celle des montants appliqués contre les parois.

Dans trois quarts de litre de lait, faites infuser pendant 25 minutes, 200 grammes de grains de café, torréfiés au moment. Passez le liquide, mêlez-lui trois quarts de litre de crème crue ; sucrez-le à point. Mettez dans une terrine 4 œufs entiers et 12 jaunes ; broyez-les, délayez-les avec l'infusion ; passez deux fois le liquide au tamis fin.

Coupez en gros dés des fruits confits, variés : abricots, reines-claudes, écorces d'orange, petits chinois, lavés à l'eau tiède ; ajoutez des cerises mi-sucre. — Coupez en carrés longs, du même biscuit avec lequel le moule a été foncé. Emplissez le vide du moule avec les carrés de biscuit et les fruits, par couches alternées. Quand le moule est plein, versez tout doucement la crème dedans[1] ; couvrez le dessus avec un rond de papier beurré, et, sur celui-ci, posez un couvercle de bain-marie. Placez le moule dans une casserole, sur un petit trépied, versez de l'eau chaude dedans, jusqu'à mi-hauteur du moule. Faites bouillir l'eau ; retirez la casserole à la bouche du four ou sur le côté du feu avec des cendres chaudes sur le couvercle ; faites pocher le pouding une heure, sans ébullition. — Au moment de servir, renversez l'entremets sur un plafond, sans retirer le moule, afin d'en faire égoutter l'humidité ; démoulez-le ensuite sur plat, masquez-le avec une crème anglaise.

Dessin 25. — BISCUIT A LA CRÈME D'ORANGE

Cuisez sur une plaque beurrée et farinée, un appareil de biscuit sableux, pour chaud (page 23), au zeste d'orange. Sur ce biscuit coupez 8 à 10 abaisses rondes de 15 centimètres de diamètre ; posez

---

1. Les moules d'entremets, à cylindre, mesurent un litre et demi.

une de ses abaisses sur une abaisse en pâte frolle, de même diamètre, masquée de gelée de groseilles. Imbibez le biscuit avec du curaçao, et masquez-le aussi avec une couche de gelée de groseilles ; montez les autres abaisses l'une sur l'autre, en les imbibant et les masquant avec de la gelée.

Masquez alors les pourtours et le haut du biscuit, d'abord avec une mince couche de groseilles, puis avec une couche de meringue fine ; décorez-en les surfaces au cornet, avec des perles, dans le genre représenté par le dessin ; saupoudrez-les avec de la glace ; glissez le biscuit sur plat, faites dorer la meringue à four doux ; tenez le gâteau à l'étuve.

Coupez en quartiers 5 grosses oranges ; parez-les à vif, supprimez-en les pépins ; mettez-les dans une terrine, saupoudrez-les avec du sucre fin.

Mettez dans une bassine 10 jaunes d'œuf, 125 grammes de sucre d'orange ; mêlez et délayez avec un huitième de vin du Rhin et suc d'oranges, par moitié. Posez la bassine sur feu doux, fouettez l'appareil jusqu'à ce qu'il soit bien mousseux et lié ; mettez-le alors sur feu plus vif, sans cesser de fouetter ; au moment où l'ébullition se développe, mêlez-lui vivement 3 blancs d'œuf, fouettés ; aussitôt que l'appareil est lisse, retirez-le.

Prenez alors une partie de l'appareil avec une cuiller et, avec lui, emplissez le cylindre du gâteau, en le montant en pointe ; versez le reste dans une saucière.

A l'aide d'un cornet garni de gelée de framboises, ornez les surfaces du gâteau ; entourez-le à sa base avec les quartiers d'orange, préparés ; servez aussitôt.

SOMMAIRE DE LA PLANCHE 5

Dessin 26. — PÊCHES A L'ANDALOUSE

Cuisez du biscuit fin, à la vanille, dans un moule à bordure à fond plat ; cuisez-en aussi une plaque en lui donnant l'épaisseur de 1 centimètre et demi. Laissez rassir le biscuit.

Pelez des pêches du Midi mûres à point ; émincez-les, mettez-les dans une casserole plate avec du beurre, cuisez-les comme des pommes pour charlotte, avec un demi-bâton de vanille dedans. Sucrez-les en dernier lieu ; faites-en réduire l'humidité, laissez-les refroidir. — Lavez et cuisez

Pl. 5

DESSIN 26.

DESSIN 27.

DESSIN 28.

DESSIN 29.

DESSIN 30.

DESSIN 31.

DESSIN 32.

DESSIN 33.

200 grammes de riz, à grande eau, en conservant les grains entiers. Égouttez-le, faites-le macérer une demi-heure avec du marasquin et du sirop tiède. Égouttez-le de nouveau, mettez-le dans une terrine, liez-le avec de la marmelade d'abricots, serrée.

Une heure avant de servir, coupez la bordure de biscuit en tranches transversales; remettez-les en forme, en masquant à mesure les tranches avec une couche de frangipane aux amandes et à l'eau de fleurs d'oranger. — Sur le biscuit en feuille, coupez un rond du même diamètre que la bordure; masquez-en la surface avec une couche de frangipane, et posez la bordure dessus, en l'appuyant pour la coller; glissez le gâteau sur plat d'entremets, garnissez-en le vide, par couches, avec le riz et les pêches émincées, en formant un dôme élevé au-dessus de la bordure; lissez-en les surfaces. Masquez d'abord la bordure avec une couche mince de marmelade, puis masquez le dôme et la bordure avec une couche de frangipane; masquez-les ensuite l'un et l'autre avec une couche de meringue fine.

Décorez le dôme au cornet avec la même meringue, en lui donnant la forme d'ananas. Décorez la bordure simplement avec des cordons de meringue, poussés de haut en bas, les uns à côté des autres, dans le genre représenté par le dessin; entourez-en la base avec de petits anneaux creux.

Saupoudrez la meringue avec de la glace de sucre, faites-la légèrement colorer à four doux, après avoir essuyé les bords du plat. — En sortant le gâteau du four, garnissez le creux des anneaux avec des cerises mi-sucre.

En même temps que l'entremets, envoyez une saucière de sirop de pêches un peu épais, légèrement rougi, parfumé au marasquin.

Dessin 27. — CROUTES A L'ANANAS, A LA MARÉCHALE

Prenez un ananas cru, coupez-en la couronne en lui laissant adhérer une petite épaisseur de chair; tenez-la de côté. Pelez le fruit, plongez-le à l'eau bouillante; retirez-le du feu; fermez la casserole, tenez-la ainsi 20 minutes; égouttez ensuite l'ananas; mettez-le dans une casserole à bain-marie haute de forme ou simplement dans une boîte à conserve; couvrez-le avec du sirop à 25 degrés. Six heures après, égouttez le sirop, mêlez-lui du sucre imbibé à l'eau froide; cuisez-le à 30 degrés; quand il est froid, versez-le sur l'ananas; 6 heures après, recommencez la même opération; ajoutez encore du sucre, cuisez de nouveau à 30 degrés. — A défaut d'ananas frais on peut opérer également avec un gros ananas conservé; on en trouve aujourd'hui à Paris de magnifiques, bien conservés et excellents. En ce dernier cas, il faut mettre le fruit au sucre sans le faire blanchir, lui donner 3 façons : on imite la couronne d'ananas en pâte d'amandes.

Moulez du riz à croustade dans une terrine ou dans un moule plat, ayant 15 centimètres de diamètre; faites-le refroidir sous presse. Taillez-le ensuite au couteau, en lui donnant une forme légèrement conique, et en le creusant en dessus, de façon à pouvoir faire tenir l'ananas debout; collez solidement ce fond sur le centre d'un plat d'entremets. — Coupez un savarin, rassis de la veille, en tranches d'un demi-centimètre d'épaisseur; sur ces tranches, coupez, à l'aide d'un coupe-pâte en fer-blanc de forme ovale, des croûtes de même dimension; masquez-les d'abord avec une

13

mince couche d'abricots, et ensuite avec une couche d'appareil à Condé, composé de sucre, amandes hachées et blancs d'œuf. Rangez ces croûtes sur une plaque, saupoudrez-les de sucre, faites-leur prendre couleur à four doux.

Préparez un peu de bon riz à la crème, parfumé à la vanille (page 108). — Un peu avant de servir, égouttez l'ananas; coupez-en les deux tiers en tranches, en laissant la base entière. Posez cette base sur le fond en riz, collé sur le plat. Évidez les tranches une à une avec un coupe-pâte, afin d'en supprimer la partie dure du cœur; masquez-les à mesure avec une mince couche d'abricots, et reformez l'ananas sur le plat, en ayant soin d'emplir à mesure le vide des tranches avec du riz sucré, presque froid, afin qu'il puisse soutenir les couches d'aplomb. Surmontez l'ananas avec sa couronne, en la fixant à l'aide d'un tout petit hâtelet qui reste invisible.

Nappez alors l'ananas avec de la marmelade d'abricots serrée et tiède. Entourez-en son support avec du bon riz à la crème ; dressez les croûtes autour. Envoyez séparément une saucière de sauce abricots, au rhum.

Dessin 28. — FLAN DE CRÈME, MERINGUÉ

Préparez un appareil à meringue dans les proportions de 8 blancs pour 250 grammes de sucre en poudre non déglacé et 250 grammes de glace de sucre, mêlés. — Foncez un cercle à flan avec de la pâte à tartelette; laissez-la reposer 10 minutes; enlevez le cercle, pincez les parois avec un pince-pâte ; décorez-en la crête avec de petits ronds coupés avec un tube de la boîte à colonne, en ayant soin de les humecter avec des jaunes d'œuf; dorez toute la surface; laissez sécher la dorure, puis entourez le flan avec une bande de papier beurré; collez-en les deux bouts. Emplissez le vide de la caisse avec de la frangipane aux amandes, couvrez avec du papier, cuisez à four modéré.

Laissez à moitié refroidir la crème; masquez-la d'abord avec une couche de marmelade d'abricots; étalez sur son centre un émincé d'ananas confit, lié avec de la marmelade; masquez-le avec une couche épaisse de meringue, en la dressant en dôme plat; lissez-la, décorez-la au cornet; saupoudrez-la de glace de sucre, faites-la légèrement colorer à four doux.

Au moment de servir, glissez le flan sur plat d'entremets; garnissez les creux du décor avec de la gelée ou avec de la marmelade; posez sur le haut une belle reine-claude; entourez-la avec des feuilles imitées en angélique, piquées en éventail; entourez celles-ci avec une chaîne de grosses cerises mi-sucre; envoyez ainsi l'entremets.

Dessin 29. — FLAN DE FRUITS, A L'ANGLAISE

Préparez une pâte à tartelette (page 3); laissez-la reposer. — Avec cette pâte, foncez un cercle à flan de 3 centimètres de haut; pincez-en joliment la crête. Laissez reposer la pâte; puis enlevez le cercle; entourez alors la pâte avec une bande de papier beurré; cuisez ainsi la croûte.

En la sortant du four, videz-la; masquez-la en dehors et en dedans, au pinceau, avec une mince couche de marmelade d'abricots, tiède. Décorez les bords extérieurs de la pâte avec des détails d'angélique ; emplissez-en le vide avec du bon riz vanillé, à la crème, fini avec un morceau de beurre fin (page 108) ; sur ce riz, dressez une belle couronne de demi-pêches en compote. Nappez-les au pinceau avec de la gelée de pommes, dissoute, ou du suc de pommes cuit à la *nappe* avec du sucre. Garnissez le puits de la couronne avec des cerises mi-sucre, lavées à l'eau tiède ; sur celles-ci, dressez une poire en compote nappée au pinceau. Dressez l'entremets sur serviette pliée.

Dessin 30. — FRUITS A LA MADELEINE

Parez un ananas de conserve pour retirer les points noirs de la chair. Coupez-le en deux parties sur sa longueur ; divisez ensuite chaque moitié en tranches transversales un peu épaisses ; couvrez-les avec du sirop à 25 degrés, froid. Six heures après, égouttez le sirop, mêlez-lui du sucre humecté, cuisez-le pour l'amener à 30 degrés ; quand il est froid, versez-le de nouveau sur les tranches d'ananas. — Préparez un gros salpicon de fruits, composé de poires, melons, reines-claudes, écorces confites. Faites-le macérer avec quelques cuillerées de madère et de sirop. — Mettez dans une terrine une douzaine de demi-abricots en compote, pelés, fermes, bien entiers ; couvrez-les avec du sirop. — Lavez à l'eau tiède 2 poignées de cerises mi-sucre, bien rouges ; mettez-les dans un petit poêlon avec du sirop tiède.

Préparez un petit appareil de biscuit madeleine dans les proportions de 500 grammes de sucre, 400 grammes de farine, 50 grammes de fécule, 400 grammes de beurre, 12 jaunes d'œuf, 1 œuf entier, 6 blancs fouettés, 4 cuillerées de cognac, 2 cuillerées d'eau de fleurs d'oranger, un grain de sel. — Beurrez un moule à bordure, à fond plat ; emplissez-le aux trois quarts avec l'appareil, cuisez-le à four modéré. Cuisez le reste sur plaque. — Démoulez la bordure sur une grille à pâtisserie. Quand elle est froide, masquez-la entièrement avec de la marmelade d'abricots, tiède, serrée ; saupoudrez-la avec des pistaches coupées en petits dés ; dressez-la sur plat d'entremets ; masquez le fond du cylindre avec un rond de biscuit coupé sur la plaque ; tenez l'entremets à l'étuve douce.

Au moment de servir, égouttez les fruits sur un tamis. Coupez les tranches d'ananas au quart de hauteur ; dressez-les, debout et à cheval, contre la bordure. Emplissez le vide de la bordure avec le salpicon de fruits, et, sur celui-ci, dressez les abricots en couronne ; garnissez le puits de cette couronne avec les cerises ; autour des cerises, piquez en éventail des feuilles d'angéliques coupées en pointe. Mêlez, à une sauce abricots, le madère et le sirop où étaient les fruits ; versez-la dans une saucière, envoyez-la en même temps que l'entremets.

Dessin 31. — RIZ A L'INFANTE

Coupez 7 à 8 pêches, chacune en deux parties ; retirez-en le noyau, plongez-les à l'eau bouillante ; retirez la casserole sur le côté ; aussitôt que la peau s'en détache, égouttez-les, supprimez-en la peau, rangez-les dans un sautoir ; couvrez-les avec du sirop épais, vanillé. — Lavez à l'eau chaude 2 à 3 poignées de cerises mi-sucre ; mettez-les dans un poêlon avec du sirop tiède.

Faites blanchir 250 grammes de riz; cuisez-le à la crème et à la vanille (page 108); finissez-le en lui incorporant 100 grammes de beurre divisé en petites parties; retirez-le tout à fait du feu; tenez-le ainsi 5 minutes à couvert : il doit être crémeux, mais consistant.

Beurrez un moule à fond bombé dans le genre de ceux à savarin; emplissez-le avec le riz; tassez-le sur un linge, tenez-le 10 minutes à l'étuve. — Au dernier moment, démoulez le riz sur un plat d'entremets; garnissez le puits de la bordure avec un rond de biscuit arrivant à peu près à la hauteur du riz; masquez-le de marmelade d'abricots; dressez les demi-pêches dessus, en couronne; dans le puits de celle-ci, dressez les cerises; entre les cerises et les pêches, piquez en éventail des feuilles imitées en angélique. Nappez les pêches au pinceau avec de la gelée de pommes, dissoute; envoyez en même temps que l'entremets une saucière de crème anglaise, à la vanille.

DESSIN 32. — POUDING DE CABINET, A L'ANANAS

Beurrez un moule d'entremets uni, à cylindre; masquez-en les parois intérieures, partie avec du biscuit blanc, c'est-à-dire coupé à vif, partie avec du biscuit de couleur naturelle, légèrement brune. Masquez le fond du moule avec une abaisse blonde coupée d'une seule pièce.

Mettez dans une terrine 10 jaunes, 2 œufs entiers et 300 grammes de sucre en poudre; mêlez les œufs avec le sucre, délayez avec 4 décilitres de crème, autant de lait infusé aux amandes et aux zestes d'orange; passez l'appareil, deux fois, au tamis fin. — Étalez au fond du moule une couche d'ananas, confit, coupé en dés; saupoudrez avec une pincée de pistaches entières, masquez avec une couche de macarons coupés; continuez ainsi en alternant les fruits et les macarons, jusqu'à ce que le moule soit plein. Coulez alors, peu à peu, dans le moule, l'appareil à pouding. Masquez le dessus avec du papier beurré; faites pocher trois quarts d'heure le pouding au bain-marie, sans ébullition. En le sortant, renversez-le sur un petit plafond, sans retirer le moule, pour le faire égoutter; puis renversez-le sur plat d'entremets. Masquez-le avec un peu de sauce anglaise parfumée à l'orange; posez sur le haut du pouding une chaîne de cerises mi-sucre, en les appuyant; servez-le en même temps qu'une saucière de crème anglaise.

DESSIN 33. — GATEAU A LA POLONAISE

Préparez une crème frangipane aux amandes; laissez-la refroidir. — Préparez un appareil de biscuit fin, dans les proportions de 500 grammes de sucre, 350 grammes moitié farine, moitié fécule, bien sèches; 14 jaunes, 14 blancs fouettés, grain de sel, zestes ou vanille.

Beurrez un moule uni, à cylindre; glacez-le au sucre et à la fécule; emplissez-le aux trois quarts avec une partie de l'appareil; mettez le moule sur un plafond, cuisez 45 minutes le biscuit, à four doux. En le sortant, démoulez-le sur une grille à pâtisserie; laissez-le rassir. — Au lieu de biscuit fin, on peut employer l'appareil de biscuit sableux, pour chaud, cuit sur une plaque beurrée et farinée. Quand le biscuit est refroidi on le divise en abaisses circulaires, de 15 centimètres de large, dont on évide le centre avec un coupe-pâte de 4 centimètres de diamètre.

Si on opère avec un biscuit, divisez-le en tranches transversales de 1 centimètre d'épaisseur. Masquez chaque tranche avec une couche de frangipane, posez une autre abaisse dessus ; masquez-la aussi ; continuez ainsi jusqu'à ce que le biscuit soit remis en forme. Fermez alors l'ouverture inférieure du cylindre, avec un rond de biscuit ; garnissez-en le vide avec des fruits confits, variés, coupés en grosse julienne, liés avec de la marmelade d'abricots. Fermez aussi l'ouverture supérieure avec un rond de biscuit. Masquez les parois et le haut, d'abord avec une couche de marmelade, puis avec une couche de meringue ; posez-le sur plat d'entremets ; décorez-le sur le haut en rosace, à l'aide d'un cornet ; poussez sur le centre un anneau également en meringue. Décorez alors les parois, en formant un grillage bien correct ; entourez-en la base avec de gros anneaux en meringue, et la lisière du haut avec une chaîne de perles plus petites poussées au cornet. Saupoudrez de sucre fin, essuyez bien le plat ; faites colorer la meringue à four doux. Servez le gâteau avec une saucière de marmelade d'abricots, au kirsch.

SOMMAIRE DE LA PLANCHE 6

DESSIN 34. — GATEAU PRINCESSE DE GALLES

Lavez à l'eau chaude 2 ou 3 tranches d'ananas confit; épongez-les, retirez-en les parties dures du cœur, coupez les chairs en julienne; mettez-les dans une casserole avec un peu de sirop au kirsch.

Prenez un biscuit fin, cuit de la veille, dans un moule à dôme; coupez droit le dessus, renversez-le, découpez-le en tranches transversales. Essuyez le moule dans lequel il a été cuit; remettez les tranches dedans, une à une, en commençant par les moins larges, après les avoir coupées sur le travers. Sur chaque tranche, étalez alors une petite couche d'ananas; arrosez-les avec un peu de sirop chaud, épais, mêlé avec du kirsch. Renversez le gâteau sur plat d'entremets; enlevez le moule, piquez sur le haut un hâtelet garni de fruits; ornez-en la base avec une chaîne de cerises mi-sucre. Nappez le gâteau avec du sirop bien chaud, au kirsch, légèrement lié à l'arrow-root, puis beurré. Envoyez en même temps une saucière de ce même sirop mêlé avec des cerises mi-sucre, lavées à l'eau chaude. — Ces tranches de biscuit doivent non seulement être de même épaisseur, mais coupées en travers, à distance égale, afin que les morceaux coupés forment un carrelage aussi régulier que possible.

DESSIN 35. — PÊCHES A LA MAINTENON

Coupez, chacune en deux parties, 7 à 8 bonnes pêches d'espalier, pas trop mûres; retirez-en le noyau, plongez-les à l'eau bouillante, retirez la casserole sur le côté du feu; égouttez les pêches aussitôt que la peau s'en détache, supprimez-la; mettez à mesure les pêches dans une terrine, couvrez-les avec du sirop froid, à 28 degrés.

Cuisez, dans un moule à dôme, du biscuit sableux, pour chaud (page 23); Parez-le, remettez-le dans le même moule où il a cuit; cernez-le à 2 centimètres des bords; enlevez

Pl. 6

DESSIN 34.

DESSIN 35.

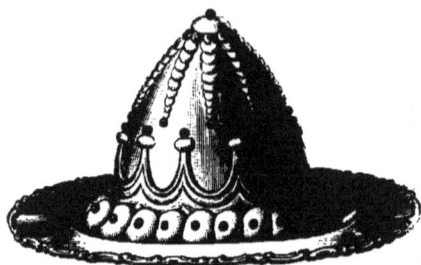

DESSIN 36.

DESSIN 37.

DESSIN 38.

DESSIN 39.

DESSIN 40.

DESSIN 41.

le rond; videz-le en partie; garnissez-en le vide avec une frangipane aux amandes et au marasquin, mêlée avec un salpicon de fruits confits.

Fermez l'ouverture du biscuit avec le rond enlevé, renversez-le sur un plat. Masquez-le d'abord avec une couche mince de marmelade d'abricots, puis avec une couche de meringue fine; décorez-le au cornet, en relief, simplement avec des cordons en diagonale, alternés par des perles. Saupoudrez la meringue avec de la glace de sucre, faites-la colorer à four doux; en sortant l'entremets ornez-le, sur le haut, avec quelques feuilles d'angélique, coupées en pointe, piquées en éventail; placez dans le creux une jolie reine-claude.

Au moment de servir, chauffez légèrement les pêches, sans ébullition; dressez-les en couronne autour du gâteau; nappez-les au pinceau avec de la gelée de pommes, dissoute avec un peu de sirop. Faites vivement réduire leur sirop à 32 degrés; retirez-le, beurrez-le légèrement, rougissez-le avec quelques gouttes de carmin, mêlez-lui 1 demi-décilitre de marasquin.

A défaut de pêches fraîches, on peut employer des demi-pêches de conserve, pelées, fermes : les grosses pêches du Midi conviennent pour cet emploi, mais elles ne doivent pas être trop dures.

DESSIN 36. — SOUFFLÉ A LA DAUPHINE

Cet entremets est de ceux qui conviennent le mieux pour être servis dans les dîners nombreux; car il peut être préparé et fini d'avance, avantage toujours bien précieux dans les grandes affaires.

125 grammes beurre, 125 grammes sucre, 200 grammes farine, 1 demi-litre de lait, 9 gros jaunes d'œuf ou 11 moyens, 10 blancs fouettés, grain de sel, zeste râpé. — Faites fondre le beurre dans une casserole; ajoutez la farine, cuisez-la 2 minutes, en tournant; mouillez peu à peu avec le lait bouillant, travaillez fortement l'appareil jusqu'à ce qu'il soit lisse. Remettez-le alors sur le feu, cuisez-le 4 à 5 minutes, en remuant fortement; versez-le dans une terrine; travaillez-le encore 2 minutes, incorporez-lui peu à peu les jaunes, en faisant prendre de la légèreté à l'appareil; ajoutez zeste, sel, puis les blancs fouettés.

Faites chauffer 3 poêles à pannequets de grandeur graduée; humectez-les au pinceau avec du beurre fondu, épuré; mettez dans chacune une petite partie de l'appareil, de façon à obtenir des omelettes de 1 demi-centimètre d'épaisseur; cuisez-les tout doucement. A mesure qu'elles sont cuites en dessous, renversez-les sur une feuille de papier, humectez encore les poêles au pinceau, et remettez les omelettes dedans pour les cuire de l'autre côté; renversez-les ensuite sur une plaque.

Quand l'appareil est absorbé, placez les omelettes les unes sur les autres, dans un plat d'entremets, en commençant par les plus larges, puis celles de moyenne longueur, enfin, les plus petites, de façon à former un dôme, mais en les alternant à mesure, chacune avec une couche de marmelade d'abricots : avec cette quantité d'appareil on peut faire 2 soufflés. — Masquez également le dôme avec une couche de marmelade, et ensuite avec une couche de meringue; décorez-en les

14

surfaces au cornet; entourez-en la base avec de grosses perles en meringue, poussées à cheval, saupoudrez la meringue avec de la glace de sucre, faites colorer à four doux. Ornez ensuite la meringue avec des cerises mi-sucre; envoyez en même temps une saucière de sauce abricots, au kirsch.

Dessin 37. — TIMBALE DE POMMES, A LA MILANAISE

Divisez en quartiers quelques bonnes pommes Calville; parez-les, pelez-les, divisez-les en quartiers, puis en tranches pas trop minces. Mettez-les dans une casserole plate avec du beurre, un bâton de vanille, 2 poignées de sucre; faites-les sauter à feu vif, en les tenant fermes; retirez-les, liez-les avec de la marmelade d'abricots; mêlez-leur une poignée de raisins de Smyrne, autant d'ananas confit, coupé en julienne; laissez refroidir.

Préparez une pâte à flan avec 300 grammes de farine, 200 grammes de beurre, 2 jaunes d'œuf, une cuillerée de sucre, un grain de sel, un peu d'eau. Divisez-la en quatre parties; roulez celles-ci avec les mains, sur la table farinée, en cordons de l'épaisseur d'un macaroni; beurrez ces cordons au pinceau avec du beurre tiède; roulez-les en colimaçon contre les parois d'un moule à dôme beurré, en commençant par le fond pour arriver jusqu'aux bords. Beurrez intérieurement la pâte, emplissez le vide avec les pommes; couvrez le dessus avec une mince abaisse de pâte. — Cuisez la timbale 50 minutes, à four modéré; en la sortant, démoulez-la sur plat, nappez-la avec de la marmelade d'abricots, claire, étendue avec de la liqueur aux noyaux. Saupoudrez-en les surfaces avec des pistaches hachées; entourez-la à sa base, avec une chaîne de prunes de reine-claude. Piquez sur le haut un hâtelet garni de fruits.

Dessin 38. — TIMBALE REINETTE

Coupez, chacune en deux parties, 6 à 7 reinettes; retirez-en le cœur avec une cuiller à racine; pelez-les, faites-les blanchir à l'eau. Égouttez-les, rangez-les dans un sautoir, le côté bombé en dessus. Mouillez-les à mi-hauteur avec de la marmelade d'abricots, claire; cuisez-les à couvert, sur feu doux, en les arrosant souvent, mais en les tenant fermes. Piquez-les alors en hérisson avec des filets d'amande, mondés, séchés au four.

Beurrez un moule à dôme; foncez-le avec de la pâte à flan. — Coupez 12 reinettes en quartiers; pilez-les, émincez-les; mettez-les dans un sautoir avec du beurre et un morceau de vanille coupé; sucrez-les, cuisez-les à bon feu, en les sautant comme pour charlotte. Quand elles ont réduit leur humidité, retirez-les; liez-les avec quelques cuillerées de marmelade d'abricots.

Avec ces pommes, garnissez le vide du moule foncé, par couches, en alternant chaque couche avec des macarons brisés et avec de petits raisins : corinthe et smyrne, ainsi que des pistaches émincées. Fermez l'ouverture avec une abaisse de la même pâte. Posez le moule sur un plafond, en l'appuyant sur une épaisse couche de cendre; cuisez la timbale au four, 35 minutes. En la sortant, renversez-la sur plat d'entremets; laissez-la refroidir.

Humectez les surfaces de la timbale, au pinceau, avec de la marmelade d'abricots; puis, masquez-la entièrement avec des cordons de meringue, poussés au cornet. Pour exécuter cet ornement plus correct, tracez sur le corps de la timbale 6 à 8 lignes perpendiculaires, c'est-à-dire de haut en bas et à égale distance; poussez alors au cornet des cordons de meringue qui comprennent 2 rayons seulement, en commençant à la base pour remonter vers le haut. Divisez ces cordons, juste au milieu, par une ligne de perles également en meringue, aussi régulières que possible.

Recommencez à pousser des cordons en meringue à droite des premiers, en commençant aussi par le bas, et en embrassant 2 rayons comme auparavant.

Poussez des perles, juste sur le milieu des cordons; continuez ainsi jusqu'à ce que les surfaces soient masquées, en observant surtout que les rayons en perles soient poussés à distance égale : c'est un point principal. — Saupoudrez la meringue avec de la glace de sucre, faites-la colorer à four doux. En sortant la timbale, piquez en éventail, sur le haut, une couronne de feuilles imitées en angélique; garnissez le centre avec un petit bouquet de cerises mi-sucre, ramollies dans du sirop. Entourez-en la base avec les pommes en hérisson; envoyez en même temps que l'entremets une saucière de sauce abricots au madère.

Dessin 39. — POUDING A LA VALANÇAY

Videz sur le centre une quinzaine de petites pommes; pelez-les, cuisez-les dans un peu d'eau sucrée, acidulée; égouttez-les, rangez-les dans un plat, couvrez-les avec du sirop à 30 degrés. Un quart d'heure avant de servir, égouttez-les; fermez-en l'ouverture inférieure avec un rond d'ananas, emplissez-en le vide avec de la gelée de pommes; sur celle-ci, posez une belle cerise mi-sucre.

Avec trois quarts de litre de crème crue, demi-litre de bon lait infusé à la vanille et aux amandes, 4 œufs entiers, 12 jaunes, 300 grammes de sucre, préparez un appareil à pouding de cabinet; passez-le deux fois. Beurrez un grand moule à dôme; décorez-en les parois avec des détails en pâte d'amandes, en écorces confites et en angélique.

Prenez un savarin cuit de la veille dans un petit moule à dôme; coupez-le en tranches transversales. Imbibez-les tour à tour avec un peu de marasquin, masquez-les avec une couche de frangipane aux amandes; posez les tranches l'une sur l'autre, remettez le gâteau en forme; masquez-le extérieurement avec de la marmelade d'abricots. — Introduisez alors le gâteau dans le moule décoré, en l'appuyant au fond sur un chinois confit; calez-le sur le haut avec 3 morceaux de biscuit, disposés en triangle, de façon à le maintenir d'aplomb, à une égale distance des bords. Cela fait, emplissez le moule peu à peu avec la crème préparée. Posez-le dans une casserole haute, en l'appuyant sur un trépied ou sur un coupe-pâte. Versez de l'eau bouillante dans la casserole jusqu'à moitié de hauteur du moule; faites bouillir l'eau; retirez aussitôt sur le côté, pour que le liquide ne fasse que frémir. Mettez des cendres chaudes sur le couvercle de la casserole, faites pocher le pouding une heure.

En sortant le moule renversez-le sur un couvercle, pour faire égoutter le pouding, mais sans enlever le moule; glissez-le ensuite sur plat d'entremets. Retirez alors le moule; coupez légèrement le haut du pouding, posez une belle reine-claude sur le centre ; piquez tout autour, en éventail, des feuilles imitées en angélique ou en écorce d'oranges, confites ; entourez celles-ci avec une chaîne de belles cerises mi-sucre, bien rouges.

Masquez légèrement le pouding avec une crème anglaise à la vanille et aux amandes ; entourez-le, à sa base, avec les petites pommes ; envoyez-le en même temps qu'une saucière de cette même crème anglaise.

Dessin 40. — RIZ A LA PRINCESSE

Le riz joue aujourd'hui un grand rôle dans l'apprêt des entremets de douceur, aussi bien pour ceux qui sont chauds que pour les froids ; il se prête, en effet, à une multitude de combinaisons aussi agréables que variées ; mais là où son rôle est plus appréciable, c'est quand il est cuit à la crème et servi avec des fruits.

Voici la vraie méthode de cuire le riz à la crème : choisissez-le de première qualité, bien blanc, à grains allongés : le riz caroline et le riz indien sont les seuls qui conviennent.

Quand le riz est trié avec soin, lavez-le, mettez-le dans une casserole avec beaucoup d'eau froide et une cuiller en bois pour le remuer souvent ; faites-le blanchir 4 à 5 minutes ; égouttez-le sur un tamis, arrosez-le avec de l'eau à peine tiède ; quand il est bien égoutté, mettez-le dans une casserole, mouillez-le, au moins trois fois sa hauteur, avec du lait cuit ; couvrez-le, cuisez-le tout doucement, sans violence. Quand il est à peu près à point, sucrez-le avec du sucre en poudre : si le riz doit être parfumé à la vanille, celle-ci doit être mêlée en même temps que le sucre ; si ce sont des zestes, ils ne doivent être mêlés qu'en dernier lieu. Quand le sucre est incorporé, retirez le riz, couvrez-le, tenez-le encore 10 minutes hors du feu. A ce point, il doit être consistant, bien cuit ; incorporez-lui d'abord, peu à peu, quelques cuillerées de crème double ; finissez-le ensuite avec un morceau de beurre fin, divisé en petites parties. — Le riz à la crème est très agréable à manger, parfumé avec de la bonne eau de fleurs d'oranger.

Dans quelques cas, on lie le riz, en dernier lieu, avec quelques jaunes d'œuf, crus, broyés, délayés avec un peu de crème, mêlés avec quelques petits morceaux de bon beurre ; si le beurre n'était pas de premier choix, mieux vaudrait ne pas en mettre.

Préparez un salpicon d'ananas et abricots, confits, préalablement lavés à l'eau tiède ; arrosez-le avec quelques cuillerées de marasquin, faites-le macérer une heure. — Choisissez une quinzaine de petites pommes reinettes ; traversez-les, sur le centre, avec un tube de la boîte à colonne pour en retirer le cœur. Pelez-les, cuisez-les dans de l'eau sucrée, acidulée. Égouttez-les, rangez-les dans un petit sautoir, couvrez-les avec du sirop à 30 degrés.

Beurrez un moule à dôme, étroit ; foncez-le avec une mince couche de riz à la crème ; garnissez-en le vide, par couches alternées, avec riz et salpicon. Renversez le moule sur plat, tenez-le ainsi une demi-heure à l'étuve ; retirez-le ensuite ; masquez le riz avec une couche mince de marmelade d'abricots, puis avec une couche de meringue ; décorez-le au cornet, en relief, avec la même meringue ; saupoudrez de glace de sucre, faites colorer à four doux.

Au moment de servir, garnissez les creux du décor avec de la gelée de coings ou de pommes. Entourez l'entremets, à sa base, avec les pommes bien égouttées, dont le vide est garni avec de la gelée de pommes; fermez l'ouverture centrale avec une cerise mi-sucre, bien rouge. Entre les pommes et la meringue, piquez en éventail, des feuilles d'angélique ou d'écorce confite d'oranges; piquez-en un petit bouquet sur le haut.

DESSIN 41. — FRUITS MERINGUÉS

Cuisez un appareil de biscuit sableux, pour chaud (page 23), dans un moule à bordure mince, à fond plat. — Démoulez la bordure, collez-la sur une abaisse mince, également en génoise ; collez ensuite celle-ci sur plat. — Préparez une macédoine de fruits se composant : de coings, ananas, chinois, poires, abricots confits coupés en quartiers, de reines-claudes coupées en deux, écorces d'orange, également confites, coupées en gros dés ; des cerises mi-sucre entières ; tous ces fruits doivent être d'abord lavés à l'eau chaude, puis chauffés avec un peu de sirop aux liqueurs, égouttés et liés avec de la marmelade d'abricots, froide et consistante.

Cuisez 150 grammes de riz à la crème (page 108) ; quand il est à point, moulez-en une partie dans un moule à bordure ; laissez-le refroidir ; renversez-le sur plat d'entremets. Garnissez le vide central de cette bordure avec une couche du même riz ; sur cette couche, dressez les fruits en pyramide ; entourez-les avec du riz ; masquez les surfaces d'abord avec de la marmelade, puis avec une mince couche de meringue fine ; décorez-les au cornet ou à la poche, aussi avec de la meringue, dans le genre représenté par le dessin ; entourez-en la base avec de grosses perles également poussées au cornet. Saupoudrez avec de la glace de sucre, faites colorer à four doux. — En sortant l'entremets, ornez chaque perle de la base avec un petit rond d'angélique ou tout autre fruit confit. Envoyez l'entremets en même temps qu'une sauce abricots.

SOMMAIRE DE LA PLANCHE 7

DESSIN 42. — DARIOLES AUX AMANDES

Beurrez 12 grands moules à dariole ; foncez-les avec de la pâte à foncer fine. — Mettez dans une terrine 2 œufs battus, 2 moules à dariole de sucre en poudre, vanillé, 2 moules de farine et 6 macarons secs, écrasés au rouleau, un grain de sel ; délayez avec 6 à 7 moules à dariole de crème crue ; passez au tamis deux fois.

Posez au fond de chaque moule un petit morceau de beurre ; emplissez-les aux trois quarts avec l'appareil. Placez les moules sur un plafond ; cuisez 40 minutes les gâteaux à four gai, pas trop chaud ; glacez-les au sucre avant de les sortir. Tenez-les un quart d'heure à l'étuve ; dressez-les sur serviette pliée.

DESSIN 43. — PETITS SAVARINS AUX FRUITS

La pâte à savarin est décrite à la page 10. — Beurrez de grands moules à dariole. — Faites le levain avec le quart de la farine et la levure délayée avec le lait. — Faites la détrempe dans une terrine tiède avec le restant de la farine, le beurre, 10 œufs incorporés peu à peu. Quand la pâte est lisse, ajoutez le levain ; travaillez encore la pâte, en ajoutant le restant des œufs un à un, puis le sucre, zeste et sel. Travaillez encore la pâte jusqu'à ce qu'elle ne s'attache plus à la terrine ; ajoutez quelques cuillerées de crème double ; faites lever à température douce, une heure ou deux.

Rompez la pâte ; garnissez aux trois quarts les moules beurrés. Faites encore lever ; cuisez à bon four. En sortant les gâteaux, démoulez-les sur une grille de pâtisserie ; coupez-les droits en dessus, trempez-les un à un dans un sirop tiède, infusé aux zestes, mêlé avec kirsch, marasquin, rhum, cognac, quelques cuillerées de lait d'amandes ; rangez-les à mesure sur la grille ; laissez-les bien égoutter ; tenez-les à l'étuve tiède.

Pl. 7

DESSIN 42.

DESSIN 43.

DESSIN 44.

DESSIN 45.

DESSIN 46.

DESSIN 47.

DESSIN 48.

DESSIN 49.

Collez sur plat d'entremets une abaisse mince, en génoise ; masquez-la au pinceau avec une couche de marmelade d'abricots, serrée ; dressez les savarins dessus, en pyramide. Posez sur chaque savarin une grosse cerise mi-sucre ; entourez-en la base avec des petits bouquets de cerises, alternés par une reine-claude. Arrosez les gâteaux avec le restant du sirop, lié avec quelques cuillerées de marmelade d'abricots.

Dessin 44. — MISPAÏS A LA FRANÇAISE

Les *mince-pies* ou *mispaïs* constituent, en Angleterre, l'entremets indispensable au dîner du jour de Noël. A Londres comme dans les provinces, chez les grands seigneurs comme chez la bourgeoisie, il n'est pas de cuisine tant soit peu remarquable où il ne se prépare des mispaïs ; et ceux qui ne peuvent les préparer chez soi, les commandent ailleurs.

Dans les grandes maisons anglaises, on prépare l'appareil des mispaïs plusieurs semaines à l'avance, afin que les ingrédients soient bien macérés avec les spiritueux : bien préparé, cet appareil peut se conserver six mois et même davantage. L'appareil anglais a été décrit dans la *Cuisine de tous les pays ;* mais il diffère de celui que je vais décrire.

Dans l'appareil anglais, il entre des viandes rôties et des viandes salées ; tandis que dans l'appareil français, il n'entre que des raisins, fruits confits et graisse hachée. D'ailleurs, je dois dire que cette méthode d'introduire des viandes cuites dans les mispaïs, n'est plus aussi généralement adoptée. A la cour d'Angleterre, on a renoncé à cette pratique qui, en effet, paraît bizarre et peu en harmonie avec le goût moderne. Néanmoins, n'oublions pas que les mets nationaux portent avec eux un caractère tellement intime aux habitudes locales, qu'ils ne doivent être jugés qu'avec beaucoup de réserve et une grande mansuétude.

Préparez un appareil dans les conditions de 500 grammes par moitié de graisse et de moelle de bœuf, hachées ; 500 grammes de raisins : malaga, smyrne et corinthe ; le malaga et smyrne, hachés ; 400 grammes d'écorces confites : d'orange, de cédrat et de citron, hachées ; 500 grammes de pommes aigres, pelées, hachées ; 250 grammes de cassonade, quelques amandes hachées, une cuillerée de poudre de gingembre, muscade râpée, zestes râpés d'orange et de citron. Mêlez le tout dans une terrine, mouillez avec un verre de madère, un demi-verre de rhum et autant de cognac ; couvrez avec un rond de papier, faites macérer quelques jours. En dernier lieu, liez cet appareil avec un peu de marmelade d'abricots, consistante.

Avec de la pâte à foncer, fine, foncez de grands moules à tartelette, unis ; garnissez-les avec de l'appareil, couvrez avec une abaisse en feuilletage ou rognures de feuilletage, évidée sur le milieu avec un tube de la boîte à colonne. Soudez cette pâte sur les bords, dorez et cuisez à four modéré. Avec un coupe-pâte cannelé, coupez de petites abaisses en pâte feuilletée, de moitié plus étroites que les bouchées ordinaires ; rangez-les sur une petite plaque mouillée ; dorez-les, rayez-les, cuisez-les au four.

Au moment de servir les mispaïs, versez à l'intérieur, par l'ouverture centrale, quelques cuillerées de sirop au punch ; couvrez-les avec les abaisses en feuilletage, dressez-les sur serviette ; servez-les bien chaudes.

DESSIN 45. — TARTELETTES A LA BOURDALOUE

La pâte à tartelette est décrite à la page 3. — Coupez, chacun en deux parties, 8 à 9 beaux abricots, d'égale grosseur, pas trop mûrs; supprimez-en les noyaux; pelez-les. Plongez-les à l'eau bouillante; donnez un seul bouillon, retirez sur le côté du feu; tenez-les ainsi dans l'eau, jusqu'à ce que les chairs soient légèrement attendries. Égouttez-les, rangez-les dans une terrine, couvrez-les avec du sirop à 30 degrés.

Beurrez 16 à 18 moules à tartelette, cannelés; foncez-les avec la pâte; emplissez-les avec de la frangipane aux amandes et à la vanille (page). Couvrez de papier, cuisez à four doux. En sortant les tartelettes du four, laissez-les à moitié refroidir; masquez-les en dessus avec une couche de marmelade d'abricots, bien égouttée. — Avec de la meringue, enfermée dans un cornet, poussez des petites perles entre les pêches et la pâte. Saupoudrez de glace de sucre, faites sécher la meringue à four doux. En sortant les tartelettes, rougissez légèrement les pêches, d'un côté, avec du carmin; nappez-les au pinceau avec de la gelée de pommes, dissoute; saupoudrez-les ensuite avec des pistaches hachées; dressez-les sur serviette pliée.

DESSIN 46. — RIZ A LA GRECQUE

Foncez un moule à pâté-chaud, de forme basse, avec de la pâte à tartelette. — Cuisez 250 grammes de riz avec du lait et de la crème crue. Quand il est à point, retirez-le, finissez-le avec quelques cuillerées d'eau de fleurs d'oranger ou de lait d'amandes; tenez-le à couvert. — Au bout de 10 minutes, incorporez-lui d'abord 100 grammes de beurre et 8 jaunes d'œuf; puis 3 blancs fouettés, et la valeur de 2 verres de crème fouettée, bien égouttée.

Avec ce riz, emplissez le vide de la caisse en pâte, en le montant en dôme; lissez-le avec la lame du couteau, poussez à four doux; cuisez-le à peu près une heure. — Avec de la pâte feuilletée, abaissée mince, préparez des petits anneaux; saupoudrez-les de sucre, cuisez-les *à blanc;* laissez-les refroidir; puis, posez sur le centre de chacun d'eux une belle cerise mi-sucre. — Préparez quelques détails en angélique pour décorer le corps de la croûte à pâté et le dôme en riz. — Coupez 8 pêches d'espalier d'égale grosseur, chacune en deux parties; plongez-les à l'eau bouillante, pour en retirer la peau; rangez-les alors dans un sautoir, couvrez-les avec du sirop vanillé.

En sortant la croustade du four, nappez-la entièrement au pinceau avec de la marmelade d'abricots, tiède. Posez les anneaux sur l'épaisseur de sa crête; décorez vivement le corps de la croustade, ainsi que le haut du dôme. Égouttez les pêches; rougissez-les légèrement d'un côté, dressez-les en couronne entre la croustade et le dôme, en les appuyant contre celui-ci; nappez-les avec leur sirop réduit; envoyez l'entremets en même temps qu'une saucière de crème anglaise.

Dessin 47. — POMMES A LA BENJAMIN

Avec de la pâte anglaise cuite (voyez aux *Grosses pièces de pâtisserie*), préparez une jolie bordure à jour; collez-la sur plat d'entremets avec du repère, en lui donnant de l'évasement; dorez-la à plusieurs reprises, laissez-la sécher à l'air. — Sur le centre du plat, collez un fond en génoise, légèrement creusé sur le haut, masqué de marmelade. Coupez, chacune en deux parties, une quinzaine de petites pommes de calville; retirez-en le cœur avec une petite cuiller à racine; pelez-les, faites-les blanchir 3 à 4 minutes à l'eau acidulée; égouttez-les; rangez-les à plat sur le fond d'un sautoir beurré; arrosez-les avec la valeur de 2 décilitres de marmelade d'abricots, mêlée avec de la liqueur aux noyaux ou du kirsch. Finissez de cuire ainsi les pommes à feu doux, en les arrosant et les tenant fermes, bien entières.

Au moment de servir, dressez-en une belle couronne sur le fond en génoise; garnissez le puits de cette couronne avec un salpicon d'ananas; sur celui-ci, dressez une autre couronne plus étroite, comblez le vide avec encore un peu de salpicon; posez une demi-pomme dessus. Entre les deux couronnes, piquez, en éventail, des feuilles imitées en angélique; masquez légèrement les pommes avec un peu de la sauce; envoyez-en une saucière en même temps que l'entremets.

Dessin 48. — RIZ A LA MONTMORENCY

Préparez un petit appareil de biscuit, dans les proportions de 500 grammes sucre, 500 grammes amandes, 350 grammes fécule, 15 jaunes, 15 blancs fouettés, demi-décilitre de marasquin, grain de sel. — Pilez les amandes avec la moitié du marasquin et 3 à 4 jaune, (voyez page 22, *Biscuit au kirsch*).

Avec cet appareil, emplissez un moule à bordure, à fond plat, et un petit moule à dôme, l'un et l'autre glacés; cuisez à four doux. Démoulez la bordure sur plat d'entremets, et le dôme sur une grille. — Cuisez du beau riz, à grande eau, tendre, avec les grains entiers. Égouttez-le bien, mettez-le dans une terrine; arrosez-le avec du marasquin et du sirop épais, à la vanille; mêlez-lui à peu près un égal volume de cerises mi-sucre, ramollies à l'eau tiède.

Quelques minutes avant de servir, nappez la bordure au pinceau avec de la marmelade d'abricots, tiède; décorez-en le tour avec des fruits confits; emplissez-en le creux avec riz et cerises. Videz le dôme, emplissez-en aussi le vide avec du riz, renversez-le sur le centre de la bordure. Nappez-le également avec de la marmelade; décorez-le; entourez-en la base avec des cerises, ornez-en le haut avec des feuilles d'angélique et une reine-claude. Envoyez, en même temps que l'entremets, une saucière de sirop au marasquin avec quelques cerises dedans.

Dessin 49. — ABRICOTS A LA SULTANE

Cuisez du biscuit fin à la vanille, dans un moule à bordure un peu haut; cuisez-en aussi une plaque; laissez-le rassir. Parez droit le haut de la bordure, collez-la sur une double abaisse en biscuit, afin de l'élever davantage. Masquez les surfaces du biscuit au pinceau avec une couche de marmelade d'abricots ; glissez-la sur plat. Masquez-la alors avec une couche de meringue, décorez-la au cornet dans le genre que le dessin représente ; saupoudrez de sucre fin, faites-la colorer à four doux.

Choisissez une douzaine de beaux abricots fermes, pas trop mûrs. Fendez-les chacun en deux parties, retirez-en le noyau ; pelez-les, plongez-les à l'eau bouillante ; au premier bouillon, retirez-les sur les côtés du feu. Aussitôt qu'ils sont atteints, égouttez-les, rangez-les dans un sautoir avec un morceau de vanille et du sirop tiède : ils doivent rester fermes.

Cuisez à grande eau acidulée, 250 grammes de riz Caroline ; quand il est tendre et les grains entiers, égouttez-le ; mettez-le dans une casserole plus petite, mêlez-lui 50 grammes de beurre fin ; tenez-le ainsi 10 minutes. Quand le beurre est absorbé, liez-le avec quelques cuillerées de frangipane, mêlez-lui une poignée de pistaches émincées.

Au moment de servir, égouttez les abricots ; garnissez le vide du gâteau avec le riz à la sultane, dressez sur le haut les demi-abricots, en deux couronnes. — En même temps que l'entremets, envoyez une saucière de sirop vanillé, mêlé avec 2 ou 3 cuillerées de lait d'amandes.

SAUCES, GARNITURES, ORNEMENTS ET ACCESSOIRES
D'ENTREMETS FROIDS

Sauce mousseuse à la vanille. — Broyez 7 jaunes d'œuf dans une terrine ; délayez avec 2 décilitres de sirop à 28 degrés, infusé avec un demi-bâton de vanille ; passez au tamis dans un poêlon ; posez celui-ci sur feu très doux, fouettez l'appareil jusqu'à ce qu'il soit bien mousseux et lié ; retirez-le alors, fouettez-le hors du feu ; quand il est froid, incorporez-lui quelques cuillerées de bonne crème fouettée.

Purées de fruit, pour sauce d'entremets froids. — Les purées de fraises ou de framboises constituent d'excellentes sauces d'entremets froids ; quand elles sont passées, il suffit de les sucrer au sirop ou à la glace de sucre, parfumée à la vanille ou aux zestes. On les fait bien refroidir sur glace avant de les servir.

Les purées de pêches, les purées d'abricots frais et même ceux de conserve, peuvent être servies comme sauce d'entremets froids ; on les sucre au sirop vanillé ; mais on peut néanmoins les finir avec quelques cuillerées de liqueur : marasquin, kirsch, rhum, curaçao.

Les purées de pommes et de poires sont aussi quelquefois servies comme sauce, mais moins fréquemment : une purée de bonnes poires fraîches, à cru, étendue avec du sirop vanillé, est vraiment appréciable ; les purées de pommes ne peuvent être employées que cuites ; mais l'une comme l'autre doivent être servies bien froides.

Sirop de fruits frais pour sauce d'entremets froids. — Les sucs de groseilles et de framboises sont ceux qui donnent les meilleurs résultats ; il suffit de les sucrer à point, avec de la glace de sucre ou du sirop consistant ; ils sont ensuite bien refroidis sur glace.

Sirop de pêches et d'abricots pour sauce d'entremets froids. — Les sirops de pêches et d'abricots cuits, peuvent fort bien être servis comme sauce d'entremets froids ; il suffit qu'ils aient la consistance voulue, c'est-à-dire 30 degrés au moins ; on les aromatise aux zestes, à la vanille ou aux liqueurs ; on les fait bien refroidir sur glace avant de les servir. — Le sirop de pêches doit être légèrement rougi avec du carmin végétal.

Garnitures d'entremets froids. — Les garnitures d'entremets froids se composent le plus souvent de petits gâteaux, de fruits confits ou en compote, de fruits crus, simples ou glacés, et enfin d'appareils froids, de gelées, de bavarois ou de blanc-manger, en petits moules ou coupés en petits détails au couteau ou avec des coupe-pâte. Il convient de donner à ces garnitures des formes mignonnes ; les garnitures trop matérielles ne sont pas de bon goût.

Quartiers d'orange, pour garniture d'entremets. — Cernez le dessus de quelques grosses oranges, du côté où était la tige, en faisant à chacune une ouverture circulaire de 2 à 3 centimètres de diamètre ; par cette ouverture, videz-les des chairs, en dégageant celles-ci, peu à peu, à l'aide d'une cuiller à café ; plongez les écorces à l'eau bouillante, retirez-les aussitôt en les jetant immédiatement à l'eau froide ; retirez ensuite la peau blanche adhérant aux zestes ; si elles étaient percées, bouchez les fissures, en dehors, avec du beurre. Posez-les bien d'aplomb sur de la glace pilée, emplissez-les avec de la gelée mi-prise, rose, à l'orange. Quand la gelée est prise, distribuez les oranges en quartiers, en les coupant de haut en bas. — Pour que la gelée ne contracte pas d'amertume, elle doit rester le moins longtemps possible dans les écorces.

Croûtons rubanés pour garniture d'entremets. — Préparez un demi-litre de gelée rose, et le même volume de blanc-manger, un peu ferme. Incrustez sur glace un moule carré ou à timbale, ou même de petits moules à dariole ; faites prendre les appareils, couche par couche, de même épaisseur, en alternant les nuances. Quand le moule est plein, l'appareil bien raffermi, démoulez le pain sur une serviette, coupez-le de haut en bas, en tranches d'un centimètre d'épaisseur ; distribuez celles-ci en croûtons triangulaires ou carrés.

On obtient également de jolis croûtons ronds et de deux nuances, en procédant ainsi : faites prendre dans de petits moules à dariole un appareil de blanc-manger ; quand il est bien ferme, évidez l'appareil à l'aide d'un tube à colonne chaud, de moitié moins large que le diamètre des moules ; emplissez ce vide avec un appareil au chocolat ou aux fruits rouges, collé ; laissez-le raffermir sur glace. Démoulez ensuite les petits pains pour les couper transversalement en tranches. — D'après cette méthode, on peut aussi préparer des croûtons en gelée de deux nuances ; il suffit d'avoir soin que les aromes des gelées ne se neutralisent pas, et que les couleurs soient bien tranchées, distinctes.

Comme variété, on peut aussi faire prendre séparément sur glace de la gelée rose et du blanc-manger ; les couper en petits dés, et, avec eux, remplir des petits moules à dariole, en les mêlant. Coulez alors dans les moules de la gelée liquide et froide ; laissez raffermir l'appareil sur glace.

Hâtelets pour entremets froids. — Les brochettes pour hâtelets d'entremets, sont composées avec une simple lame en métal, pointue des deux bouts, à laquelle on adapte à l'un des bouts, des ornements en pastillage. On forme ordinairement les hâtelets d'entremets avec des fruits confits de nuance et d'espèces variées. — On peut encore composer des hâtelets avec de la gelée douce, moulée dans des caisses à hâtelets, les mêmes que celles employées pour les entrées froides ; en ce cas même et malgré la gelée, il convient de garnir les brochettes avec des fruits, afin d'en mieux faire ressortir la nature. — On trouvera plus loin grand nombre de ces hâtelets appliqués soit aux entremets, soit aux grosses pièces de pâtisserie.

Ornements d'entremets froids. — Les pompons, aigrettes, fleurs ou sultanes en sucre filé, sont au fond les ornements les plus distingués des entremets froids. Les petits sujets en pastillage, c'est-à-dire les coupes et les vases, s'y adaptent aussi fort bien. Je reproduis plus loin des spécimens très variés.

Socles et fonds-d'appuis, pour entremets froids. — On ne sert les entremets sur socle qu'alors qu'ils sont destinés à aller sur table ; en ce cas même, ils doivent être dressés directement sur plat, et le plat posé sur le socle, afin de pouvoir l'enlever facilement et passer l'entremets aux convives, sans déranger la symétrie de la table, ni s'exposer à des accidents. Pour les buffets, on peut dresser les entremets directement sur socle, mais on peut les dresser également sur des tambours ou fonds en bois, de forme basse, masqués en pastillage de couleur claire, bordés en blanc.

On dresse aussi les entremets froids sur des fonds en sucre sculpté, dans le genre de ceux reproduits à la série des petits socles ; l'essentiel c'est de concilier l'élégance avec la légèreté, en donnant à ces ornements un cachet qui les distingue de ceux des entrées.

Socles en glace naturelle, pour entremets froids. — Pour ce genre de socle il convient d'avoir des moules en étain, formés en deux ou plusieurs pièces, mais bien fermés ; on les emplit avec de l'eau naturelle ou colorée, dans laquelle on a fait dissoudre un peu d'alun; on frappe alors les moules avec de la glace salée, fortement salpêtrée, pour les laisser jusqu'à ce que le liquide soit congelé. On démoule ensuite les pièces pour les assembler, en les collant avec du sel pulvérisé.

Moules chemisés. — *Napper* ou *chemiser* un moule, c'est lui faire prendre tout autour et au fond une couche de gelée plus ou moins mince, mais d'une épaisseur égale sur toutes les surfaces; on procède à cette opération d'après différentes méthodes. Voici la plus pratique :

Coupez un rond de papier blanc et fort, ayant 2 ou 3 centimètres de plus que le diamètre du moule; ciselez-le légèrement autour; enduisez les bords du papier avec une mince couche de repère; placez le rond de papier sur l'ouverture du moule, en appuyant les bords ciselés contre les parois extérieures, afin de les coller; tenez quelques minutes le moule à l'étuve, afin de sécher le repère. Incrustez-le ensuite sur de la glace pilée, arrivant jusqu'à la hauteur des bords. Alors, avec la lame d'un petit couteau, coupez le papier fermant l'embouchure, à un demi-centimètre des bords, de façon qu'il ne reste plus au tour intérieur du moule qu'une simple bande de papier d'un demi-centimètre de large. Quand le moule est bien saisi par le froid, versez dans le vide un grand verre de gelée liquide, mais froide; enlevez aussitôt le moule, appuyez-le sur le côté contre une couche de glace pilée, puis roulez-le sur la glace jusqu'à ce qu'une couche suffisante de gelée soit attachée contre les parois et le fond. Cela fait, enlevez tout à fait le papier; incrustez de nouveau le moule sur glace pour le décorer ou l'emplir avec l'appareil qui lui est destiné.

On peut chemiser les moules sans le papier, mais alors on s'expose à perdre beaucoup de gelée. — On chemise les petits moules à dariole, en les emplissant d'abord jusqu'à hauteur des bords avec de la gelée, et en les posant bien d'aplomb sur un plafond creux, empli avec de la glace pilée; 5 ou 6 minutes après que les moules sont sur glace, on les renverse pour vider la gelée; ils doivent alors être chemisés au fond et autour, avec une couche dont l'épaisseur dépend du temps que les moules sont restés sur la glace; quand ils ne sont pas assez chemisés, on les emplit de nouveau pour les frapper davantage.

Clarification des sucs de fruits pour entremets. — Les sucs de citrons, d'oranges, de framboises et de groseilles sont ceux qu'on clarifie le plus ordinairement.

Déchirez quelques feuilles de papier sans colle, faites-le tremper à l'eau tiède jusqu'à ce qu'il soit ramolli; broyez-le alors, en le déchirant ou le hachant pour le convertir en pâte. Lavez-le, en le changeant d'eau, jusqu'à ce qu'il ne trouble plus celle-ci; étalez-en une couche sur un petit tamis; laissez-le égoutter. Posez le tamis d'aplomb sur une terrine vernie, versez peu à peu le suc des fruits sur le papier; ajoutez quelques brins de zeste d'orange ou de citron; reversez les premiers jets sur le tamis jusqu'à ce qu'il passe limpide, tenez-le dans un lieu frais.

On filtre aussi les sucs de fruits à l'aide d'un cornet de papier à filtrer, disposé dans le creux d'un entonnoir en verre ou en faïence, qu'on place sur une carafe bien propre; on remet dans le filtre les premiers jets jusqu'à ce que le suc passe limpide. Cette opération se fait dans un lieu frais.

Extraction de la colle de pieds de veau. — Flambez 12 pieds de veau; ratissez-les, fendez-les en deux, enlevez l'os principal, faites-les dégorger; placez-les dans une marmite bien étamée, couvrez-les largement avec de l'eau froide; au premier bouillon, égouttez les pieds, rafraîchissez-les; remettez-les dans la marmite, en les couvrant avec de l'eau froide et une bouteille de vin blanc; ajoutez une poignée de sucre; faites bouillir le liquide, écumez avec soin. Au premier bouillon, retirez-le sur le côté, afin qu'il ne fasse que frissonner, jusqu'à ce que les pieds soient cuits, mais sans fermer entièrement le vase. Dégraissez la colle, passez-la à la serviette, laissez-la refroidir, afin de mieux juger de sa consistance. Quand elle est raffermie, dégraissez-la encore en lavant le dessus, à plusieurs reprises, avec de l'eau chaude.

Si cette colle est préparée avec les soins voulus, si l'ébullition est régulière et tout à fait lente, on peut sans inconvénient l'employer telle qu'elle est, pour coller certains entremets froids. Si la colle doit servir pour des gelées, elle devra être clarifiée au blanc d'œuf.

Extraction de la colle de couennes fraîches de porc. — Mettez 5 à 6 kilogrammes de couennes fraîches de porc, dans une marmite; couvrez-les avec de l'eau froide; posez la marmite sur feu, afin d'amener le liquide à l'ébullition ; retirez-le alors ; égouttez les couennes pour les rafraîchir ; ratissez-les, lavez-les, remettez-les dans la marmite bien propre ; mouillez à couvert avec de l'eau froide, faites partir le liquide en ébullition ; écumez. A premier bouillon, retirez-le sur le côté du feu, pour qu'il ne fasse que frissonner jusqu'à ce que les couennes soient cuites. Passez alors la colle au tamis fin, dégraissez-la avec soin, laissez-la bien refroidir, dégraissez-la de nouveau avec de l'eau tiède, avant de la clarifier.

Clarification de la gélatine. — Choisissez de la belle gélatine transparente, sans odeur ; mettez-la à l'eau froide pour la ramollir ; égouttez-la, placez-la dans une casserole, mouillez largement avec de l'eau ; posez la casserole sur feu modéré, tournez le liquide à la cuiller jusqu'à ce que la gélatine soit dissoute. Retirez-la alors du feu, laissez-la à peu près refroidir.

Pour 4 litres de colle, fouettez à moitié 3 ou 4 blancs d'œuf ; ajoutez 2 cuillerées d'eau froide, autant d'acide citrique dissous ou du suc de citrons ; versez-les dans l'appareil ; posez la casserole sur feu ; agitez le liquide avec un fouet pour le chauffer, en le faisant mousser ; au premier bouillon, retirez-le hors du feu, sur des cendres chaudes ; couvrez-le ; posez aussi des cendres chaudes sur le couvercle de la casserole, tenez-le ainsi un quart d'heure, sans y toucher ni provoquer l'ébullition. Quand la colle est claire, versez-la, peu à peu, dans une chausse à filtrer ou simplement une serviette tendue en filtre, sur un tabouret renversé, disposé dans un lieu à température douce. Recueillez la colle dans un vase verni, en remettant les premiers jets dans le filtre jusqu'à ce qu'elle passe limpide ; couvrez la serviette avec une plaque étamée, laissez filtrer la colle tout doucement. — La plus belle gélatine exige toujours d'être clarifiée avant son emploi. — Pour clarifier une livre de gélatine, il faut 9 ou 10 litres d'eau ; avec la colle que produira la clarification, on peut faire 9 ou 10 moules de gelée, selon que la colle passe plus ou moins bien. Il faut compter une vingtaine de feuilles de gélatine pour chaque moule d'entremets.

Clarification de la colle de poisson. — La colle de poisson est, par sa nature, supérieure à toutes les autres colles, dans l'apprêt des mets sucrés. C'est la seule qu'on doit employer dans les bonnes cuisines, sans regarder au prix, car les résultats sont trop précieux pour les marchander.

Coupez par petits morceaux 100 grammes de colle de poisson, lavez-la à l'eau froide, placez-la dans une casserole bien étamée, avec 1 litre d'eau, une pincée de sucre, les chairs épépinées d'un citron, sans écorces, parées à vif. Faites partir le liquide en ébullition sur feu très doux, en le tournant à la cuiller ; retirez-le ensuite sur le côté du feu pour faire dépouiller la colle tout doucement jusqu'à ce qu'elle soit complètement dissoute et claire ; écumez-la alors, passez-la à travers une serviette mouillée, puis exprimée ; employez-la ainsi.

Clarification de la colle de pieds de veau. — Cuisez les pieds de veau, en procédant d'après la méthode décrite plus haut. Quand la colle est passée, bien dégraissée, prenez-en la quantité voulue pour emplir aux trois quarts un moule d'entremets ; versez-la dans une casserole bien étamée.

Fouettez 2 ou 3 blancs d'œuf, à moitié seulement ; mêlez-leur un demi-verre d'eau froide, 2 cuillerées d'acide citrique ou le suc de 4 citrons, versez-les dans la colle ; posez la casserole sur feu, fouettez vivement l'appareil jusqu'à ce qu'il arrive à l'ébullition. Au premier bouillon, retirez la casserole sur feu très doux, couvrez-la ; mettez un peu de cendres chaudes sur le couvercle ; tenez-la ainsi sans ébullition ; au bout de 20 minutes, l'impureté de la colle doit être montée à la surface, et le fond doit se trouver clair. — Prenez alors l'appareil avec une grande cuiller bien propre, versez-le doucement dans une chausse ou sur une serviette mouillée, disposée en filtre sur les quatre coins d'un tabouret renversé : la colle doit tomber dans un vase verni, bien propre ; remettez les premiers jets jusqu'à ce qu'elle passe limpide.

On clarifie la colle de couennes d'après la même méthode.

Clarification de la colle avec le sucre. — Qu'elle soit de gélatine, de pieds de veau ou de couennes, la colle doit être dissoute, mais à peu près froide. — Mesurez un moule d'entremets de colle ; versez-la dans une casserole, sucrez-la avec 350 à 400 grammes de sucre imbibé à l'eau froide ; essayez sur glace la consistance de l'appareil, afin de le rectifier, suivant ses besoins et l'emploi auquel il est réservé; quand il est dans les conditions voulues, mêlez-lui 2 blancs d'œuf, fouettés à moitié avec quelques cuillerées d'eau froide et le suc de 3 ou 4 citrons; posez la casserole sur feu vif, fouettez le liquide jusqu'à ce qu'il soit bien mousseux et que le premier bouillon se développe; retirez aussitôt la casserole sur le côté, couvrez-la; placez quelques charbons sur le couvercle, afin de faire monter l'impureté de la colle à la surface. Quand la gelée est claire, filtrez-la, en opérant comme il est dit plus haut.

On peut aussi clarifier la colle sucrée, en remplaçant les blancs par des jaunes ou des œufs entiers; dans le premier cas, il faut fouetter l'appareil sur feu vif, et, au premier bouillon, lui mêler le suc d'un citron; on le verse aussitôt sur la serviette. Dans le second cas, quand l'appareil est fouetté, on couvre la casserole, on la retire sur le côté pour tenir le liquide frémissant pendant quelques minutes; on le filtre ensuite.

Glace de sucre ou sucre royal. — On appelle *glace de sucre* les parties les plus fines du sucre pilé, qu'on fait passer à travers un tamis en soie ou *tambour*. On conserve ce sucre dans un lieu sec; on l'emploie pour la préparation des glaces crues, comme aussi pour le pastillage et en général pour les glaces au blanc d'œuf.

Sucre vanillé. — Hachez 2 bâtons de vanille, pilez-les avec 200 grammes de sucre en poudre; quand la vanille est pulvérisée, ajoutez encore 200 grammes de sucre; passez le sucre au tamis fin; enfermez-le dans un flacon.

Sucre à l'orange ou au citron, pour parfumer. — Choisissez 2 oranges fraîches ou 2 citrons, frottez-les l'une après l'autre contre les surfaces d'un morceau de sucre raboteux, en ayant soin d'enlever à mesure, avec le couteau ou une râpe, les parties colorantes des zestes, imprégnées de sucre; faites sécher ce sucre à l'air quelques minutes, tenez-le enfermé dans un flacon.

Granit pour sabler les gâteaux. — Ce granit se compose avec du sucre blanc à gros grains, des pistaches coupées en petits dés, des amandes coupées comme les pistaches, mais rougies au carmin végétal, et enfin avec de petits raisins de Corinthe bien noirs, choisis d'une égale grosseur. On mêle ces différents éléments et on sable les gâteaux masqués de marmelade ou glacés; en ce dernier cas, la glace doit encore être molle, afin que le granit puisse se coller.

Pistaches pour granir les gâteaux. — Choisissez des pistaches fraîches et fermes; mondez-les à l'eau bouillante; épongez-les bien, puis coupez-les en petits dés réguliers.

Amandes hachées pour praliner les gâteaux. — Mêlez dans une terrine 250 grammes de sucre avec 250 grammes d'amandes mondées et hachées; humectez l'appareil avec un blanc d'œuf ou des œufs entiers, travaillez-les 2 minutes. — On emploie cet appareil dans plusieurs cas, mais surtout pour masquer du biscuit en abaisse qu'on fait glacer ensuite au four, après avoir saupoudré l'appareil avec du sucre en poudre.

Amandes en filets pour praliner les gâteaux. — Séparez des amandes mondées, chacune en deux parties; émincez-les, faites-les très légèrement griller au four, sur plaque, sans les colorer; quand elles sont froides, mêlez-les avec moitié de leur poids de sucre; humectez-les avec du blanc d'œuf, de façon à les envelopper. Quand le pralin est étalé sur les gâteaux, saupoudrez-le de sucre, faites-le glacer à four gai.

Amandes colorées pour granir les gâteaux. — On colore les amandes en vert, en les humectant avec du vert-d'épinards délayé avec du sirop froid. — On colore les amandes en rose, avec du carmin végétal; on les colore en jaune, avec du jaune végétal délayé avec du sirop froid. — On colore les amandes en violet, avec du carmin limpide mêlé avec du bleu d'outremer, délayé avec du sirop froid.

Glace-royale pour décors mangeables. — Déposez dans une terrine vernie 200 grammes de *glace de sucre*, délayez-la peu à peu avec 2 ou 3 blancs d'œuf; travaillez l'appareil à la cuiller 10 à 12 minutes, afin de le rendre mousseux; ce degré ne s'obtient que par le travail et la juste proportion des blancs d'œuf; ajoutez du zeste. Couvrez la terrine avec un linge humide, en attendant d'employer la glace.

Glace-royale à la vanille. — Déposez dans une terrine 200 grammes de sucre pilé avec un bâton de vanille, passé au tamis de soie (*tambour*); ajoutez peu à peu un blanc d'œuf; travaillez vivement l'appareil 5 minutes, ajoutez quelques gouttes d'eau, pour lui donner le degré voulu de liquidité.

Glace-royale aux pistaches. — Pilez 150 grammes de pistaches avec un demi-blanc d'œuf; passez-les au tamis; déposez-les dans une terrine avec 200 grammes de sucre fin, et un demi-blanc d'œuf; travaillez l'appareil à la cuiller, ajoutez quelques gouttes de sirop vanillé; quand il est au point voulu, mêlez-lui une pointe de vert-d'épinards; masquez ensuite les gâteaux.

Glace-royale au marasquin. — Prenez 200 grammes de glace de sucre; déposez-la dans une terrine vernie, délayez avec du blanc d'œuf et une cuillerée de marasquin; travaillez quelques minutes l'appareil avec une cuiller, pour lui donner du corps; amenez-le au degré voulu de liquidité, en additionnant du marasquin. — On prépare ainsi les glaces au rhum, au kirsch, au curaçao, etc.

Glace-royale aux framboises. — Délayez, dans une terrine vernie, 200 grammes de glace de sucre avec un blanc d'œuf, pour lui donner du corps; ajoutez peu à peu du suc de framboises, passé; travaillez l'appareil quelques minutes; quand il est liquide au point voulu, glacez.

On peut ajouter à cette glace quelques gouttes de carmin végétal, limpide. — Par le même procédé, on prépare de la glace au suc de fraises, de groseilles, etc.

Glace de sucre en poudre, au suc de groseilles. — Déposez dans un poêlon 200 grammes de sucre en poudre, délayez-le au point d'une sauce liée, en additionnant peu à peu du suc de groseilles; chauffez légèrement l'appareil, en le tournant avec une cuiller en bois; glacez aussitôt. — On peut, d'après cette méthode, préparer cette glace avec des liqueurs ou avec de l'essence ou de l'infusion de café concentré.

Glace de sucre en poudre, au suc de framboises. — Déposez dans un poêlon 200 grammes de sucre en poudre, délayez-le au point d'une sauce liée, en additionnant peu à peu du suc de framboises; chauffez légèrement l'appareil, en le tournant à la cuiller; glacez aussitôt.

Glace aux liqueurs, à froid. — Mêlez dans une terrine un demi-verre d'eau et un demi-verre de liqueur : kirsch ou marasquin; emplissez le liquide avec de la glace de sucre jusqu'à ce que l'appareil soit au point voulu de liquidité. Glacez aussitôt.

Glace à royaux. — Mettez de la glace de sucre dans une terrine vernie, délayez avec blanc d'œuf, en la tenant consistante; ne pas la travailler du tout. — On étale cette glace sur du feuilletage, qu'on fait cuire à four doux.

Glace au chocolat. — *Proportions :* 250 grammes de chocolat sucré et vanillé, 250 grammes de glace de sucre, 175 grammes d'eau. — Râpez le chocolat, déposez-le dans une casserole, arrosez-le avec l'eau pour le faire dissoudre à feu modéré, en le tournant, sans faire bouillir. Quand l'appareil est lisse, mêlez-lui la glace de sucre; remettez-le sur feu pour faire bouillir le liquide, mais en ne donnant qu'un seul bouillon; glacez aussitôt. — Cet appareil donne d'excellents résultats. — Si on employait du cacao pur, on devrait doubler la dose de sucre. — Pour plus de facilité on peut employer du bon chocolat en poudre.

Glace de cacao, au sirop. — Faites ramollir à la bouche du four 125 grammes de cacao (chocolat sans sucre). Broyez-le avec une cuiller, délayez-le avec 2 décilitres de sirop chaud, à 30 degrés; remplissez ensuite le liquide avec de la glace de sucre, jusqu'à ce qu'il soit coulant. Chauffez légèrement la glace avant de glacer.

Glace sèche, au café. — Faites une infusion concentrée de café à l'eau ; avec cette infusion, délayez de la glace de sucre, à consistance voulue. Avant de glacer, chauffez légèrement la glace, sans la quitter.

Glace au sirop, à l'orange. — Mettez le zeste d'une orange dans une petite terrine ; ajoutez le suc de l'orange et 1 décilitre de sirop à 30 degrés ; faites infuser 10 minutes.

Mettez 125 grammes de glace de sucre dans une autre terrine ; délayez-la peu à peu avec l'infusion passée. Nuancez la glace avec quelques gouttes de carmin végétal ; chauffez-la légèrement avant de glacer.

Glace au sirop, à la menthe. — Mettez dans une terrine 125 grammes de glace de sucre ; délayez-la avec du sirop à 30 degrés, jusqu'à ce que l'appareil soit coulant ; ajoutez alors [quelques gouttes d'essence de menthe ; avant de glacer, chauffez légèrement, en tournant.

Glace à la crème de moka. — Mettez dans une terrine vernie 125 grammes de glace de sucre ; délayez-la avec une égale quantité de sirop à 30 degrés, et de la liqueur crème de moka. Avant de glacer, chauffez la glace sur feu, en tournant.

Glace cuite, au chocolat. — Mettez dans une casserole 250 grammes de sucre coupé en morceaux ; mouillez avec 200 grammes d'eau tiède ; quand le sucre est dissous, posez la casserole sur feu, au premier bouillon, retirez-la ; avec ce sirop, délayez peu à peu 200 grammes de chocolat, sans sucre, dissous à la bouche du four, dans une petite casserole, et délayé avec quelques cuillerées d'eau tiède. Versez le chocolat dans la casserole du sucre, pour cuire celui-ci au petit *lissé* ; retirez-le, faites *loucher* la glace en la tournant et la frottant contre les parois de la casserole avec une cuiller en bois ; au bout de quelques minutes la glace doit faire nappe et sécher aussitôt. Essayez-la avant de glacer.

Glace cuite, à la vanille. — Déposez dans un poêlon 250 grammes de sucre coupé en morceaux ; mouillez avec son même poids d'eau tiède pour le dissoudre ; ajoutez un bâton de vanille coupé en deux, cuisez le sucre au petit *lissé* ; ajoutez alors une cuillerée d'eau tiède, pour le décuire à 38 degrés ; faites *loucher* le sucre, en le frottant contre les parois du poêlon, à l'aide d'une cuiller en bois. La glace est au point voulu quand il se forme sur sa surface une croûte à peine visible.

Si on veut glacer des petits gâteaux détachés, on peut les tremper vivement dans le liquide, et les faire égoutter sur une grille. —Si on glace du biscuit en plaque, on verse la glace sur le biscuit, en l'étalant aussitôt avec la lame du couteau.

Glace cuite, au café. — Déposez 200 grammes de sucre dans un poêlon, mouillez-le avec son même poids d'infusion de café ; cuisez-le au *boulé* ; décuisez-le aussitôt au petit *lissé*, en additionnant encore quelques cuillerées d'infusion de café très concentrée ; quand la glace est à point, retirez-la du feu, faites-la *loucher*, en la frottant contre les parois du poêlon avec une cuiller en bois.

Glace cuite, au lait d'amandes. — Mettez dans un poêlon 250 grammes de sucre coupé en morceaux, un bâton de vanille et 250 grammes d'eau tiède ; quand le sucre est dissous, cuisez-le au *boulé* ; retirez-le pour le décuire au petit *lissé*, en additionnant quelques cuillerées de lait d'amandes ; dès qu'il est au point voulu, faites-le *loucher*, en le frottant contre les parois du poêlon.

Glace fondante, à la vanille. — Mettez dans un poêlon 500 grammes de sucre coupé en morceaux, un bâton de vanille et 500 grammes d'eau tiède ; quand le sucre est dissous, cuisez-le à la *glu* ; à ce degré, retirez la vanille ; posez le poêlon dans un baquet avec de l'eau froide jusqu'à moitié de sa hauteur; couvrez le sucre avec un rond de papier humide, afin qu'il ne fasse pas croûte, mais en ayant soin de ne pas l'agiter.

Aussitôt que le sucre est refroidi, enlevez le rond de papier, sortez le poêlon de l'eau, travaillez fortement le sucre avec une cuiller jusqu'à ce qu'il soit devenu épais et crémeux; posez aussitôt le poêlon sur feu pour quelques secondes, afin de ramollir légèrement le sucre sans le chauffer à fond; il perd alors son brillant et ne file plus; à ce point, travaillez-le encore 10 minutes pour l'amener au degré de pommade; quand il est brillant et mousseux, versez-le dans une terrine, couvrez-en la surface avec une mince couche de sirop léger, afin de l'empêcher de sécher.

Quand on veut employer cette glace, on la chauffe très légèrement, en additionnant quelques parties de suc de fruits ou simplement quelques gouttes de liqueur ou d'essence, afin de l'amener au point voulu de liquidité.

On prépare aussi cette glace en versant le sucre sur un marbre aussitôt qu'il est cuit au degré indiqué; on le laisse à moitié refroidir, puis on le travaille fortement, en le tirant avec une spatule ou palette en fer, jusqu'à ce qu'il soit gras, consistant, lisse, moelleux; on termine l'opération comme il est dit précédemment.

Glace fondante, aux fraises. — Versez dans un petit poêlon 5 à 6 cuillerées de glace fondante, préparée d'après la méthode prescrite dans l'article qui précède; chauffez-la à peine, en la travaillant à la cuiller pour la ramollir très légèrement; mêlez-lui alors, hors du feu, 2 cuillerées de suc de fraises, passé; glacez aussitôt. — On prépare ainsi la glace aux framboises, à l'ananas et aux abricots.

Glace fondante, au chocolat. — Faites ramollir à la bouche du four, dans une petite casserole, 250 grammes de chocolat sans sucre; broyez-le avec une cuiller, en additionnant 2 cuillerées de sirop vanillé, et ensuite 5 à 6 cuillerées de fondant à la vanille; chauffez légèrement l'appareil pour glacer.

Glace fondante, aux liqueurs. — Cuisez 500 grammes de sucre au *boulé;* retirez-le, mêlez-lui du kirsch, du marasquin ou de la liqueur aux noyaux : on peut remplacer la liqueur par de l'infusion ou de l'essence de café; en tous cas, il en faut une quantité suffisante pour ramener le sucre à la *glu;* versez-le alors sur un marbre, laissez-le un peu refroidir : travaillez-le avec une spatule jusqu'à ce qu'il soit blanchi et brillant; mettez-le dans une terrine.

Glace fondante, au café. — Mettez dans une terrine de la glace fondante, non parfumée; délayez-la avec quelques cuillerées d'infusion de café; chauffez à point et glacez. — En dehors de l'infusion, on peut toujours mêler à cette glace quelques gouttes d'essence de café, telle qu'on la trouve dans le commerce.

Glace au beurre, à la vanille. — Mêlez dans une terrine 150 grammes de beurre avec 250 grammes de sucre fin, vanillé; travaillez vivement l'appareil 8 ou 10 minutes, afin de l'obtenir mousseux et léger. — On emploie cette glace pour décorer les gâteaux : elle peut être nuancée.

Glace à Condé. — Mettez dans une terrine 250 grammes de sucre fin, 200 grammes d'amandes mondées et hachées, un peu de sucre d'orange ou du sucre vanillé. Délayez peu à peu l'appareil avec des blancs d'œuf, jusqu'au point de liquidité voulue : il ne doit être ni trop mou ni trop épais.

Crème beurrée. — Mettez 10 jaunes d'œuf dans une terrine; broyez-les, délayez-les peu à peu avec 400 grammes de sucre cuit au *petit lissé;* liez l'appareil sur feu, en le fouettant, sans faire bouillir; passez-le au tamis, laissez-le à peu près refroidir; mêlez-lui alors 250 grammes de beurre fin, par petits morceaux à la fois, sans cesser de travailler, jusqu'à ce qu'il soit de consistance voulue, mousseux et bien lisse. Parfumez aux zestes, à la vanille ou au kirsch, à l'eau de fleurs d'oranger.

Crème beurrée, aux avelines. — Faites infuser 150 grammes d'avelines torréfiées et hachées, dans 4 décilitres de lait bouillant; 25 minutes après, passez l'infusion à travers un linge. Avec cette infusion, 8 jaunes d'œuf, 250 grammes de sucre, un morceau de vanille, préparez une crème. Quand elle est liée, passez-la; laissez-la à peu près refroidir; fouettez-la alors en lui incorporant, peu à peu, 250 grammes de beurre divisé en petites parties.

Crème beurrée, aux pistaches. — Avec 6 jaunes d'œuf, 200 grammes de sucre, 4 décilitres de lait, une cuillerée de fécule, préparez une crème.

Mondez 100 grammes de pistaches bien fraîches; pilez-les, délayez-les avec quelques cuillerées d'eau de fleurs d'oranger, et ensuite avec la crème préparée; passez à l'étamine. Mettez l'appareil dans une terrine; travaillez-le avec une cuiller jusqu'à ce qu'il soit à peu près refroidi; mêlez-lui alors, peu à peu, 250 grammes de beurre fin divisés en petites parties. Finissez la crème en incorporant une pointe de vert-d'épinards.

Crème beurrée, à l'orgeat. — Broyez 8 jaunes d'œuf dans une terrine; délayez avec 3 décilitres de sirop à 28 degrés et 1 décilitre de lait d'amandes; passez au tamis dans une casserole, ajoutez un demi-bâton de vanille. Tournez la crème jusqu'au moment où elle va bouillir; retirez-la, tournez-la jusqu'à ce qu'elle soit à peu près refroidie. Enlevez la vanille, mêlez-lui, peu à peu, 250 grammes de beurre fin, divisé en petites parties.

Crème beurrée, pour moka. — Mettez dans un poêlon ou une petite bassine 12 jaunes d'œuf et 250 grammes de sucre en poudre. Broyez et délayez avec 4 décilitres d'infusion de café à l'eau. Fouettez l'appareil sur feu doux, en le faisant mousser; liez-le sans faire bouillir. Fouettez-le hors du feu jusqu'à ce qu'il soit refroidi.

Épongez 300 grammes de beurre fin; mettez-le dans une terrine, maniez-le avec une cuiller, jusqu'à ce qu'il soit ramolli et crémeux; mêlez-lui alors quelques gouttes d'essence de café, puis incorporez-lui, peu à peu, l'appareil mousseux. — Cette glace convient pour être employée en hiver.

Crème beurrée, au lait, pour moka. — Broyez dans une casserole 8 jaunes d'œuf et 250 grammes de sucre; ajoutez une cuillerée de fécule de riz, délayez avec 3 décilitres d'infusion de café à l'eau, puis avec 2 décilitres de lait. Tournez l'appareil sur feu, sans faire bouillir. Quand la crème est liée, passez-la dans une terrine, laissez-la à peu près refroidir, en remuant. Incorporez-lui alors, peu à peu, 250 grammes de beurre fin, divisé en petites parties.

Crème à fanchonnette. — Mettez, dans une terrine, 100 grammes de farine et 100 grammes de sucre en poudre; délayez avec 12 jaunes d'œuf et un demi-litre de bon lait; passez au tamis dans une casserole; ajou ez grain de sel et un demi-bâton de vanille. Tournez l'appareil sur feu, sans faire bouillir ni même trop chauffer; retirez-le du feu, tournez-le jusqu'à ce qu'il soit refroidi.

Crème d'amandes, pour gâteaux fourrés. — Mettez dans un mortier 200 grammes d'amandes mondées; pilez-les avec 200 grammes de sucre en poudre; ajoutez 200 grammes de beurre, retirez du mortier.

Avec un litre de lait, 200 grammes de farine, 4 œufs entiers et 6 jaunes, préparez une crème pâtissière. Quand elle est refroidie, mêlez-lui peu à peu l'appareil aux amandes.

Crème d'amandes, aux œufs. — Pilez 250 grammes d'amandes mondées, en ajoutant un peu de blanc d'œuf; ajoutez ensuite, peu à peu, 250 grammes de sucre en poudre. Mettez l'appareil dans une terrine, travaillez-le avec une cuiller, mêlez-lui 250 grammes de beurre peu à peu, en même temps que 3 ou 4 œufs; étendez alors l'appareil avec un demi-décilitre de crème crue.

Crème pâtissière, à l'orange. — Mettez dans une casserole 5 œufs entiers, 3 jaunes, 400 grammes de farine, pincée de fécule, grain de sel, 50 grammes de sucre ; broyez et délayez avec 1 litre de bon lait ; ajoutez 50 grammes de beurre ; liez l'appareil sur feu, en le tournant ; quand il est à point, faites-le réduire quelques minutes, sans le quitter ; retirez-le enfin du feu ; ajoutez 3 jaunes d'œuf, puis 150 grammes de beurre cuit à la noisette, ainsi que 2 cuillerées de sucre à l'orange ; versez l'appareil dans une terrine ou sur une plaque ; humectez-en la surface au pinceau avec du beurre fondu ; laissez-le refroidir. — Cet appareil convient pour les beignets de crème.

Crème pâtissière, à la vanille. — Mettez dans une terrine 250 grammes de farine, 50 grammes de beurre, grain de sel ; délayez avec 5 œufs entiers, 6 jaunes et un litre de lait froid. Passez au tamis dans une casserole ; ajoutez 100 grammes de beurre, un demi-bâton de vanille. Liez l'appareil sur feu, faites-le réduire, sans le quitter ; retirez-le, mêlez-lui encore 100 grammes de beurre ; enlevez la vanille.

Crème de Pithiviers. — Pilez 250 grammes d'amandes mondées ; ajoutez 250 grammes de sucre en poudre, vanillé, puis 4 œufs entiers ; quand le mélange est opéré, ajoutez 250 grammes de beurre fin, quelques cuillerées de crème crue, un grain de sel. Retirez la pâte du mortier pour l'employer.

Crème frangipane à la vanille. — Mêlez dans une casserole 7 jaunes et 1 œuf entier, ajoutez 200 grammes de farine et 150 grammes de sucre ; délayez avec 7 décilitres de lait, ajoutez 100 grammes de beurre, un demi-bâton de vanille, grain de sel ; liez l'appareil sur feu, en le tournant avec une cuiller ; retirez-le aussitôt, finissez-le en lui incorporant 150 grammes de beurre cuit à la noisette.

Crème frangipane, à la moelle. — Faites dégorger 100 grammes de moelle de bœuf ; hachez-la, faites-la fondre au bain-marie, passez-la.

Mettez dans une terrine 200 grammes de farine, 100 grammes de sucre, 4 œufs entiers, 6 jaunes, un grain de sel : travaillez avec une cuiller, délayez avec 8 décilitres de lait, passez au tamis dans une casserole ; ajoutez un petit morceau de beurre, cuisez sans faire de grumeaux. Quand la crème est liée, réduisez-la quelques secondes, sans la quitter ; retirez-la, mêlez-lui quelques cuillerées d'amandes hachées, et ensuite la moelle fondue, mais peu à peu.

Crème frangipane, aux amandes. — Préparez une crème avec 250 grammes de farine, 175 grammes de sucre en poudre, 75 grammes de beurre, 2 œufs entiers, 6 jaunes, 8 décilitres de lait, zeste ou vanille, grain de sel. — Pilez 500 grammes d'amandes mondées, avec 100 grammes de sucre en poudre ; mettez l'appareil dans une terrine, mêlez-lui la frangipane peu à peu, puis 200 grammes de beurre cuit à la noisette ; finissez la crème avec quelques cuillerées d'eau de fleurs d'oranger.

Crème frangipane, au chocolat. — Préparez un appareil de frangipane à la vanille ; quand il est lié, mêlez-en une petite partie avec 150 grammes de bon chocolat dissous à la bouche du four, broyé, passé au tamis ; mêlez celui-ci à la frangipane, ainsi que 150 grammes de beurre cuit à la noisette.

Crème viennoise au marasquin. — Déposez 10 jaunes d'œuf dans une casserole, ajoutez 200 grammes de sucre, grain de sel, 150 grammes de beurre ; travaillez quelques minutes l'appareil à la cuiller, mêlez-lui 4 cuillerées d'eau froide, liez-le sur feu modéré ou au bain-marie, en tournant ; aussitôt à point, retirez-le du feu, finissez-le, en lui incorporant quelques gouttes de bon marasquin ; versez-le dans une terrine. — On peut préparer cette crème à l'orange ou à la vanille.

Crème à moka. — On emploie cette crème pour fourrer les éclairs au café ; elle se compose simplement d'une crème frangipane beurrée, finie avec de l'essence de café.

Crème à chou. — Mettez dans une casserole 2 jaunes d'œuf, une cuillerée de farine ou fécule de riz, 2 cuillerées de sucre en poudre vanillé, un petit morceau de beurre, grain de sel ; délayez avec 2 décilitres de lait ; liez sur feu ; passez. Quand la crème est froide, mêlez-lui la valeur d'un verre de crème fouettée.

Crème à Saint-Honoré. — Mettez dans une terrine 100 grammes de sucre, 60 grammes de farine de gruau et 60 grammes de farine de riz ou fécule ; délayez avec 12 jaunes d'œuf et 6 à 7 décilitres de lait ; passez au tamis dans une casserole, ajoutez grain de sel, zeste ou vanille ; liez l'appareil sur feu, en tournant. Au premier symptôme d'ébullition, retirez-le sur le côté, incorporez-lui aussitôt 8 à 10 blancs fouettés, mêlés avec 200 grammes de sucre. — On peut aussi préparer la crème à Saint-Honoré avec une crème viennoise, à laquelle on incorpore simplement de la crème fouettée.

Crème anglaise pour sauce d'entremets froids. — *Proportions :* 1 litre de bon lait ou crème simple, 10 à 12 jaunes d'œuf, 400 grammes de sucre, un bâton de vanille.

Fouettez le sucre avec les jaunes ; délayez peu à peu avec le lait bouilli ; passez le liquide dans une casserole : remettez la vanille. Liez la crème sur feu doux, en tournant, sans faire bouillir ; versez-la dans une terrine, en la passant ; faites refroidir la crème, en la vannant.

La crème anglaise peut être parfumée aux zestes ; en ce cas, on ne mêle les zestes qu'alors que l'appareil est lié. — Avant de servir la crème comme sauce, il faut la faire refroidir sur glace.

Crème Colbert pour sauce d'entremets froids. — Avec 4 décilitres de crème simple, 6 à 7 jaunes d'œuf, 180 grammes de sucre, une pincée de fécule et demi-bâton de vanille, préparez une crème, en procédant d'après la même méthode de la crème anglaise. Quand elle est passée et refroidie, fouettez-la sur glace, en lui mêlant 2 ou 3 cuillerées de lait d'amandes concentré ou de crème de noyaux ; quand elle est bien liée, incorporez-lui la valeur d'un quart de litre de crème fouettée.

Crème fouettée (Chantilly). — La Chantilly n'est autre chose que de la crème double, amenée à consistance, et rendue mousseuse par le travail du fouet et l'action de l'air. La crème qu'on veut fouetter doit être pure, de première qualité ; elle doit avoir séjourné sur glace 24 heures ; ce n'est qu'à cette condition qu'elle mousse, qu'elle devient légère et ferme, en la fouettant. Pour la fouetter, on la décante et on la verse dans une bassine étamée, disposée sur glace, bien refroidie, on la fouette alors tout doucement avec un fouet en osier, jusqu'à ce qu'elle soit arrivée au degré voulu de consistance.

Meilleure est la crème, moins elle exige d'être fouettée. A Paris, où la crème est généralement maigre et de petite consistance, les crémiers n'arrivent à lui donner de la légèreté qu'en la fouettant à l'aide d'une machine ; mais alors elle devient tellement mousseuse qu'elle est en quelque sorte dénaturée.

La crème à fouetter est parfaite dans les contrées du Nord, là surtout où elle est abondante ; l'Allemagne, la Suisse, la Russie en fournissent d'excellente. En France, c'est à Nice où j'ai trouvé la meilleure ; la supériorité de cette crème est vraiment remarquable.

ENTREMETS FROIDS

GELÉE A L'ORANGE

Pour un moule d'entremets de grandeur ordinaire, prenez 50 à 60 grammes de colle de poisson ou 100 grammes de gélatine clarifiée d'après l'une des méthodes précédemment décrites. Quand elle est passée et refroidie, mêlez-lui du sirop clarifié, ainsi que le suc de 7 à 8 oranges, filtré; nuancez la gelée avec un peu de cochenille ou du carmin limpide, afin de lui donner une teinte rosée. Essayez sa consistance dans un petit moule à tartelette, en la faisant refroidir sur glace; rectifiez-la au besoin. Quand la gelée est à point, versez-la dans un moule à gelée, préalablement *incrusté* [1] sur glace, bien d'aplomb; couvrez le moule, laissez raffermir la gelée une heure au moins. Quand elle est prise, retirez le moule de la glace, trempez-le vivement à l'eau chaude, essuyez-le, renversez immédiatement la gelée sur plat froid, ou sur une couche de gelée prise dans le fond du plat, ou enfin sur un fond bordé. Si la gelée est dressée sur un plat nu, posez celui-ci sur glace, bien d'aplomb, afin de faire prendre la gelée au fond du plat, pour qu'elle ne glisse pas; garnissez ensuite l'entremets avec des quartiers d'orange à la gelée, coupés par le milieu, dressés à plat ou debout contre la gelée.

GELÉE AUX FRAMBOISES

Écrasez quelques poignées de framboises fraîches; jetez-les sur un tamis pour en extraire le suc; mêlez-lui le suc de 2 oranges et de 2 citrons; filtrez-le au papier mâché; déposez-le dans une terrine vernie, ajoutez 60 grammes de colle de poisson ou l'équivalent de gélatine clarifiée, froide [2], mêlée avec le sirop nécessaire, également froid; essayez sa consistance dans un petit moule pour la rectifier au besoin.

Une heure avant de servir, incrustez sur glace un moule à gelée; entourez-le jusqu'à la hauteur des bords, posez-le bien d'aplomb. — Coulez au fond du moule une couche de gelée de 2 à 3 centimètres d'épaisseur; aussitôt qu'elle est à moitié prise, distribuez sur sa surface de petits groupes de framboises liées, dans un bol, avec de la gelée mi-prise; couvrez avec de la gelée, laissez prendre celle-ci. Recommencez l'opération, en alternant la gelée avec les framboises. Quand le moule

---

1. *Incruster* un moule sur glace, signifie le placer bien d'aplomb sur une couche de glace pilée, et l'entourer également avec de la glace, arrivant à peu près à hauteur du moule, aussi bien à l'extérieur que dans le cylindre, s'il en a un. — Quand la glace est salée, on dit: *frapper*, au lieu de : *incruster*.

2. Comme on ne clarifie pas la colle en petite quantité, il est difficile de donner une mesure juste, car les colles sont plus ou moins fortes ou faibles, selon la quantité d'eau qu'on leur mêle; il est donc préférable pour celui qui opère, de n'additonner la colle à l'appareil que peu à peu, en essayant sa consistance sur glace, dans un moule à dariole, afin de le rectifier selon ses besoins.

est plein, couvrez-le, tenez-le ainsi jusqu'à ce que la gelée soit prise. Trempez alors vivement le moule à l'eau chaude, renversez la gelée sur un plat froid; entourez-la avec une couronne de petites bouchées de dames, glacées.

GELÉE AUX FRAISES

Déposez dans une terrine 3 à 400 grammes de fraises bien fraîches; mouillez avec 4 ou 5 décilitres de sirop froid, vanillé, à 26 degrés. Couvrez la terrine avec du papier, posez-la sur glace, laissez infuser 2 heures le sirop; passez-le ensuite au tamis fin, mêlez-lui le suc filtré de 2 oranges et de 3 citrons, puis mêlez à l'infusion la valeur de 60 grammes de colle de poisson, clarifiée; essayez sa consistance dans un petit moule. Si la gelée est à point, versez-en une couche au fond d'un moule ouvragé, incrusté sur glace; laissez-la prendre à moitié; sur cette couche, semez sans symétrie des fraises épluchées; couvrez les fruits avec une couche de gelée; continuez ainsi à remplir le moule, en alternant la gelée avec les fraises.

Au moment de servir, renversez l'entremets sur plat froid, entourez-le avec une couronne de petites tartelettes aux fraises.

GELÉE AUX PÊCHES

Pelez 5 ou 6 pêches mûres; coupez-les en petits quartiers, déposez-les dans un vase verni, arrosez-les avec 4 ou 5 décilitres de sirop froid, vanillé, à 25 degrés; couvrez le vase, laissez infuser une heure les fruits, dans un lieu frais. Passez ensuite le sirop au tamis; mêlez-lui le suc de 2 oranges et de 2 citrons, ainsi que quelques brins de zeste; filtrez-le au papier. Mêlez-lui alors la valeur de 60 grammes de colle clarifiée; opérez le mélange; essayez la consistance de la gelée; faites-la prendre par couches dans un moule incrusté sur glace, en alternant chaque couche avec les quartiers de pêche. — Quand la gelée est prise, renversez-la sur plat froid.

GELÉE AU SUC DE QUATRE FRUITS

Exprimez le suc de quelques poignées de framboises, autant de fraises, autant de groseilles, autant de cerises; mêlez ces sucs avec celui de 2 oranges et de 2 citrons; ajoutez quelques parties de zeste; filtrez le liquide au papier. Quand le suc est clair, mêlez-lui la valeur de 60 grammes de colle clarifiée et le sirop nécessaire: passez l'appareil au tamis fin; essayez-le sur glace; faites-le prendre dans un moule à cylindre incrusté sur glace.

Une heure après, trempez le moule à l'eau chaude, essuyez-le, renversez la gelée sur plat froid ou sur un support d'entremets froids; en ce cas, ornez le support central avec une aigrette en sucre filé.

GELÉE AUX GRENADES

Écrasez les grains de 4 bonnes grenades bien mûres; mêlez ce suc avec celui de 2 oranges et de 2 citrons; ajoutez quelques brins de zeste; filtrez le liquide au papier; mêlez-lui la valeur de 60 grammes de colle clarifiée et le sirop nécessaire; essayez sa consistance dans un petit moule; quand il est dans les conditions voulues, faites-le prendre par couches, dans un moule incrusté sur glace, en saupoudrant chaque couche avec quelques grains de grenade; faites prendre la gelée. — Une heure après, trempez le moule à l'eau chaude, essuyez-le, démoulez la gelée sur plat; entourez-la avec une couronne de petites génoises au naturel.

GELÉE AU RAISIN MUSCAT

Mêlez 4 décilitres de suc de raisin muscat avec celui de 2 oranges et de 2 citrons; filtrez-les ensemble au papier; mêlez à ce suc la valeur de 60 grammes de colle clarifiée et le sirop nécessaire; passez l'appareil au tamis fin, faites-le prendre, par couches, dans un moule à gelée incrusté sur glace, en alternant chaque couche avec quelques grains de raisin. Une heure après, dressez la gelée sur plat froid; garnissez-la avec une couronne de petits choux glacés au caramel, saupoudrés de pistaches.

GELÉE A L'ANANAS

Parez vif un ananas bien mûr; divisez-le en deux parties sur sa longueur; émincez une de ces parties en tranches transversales; déposez ces tranches dans une terrine, couvrez-les avec du sirop froid.

Hachez les parures d'ananas avec quelques poignées de sucre fin; étendez-les avec le suc de 6 oranges et celui de 4 citrons; ajoutez un peu de zeste. Une demi-heure après, exprimez le suc à travers un linge, mêlez-lui le sirop d'ananas, filtrez-les ensemble au papier. Collez fortement l'appareil, sucrez-le encore si c'est nécessaire; essayez sa consistance sur glace, faites-le prendre dans un moule plein ou une casserole en argent, plutôt que dans un moule à cylindre, car le suc d'ananas, même quand il est cru [1], affaiblit énormément la colle. Dans les deux cas, faites prendre la gelée par couches, en alternant chaque couche avec une partie des tranches d'ananas, bien épongées.

GELÉE A LA CRÈME DE CACAO

Préparez un appareil de gelée à la colle de poisson ou à la gélatine clarifiée, mais sans arome aucun, avec peu d'acide et pas trop sucré; laissez-le refroidir. Mêlez-lui alors la valeur de 2 décilitres de liqueur de crème de cacao, versez-le dans un moule ouvragé, incrusté sur glace. Faites prendre la gelée, démoulez-la sur un fond en pastillage bordé, préalablement collé sur plat.

---

1. Le suc d'ananas, quand il est employé pour les gelées ou les pains de fruits collés, ne doit jamais cuire, pas même chauffer.

GELÉE GLOBULEUSE, AU CHAMPAGNE

Mêlez 60 grammes de colle de poisson avec un demi-litre de sirop clarifié ; ajoutez le suc filtré de 3 oranges et de 2 citrons, puis une demi-bouteille de bon champagne, bien froid. Goûtez la gelée, essayez-en une partie sur glace, afin de juger de son degré de consistance ; posez-la sur glace, tournez-la avec un fouet ; quand elle commence à prendre, agitez-la vivement, de façon à la rendre globuleuse ; dès qu'elle commence à se lier, versez-la dans un moule à gelée incrusté sur glace. Quand elle est prise, démoulez-la sur une couche de gelée prise sur plat[1] ; entourez-la avec une couronne de petits gâteaux secs.

GELÉE DE DANTZIG

Clarifiez 70 grammes de bonne gélatine ; vannez-la jusqu'à ce qu'elle soit froide ; mêlez-lui 2 ou 3 décilitres d'eau-de-vie fine, de Dantzig[2], pailletée à l'or ; ajoutez le sirop nécessaire ; goûtez-la, essayez-en la consistance ; si elle est à point, faites-la prendre à moitié, en la tournant sur glace, pour la rendre globuleuse ; mêlez-lui alors 2 poignées de pistaches, coupées en filets fins ; versez-la dans un moule ouvragé, incrusté de glace. — Une heure après, renversez la gelée sur un plat froid, entourez-la avec une couronne de petits éclairs aux fraises.

GELÉE AU RHUM

Mêlez 60 grammes de colle de poisson clarifiée, avec trois quarts de litre de sirop limpide, le suc de 2 citrons et d'une orange, filtrés ; ajoutez la valeur de 2 décilitres de vrai rhum ou même du bon tafia originel (le rhum composé ne doit pas être employé à cet usage). Vannez la gelée pour opérer le mélange ; versez-la dans un moule incrusté sur glace ; laissez-la raffermir à point ; démoulez-la sur plat froid ; garnissez-la avec une couronne de petits gâteaux-punch, glacés.

GELÉE AU CRESSON

Clarifiez 60 grammes de gélatine avec l'eau, le sucre et le suc de citron nécessaires, en procédant d'après la méthode prescrite à la page 120 ; filtrez l'appareil.

Pilez dans un mortier bien propre quelques poignées de feuilles de cresson de fontaine,

1. Tous les entremets froids dressés sur plats, sans serviette et sans fond, doivent être renversés sur une couche de gelée prise sur un plat, car ils sont alors moins exposés à glisser ou à s'affaisser.
2. Si cette liqueur n'est pas de premier choix, elle ne doit pas être employée, car, en ce cas, elle donne à la gelée un goût ordinaire, peu agréable.

fraîchement cueilli, bien lavé; ajoutez quelques cuillerées d'eau froide; puis exprimez-en le suc dans une terrine, en le pressant à travers un linge; filtrez ce suc au papier, mêlez-lui la gelée clarifiée, froide; essayez une petite partie de l'appareil. Quand il est à point, versez-le dans un moule à gelée, incrusté sur glace. — Quand la gelée est prise, démoulez-la sur plat froid.

GELÉE A LA SOUVERAINE

Incrustez sur glace un moule à charlotte, haut de forme; décorez-le autour et au fond avec des fraises, de l'angélique et des amandes vertes confites, de façon à former un décor voyant, de nuances variées. Couvrez ce décor avec une mince chemise de gelée; laissez raffermir celle-ci.

D'autre part, cuisez un biscuit dans un moule à charlotte, d'un centimètre plus étroit que le premier. Parez droit ce biscuit, videz-le, en laissant au fond et autour un centimètre d'épaisseur; nappez-le extérieurement avec une couche de marmelade d'abricots serrée, tiède. Posez-le sur le centre du moule incrusté; coulez de la gelée froide tout autour, afin de combler les vides, en soudant le biscuit avec la chemise de gelée; laissez le moule sur glace jusqu'au moment de servir. Emplissez alors le vide du biscuit avec une crème plombière à la souveraine, en la dressant par couches entremêlées avec de petits quartiers de pêche, crus, macérés une heure dans du sirop froid, vanillé. Couvrez le dessus avec un rond de biscuit du même diamètre; trempez vivement le moule à l'eau chaude, démoulez la gelée sur plat froid; entourez-la avec une couronne de quartiers de pêche, nappés à la gelée ou au fondant.

GELÉE FOUETTÉE, A L'ABRICOT

Préparez un appareil de gelée à l'orange (page 128); quand elle est froide, versez-la dans une bassine étamée; fouettez-la sur glace, en lui mêlant le suc de 2 oranges et de 2 citrons; aussitôt qu'elle commence à se lier, ajoutez, peu à peu, quelques cuillerées de marmelade d'abricots, étendue avec un peu de kirsch; versez l'appareil dans un moule d'entremets, incrusté sur glace. Quand la gelée est prise, démoulez-la sur une couche de gelée prise sur plat, entourez-la avec une belle couronne de moitiés d'abricot, cuites comme pour compote, mais fermes.

GELÉE SULTANE

Prenez la valeur d'un litre de belle gelée clarifiée; quand elle est froide, mêlez-lui 1 décilitre de suc filtré d'oranges, autant de suc de citrons et autant de suc de mandarines; ajoutez le zeste de 2 mandarines; laissez infuser 10 minutes l'appareil. Passez-le ensuite au tamis fin; essayez sa consistance; faites-le refroidir sur glace, en le tournant avec un fouet jusqu'à ce qu'il soit globuleux; mêlez-lui alors quelques cuillerées de pistaches coupées en filets fins. Versez la gelée dans un moule ouvragé, incrusté sur glace, faites-la prendre une heure. Dressez-la sur plat froid.

GELÉE A LA MACÉDOINE

Préparez une macédoine de fruits, composée de fraises ananas et fraises de bois, de framboises, de groseilles blanches et rouges, de belles cerises sans noyaux, de quartiers d'abricot, pelés, et de quartiers d'orange, parés à vif.

Prenez 1 litre de bonne gelée au marasquin, limpide, un peu plus ferme que les gelées ordinaires; faites-la bien refroidir sans la faire prendre.

Incrustez sur glace un moule ouvragé, coulez au fond une petite couche de gelée, décorez les cavités du moule avec des fruits de différentes nuances; couvrez aussi ce décor avec une couche de gelée; laissez-la prendre. Sur cette couche, dressez de petits bouquets de fruits, liés sur glace avec de la gelée mi-prise; aussitôt que la solidité de la couche le permet, recommencez l'opération, en continuant à alterner la gelée et les fruits, jusqu'à ce que le moule soit plein : les plus gros fruits doivent être réservés pour être placés sur le haut du moule plutôt que dans le fond, afin d'éviter qu'en démoulant la gelée, celle-ci ne se trouve entraînée par le poids des fruits.

Une heure après, démoulez la macédoine sur une couche de gelée prise sur plat.

GELÉE MACÉDOINE, A LA CRÈME

Décorez un moule uni, à timbale, avec des fruits variés, trempés à mesure dans de la gelée mi-prise; coulez au fond du moule une couche de gelée au marasquin, ayant l'épaisseur d'un centimètre; quand elle est prise, posez sur le centre du moule un autre moule plus étroit, remplissez-le avec de la glace pilée; puis coulez de la même gelée entre les deux moules; laissez-la prendre. Quand elle est raffermie, enlevez la glace du moule formant cylindre; remplacez-la par de l'eau tiède, afin d'enlever le moule d'un trait; emplissez alors le vide qu'a laissé ce moule, avec une crème bavaroise aux pêches, très légèrement collée, mêlée avec un gros salpicon d'ananas ou de fruits variés. Masquez la crème avec une couche de gelée. — Une heure après, trempez le moule à l'eau chaude, essuyez-le, renversez la macédoine sur plat froid ; entourez-la avec de petites tartelettes aux fruits.

GELÉE MACÉDOINE, A L'ORANGE

Avec une cuiller à racine, enlevez quelques cuillerées de petites boules de poires et de pommes ; cuisez-les séparément dans du sirop, en tenant les pommes bien blanches, et en rougissant les poires avec un filet de carmin ; faites-les macérer dans du sirop.

Coupez 2 oranges en quartiers, parez-les à vif, déposez-les sur un linge. — Prenez des fruits confits : cerises, abricots, reines-claudes, ananas ; divisez les plus gros en quartiers ou en moitiés, rafraîchissez-les à l'eau tiède, égouttez-les sur un linge ; ajoutez quelques grappes de raisin frais.

Incrustez sur glace un moule à macédoine, avec son double fond ; emplissez celui-ci avec de la glace pilée ; puis coulez de la gelée à l'orange entre les deux moules, afin d'emplir le vide. Quand cette gelée est prise, enlevez la glace du double fond, remplissez-celui-ci avec de l'eau chaude, afin de pouvoir le détacher d'un trait ; emplissez aussitôt le vide que laisse ce double fond avec les fruits bien épongés, en les arrosant à mesure avec quelques cuillerées de gelée froide, à l'orange ; laissez raffermir la gelée une heure. — Démoulez-la, au moment, sur une couche de gelée prise sur plat ; entourez-la avec des quartiers d'orange à la gelée.

GELÉE MACÉDOINE, A LA MARÉCHALE

Cuisez une petite plaque de pâte napolitaine abaissée très mince. En la sortant du four, pendant qu'elle est encore chaude, divisez-la en montants de 8 centimètres de long sur 2 de large ; coupez aussi le même nombre de ronds avec un coupe-pâte de 3 centimètres de diamètre. Quand la pâte est bien refroidie, masquez, d'un côté seulement, les ronds et les montants avec une couche de marmelade d'abricots, tiède, légèrement collée ; décorez la surface des uns et des autres avec de petits détails de fruits verts et des amandes blanches : le décor doit être uniforme.

D'autre part, préparez un appareil de gelée au kirsch ; laissez-la refroidir. — Préparez également une macédoine de fruits variés, cuits ou crus, suivant leur nature, suivant la saison ; dans tous les cas, égouttez-les sur un linge pour en éponger l'humidité.

Incrustez sur glace un moule à cylindre, uni ; chemisez-le entièrement avec la gelée ; puis rangez à plat, sur le fond de ce moule, les ronds décorés, en appuyant le décor contre la chemise de gelée. Nappez les montants au pinceau, avec de la gelée mi-prise, appliquez-les debout, contre les parois, du côté décoré. Consolidez ces montants, en coulant au fond du moule une couche de gelée froide, au kirsch ; sur cette couche distribuez une partie de la macédoine de fruits ; couvrez ceux-ci avec une autre couche de gelée ; finissez d'emplir le moule, en alternant les fruits et la gelée.

Quand l'entremets est raffermi, démoulez-le sur plat ou sur un fond en sucre taillé, portant un support sur son centre ; sur le haut de ce support, fixez une petite aigrette en sucre filé.

GELÉE MACÉDOINE, A LA RUSSE

Incrustez sur glace un moule à timbale ; chemisez-le avec de la gelée à l'orange ; décorez-en le fond avec une rosace de fruits variés ; masquez cette rosace avec une couche de gelée ; quand cette couche est prise, emplissez avec de la glace pilée un autre moule à timbale étamé à l'extérieur, ayant 2 centimètres de moins en largeur que le premier ; posez-le sur la partie centrale du moule, en l'appuyant sur la couche de gelée ; quelques instants après, disposez entre les deux moules, une macédoine de fruits variés, crus ou confits, dans les deux cas, un peu marquants, bien épongés ; rangez ces fruits par couches, en les couvrant à mesure avec de la gelée à l'orange. Laissez raffermir la gelée.

Quarante-cinq minutes avant de servir, remplacez la glace du petit moule par de l'eau chaude, afin de pouvoir l'enlever d'un trait ; emplissez le vide qu'il laisse avec une gelée à l'orange, fouettée, peu collée, mêlée avec un salpicon d'ananas coupé ; une heure après, démoulez l'entremets sur une couche de gelée prise sur plat, entourez-le avec une couronne de petites madeleines glacées au rhum.

GELÉE MACÉDOINE, AU MARASQUIN

Versez dans une bassine étamée la valeur d'un demi-moule de gelée liquide, au citron ; posez la bassine sur glace ; fouettez tout doucement l'appareil, en lui mêlant peu à peu une demi-bouteille de champagne, le suc de 2 citrons et d'une orange. Aussitôt que l'appareil commence à se lier, en se troublant, sans être mousseux, mêlez-lui une macédoine de fruits frais et confits, de nuances et d'espèces diverses, bien égouttées ; versez-le dans un moule ouvragé, incrusté sur glace, chemisé au fond avec une couche de gelée claire. Une heure après, démoulez la macédoine sur une couche de gelée prise sur plat ; entourez-la avec une couronne de petites tartelettes à l'ananas.

GELÉE RUBANÉE, A LA FRANÇAISE

Incrustez sur glace un moule à cylindre et à gros cannelons ; au fond de ce moule, coulez une couche de gelée aux fraises d'un beau rose ; quand elle est prise, coulez sur celle-ci une couche de gelée fouettée, blanche, au marasquin, en lui donnant la même épaisseur ; alternez ainsi les nuances jusqu'à ce que le moule soit plein. Une heure après, démoulez la gelée.

GELÉE A L'ORIENTALE, GLACÉE

Préparez une gelée au suc de mandarines, d'oranges et de citrons ; infusez-la à froid, avec le zeste de 2 mandarines ; ajoutez une demi-bouteille de champagne, bien froid : elle doit être peu collée.

Avec cette gelée, chemisez un moule à dôme, d'une couche épaisse ; emplissez-en le vide, par couches, en les alternant avec des quartiers de mandarine ou d'orange, parés à vif, sans pépins.

Une demi-heure avant de servir, fermez le moule avec son couvercle ; lutez-en les jointures, frappez-le au sel, 25 à 30 minutes : la gelée ne doit être congelée que superficiellement. Lavez le moule à l'eau froide, trempez-le à l'eau tiède, essuyez-le, démoulez la gelée sur un petit socle en glace naturelle.

GELÉE A L'ANANAS, GLACÉE

Parez un petit ananas; divisez-le en deux parties; coupez celles-ci en tranches; faites-les infuser 2 heures dans 6 décilitres de sirop; mêlez d'abord au sirop le suc d'une orange et de 2 citrons, puis la valeur de 40 à 50 grammes de colle clarifiée, et ensuite une demi-bouteille de champagne : gouttez la gelée, elle doit être beaucoup plus sucrée qu'à l'ordinaire; essayez-en sur glace une petite partie dans un moule à dariole; une demi-heure après, elle ne doit être prise que très légèrement, à ce point que, si on la démoule, elle ne doit pas pouvoir se soutenir. Versez-la alors dans un moule ouvragé, à cylindre, ayant un couvercle en fer-blanc ou en cuivre pour en fermer l'ouverture; lutez-en les jointures avec du beurre ou de la pâte crue. Mettez ce moule dans un petit baquet, entourez-le avec de la glace pilée, laissez prendre la gelée. — Une heure avant de servir, égouttez l'eau du baquet, saupoudrez fortement la glace avec du sel de cuisine; mettez aussi de la glace salée sur le couvercle du moule, tenez-le ainsi 25 à 30 minutes. Lavez alors le moule à l'eau froide, trempez-le à l'eau chaude, renversez la gelée sur serviette pliée; entourez-la avec une couronne de petits gâteaux.

Pour être exactement à point, cette gelée ne doit être congelée que superficiellement sur les surfaces, tandis que l'intérieur reste moelleux, à l'état de gelée peu collée. — Tous les appareils de gelées aux sucs de fruits ou aux liqueurs peuvent être servis dans ces conditions; il suffit qu'ils soient beaucoup plus sucrés qu'à l'ordinaire et collés à moitié seulement de la dose nécessaire aux gelées qu'on veut servir limpides. — Pour servir et distribuer cette gelée à table, il est bon d'employer une cuiller trempée à l'eau chaude.

GELÉE AU FRONTIGNAN, GLACÉE

Préparez la moitié d'un moule de gelée sans aucun parfum; quand elle est bien froide, mêlez-lui un verre de sirop et 2 verres de bon frontignan; la gelée doit se trouver alors très sucrée et peu collée; versez-la dans un moule ouvragé, incrusté sur glace pilée et salée; fermez le moule, avec son couvercle; mastiquez-en les jointures avec de la pâte crue; saupoudrez-le également avec de la glace salée; faites frapper la gelée une heure. — Au moment de servir, lavez le moule à l'eau froide, trempez-le vivement à l'eau chaude, essuyez-le, renversez la gelée sur plat; entourez-la avec une couronne de petits biscuits secs, glacés au frontignan.

SUPRÊME DE FRUITS, A LA RUSSE

Préparez une garniture de fruits confits ou simplement cuits au sirop comme pour compote, composée d'ananas, abricots, reines-claudes, cerises, poires, pêches, angélique : les fruits confits doivent préalablement être lavés ou ramollis à l'eau tiède; déposez-les dans un vase, arrosez-les avec quelques cuillerées de marasquin, tenez-les sur glace une demi-heure.

Incrustez sur glace un moule à charlotte ; quand il est bien saisi, égouttez les fruits sur un linge ; avec une partie de ces fruits, préalablement trempés dans de la gelée mi-prise, décorez le fond et le tour du moule ; chemisez ensuite le décor avec une épaisse couche d'appareil à blanc-manger.

D'autre part, prenez la valeur de 12 feuilles de gélatine clarifiée, ou l'équivalent de colle de poisson ; versez-la dans un poêlon froid, mêlez-lui 1 décilitre de curaçao et autant de kirsch ; posez le poêlon sur glace ; fouettez l'appareil jusqu'à ce qu'il soit légèrement mousseux ; à ce point, mêlez-lui 2 décilitres de marmelade d'abricots, liquide, le suc de 3 citrons et de 2 oranges, puis le restant des fruits ; ajoutez quelques fraises ou framboises crues ; versez-le dans le vide du moule ; fermez celui-ci avec son couvercle ; mastiquez-en les jointures, faites-le frapper une heure et demie à la glace salée. — Démoulez l'entremets sur plat froid ; entourez-le avec une couronne de tranches d'ananas coupées d'égale forme.

SUPRÈME AUX FRAISES

Préparez un petit appareil de pain de fraises, vanillé, légèrement collé. — Incrustez sur glace un moule à timbale ; au fond de ce moule, faites prendre une couche d'appareil de pain de fraises ayant 1 centimètre d'épaisseur ; aussitôt que cette couche est prise, posez sur elle, bien d'aplomb, un moule plus étroit que le premier, étamé en dehors, et empli avec de la glace ; autour de celui-ci, coulez le restant de l'appareil ; laissez-le bien raffermir.

Vingt-cinq minutes après, enlevez le moule formant cylindre, remplissez le vide qu'il laisse avec une macédoine de fruits, composée de quartiers d'orange, parés à vif, de reines-claudes sans noyaux, d'abricots, pêches et ananas en quartiers ; rangez ces fruits par couches, en les alternant avec un appareil de pain d'abricots à l'orange, également peu collé.

Salez la glace à demi-dose ; couvrez le moule, faites-le frapper une heure. — Dressez l'entremets sur une couche de gelée prise sur plat ; entourez-le avec une garniture de quartiers d'orange ou de belles reines-claudes à moitié confites.

PAIN D'ABRICOTS A LA VANILLE

Mettez dans un poêlon 6 décilitres de purée d'abricots frais ; étendez-la avec du sirop vanillé, et ensuite avec la valeur de 40 à 50 grammes de gélatine ou colle clarifiée ; ajoutez le suc d'une orange ; essayez la consistance de l'appareil, sur glace, afin de le rectifier au besoin.

Une heure avant de servir, incrustez sur glace un moule uni, à cylindre ; décorez-le avec des demi-amandes d'abricots et des amandes vertes confites ; chemisez-le avec de la gelée.

Liez l'appareil sur glace, en le tournant ; aussitôt qu'il est à point, versez-le dans le moule ; laissez-le prendre jusqu'au dernier moment.

Trempez alors le moule à l'eau chaude, essuyez-le, renversez le pain sur plat bien froid ; masquez-le aussitôt avec un appareil de blanc-manger, à la vanille, peu collé, très légèrement lié sur glace.

PAIN D'AMANDES, A LA VILAIN-QUATORZE

Décorez le fond d'un moule à timbale avec de belles moitiés d'amandes vertes, confites, trempées à mesure dans de la gelée mi-prise; chemisez alors le moule avec de la gelée; emplissez-le, par couches alternées, avec un appareil de blanc-manger à la crème et un appareil de pain d'abricots, liés à mesure sur glace : les couches doivent être d'une égale épaisseur : tenez le moule une heure sur glace; un quart d'heure avant de servir, salez cette glace, afin de saisir les surfaces de l'appareil, car les couches de blanc-manger étant de nature huileuse ont toujours une tendance à se séparer de l'autre appareil ; voilà pourquoi il est préférable de monter ces entremets dans des moules pleins, sans cylindre. — Au moment de servir, trempez vivement le moule à l'eau tiède, coupez-le, renversez l'entremets sur plat froid ; entourez-le avec une garniture de petites gaufres en cornet, emplies avec de la crème chantilly, à la vanille.

PAIN D'AMANDES, A LA SICILIENNE

Incrustez sur glace un moule à charlotte, de forme haute; faites prendre au fond une couche de gelée d'oranges, ayant 2 centimètres d'épaisseur. Quand la couche du fond est raffermie, posez sur elle un autre moule à charlotte, un peu moins large et moins haut que le premier, étamé en dehors comme en dedans. Coulez tout autour du moule de la même gelée liquide et froide, pour emplir le vide peu à peu. Quand la gelée est prise, emplissez le moule avec de l'eau tiède, afin de pouvoir l'enlever.

Emplissez alors le vide central, par couches alternées, avec un appareil de blanc-manger et un appareil de pain de pistaches à la vanille et à l'eau de fleurs d'oranger, préalablement lié à point. Tenez une heure et demie le moule sur glace. Dressez le pain sur plat froid.

PAIN DE PÊCHES, AU MARASQUIN

Clarifiez 60 grammes de colle de poisson avec un peu de sucre, 2 verres d'eau ; quand elle est passée et froide, mêlez-lui une purée crue de pêches ; ajoutez le suc d'une orange, un décilitre de marasquin et du sirop vanillé; passez l'appareil à l'étamine, goûtez-le, essayez-en une petite partie, afin de juger de sa consistance; liez-le ensuite sur glace, en le tournant; versez-le aussitôt dans un moule à cylindre incrusté sur glace. Une heure après, trempez le moule à l'eau chaude, essuyez-le, démoulez le pain sur plat froid ; masquez-le avec un sirop au marasquin, bien refroidi sur glace.

PAIN DE PÊCHES, A LA GEORGE-SAND

Divisez par le milieu une douzaine de bonnes pêches, mûres; supprimez-en la peau et le noyau, divisez chaque partie en trois quartiers, parez-les d'une égale grosseur, rangez-les sur un linge.

Incrustez sur glace un moule à timbale; chemisez-le avec de la gelée au marasquin. Dressez au fond du moule une couronne de quartiers de pêche ; couvrez-la avec de la gelée au marasquin, laissez-la raffermir ; placez alors sur le centre du moule, un autre moule étamé de 3 à 4 centimètres plus étroit que le premier, empli avec de la glace ; rangez entre les 2 moules le restant des pêches, en les dressant en couronne ; couvrez à mesure les pêches avec de la gelée au marasquin ; laissez-la prendre ; puis recommencez avec les fruits et la gelée, alternez ainsi jusqu'à ce que le vide soit empli.

Quand la gelée est bien raffermie, enlevez le moule formant cylindre, en remplaçant la glace par de l'eau chaude. Emplissez alors le vide avec un appareil bavarois aux pêches, très léger ; tenez encore une heure le moule sur glace. — Démoulez l'entremets sur plat froid ou sur une couche de gelée prise sur plat ; entourez-le avec une couronne de petites génoises glacées, sablées avec des pistaches hachées.

PAIN D'ANANAS, A LA VÉRON

Chemisez légèrement un moule à cylindre avec de la gelée au curaçao, mêlée avec des pistaches émincées en filets ; tenez le moule sur glace. — Parez un ananas bien mûr, prenez-en le quart, coupez-le en petits dés ; coupez le reste en morceaux pour les piler ; passez à l'étamine. Mettez cette purée dans une terrine, mêlez-lui 70 grammes de colle clarifiée ; ajoutez le suc de 2 oranges et du sirop vanillé, en suffisante quantité pour sucrer l'appareil ; tournez-le sur glace ; quand il commence à se lier, ajoutez le salpicon d'ananas, versez-le dans le moule chemisé ; laissez-le raffermir une heure. Démoulez le pain sur plat froid ; entourez-le avec une couronne de petites bouchées de dames, glacées.

PAIN DE MARRONS, A LA VANILLE

Mettez dans une terrine la valeur de 5 décilitres de purée de marrons, peu sucrée, passée à l'étamine ; étendez-la avec 4 décilitres de sirop vanillé et 60 grammes de colle de poisson clarifiée ; tournez l'appareil sur glace pour le lier ; mêlez-lui quelques cuillerées de crème fouettée. — Chemisez légèrement un moule à cylindre avec de la gelée d'abord, puis avec un appareil bavarois au chocolat, très brun ; emplissez ensuite le vide du moule avec l'appareil de marrons. Une heure après, trempez le moule à l'eau chaude, démoulez le pain sur plat froid ; entourez-le avec une chaîne de petites caisses plissées garnie de marrons glacés au *cassé*.

PAIN DE FRAISES, A LA PARISIENNE

Passez à l'étamine, dans un vase verni, 7 à 800 grammes de fraises fraîchement cueillies, épluchées ; mêlez à cette purée 70 grammes de gélatine clarifiée, mais froide, ainsi que le sirop vanillé nécessaire pour la sucrer à point, et enfin le suc de 3 oranges et de 2 citrons. — Incrustez sur glace un moule uni, à cylindre ; chemisez-le avec de la gelée. — Versez l'appareil aux fraises dans un poêlon, tournez-le sur glace jusqu'à ce qu'il soit visiblement lié ; versez-le dans le moule frappé, laissez-le raffermir une heure.

Au moment de servir, démoulez le pain sur plat d'entremets ; croûtonnez-en le dessus avec de petits croûtons de gelée au marasquin ; entourez-le à sa base avec une couronne de quartiers d'orange, à la gelée. — Pour les pains de fruits rouges, il convient de chemiser les moules à la gelée avant de les emplir, afin que l'étain n'ait pas d'action directe sur la couleur du fruit.

PAIN DE FRAISES, A LA FRANÇAISE

Épluchez la valeur d'un kilogramme de fraises ; coupez les plus grosses par le milieu. — Prenez les demi-fraises avec la pointe d'une lardoire, trempez-les dans de la gelée mi-prise, dressez-les en couronne au fond et contre les parois du moule, en les appliquant du côté rouge ; chemisez les fruits avec de la gelée ; emplissez alors le vide avec un appareil de pain de fraises, lié à point, sur glace. — Une heure après, trempez le moule à l'eau chaude, démoulez le pain sur plat froid ; entourez-le avec de petites meringues à la crème vanillée.

PAIN DE FRAISES, MARBRÉ

Chemisez un moule à cylindre avec de la gelée à l'orange ; tenez-le sur glace. Préparez séparément deux appareils, l'un de pain de fraises bien rouge, l'autre de blanc-manger ; faites-les prendre sur glace dans deux petits moules à charlotte. Prenez-les ensuite tour à tour avec une cuiller trempée à l'eau chaude, rangez-les par couches dans le moule, sans symétrie, en mêlant indifféremment les deux appareils ; comblez à mesure les interstices avec de la gelée à l'orange, liquide, mais bien froide. Quand le moule est plein, couvrez-le encore avec une couche de gelée ; tenez-le sur glace, une heure. — Dressez le pain sur plat froid ; croûtonnez le dessus avec de la gelée, entourez-le, à sa base, avec une couronne de petits gâteaux-punch, glacés au marasquin.

PAIN DE FRAMBOISES, A LA GELÉE

Écrasez 7 à 800 grammes de framboises, passez-les à l'étamine dans un vase verni ou en porcelaine ; étendez cette purée avec 60 grammes de colle de poisson ou l'équivalent de gélatine dissoute, clarifiée, mêlée avec du sirop à l'orange, ainsi que le suc de 2 oranges et celui d'un citron ; mais en observant que cet appareil soit complètement refroidi, quoique liquide ; essayez sa consistance sur glace, dans un petit moule, pour le rectifier au besoin. — Avec des losanges d'angélique, décorez un moule à cylindre uni, en trempant à mesure les détails du décor dans la gelée mi-prise. Chemisez ensuite le moule avec une couche mince de gelée.

Quarante minutes avant de servir, liez l'appareil aux framboises, en le tournant sur glace ; quand il est à point, versez-le dans le vide du moule, laissez-le raffermir. — Démoulez le pain sur plat froid, croûtonnez-en le dessus avec de la gelée rose, entourez-en la base avec une garniture de petits gâteaux.

PAIN D'ORANGES, A LA MONTPENSIER

Divisez en quartiers une douzaine d'oranges, parez-les à vif, épépinez-les, rangez-les sur un tamis. — Incrustez sur glace un moule à timbale, chemisez-le ; masquez-en le fond avec une partie des quartiers d'orange, en les dressant en couronnes serrées ; masquez-les avec de la gelée à l'orange, laissez bien raffermir celle-ci ; placez alors sur le centre du moule un autre moule de 3 centimètres plus étroit, étamé en dehors, empli avec de la glace ; entre le vide des deux moules, dressez une autre couronne de quartiers d'orange ; couvrez-la avec de la gelée aux fraises ; laissez-la raffermir ; recommencez l'opération jusqu'à ce que le moule soit plein ; quand la gelée est raffermie, retirez le moule formant cylindre, en remplaçant la glace par de l'eau chaude ; emplissez alors le vide qu'il laisse avec un appareil bavarois à l'orange. Tenez le moule encore une heure sur glace ; démoulez-le ensuite sur plat froid, entourez-le à sa base avec de petits gâteaux.

PAIN DE MANDARINES, GLACÉ

Mettez dans une terrine 4 décilitres de suc de mandarines et d'oranges ; ajoutez 4 décilitres de sirop froid, à 30 degrés, puis le zeste de 2 mandarines et un brin de zeste d'orange. Laissez infuser 40 minutes. Passez le liquide, mêlez-lui d'abord 4 cuillerées de marmelade d'abricots, puis une demi-bouteille de champagne et 1 décilitre de colle de poisson ou gélatine clarifiée, liquide et froide.

Essayez sur glace, dans un moule à dariole, une petite partie de l'appareil : au bout de 25 minutes qu'il est sur glace, il doit simplement avoir la consistance d'un sirop très épais. S'il était trop léger, ajoutez quelques cuillerées de gélatine ; essayez de nouveau sa consistance.

Quand il est à point, versez-le dans un moule à gelée ayant un couvercle, faites-le *frapper* une heure et quart, sur glace salée, mais salée sans excès. — Démoulez le pain sur serviette ; entourez-le avec des quartiers de mandarine ou d'orange, nappés au fondant, ou bien avec une garniture de petits gâteaux. — En servant cet entremets, les maîtres-d'hôtel doivent employer une cuiller chauffée à l'eau chaude.

PAIN DE CERISES, A LA MONTMORENCY

Retirez la queue et le noyau à 1 kilogramme de belles cerises aigres ou des cerises mi-sucre, lavées à l'eau tiède ; égouttez-les sur un tamis. — Incrustez sur glace un moule à timbale uni, de forme haute ; masquez-en le fond avec des cerises, en les trempant à mesure dans de la gelée mi-prise, mais en ayant soin de placer le côté de l'ouverture en dessus; masquez-les avec une mince couche de gelée au kirsch; puis montez le restant des cerises contre les parois, par rangs, en les trempant à mesure dans de la gelée mi-prise; chemisez les cerises avec de la gelée au kirsch; emplissez ensuite le vide du moule avec un appareil bavarois aux fraises ou aux framboises, lié à point sur glace. — Trois quarts d'heure après, démoulez le pain sur un plat froid; entourez-le avec une garniture de petits choux pralinés.

PAIN DE RIZ, AUX FRAISES

Cuisez 150 grammes de bon riz, à grande eau acidulée avec du suc de citron, en conservant les grains bien entiers; égouttez-le, déposez-le dans une terrine, arrosez-le avec du sirop vanillé; quand il est refroidi, égouttez-le sur un tamis. — Versez dans une petite bassine la valeur de trois quarts de verre de sirop à 30 degrés, parfumé aux zestes; mêlez-lui la valeur de 30 grammes de colle de poisson clarifiée; déposez la bassine sur glace; tournez l'appareil à la cuiller; aussitôt qu'il commence à se lier, ajoutez le riz; 2 minutes après, retirez-le de la glace; incorporez-lui quelques cuillerées de crème fouettée.

D'autre part, préparez un petit appareil de pain de fraises, collé; liez-le sur glace en le tournant. — Incrustez sur glace un moule uni, à cylindre; versez au fond une couche d'appareil au riz, ayant 2 centimètres d'épaisseur; aussitôt que cette couche est raffermie, coulez sur elle une mince couche d'appareil aux fraises, lié au moment; laissez-le raffermir. Continuez ainsi d'alterner les couches de riz et de fraises, en observant que les couches rouges soient moins épaisses que les couches blanches; quand le moule est plein, couvrez-le. Une heure après, trempez-le à l'eau chaude, démoulez le pain sur plat froid; entourez-le avec une garniture de quartiers d'orange à la gelée.

PAIN DE RIZ A LA REINE

Préparez un petit appareil de pain de riz, collé, fini avec de la crème fouettée; liez-le sur glace; mêlez-lui une poignée de pistaches coupées en petits dés. — Incrustez sur glace un moule à timbale, de forme haute; coulez au fond une couche d'appareil au riz, ayant l'épaisseur de 2 à 3 centimètres; quand l'appareil est raffermi, posez sur cette couche un autre moule à charlotte, plus étroit que le premier, étamé à l'extérieur; emplissez-le avec de la glace pilée. Coulez alors, dans le vide formé par les deux moules, le restant de l'appareil au riz. Aussitôt que cet appareil est bien pris, retirez la glace du petit moule pour la remplacer par de l'eau tiède, afin de pouvoir le détacher. — D'autre part, préparez un petit appareil de pain de pommes, à la Reine, légèrement collé; liez-le sur glace, en le tournant, mêlez-lui un salpicon d'ananas cru; versez-le aussitôt dans le vide du grand moule.

Une heure après, démoulez le pain sur plat froid; entourez-le à sa base avec une couronne de moitiés d'abricot, très légèrement cuites, nappées au sirop réduit.

PAIN DE RIZ A L'ABRICOT

Huilez légèrement un moule à dôme, de forme haute, avec de l'huile d'amandes douces; incrustez-le sur glace, tenez-le à couvert. — Préparez un appareil de pain d'abricots; liez-le sur glace; mêlez-lui 2 cuillerées de crème fouettée; faites-en prendre une couche au fond du moule. Sur cette couche, posez un autre moule à dôme, étamé en dehors, mais de 2 centimètres plus étroit que le premier, empli de glace; versez le restant de l'appareil entre les deux moules, laissez-le raffermir. Enlevez ensuite le moule formant cylindre, à l'aide de l'eau chaude; remplissez le vide qu'il laisse avec un appareil de riz à la crème, vanillé, légèrement collé. — Trois quarts d'heure après, démoulez le pain sur plat froid, arrosez-le avec du lait d'amandes, vanillé, légèrement collé, de façon qu'il reste liquide.

PAIN DE RIZ A LA PRINCESSE

Cuisez 200 grammes de riz, à grande eau acidulée avec du suc de citron; égouttez-le sur un tamis, laissez-le refroidir. Décorez, au fond et autour, avec des fruits confits variés et de nuances diverses, un moule à timbale; chemisez-le avec de la gelée parfumée à la liqueur de noyau.

Versez dans une bassine un petit appareil de blanc-manger, tournez-le sur glace; aussitôt qu'il commence à se lier, mêlez-lui peu à peu le riz préparé, en même temps qu'un petit salpicon d'ananas; quelques minutes après, incorporez à l'appareil son même volume de crème fouettée, versez-le dans le moule. — Une heure après, démoulez le pain sur plat froid, entourez-le avec une couronne de quartiers d'orange, rubanés à la gelée et au blanc-manger.

PAIN DE RIZ A L'ANANAS

Clarifiez 60 grammes de colle de poisson avec 1 litre d'eau, sucre et suc de citron. — Mettez dans un poêlon 6 cuillerées de marmelade d'abricots, délayez-la peu à peu, avec le suc de 4 oranges, et ensuite avec la gelée, peu à la fois; fouettez légèrement l'appareil sur glace, sans le faire mousser; quand il commence à se lier, mêlez-lui 250 grammes de riz cuit à la crème, parfumé à l'orange et refroidi, ainsi qu'un salpicon d'ananas; travaillez l'appareil encore quelques minutes; versez-le dans un moule à dôme incrusté sur glace, chemisé à la gelée, sablé avec des pistaches coupées en petits dés; laissez raffermir l'appareil une heure. — Trempez le moule à l'eau chaude, démoulez le pain sur plat froid, entourez-le avec une couronne de tranches d'ananas.

BLANC-MANGER A L'ORANGE

Mondez 500 grammes d'amandes douces; faites-les dégorger quelques heures, afin de les obtenir bien blanches; égouttez-les, pilez-les avec quelques cuillerées de sucre fin, vanillé, en les arrosant de temps en temps avec un peu d'eau froide; déposez alors cette pâte dans une terrine, délayez-la avec un peu plus d'un litre d'eau froide; passez à la serviette avec pression. Sucrez ce lait d'amandes avec du sirop infusé au zeste d'orange; mêlez à l'appareil la valeur de 60 à 65 grammes de colle de poisson, clarifiée; essayez-en sur glace une partie, afin de juger de sa consistance; tournez-le quelques minutes sur glace pour le lier à peine; versez-le dans un moule à cylindre uni, huilé, préalablement incrusté sur glace. — Démoulez l'entremets sur une couche de gelée prise sur plat, entourez-le avec des quartiers d'orange, en écorce, à la gelée.

BLANC-MANGER A L'IMPÉRATRICE

Préparez un petit appareil de pain d'abricots; préparez également un appareil de blanc-manger à la vanille. — Chemisez légèrement un moule à timbale uni, avec de la gelée bien claire, mêlée avec des pistaches coupées en filets. Coulez au fond du moule une couche d'appareil de pain d'abricots, ayant 1 centimètre d'épaisseur; quand elle est prise, posez dessus un autre moule à timbale plus petit, étamé en dehors, et empli de glace; emplissez alors le vide entre les deux moules, avec un appareil de pain d'abricots. Quand l'appareil est raffermi, mettez de l'eau chaude dans le petit moule pour l'enlever; emplissez le vide qu'il laisse, avec le blanc-manger; tenez-le sur glace une heure et quart. — Démoulez l'entremets sur plat froid, entourez-le avec de beaux croûtons de gelée au kirsch.

BLANC-MANGER A LA PARISIENNE

Pilez 250 grammes d'avelines fraîches, avec quelques cuillerées de liqueur aux noyaux; délayez-les avec 6 décilitres d'eau; passez à l'étamine. Sucrez l'appareil, mêlez-lui la valeur de 60 grammes de colle de poisson ou gélatine clarifiée, un petit verre de liqueur aux noyaux, autant de marasquin; faites-le refroidir sur glace, en le tournant comme un appareil bavarois; aussitôt qu'il est à point, incorporez-lui la valeur de 1 litre de crème fouettée; versez-le dans un moule cannelé, à cylindre, bas de forme, légèrement chemisé à la gelée; frappez-le une heure. — Dressez le blanc-manger sur un fond en pastillage bordé, préalablement collé sur plat.

BLANC-MANGER AUX NOIX FRAICHES

Pilez 4 douzaines de noix fraîches, pelées, en additionnant 1 décilitre de marasquin, étendez-les ensuite avec les trois quarts d'un litre d'eau froide; passez le liquide à travers un linge avec pression; sucrez-le avec du sirop vanillé, mêlez-lui la valeur de 50 grammes de colle clarifiée; passez-le de nouveau au tamis fin, dans un poêlon étamé; tournez-le quelques minutes sur glace; dès qu'il est à point, versez-le dans un moule d'entremets, chemisé, incrusté sur glace; faites-le frapper une heure. — Dressez l'entremets sur un plat froid; entourez-le avec une couronne de petits gâteaux.

BORDURE DE CRÈME AUX ABRICOTS

Sanglez un moule à bordure avec de la glace pilée et salée ; emplissez-le avec un appareil de crème bavaroise, à la vanille, légèrement collé ; à défaut de couvercle, couvrez le moule avec un papier, en le repliant sur les bords ; couvrez-le ensuite avec un couvercle à rebords ou un sautoir empli avec de la glace salée ; tenez-le ainsi trois quarts d'heure. — Dressez la bordure sur plat froid ; emplissez le puits avec une plombière aux abricots, en la dressant en rocher.

BORDURE MACÉDOINE AUX PÊCHES

Incrustez sur glace un moule à bordure, à cannelons inclinés ; coulez dans le fond une mince couche de gelée ; aussitôt qu'elle est raffermie, dressez dans la bordure de petits bouquets de fraises, alternés avec de petites boules de pommes blanches. Ces bouquets doivent être d'une égale grosseur et arriver seulement à moitié de hauteur du moule ; mais avant de les dresser, il faut surtout avoir soin de les lier sur glace, dans une petite casserole, avec de la gelée mi-prise, afin de pouvoir mieux les grouper. Couvrez ces fruits avec de la gelée au citron, en coulant celle-ci peu à peu ; aussitôt qu'elle est prise, recommencez la même opération, mais cette fois, en posant les bouquets de fruits blancs, immédiatement au-dessus des fruits rouges, dressés au fond du moule ; disposez ensuite les fruits rouges au-dessus des blancs, de façon que les nuances des fruits forment échiquier dans la bordure ; emplissez le moule ; laissez raffermir cette gelée. — Renversez la bordure sur un plat froid ; emplissez le puits avec un appareil de crème bavaroise aux pêches, lié au moment sur glace.

BORDURE DE BLANC-MANGER AUX FRUITS

Incrustez sur glace un moule à bordure, cannelé, de forme basse ; coulez au fond de chaque cannelon, un peu de gelée à l'orange ; sur cette gelée, posez une fraise de grosseur proportionnée au cannelon ; couvrez-la, juste à hauteur, avec de la gelée ; aussitôt que celle-ci est prise, emplissez peu à peu le moule avec un appareil de blanc-manger à l'orange ; laissez raffermir celui-ci.

D'autre part, incrustez sur glace un petit moule à dôme, s'adaptant au puits du moule à bordure. — Préparez une macédoine de fruits, cuits et crus, d'espèces et de nuances variées ; montez-les symétriquement contre les parois du moule à dôme, en les trempant à mesure dans de la gelée mi-prise ; emplissez le vide du moule avec le restant des fruits, mêlés avec un peu de gelée, étendue avec une égale quantité de marasquin, de façon à la rendre très légère ; fermez le moule, tenez-le sur glace trois quarts d'heure. — Démoulez la bordure sur plat ; puis, démoulez le pain de fruits dans le puits de la bordure, sur un fond en biscuit de l'épaisseur de 5 à 6 centimètres, afin de l'élever davantage ; entre le haut de la bordure et le bas du moule à dôme, rangez une couronne de tranches d'ananas.

BORDURE DE BLANC-MANGER A LA MALTAISE

Incrustez sur glace un moule à bordure ouvragé ; emplissez-le avec un appareil de blanc-manger à la vanille.

D'autre part, parez à vif quelques bonnes oranges, coupées en quartiers ; supprimez-en les semences, rangez-les dans un moule à dôme, par couches, en alternant chaque couche avec du sucre fin, et en les arrosant avec un peu de marasquin. Couvrez le moule, incrustez-le sur glace, faites refroidir les fruits trois quarts d'heure.

Au moment de servir, démoulez le blanc-manger sur un plat froid, dressez les quartiers en pyramide, dans le puits ; arrosez-les avec leur propre sirop.

BORDURE DE GELÉE A LA MACÉDOINE

Préparez un petit appareil de gelée à l'orange. — Incrustez sur glace un moule à bordure ; faites prendre au fond une mince couche de gelée ; sur celle-ci dressez de petits bouquets de fraises ou framboises crues, entremêlées avec des bouquets de groseilles blanches, égrappées. Couvrez peu à peu ces fruits avec une couche de gelée mi-prise ; sur cette couche dressez encore de petits bouquets de fruits de nuances diverses : ananas, abricots, reines-claudes ; couvrez-les également avec de la gelée.

D'autre part, préparez une petite compote de pommes et poires, coupées en boule, à l'aide d'une petite cuiller à racine : les pommes restent blanches, les poires doivent être rougies. Placez-les sur un large plat ; ajoutez une égale quantité de cerises confites, bien égouttées ou simplement des cerises mi-sucre, lavées à l'eau tiède ; ajoutez ensuite des groseilles à maquereau également confites ; tenez le plat sur glace. — Démoulez la bordure sur plat froid. Liez les fruits avec de la gelée mi-prise, dressez-les symétriquement en pyramide, dans le puits de la bordure, en mélangeant les espèces et les nuances.

RIZ A L'IMPÉRATRICE [1]

Incrustez sur glace un moule à dôme ; quand il est bien saisi par le froid, chemisez-le avec de la gelée au marasquin, rougie au carmin limpide. Masquez-en alors le fond et les parois avec une couche d'appareil de crème bavaroise au riz vanillé, en laissant un vide sur le centre ; dans ce vide, posez le moule plus petit, de même forme que le premier, mais étamé en dedans et en dehors ; maintenez-le d'aplomb à l'aide des agrafes ; remplissez-le avec de la glace pilée. Aussitôt que l'appareil au

1. Pour faire ces entremets avec facilité, il faut avoir un moule à dôme muni d'un double fond, un peu moins large que le grand moule, et pouvant s'accrocher à celui-ci, à l'aide de 3 agrafes.

riz est raffermi, enlevez le petit moule ; emplissez-en le vide qu'il laisse avec un appareil de pain d'abricots, à la vanille ou au marasquin, légèrement collé. Fermez le moule, tenez-le sur glace encore trois quarts d'heure. — Renversez l'entremets sur une couche de gelée prise sur plat ; entourez-le avec une garniture de gâteaux, de forme mignonne.

RIZ A LA MIRABEAU

Cuisez 400 grammes de beau riz caroline, à grande eau, mêlée avec le suc de quelques citrons. Quand il est bien atteint, mais avec les grains entiers, égouttez-le sur un large tamis ; déposez-le dans une terrine, arrosez-le avec quelques cuillerées de sirop à l'orange. Une demi-heure après, égouttez-le.

Versez dans un poêlon la valeur de 5 à 6 feuilles de gélatine clarifiée, mêlée avec 2 verres de sirop à la vanille, 4 cuillerées de marasquin, autant de curaçao, autant de bon cognac, autant de lait d'amandes ; tournez le liquide sur glace pour le lier ; ajoutez alors le riz, en même temps qu'un salpicon de fruits, composé de pistaches et ananas frais, cerises mi-sucre, abricots, cédrats confits. Dix minutes après, versez l'appareil dans un moule à dôme frappé sur glace salée ; fermez le moule ; lutez-en les jointures ; couvrez-le aussi avec de la glace.

Une heure après, lavez le moule à l'eau froide, trempez-le à l'eau tiède ; essuyez-le vivement, renversez l'entremets sur un plat froid ; masquez le fond de ce plat avec une purée de framboises, mêlée avec du sucre en poudre, refroidie sur glace.

RIZ A L'IMPÉRIALE

Préparez une glace à la crème vanillée, frappée à la sorbetière ; aussitôt qu'elle est lisse et consistante, mêlez-lui moitié de son volume de crème fouettée, sucrée, en l'incorporant peu à peu ; ajoutez 7 ou 8 cuillerées de riz cuit à l'eau, égoutté, macéré une heure dans du sirop.

Foncez un moule à dôme avec du papier, incrustez-le sur glace ; 10 minutes après, emplissez-le par couches avec la glace à la crème, en alternant chaque couche avec de la marmelade d'abricots ; couvrez le moule, d'abord avec du papier, puis avec son couvercle ; saupoudrez-le avec du sel, couvrez-le avec une épaisse couche de glace salée. — Démoulez l'entremets sur serviette pliée, entourez-le avec une couronne de petits gâteaux.

CRÈME FRANÇAISE AUX AMANDES

Faites bouillir trois quarts d'un litre de lait avec un bâton de vanille coupé ; sucrez-le, laissez-le refroidir à moitié, mais à couvert. — Une heure après, broyez 12 jaunes d'œuf dans une terrine ; étendez-les, peu à peu, avec le lait infusé ; passez l'appareil au tamis, dans une casserole ; tournez-le sur feu modéré pour le lier à l'égal d'une crème anglaise ; en le retirant du feu, mêlez-lui

200 grammes d'amandes pilées avec un peu de crème froide; vannez-le jusqu'à ce qu'il soit refroidi, passez-le au tamis fin, dans une bassine étamée; mêlez-lui alors la valeur de 60 grammes de colle de poisson, clarifiée; essayez-en une petite partie; s'il est à point, tournez-le sur glace quelques minutes pour le lier légèrement; versez-le alors dans un moule cannelé, à cylindre, d'avance incrusté sur glace. — Une heure après, renversez la crème sur plat froid; entourez-la avec une garniture de petits gâteaux.

CRÈME FRANÇAISE AU CHOCOLAT

Préparez trois quarts de litre de crème anglaise à la vanille; quand elle est liée, laissez-la refroidir à moitié, en la vannant.

Faites dissoudre, dans une casserole, à la bouche du four, 200 grammes de chocolat; broyez-le avec une cuiller, étendez-le, peu à peu, avec la crème anglaise; ajoutez la valeur de 70 grammes de gélatine clarifiée, passez-le à l'étamine dans un poêlon; essayez-en une petite partie sur glace. S'il est à point, tournez-le quelques minutes sur glace; versez-le dans un moule chemisé à la gelée, incrusté sur glace. — Une heure après, démoulez la crème sur plat froid; entourez-la avec une couronne de petits pains de la Mecque.

CRÈME ESPAGNOLE AU RHUM

Avec 2 décilitres de rhum, délayez dans une terrine, 6 cuillerées de marmelade d'abricots. — Mettez 15 à 18 jaunes d'œuf dans une terrine; broyez-les avec le fouet, mêlez-leur 250 grammes de sucre fin, une cuillerée de fécule; étendez peu à peu l'appareil avec trois quarts de litre d'eau froide; passez-le au tamis dans une casserole pour le lier, sans ébullition, comme une crème anglaise; versez-le aussitôt dans un poêlon, en le passant; vannez-le jusqu'à ce qu'il soit à peu près refroidi; mêlez-lui alors la valeur de 70 grammes de gélatine clarifiée, ainsi que la marmelade délayée; passez-le de nouveau au tamis; essayez sa consistance sur glace; faites-le bien refroidir, en le tournant; versez-le dans un moule chemisé, incrusté sur glace. — Une heure après, renversez la crème sur plat froid; entourez-la avec de petits ronds rubanés au chocolat et au blanc-manger.

CRÈME BAVAROISE AUX PISTACHES

Pilez 250 grammes de pistaches avec 125 grammes d'amandes douces, 100 grammes de sucre, un demi-bâton de vanille coupé; humectez l'appareil avec quelques cuillerées d'eau froide; enlevez-le, déposez-le dans une terrine vernie, délayez-le avec 5 décilitres de sirop froid, à 25 degrés; laissez infuser le sirop 2 heures. Passez-le alors à l'étamine, dans une bassine étamée; mêlez-lui la valeur de 40 grammes de gélatine clarifiée et une cuillerée à café de vert-d'épinards; tournez l'appareil sur glace pour le lier; incorporez-lui aussitôt, mais peu à peu, le double de son volume de crème fouettée; tournez-le encore quelques minutes sur glace, versez-le dans un moule d'entremets incrusté sur glace, chemisé à la gelée.

Une heure après, trempez le moule à l'eau chaude, démoulez la crème sur plat froid; entourez-la avec une couronne de petites madeleines glacées aux amandes. — On opère de même pour les crèmes aux noix fraîches, aux amandes, aux avelines. — Pour ces sortes d'appareils, on peut remplacer le sirop par une crème anglaise à la vanille.

CRÈME BAVAROISE AU RIZ

Filtrez le suc de 6 oranges; mêlez-lui 4 ou 5 décilitres de sirop froid, à 30 degrés, le quart d'un zeste d'orange, et la valeur de 40 grammes de gélatine clarifiée; passez l'appareil au tamis fin, dans une petite bassine, liez-le sur glace, en le tournant; incorporez-lui, peu à peu, quelques cuillerées de riz, cuit au lait, bien tendre; ajoutez la valeur de 1 litre de crème fouettée, légèrement sucrée, versez-le alors dans un moule d'entremets incrusté sur glace et huilé. — Une heure après, démoulez la crème sur plat, entourez-la avec des quartiers d'orange à la gelée.

CRÈME BAVAROISE AUX FLEURS D'ORANGER

Infusez une poignée de fleurs fraîches d'oranger, avec 5 décilitres de sirop froid; une heure après, mêlez à l'infusion la valeur de 40 à 50 grammes de gélatine clarifiée (8 feuilles); passez l'appareil au tamis fin dans un poêlon; liez-le sur glace, en le tournant; incorporez-lui, peu à peu, le double de son volume de crème fouettée; au bout de quelques instants, versez-le dans un moule d'entremets incrusté sur glace, huilé. Quand il est raffermi, renversez la crème sur une couche de gelée prise sur plat; entourez-la avec une couronne de petits gâteaux-punch, glacés à l'orange.

CRÈME BAVAROISE AUX FRAISES

Passez au tamis un petit panier de fraises, en recueillant la purée dans un plat en faïence (le métal ternit la couleur du fruit); incorporez-lui 3 décilitres de sirop vanillé, mêlé avec la valeur de 60 grammes de colle de poisson clarifiée, le suc de 2 oranges et de 3 citrons, un peu de zeste et 2 poignées de sucre en poudre; passez l'appareil à l'étamine dans un poêlon, tournez-le sur glace pour le lier. Incorporez-lui alors la valeur de 2 grands verres de crème fouettée; versez-le dans un moule d'entremets chemisé à la gelée, incrusté sur glace. — Une heure après, renversez la crème sur plat; entourez-la avec une couronne de quartiers d'orange, parés à vif ou glacés au *cassé*.

CRÈME BAVAROISE A LA ROSE

Pesez 100 grammes de pétales ou feuilles de roses, prises sur des roses pas trop épanouies, cueillies au moment. Faites bouillir 3 décilitres de sirop à 30 degrés; retirez-le, mêlez-lui peu à peu les pétales. Couvrez le vase, laissez refroidir le sirop; passez-le au tamis fin. Mêlez à ce sirop quelques cuillerées de crème double, crue, puis la colle clarifiée ; liez l'appareil sur glace, mêlez-lui la crème fouettée, versez-le dans le moule ; laissez-la frapper une heure. Dressez la crème sur plat froid.

CRÈME BAVAROISE AUX NOIX FRAICHES

Prenez 3 à 400 grammes de noix fraîches, épluchées ; pilez-les, en ajoutant quelques cuillerées d'eau de fleurs d'oranger ; passez-les au tamis. Délayez cette purée avec du sirop vanillé ; ajoutez la colle nécessaire, liez l'appareil sur glace, en tournant. Mêlez-lui trois quarts de litre de crème fouettée, en opérant comme il est dit plus haut ; versez-le dans le moule, laissez-le frapper une heure. — Dressez l'entremets sur plat froid ou sur une couche de gelée prise sur plat.

CRÈME BAVAROISE AU GIMGEMBRE

Pilez 300 grammes de gingembre confit ; passez-le au tamis ; étendez cette purée avec quelques cuillerées de sirop de gingembre et 3 décilitres de sirop vanillé ; passez-la à l'étamine ; mêlez-lui la valeur de 40 à 50 grammes de colle de poisson, clarifiée ; tournez l'appareil sur glace pour le lier ; incorporez-lui aussitôt le double de son volume de crème fouettée, et un petit salpicon de gingembre confit ; versez-le dans un moule d'entremets chemisé, incrusté sur glace.

Une heure après, trempez le moule à l'eau chaude, démoulez la crème sur plat ; entourez-la avec une couronne de petits jambonneaux en biscuit, glacés au rhum.

CRÈME BAVAROISE, PANACHÉE, A LA BOHÉMIENNE

Préparez séparément 4 petits appareils bavarois : aux fraises, au chocolat, aux amandes, aux pistaches ; liez-les sur glace séparément ; faites-les refroidir chacun dans un petit moule ; démoulez-les ensuite sur une plaque couverte de papier ; coupez-les alors en petits carrés de 2 centimètres.

Incrustez sur glace un moule à timbale ; chemisez-le avec de la gelée ; emplissez-le par couches avec les divers appareils coupés, en mêlant les nuances sans symétrie ; arrosez chaque couche avec de la gelée à l'orange liquide et froide, afin de remplir les interstices ; tenez une heure le moule sur glace.

Au moment de servir, trempez vivement le moule à l'eau chaude, renversez la crème sur plat froid, entourez-la avec une couronne de reines-claudes demi-confites.

CRÈME BAVAROISE EN SURPRISE

Tenez sur glace un moule à timbale. Prenez des demi-amandes bien blanches, d'égale grosseur, coupées en pointe d'un côté ; piquez-les une à une avec une lardoire, trempez-les tour à tour dans de la gelée mi-prise, et, avec elles, formez de petites rosaces contre les parois du moule, à distance égale. Chemisez ensuite le moule avec une couche d'appareil au chocolat, collé, bien foncé.

Aussitôt que l'appareil est raffermi, emplissez le vide du moule avec un autre appareil bavarois à la vanille, lié sur glace au moment, mêlé avec des pistaches émincées. — Une heure après, trempez vivement le moule à l'eau chaude, démoulez l'entremets sur plat, entourez-le avec une couronne de petites bouchées à la crème, sablées aux pistaches.

CRÈME BAVAROISE AU CHOCOLAT

Faites fondre à la bouche du four, dans une casserole, 200 grammes de chocolat sans sucre ; broyez-le à la cuiller, étendez-le, en le délayant, peu à peu, avec 3 décilitres de sirop vanillé, tiède, mêlé avec la valeur de 40 à 50 grammes de gélatine clarifiée. Passez l'appareil au tamis fin, dans une petite bassine ; tournez-le sur glace pour le lier ; aussitôt qu'il commence à prendre consistance, incorporez-lui peu à peu le double de son volume de bonne crème fouettée, bien ferme, bien égouttée ; tournez-le encore quelques minutes, versez-le dans un moule d'entremets chemisé, incrusté sur glace. Une heure après, renversez la crème sur serviette pliée, entourez-la avec une couronne de petites meringues à la vanille.

CRÈME BAVAROISE A L'ANANAS

Parez à vif un ananas bien mûr, coupez-le en deux sur la longueur, supprimez-en les bouts, divisez-le en tranches minces ; placez celles-ci dans une terrine, saupoudrez-les avec 250 grammes de sucre fin, faites-les macérer une heure ; égouttez-en alors le sirop dans une terrine, mêlez-lui les parures d'ananas pilées, passées à l'étamine, ainsi que la valeur de 60 grammes de gélatine clarifiée, le suc d'une orange, un peu de zeste ; passez de nouveau l'appareil au tamis, dans une bassine ; tournez-le sur glace pour le lier ; à ce point, retirez-le ; incorporez-lui le double de son volume de crème fouettée ; versez-le aussitôt dans un moule d'entremets, incrusté sur glace, chemisé à la gelée ; laissez prendre l'appareil une heure. — Renversez la crème sur plat, entourez-la avec les tranches d'ananas.

CRÈME PLOMBIÈRE DES DAMES

Avec une purée d'abricots, vanillée, préparez un appareil de glace donnant 24 degrés au pèse-sirop ; mêlez-lui 1 décilitre de lait d'amandes très concentré, faites-le glacer à la sorbetière. Quand la glace est lisse et ferme, retirez-en une petite partie dans une terrine[1] ; mêlez-lui la valeur de 3 verres de crème fouettée et sucrée ; mélangez-la ensuite peu à peu à la glace ; travaillez vivement celle-ci

1. Cette méthode est la seule praticable pour éviter des grumeaux, quand il s'agit de mêler de la crème fouettée à un appareil glacé.

encore quelques minutes, puis emplissez, avec elle, un moule à dôme d'avance foncé avec du papier, et frappé sur glace; fermez le moule, lutez-en les jointures, couvrez-le avec de la glace salée; tenez-le ainsi 35 minutes. — Renversez la plombière sur plat froid; entourez-la avec une couronne d'éclairs fourrés à la crème, glacés à la vanille.

CRÈME PLOMBIÈRE A LA DAME-BLANCHE

Cuisez à grande eau, avec le suc de quelques citrons, 200 grammes de beau riz caroline : il doit être très tendre. Égouttez-le, déposez-le dans une terrine vernie, couvrez-le avec du sirop vanillé, à 25 degrés ; laissez-le macérer 2 ou 3 heures. — Préparez un appareil de glace, à la crème crue et à la vanille; faites-le glacer à la sorbetière. Quand la glace est bien lisse, incorporez-lui le riz, préalablement bien égoutté du sirop. Dix minutes après, retirez une petite partie de la glace dans une terrine, mêlez-lui la valeur de 3 verres de crème fouettée, sucrée; versez-la peu à peu dans la sorbetière. Travaillez encore 10 minutes la glace, dressez-la par couches dans un moule à bombe, foncé de papier, frappé au sel, en alternant chaque couche avec de la marmelade d'abricots. Fermez le moule, lutez-le, couvrez-le avec de la glace salée, tenez-le ainsi une heure. — Dressez la plombière en rocher, sur serviette pliée, entourez-la avec une garniture de bouchées de dames, glacées à la vanille ou aux fraises.

CRÈME PLOMBIÈRE A L'ORIENTALE

Préparez un appareil de glace aux fraises, donnant 24 degrés au pèse-sirop ; faites-le glacer à la sorbetière. Quand la glace est lisse et ferme, prenez-en une petite partie dans une terrine ; mêlez-lui la valeur de 2 verres de crème fouettée, sucrée ; versez peu à peu cet appareil dans la sorbetière, travaillez vivement la plombière, 10 minutes. Fermez la sorbetière, tenez-la ainsi 20 minutes. Dressez-la ensuite en rocher, dans une bordure de blanc-manger peu collé, frappé au sel, puis démoulé sur plat froid ou sur un petit socle en glace naturelle [1].

CRÈME PLOMBIÈRE A LA SOUVERAINE

Pilez 3 à 400 grammes de noix fraîches, épluchées; délayez-les avec 7 ou 8 décilitres de crème double, liquide et froide; ajoutez le quart d'un zeste d'orange, bien sucré; laissez infuser le liquide une heure, dans un lieu frais. Passez-le ensuite à travers un linge avec pression, c'est-à-dire en tordant

---

1. Les socles en glace d'eau sont d'une exécution très simple ; ils servent surtout à dresser des entremets glacés, ou même des fromages et glaces de fruits moulées, faisant partie du dessert d'un dîner.

On vend des moules en étain ou en cuivre, spécialement destinés à l'usage de ces socles ; ils sont en une ou plusieurs parties, suivant leurs complications, mais chaque partie du moule est fermée. L'opération consiste tout simplement à incruster les moules dans de la glace pilée, salée, salpêtrée, pour les remplir avec de l'eau pure ou nuancée, mêlée avec quelques parties de sel de nitre, les fermer avec leurs couvercles, les saupoudrer en dessus avec du sel, puis les envelopper avec de la glace, également, salée, salpêtrée : il faut 3 ou 4 heures pour congeler l'eau. En hiver, quand il gèle, il suffit d'exposer les moules à l'air pendant la nuit, pour faire congeler le liquide. — On démoule ces socles en les plongeant vivement à l'eau tiède; s'ils sont composés de plusieurs pièces superposées, on soude ces pièces ensemble, en les saupoudrant avec du sel fin. — Les socles imitant des corbeilles sont d'un joli effet.

le linge; sucrez l'appareil à point avec du sirop vanillé, versez-le dans la sorbetière pour le faire glacer. — Quand cette glace est ferme et lisse, retirez-en une petite partie dans une terrine; mêlez-lui peu à peu 4 à 5 décilitres de crème fouettée, sucrée, versez-la dans la sorbetière; travaillez encore la glace quelques minutes, prenez-la avec une cuiller, emplissez-en un moule à timbale foncé avec du papier, d'avance frappé au sel. Fermez le moule avec son couvercle, lutez-en les jointures avec de la pâte crue ou du beurre; couvrez-le ensuite avec une épaisse couche de glace salée, faites-le frapper une heure. — Renversez la plombière sur serviette pliée; entourez-la avec une garniture de petits gâteaux.

CRÈME PLOMBIÈRE AU PARFAIT

Avec 150 grammes de café en poudre et 3 ou 4 verres d'eau bouillante, préparez une infusion; passez-la à travers un filtre ou une serviette, mêlez-lui de la glace de sucre et du sirop à 30 degrés, de façon que l'appareil donne 22 degrés au pèse-sirop; faites-le glacer à la sorbetière. Quand la glace est bien lisse, retirez-en une petite partie pour lui mêler 5 ou 6 décilitres de crème fouettée, sucrée; versez alors cette crème dans la sorbetière, peu à peu, sans cesser de travailler. Moulez ensuite la plombière dans un moule foncé de papier, d'avance frappé au sel; fermez bien le moule, lutez-en les jointures, couvrez-le également avec de la glace salée; tenez-le ainsi une heure. Démoulez alors la plombière sur serviette, entourez-la avec une garniture de petits gâteaux.

CRÈME PLOMBIÈRE A LA RACHEL

Mêlez dans une terrine trois quarts de litre de lait d'amandes douces et amères, avec un quart de litre de bonne crème crue; sucrez le liquide avec de la glace de sucre, vanillée; passez au tamis deux fois.

Faites glacer l'appareil dans une sorbetière; mêlez-lui ensuite la valeur de 1 litre de crème fouettée, légèrement sucrée, en opérant avec les précautions voulues. Vingt-cinq minutes après, dressez la plombière en rocher, sur serviette pliée; entourez-la avec de petits choux fourrés à la Chantilly, glacés au chocolat.

CRÈME PLOMBIÈRE AUX PASTÈQUES

Passez au tamis 5 à 600 grammes de chairs rouges de pastèque; mêlez du sirop froid à cette purée pour lui donner 22 degrés au pèse-sirop; ajoutez le suc de 3 oranges et de 2 citrons, un peu de zeste; passez-la encore, faites-la glacer à la sorbetière; finissez-la avec quelques cuillerées de bon rhum, et ensuite avec de la crème fouettée, sucrée, en opérant avec les soins prescrits plus haut. .

Dressez sur serviette une bordure en madeleine, glacée au rhum; dans le creux de cette bordure, dressez une partie de la plombière, par couches, en alternant chaque couche avec des chairs rouges de pastèque, confites et coupées ; sur cette assise, dressez le restant de la plombière en pyramide ; servez sans retard.

CRÈME PLOMBIÈRE MARGUERITE

Avec 8 jaunes d'œuf, 350 grammes de sucre, trois quarts de bon lait, un petit bâton de vanille, préparez une crème anglaise ; laissez-la refroidir, faites-la glacer à la sorbetière ; incorporez-lui alors, peu à peu, 3 ou 4 cuillerées d'alkermès, autant de marasquin, autant de sirop d'ananas ; faites-la encore raffermir ; mêlez-lui peu à peu la valeur de 1 demi-litre de crème fouettée, sucrée, et enfin 200 grammes d'ananas confit, coupé en dés. — Avec cet appareil, emplissez un moule à dôme foncé de papier, frappé sur glace ; fermez-le, lutez-en les jointures avec de la pâte crue, couvrez-le avec une épaisse couche de glace salée, faites-le frapper une heure. Dressez la plombière sur serviette, entourez-la avec de toutes petites tartelettes à l'ananas.

CRÈME PLOMBIÈRE MADELEINE

Avec de l'huile d'amandes douces, huilez un moule à dôme, frappez-le au sel, masquez-le au fond et autour avec des tranches d'ananas, confites, symétriquement disposées ; masquez ces tranches avec une couche de marmelade d'abricots, peu sucrée, bien réduite ; emplissez aussitôt le vide du moule avec une crème plombière à l'ananas, finie avec un petit salpicon de fruits confits ; fermez bien le moule, lutez-en les jointures, couvrez-le avec de la glace salée ; laissez-le frapper 35 minutes. — Démoulez la plombière sur serviette pliée ; entourez-la avec une garniture de petits jambonneaux.

CRÈME PLOMBIÈRE A LA MOSCOVITE

Préparez un appareil de blanc-manger aux amandes ou aux noix fraîches, à la vanille, très peu collé ; sanglez une sorbetière à demi-dose de sel, versez l'appareil dedans ; travaillez-le à la spatule pour le faire prendre en le faisant mousser ; quand il est lisse et léger, mêlez-lui d'abord la valeur de 2 verres de crème fouettée, sucrée, puis un salpicon de fruits confits, macérés dans du sirop, bien égouttés.

Avec cet appareil, emplissez un moule à dôme, frappé avec de la glace salée ; fermez-le, lutez-en les jointures, masquez-le aussi avec une épaisse couche de glace salée, laissez-le frapper 50 minutes. — Démoulez la plombière sur serviette pliée ; entourez-la avec une garniture de petits gâteaux.

CRÈME PLOMBIÈRE A LA NAPOLITAINE

Choisissez un melon bien parfumé, mûr à point ; prenez-en la pulpe, émincez-la, passez-la au tamis et ensuite à l'étamine : il en faut trois quarts de litre ; étendez-la avec le suc de 4 oranges et le sirop vanillé nécessaire pour l'amener à 24 degrés, au pèse-sirop ; ajoutez un peu de zeste d'orange ;

10 minutes après, enlevez-le; faites glacer l'appareil à la sorbetière. Quand la glace est lisse et ferme, retirez-en une petite partie dans une terrine; mêlez-lui peu à peu la valeur d'un demi-litre de crème fouettée, sucrée; incorporez ensuite le tout à la glace dela sorbetière, mais peu à la fois.

Quelques minutes après, ajoutez à la glace un salpicon d'écorce de melon ou d'ananas confit, coupé. — Quand la plombière est ferme et lisse, incorporez-lui peu à peu, sans cesser de la travailler, 1 décilitre de bon rhum. Dix minutes après, prenez-la avec une cuiller, dressez-la dans un moule à dôme frappé à la glace salée, foncé avec du papier, fermez le moule, lutez-en les jointures, couvrez-le avec de la glace salée. — Une heure après, dressez la plombière sur serviette pliée; entourez-la avec une garniture de quartiers d'orange, glacés au *cassé*.

CRÈME PLOMBIÈRE AUX AMANDES

Pilez 3 à 400 grammes d'amandes, avec quelques cuillerées de sucre en poudre et un peu d'eau froide, afin qu'elles ne tournent pas en huile. — Quand elles sont converties en pâte, déposez-les dans une terrine, couvrez-les avec la valeur d'un litre et quart de crème anglaise à la vanille, à moitié refroidie; 20 minutes après, passez la crème à l'étamine; versez-la dans une sorbetière frappée au sel; faites-la glacer, en procédant d'après les règles ordinaires. Quand la glace est lisse et consistante, retirez-en une petite partie dans une terrine, mêlez-lui, peu à peu, la valeur de 3 verres de crème fouettée, sucrée; incorporez-lui aussitôt ce mélange. Dix minutes après, dressez la plombière en rocher dans une bordure en biscuit aux amandes, glacé à la vanille. — On peut, d'après cette méthode, préparer des plombières aux amandes torréfiées, aux noix, aux avelines et aux pistaches.

CRÈME GLACÉE, A LA VANILLE

Frappez un moule à dôme, dans un petit seau, avec de la glace pilée et salée. — Mettez dans une bassine étamée un litre et demi de crème fouettée, sucrez-la avec du sucre vanillé. Avec cette crème, emplissez le moule à dôme, par couches alternées avec de la marmelade d'abricots et des macarons brisés. Couvrez l'orifice du moule avec un rond de papier, fermez-le avec son couvercle, lutez-en les jointures, couvrez-le avec de la glace salée; laissez-le frapper une heure et quart. Dressez la crème sur serviette pliée; entourez-la avec une garniture de petits gâteaux.

POUDING FROID, A LA DUCHESSE

Cuisez une plaque de biscuit-punch, en lui donnant l'épaisseur de 1 centimètre; quand il est froid, parez-le à vif, sur le dessus. Sur ce biscuit, coupez un rond, en anneau, à l'aide d'un grand moule uni, à cylindre; divisez le restant en deux bandes; renversez-en une, puis coupez-les transversalement toutes deux, en montants de 1 centimètre et demi de large. Divisez aussi l'anneau en parties régulières, de même largeur que les montants.

Préparez 1 litre et demi de crème anglaise à la vanille; quand elle est à moitié refroidie, mêlez-lui la valeur de 8 à 10 feuilles de gélatine clarifiée. Placez le moule à cylindre dans une terrine, sur une couche de glace pilée; entourez-le jusqu'aux bords avec la glace.

Humectez au pinceau, avec du kirsch ou du marasquin mêlé avec du sirop, les parties coupées de l'anneau; rangez-les à mesure dans le fond du moule, en alternant les nuances du biscuit, c'est-à-dire en posant les morceaux coupés, un du côté blanc, l'autre du côté brun. Masquez ensuite les parois du moule avec les montants, après les avoir humectés, et aussi en alternant les nuances, de façon à les faire raccorder avec celles du fond.

Liez la crème sur glace; mêlez-lui 2 verres de crème fouettée; faites-en prendre une couche au fond du moule; sur cette couche, rangez une couche de fruits confits: reines-claudes, abricots, cerises, amandes vertes et ananas, d'avance ramollis à l'eau tiède; les plus gros doivent être divisés en parties; couvrez également ces fruits avec une couche de crème; finissez d'emplir le moule, en alternant la crème et les fruits.

Trois quarts d'heure après, démoulez le pouding sur plat froid, après l'avoir trempé à l'eau chaude; masquez-le entièrement avec une couche de sauce abricots, froide, légèrement collée; emplissez alors le puits avec une chantilly parfumée au sucre d'orange.

POUDING FROID, A LA CRÉOLE

Cuisez à grande eau 500 grammes de riz caroline : il doit être tendre et les grains entiers. Égouttez-le, mettez-le dans une terrine, faites-le macérer une heure avec du sirop.

Avec 6 jaunes d'œuf, 250 grammes de sucre vanillé, trois quarts de litre de lait d'amandes, préparez une crème anglaise; passez-la, laissez-la refroidir, faites-la glacer à la sorbetière; quand elle est à peu près prise, mêlez-lui la moitié d'un ananas râpé, passé, mêlé avec un peu de sirop; travaillez-la encore 10 minutes.

Faites frapper sur glace un moule à dôme; emplissez-le par couches avec la glace, en alternant chaque couche avec 2 cuillerées de riz cuit, macéré dans du sirop, bien égoutté, mêlé avec de l'ananas confit coupé en petits dés; ajoutez quelques pistaches; fermez le moule, lutez-en les jointures, couvrez-le avec de la glace salée. Une heure après, démoulez l'entremets, dressez-le sur serviette avec une garniture autour.

POUDING FROID, A L'ITALIENNE

Préparez trois quarts de litre de crème anglaise à la vanille, collée avec 7 ou 8 feuilles de gélatine clarifiée. Avec cette crème étendez la valeur d'un tiers de litre de purée de marrons, à la vanille, peu sucrée. — Préparez un gros salpicon de fruits confits, variés en espèces, ramollis à l'eau tiède; faites-les macérer une heure avec 1 décilitre de rhum.

Incrustez sur glace un moule à fromage ou à timbale, haut de forme; coulez au fond une couche d'appareil aux marrons, ayant 1 centimètre d'épaisseur; saupoudrez cette couche avec une cuillerée de salpicon de fruits bien égouttés; aussitôt que l'appareil est à peu près pris, masquez-le avec une couche de tranches de biscuit, minces, imbibées au marasquin; couvrez alors ces tranches avec du même appareil, assez liquide pour pénétrer dans les cavités; laissez-le prendre, puis finissez d'emplir le moule, en alternant l'appareil, les fruits et les tranches de biscuit, imbibées; fermez bien le moule. Une heure après, sanglez-le avec de la glace salée; tenez-le ainsi 20 minutes. — Démoulez le pouding sur serviette pliée; entourez-le, à sa base, avec une couronne de beaux marrons demi-confits, à la vanille; arrosez-le avec le sirop des marrons, mêlé avec du marasquin.

POUDING GLACÉ, A LA DIPLOMATE

Lavez à l'eau tiède quelques amandes vertes, écorces d'orange et de citron, reines-claudes, abricots, cerises et ananas confits; coupez ces fruits en dés moyens, moins les cerises; déposez-les dans une terrine, mêlez-leur une poignée de raisins sultan, arrosez-les avec du sirop, mêlé avec quelques cuillerées de rhum; faites-les macérer une heure.

Préparez trois quarts de litre de crème anglaise à la vanille; tournez-la sur glace pour la bien refroidir; mêlez-lui à peu près un demi-litre de crème fouettée. Coupez en tranches un biscuit à la vanille.

Deux heures avant de servir, frappez dans un seau, à la glace salée et salpêtrée, un moule en fer-blanc, forme de pyramide ronde; dressez au fond une couche de tranches de biscuit, imbibées au rhum; saupoudrez-les avec quelques cuillerées du salpicon bien égoutté; arrosez cette couche avec quelques cuillerées de crème; continuez ainsi, en alternant le biscuit, les fruits et la crème, jusqu'à ce que le moule soit plein. Couvrez alors l'orifice du moule, d'abord avec un grand rond de papier, puis avec le couvercle du moule; lutez-en les jointures avec de la pâte crue; saupoudrez-le avec du sel et du salpêtre, mêlés; couvrez-le avec une couche épaisse de glace pilée, salée; couvrez le seau avec un linge, afin d'obstruer l'air; tenez-le dans un lieu frais.

Une heure après, sanglez de nouveau le moule; trois quarts d'heure après, dressez l'entremets sur plat froid; masquez-le avec une simple crème anglaise au rhum, bien refroidie sur glace; envoyez le surplus dans une saucière.

POUDING GLACÉ, A LA MAGENTA

Préparez un salpicon de fruits confits variés; lavez-les à l'eau tiède, épongez-les, faites-les macérer avec du marasquin. — Prenez trois quarts de litre de purée de fraises de bois; sucrez-la avec de la glace de sucre, vanillée; travaillez-la vivement 10 à 12 minutes sur glace; mêlez-lui alors la valeur de trois quarts de litre de crème fouettée.

Faites frapper, avec de la glace salée, un moule à fromage, en fer-blanc; versez au fond, une couche de l'appareil préparé, ayant 2 centimètres d'épaisseur. Imbibez au marasquin un rond de biscuit coupé mince, ayant à peu près le diamètre du moule; posez-le sur la crème, masquez-le avec une couche de fruits bien égouttés; masquez ceux-ci avec de la crème, puis avec un autre rond de biscuit imbibé; continuez ainsi jusqu'à ce que le moule soit plein; fermez-le alors avec son couvercle, mastiquez-en les jointures avec du beurre, couvrez-le avec une épaisse couche de glace salée ; faites frapper une heure et demie à 2 heures : si le temps est chaud, resanglez le moule. — Une heure après, renversez le pouding sur plat froid; masquez-le avec le restant de la crème, mêlée avec quelques cuillerées de marasquin.

POUDING GLACÉ, A LA D'ORLÉANS

Préparez un salpicon de fruits confits, variés, préalablement lavés à l'eau tiède ; déposez-le dans une terrine; arrosez ces fruits avec quelques cuillerées de bon marasquin, faites-les macérer une heure. Ajoutez quelques pistaches mondées.

Sanglez un moule à dôme avec de la glace pilée et salée. — Préparez à la sorbetière la valeur d'un demi-litre de glace à la crème, vanillée; aussitôt qu'elle est liée, sans être ferme, incorporez-lui quelques cuillerées de crème fouettée, sucrée, préalablement mêlée avec une petite partie de la glace de la sorbetière; retirez alors celle-ci du seau, prenez l'appareil avec une cuiller à bouche, étalez-en une couche au fond et contre les parois du moule sanglé; saupoudrez cette couche avec une pincée du salpicon de fruits bien égouttés; puis étalez sur sa surface quelques petits macarons imbibés au marasquin; masquez ceux-ci avec une autre couche d'appareil glacé; saupoudrez également celui-ci avec des fruits; ajoutez aussi quelques macarons imbibés.

Continuez ainsi, en alternant la glace, les fruits et les macarons. Fermez le moule, d'abord avec un rond de papier, puis avec son couvercle; lutez-en les jointures, masquez-le avec une épaisse couche de glace salée. — Une heure après, renversez le pouding sur plat froid; versez au fond du plat une crème anglaise à la vanille, bien refroidie sur glace, finie avec de la crème fouettée et du marasquin.

POUDING GLACÉ, A LA MACÉDOINE

Mettez dans un poêlon la valeur de 2 verres de marmelade d'abricots ou de pommes, peu sucrée; mêlez-lui quelques cuillerées de lait d'amandes, un peu d'eau de noyau et 3 cuillerées de colle clarifiée, dissoute. Tournez l'appareil sur glace pour le lier : il doit être extrêmement peu collé; mêlez-lui alors la valeur d'un demi-litre de crème fouettée.

Frappez un moule à dôme, avec de la glace salée; quand il est bien saisi, chemisez-le avec l'appareil préparé, mais à plusieurs reprises, afin de lui donner l'épaisseur de 1 centimètre; laissez-le bien raffermir. — Préparez une petite macédoine de fruits variés, frais ou confits : les deux sortes peuvent être mêlées sans inconvénient; mais les fruits confits doivent préalablement être ramollis à l'eau tiède et coupés.

Mettez dans un poêlon 4 décilitres de gelée claire, au marasquin, mais légère, collée à demi-dose, et rougie ; tournez-la sur glace simplement pour la lier ; mêlez-lui alors la macédoine de fruits, versez le tout dans le vide du moule chemisé ; fermez celui-ci avec son couvercle ; lutez-en les jointures avec de la pâte crue, couvrez-le avec de la glace salée ; faites-le frapper une heure. — Démoulez le pouding sur plat froid, entourez-le avec des petits gâteaux ; servez aussitôt.

POUDING GLACÉ, A LA JOINVILLE

Prenez 7 ou 8 poires de bon-chrétien, pelez-les, râpez-les, passez-les au tamis. Mettez la purée dans une terrine ; mêlez-lui trois quarts de litre de sirop vanillé, à 30 degrés, un brin de zeste et le suc de 2 oranges. Faites glacer l'appareil à la sorbetière. Quand la glace est prise, mêlez-lui 300 grammes d'ananas confit, coupé en petits dés, macéré 2 heures dans du sirop vanillé.

Frappez à la glace salée un moule à fromage ; remplissez-le avec la glace aux poires ; couvrez-le avec un rond de papier, fermez-le avec son couvercle ; mastiquez-en les jointures avec de la pâte crue, couvrez-le avec une épaisse couche de glace salée ; faites-le frapper une heure et demie. — Démoulez le pouding sur plat froid, masquez-le avec un punch glacé au champagne, peu consistant. Servez sans retard.

POUDING GLACÉ, A LA CASTILLANE

Cuisez 300 grammes de riz, à grande eau, avec le suc de quelques citrons : il doit être bien tendre. Égouttez-le, mettez-le dans une terrine, couvrez-le avec du sirop tiède ; faites-le macérer 2 heures. — Préparez un litre de crème anglaise à la vanille ; faites-la glacer à la sorbetière. Quand elle est lisse, incorporez-lui un demi-litre de crème fouettée, sucrée ; en procédant comme il est dit plus haut ; 5 minutes après, mêlez-lui le riz. — Faites macérer une heure un salpicon d'ananas confit, avec sirop et kirsch.

Frappez un moule à dôme sur glace salée ; quand il est bien saisi, remplissez-le avec la glace, par couches, en alternant chaque couche avec une mince couche de marmelade d'abricots ; saupoudrez l'abricot avec l'ananas coupé. Fermez le moule, mastiquez-en les jointures, couvrez-le avec une épaisse couche de glace salée ; faites-le frapper une heure et quart. — Démoulez l'entremets sur plat froid, masquez-le avec une crème anglaise bien refroidie.

POUDING GLACÉ, A LA METTERNICH

Déposez dans une terrine 250 grammes de raisins de Smyrne, autant de pâte d'abricots, quelques cuillerées d'écorces confites, coupées en dés ; faites-les macérer une heure avec 2 décilitres de rhum. — Frappez à la glace salpêtrée un moule en fer-blanc, forme de pyramide ronde. — Préparez la valeur d'un litre de crème anglaise, à la vanille. — Pilez 150 grammes de pistaches et 200 grammes d'amandes mondées, en ajoutant quelques cuillerées d'eau de fleurs d'oranger; délayez cette pâte avec la crème, laissez infuser une demi-heure; passez-la ensuite à l'étamine. Mettez-la dans une petite bassine, fouettez-la sur glace 12 à 15 minutes ; mêlez-lui alors trois quarts de litre de crème fouettée.

Coupez un petit gâteau *Cussy*, en tranches rondes, d'un demi-centimètre d'épaisseur. — Au fond du moule frappé, versez une couche de la crème; sur cette couche, posez une tranche de biscuit, imbibée au marasquin; saupoudrez chaque tranche avec 2 cuillerées de salpicon de fruits, bien égouttés; masquez-les aussitôt avec une couche de la même crème; finissez d'emplir ainsi le moule, en alternant crème, biscuit et fruits ; couvrez-le avec un grand rond de papier ; fermez-le avec son couvercle, lutez celui-ci, saupoudrez-le avec une poignée de salpêtre, masquez-le avec de la glace salée.

Une heure après, sanglez de nouveau le moule, après avoir égoutté une partie de l'eau ; tenez-le ainsi encore trois quarts d'heure. — Dressez le pouding sur plat froid, masquez-le avec le restant de la crème, bien refroidie sur glace.

POUDING GLACÉ, A LA RICHELIEU

Préparez une crème plombière, au riz, en procédant comme il est dit pour le pouding à la castillane. — Masquez une vingtaine de macarons moelleux avec de la marmelade d'abricots, rangez-les sur un plat.

Prenez 2 ou 3 tranches d'ananas confit, lavez-les à l'eau tiède, coupez-les en dés; mettez-les dans une terrine, ajoutez un égal volume de pistaches et de marrons confits également coupés en dés ; couvrez-les avec du sirop froid, vanillé ; laissez-les macérer une heure.

Deux heures avant de servir, sanglez au sel et au salpêtre, un moule plein, en fer-blanc, forme de pyramide, ayant un couvercle ; étalez au fond une couche de crème plombière ; sur cette couche, rangez une couche de macarons mêlés avec l'ananas, les pistaches et les marrons égouttés au moment; couvrez ces fruits avec une autre couche de plombière, continuez ainsi jusqu'à ce que le moule soit plein; masquez-le alors avec un rond de papier, fermez-le hermétiquement avec son couvercle, masquez-le avec de la glace salée et salpêtrée. — Au dernier moment, renversez le pouding sur serviette; entourez-le avec une couronne de petites tartelettes aux amandes; envoyez en même temps une sauce abricots au kirsch, bien refroidie sur glace.

POUDING GLACÉ, A LA NESSELRODE

Lavez à l'eau tiède des fruits confits, variés; coupez-les en petits dés, déposez-les dans une terrine; ajoutez quelques cuillerées de raisins de Smyrne; arrosez-les avec 1 décilitre de marasquin; faites-les macérer une heure. — Mettez dans une terrine le tiers d'un litre de purée de marrons, à la vanille ; délayez-la avec 1 demi-litre de crème anglaise également vanillée; passez et faites glacer. Finissez la glace avec un demi-litre de crème fouettée, sucrée ; incorporez-lui la valeur d'un décilitre et demi de bon marasquin, mais sans cesser de la travailler; mêlez-lui enfin les fruits, bien égouttés.

Sanglez au sel un moule à dôme ; aussitôt qu'il est saisi par le froid, emplissez-le par couches avec la glace, en alternant chaque couche avec des tranches minces de biscuit à la vanille, imbibées au marasquin ; couvrez l'orifice du moule avec un rond de papier, fermez-le avec son couvercle ; lutez-en les jointures, masquez-les avec de la glace salée, frappez-le une heure et demie. — Dressez le pouding sur serviette pliée ; entourez-le avec une couronne de petits gâteaux ; envoyez en même temps une saucière de crème anglaise froide, vanillée, mêlée avec quelques cuillerées de marasquin.

POUDING GLACÉ, A LA CHATEAUBRIAND

Préparez un appareil de crème plombière aux amandes, en procédant selon les prescriptions données plus haut ; quand la crème est incorporée, ajoutez à l'appareil un salpicon composé d'amandes vertes et ananas confits, préalablement macérés avec un peu de marasquin ; mêlez aussi la liqueur ; travaillez-la encore quelques minutes seulement.

Sanglez un moule à dôme ; foncez-le avec du papier, emplissez-le, par couches, avec la plombière, en alternant chaque couche avec des tranches de biscuit aux amandes, masquées avec de la marmelade d'abricots, légèrement imbibées de l'autre côté avec du marasquin ; couvrez l'orifice du moule avec un rond de papier, fermez-le avec son couvercle ; lutez-en les jointures, faites-le frapper trois quarts d'heure. — Dressez le pouding sur serviette pliée, entourez-le avec une couronne de petits gâteaux.

SABAYON GLACÉ, EN CASSEROLE

Mêlez dans un poêlon 10 jaunes d'œuf, avec un quart de litre de sucre en poudre ; travaillez quelques minutes l'appareil avec une cuiller en bois ; étendez-le peu à peu avec un quart de litre de Lunel, vin du Rhin ou *Tokay* de Hongrie ; ajoutez un petit morceau de vanille, un demi-zeste de citron, un brin de cannelle ; fouettez l'appareil sur feu doux jusqu'à ce qu'il soit bien mousseux et ferme ; retirez-le alors du feu, sans cesser de le fouetter ; quand il est bien refroidi, enlevez zeste et vanille ; mêlez-lui la valeur d'un demi-litre de crème fouettée et 3 cuillerées de rhum ; versez l'appareil dans une casserole à soufflé, frappée dans une petite *cave* à glacer. Une heure après, dressez la casserole sur serviette pliée, entourez-la avec une garniture de petits gâteaux.

TIMBALE CHATEAUBRIAND, AUX FRAISES

Choisissez un moule à timbale. — Cuisez une plaque de génoise fouettée sur feu, ayant trois quarts de centimètre d'épaisseur. Quand elle est refroidie, parez-la en dessus. Sur ce biscuit coupez des montants ayant la hauteur du moule et la largeur de 2 centimètres et demi ; prenez-les un à un, rangez-les contre les parois intérieures du moule, en les collant ensemble avec un cordon de glace-royale, le côté lisse appuyé contre le moule. Laissez sécher la glace ; démoulez la timbale, collez-la sur un fond en génoise du même diamètre ; abricotez les montants à l'aide d'un pinceau, avec de la belle marmelade tiédie ; laissez sécher. Ornez chaque montant avec un petit décor formé par des demi-amandes bien blanches et des pistaches ou des détails d'angélique : il faut exécuter deux décors diffé-rents, en les alternant. Décorez aussi le haut de la timbale sur l'épaisseur des montants avec une chaîne de perles en crème fouettée, ou même avec une chaîne de cerises mi-sucre, glacées au *cassé*.

Au moment de servir, dressez la timbale sur serviette pliée, emplissez-en le vide avec une plombière aux amandes ou aux avelines ; entourez-la à sa base avec une garniture de petits gâteaux.

On peut garnir ces timbales avec toute espèce de glaces ou de plombières, ou même avec de la chantilly à la vanille. — Au lieu de décorer les montants, on peut simplement les sabler avec du granit varié.

TIMBALE A L'ORANGE, A L'ITALIENNE

Avec de la pâte à flan, foncez un moule à timbale ; garnissez intérieurement la pâte avec du papier beurré ; cuisez la timbale à blanc. Videz-la ensuite ; remettez-la dans le moule ; masquez-en les surfaces intérieures avec de la marmelade légère, à l'aide d'un pinceau. Tenez le moule sur glace.

Prenez trois quarts de litre de suc d'oranges peu mûres ; mêlez-lui le zeste d'une orange ; sucrez-le avec de la glace de sucre ou du sirop froid très épais ; ajoutez la colle nécessaire, clarifiée ; passez l'appareil ; essayez-en la consistance, fouettez-le légèrement sur glace. Quand il est lié à point, mêlez-lui quelques gouttes de carmin, 3 décilitres de meringue italienne, 4 cuillerées de zeste d'oranges, émincé, cuit à l'eau et macéré 2 heures dans du sirop. Rangez-le alors par couches dans le vide de la timbale, en masquant chaque couche avec de petits quartiers d'orange, parés à vif.

Au dernier moment, démoulez la timbale sur plat, nappez-la extérieurement au pinceau avec de la marmelade tiède, d'abricots ; décorez-la vivement avec des écorces confites ; entourez-en la base avec des quartiers d'orange, en écorce, à la gelée.

CHARLOTTE A LA MONTPENSIER

Cuisez 2 plaques de pâte frolle, abaissée mince, comme pour gâteau napolitain ; pendant que la pâte est encore chaude, coupez sur patron, une abaisse hexagone de 1 centimètre plus large qu'un moule ordinaire, à 6 pans ; coupez également sur patron 6 montants, dont chacun d'eux sera exacte-ment de la même largeur que les pans de l'abaisse hexagone, et de 12 centimètres de long. Quand la pâte est froide, coupez légèrement en biais les angles des montants, sur leur longueur, afin de pouvoir plus tard les ajuster avec précision ; masquez-les, d'un côté, avec une couche mince de marmelade, et ensuite avec une glace simple, aux pistaches ; quand cette glace est sèche, décorez le centre de chaque montant avec un ornement exécuté avec des détails en fruits confits, entremêlés avec de la glace-royale ; assemblez les 6 montants, collez-les debout sur l'abaisse hexagone, à l'aide de la glace-royale, de façon à former une caisse à 6 faces.

Quand la charlotte est solide, décorez-la sur les jointures et en dessus, avec une chaîne régulière de petites perles en glace-royale blanche ; glissez-la sur plat, entourez-la à sa base, avec une couronne de quartiers d'orange, rubanés à la gelée et au blanc-manger. — Au dernier moment, emplissez le vide de la charlotte avec une crème plombière aux amandes, dressée en rocher.

CHARLOTTE RUSSE, AUX FRAISES

Cuisez une plaque de biscuit-punch, ayant l'épaisseur de 2 centimètres. Quand le biscuit est refroidi, parez-le à vif sur le dessus ; divisez l'abaisse par le milieu, sur son épaisseur ; puis, distribuez-la en montants de 1 centimètre et demi à 2 centimètres de large sur 10 à 12 de long ; il en faut 22. Sur le même biscuit coupez une abaisse du même diamètre d'un moule à charlotte (à l'intérieur) ; divisez cette abaisse en rosace, de façon à former des triangles allongés, pointus d'un côté ; ayant un centimètre et demi sur le côté le plus large ; avec ceux-ci, foncez en rosace à deux nuances, le fond de la charlotte, en les appliquant moitié du côté coupé à vif, l'autre moitié du côté coloré par le four. Dressez alors les montants contre les parois du moule, en les serrant les uns contre les autres, et en les posant aussi l'un du côté coloré, l'autre du côté coupé à vif, mais en observant que la nuance de chaque montant corresponde avec celle d'un triangle. Quand la charlotte est montée, incrustez le moule sur glace ; emplissez-le avec un appareil de crème bavaroise aux fraises, lié au moment. Une heure après, renversez la charlotte sur plat ; entourez-en la base avec une chaîne de grosses fraises nappées à la gelée, posées debout sur un anneau en pâte d'amandes.

CHARLOTTE A LA SAVOISIENNE

Cuisez un biscuit de Savoie à la vanille, dans un moule à charlotte, haut de forme ; en le sortant du four, démoulez-le sur une grille à pâtisserie, laissez-le refroidir : il doit être bien glacé, de belle nuance blonde ; parez-le droit sur le haut, renversez-le sur un plafond, cernez-le à 1 centimètre des bords, videz-le aux trois quarts ; dressez-le alors sur une serviette pliée.

Au moment de servir, emplissez le vide du biscuit avec de la crème fouettée, à la vanille, bien ferme, dressée en pyramide ; entourez le biscuit, à sa base, avec une chaîne de marrons confits, glacés au cassé. — Cet entremets tout à fait simple est cependant toujours bien accueilli, même dans les grands dîners ; mais à condition que le biscuit soit d'un beau glacé et de nuance égale partout.

CHARLOTTE A LA SICILIENNE

Cuisez un biscuit à la vanille, dans un grand moule à dôme, haut de forme ; démoulez-le sur une grille, laissez-le rassir. Essuyez bien le moule, remettez le biscuit dedans ; parez-le droit, en dessus ; cernez-le à 1 centimètre des bords ; videz-le, en laissant la même épaisseur autour et au fond ; masquez-le intérieurement avec de la marmelade d'abricots : incrustez le moule ‖ sur glace.

D'autre part, préparez une petite macédoine de fruits, composée avec des pêches et abricots bien mûrs, épluchés, coupés en quartiers, ainsi que quelques quartiers d'orange, parés à vif, épépinés ; rangez-les par couches, dans un moule à dôme, en mélangeant les espèces, et alternant chaque couche avec de la glace de sucre, vanillée ; arrosez-les avec 1 décilitre de marasquin. Fermez le moule, lutez-en les jointures, posez-le sur de la glace pilée, très légèrement salée ; couvrez-le également avec de la glace ; laissez-le frapper une demi-heure ; retirez-le ; enlevez les fruits avec une cuiller, dressez-les dans le biscuit vidé, par couches, en les masquant à mesure avec une couche de glace à l'ananas ; de distance en distance, ajoutez des boulettes de marmelade d'abricots, ferme, consistante, coupée avec une cuiller à café ; fermez l'ouverture de la charlotte avec le rond enlevé ; renversez-la sur plat ; abricotez-en vivement les surfaces au pinceau ; ornez-la avec quelques détails en feuilletage à blanc ; entourez-la, à sa base, avec une couronne de reines-claudes mi-confites ; envoyez-la sans retard.

SUÉDOISE EN PYRAMIDE

Pelez une douzaine de pommes, coupez-les en tranches de 4 à 5 millimètres d'épaisseur, sur toute la largeur du fruit ; faites-les blanchir dans un sirop acidulé, en les tenant fermes.

Préparez une macédoine de fruits, composée d'abricots, ananas, poires, cerises, reines-claudes et abricots confits ; tous ces fruits sont d'abord lavés à l'eau tiède, puis distribués en quartiers. Déposez-les dans une terrine, ajoutez quelques quartiers d'orange parés à vif, des fraises, des framboises et des groseilles crues ; liez-les avec un petit appareil de pain d'abricots mêlé avec une égale quantité de gelée au marasquin ; versez le tout dans le moule à pyramide foncé, incrusté sur glace.

Quand l'appareil est bien raffermi, démoulez la pyramide sur une couche de gelée prise sur plat ; masquez-en les surfaces avec une couche mince de marmelade d'abricots tiède, bien réduite ; lissez-la. Quand elle bien froide, décorez les quatre faces avec des fruits confits, d'espèces et de nuances différentes. Fixez sur le haut, à l'aide d'un hâtelet, une grosse reine-claude confite ou une petite pomme tournée, légèrement cuite au sirop, garnie de gelée, entourée de feuilles d'angélique.

SUÉDOISE DE POMMES, A LA REINE

Mettez, dans une terrine, la valeur de 1 demi-litre de purée de reinettes de Canada, passée à l'étamine ; étendez-la avec du lait d'amandes sucré, collé, vanillé.

Incrustez sur glace un moule à timbale, de forme haute ; montez contre les parois intérieures du moule des bâtonnets de pommes coupés à la colonne, légèrement cuits dans du sirop, dont la moitié aura été rougie avec du carmin d'office ; montez-les debout, contre les parois du moule, par rangs, en ayant soin de les tremper à mesure dans la gelée mi-prise, et d'alterner les nuances ; garnissez également le fond du moule. Emplissez alors le vide de ce moule avec l'appareil aux pommes, lié au moment sur glace; tenez-le ainsi une heure. — Au dernier moment, trempez le moule à l'eau chaude, démoulez la suédoise sur plat froid; entourez-en la base, avec une chaîne formée de boules de pommes, de deux nuances : blanche et rose, nappées à la gelée.

SUÉDOISE MODERNE

Avec une cuiller à racine de moyenne grosseur, coupez en boule des poires et des pommes pelées; faites-les très légèrement blanchir séparément; laissez les pommes blanches, rougissez les poires; tenez-les dans du sirop. — Avec de la purée ou de la marmelade d'abricots, préparez un petit appareil bavarois, collé, fini avec très peu de crème fouettée.

Préparez un gros salpicon de fruits confits, variés, préalablement lavés à l'eau tiède : reines-claudes, abricots, coings, ananas, écorces d'orange, cerises mi-sucre, une poignée de raisins de Smyrne : les cerises et les raisins restent entiers; ajoutez une pincée de pistaches et quelques amandes blanches. Mettez ces fruits dans une terrine, arrosez-les avec du marasquin.

Incrustez sur glace un moule à timbale; décorez-en le fond avec une belle rosace, composée avec de l'ananas, angélique, cerises mi-sucre, reines-claudes, écorces d'orange, amandes et pistaches : appliquez le décor, en trempant à mesure les détails dans de la gelée d'orange mi-prise. Contre les parois du moule, montez symétriquement, par rangs, les boules de pommes et poires, entremêlées avec quelques rangs de mirabelles confites, sans noyaux, lavées à l'eau tiède; appliquez ces fruits, en les trempant à mesure dans de la gelée mi-prise.

Liez l'appareil aux abricots, sur glace; faites-en prendre au fond du moule, une couche de 1 centimètre et demi d'épaisseur ; sur cette couche, posez un petit moule étamé, plus étroit que le premier, plein de glace pilée; coulez alors du même appareil autour de ce moule, afin de remplir le vide; quand il est raffermi, enlevez le petit moule, après l'avoir rempli avec de l'eau tiède; remplissez le vide qu'il laisse avec le salpicon de fruits, bien égoutté, lié avec un peu d'appareil bavarois.

Masquez les fruits avec une couche d'appareil aux abricots, et ensuite avec un rond de papier. Tenez le moule sur glace, une heure. — Au dernier moment, démoulez la suédoise sur plat froid ou sur une couche de gelée prise sur plat; entourez-en la base avec une chaîne de reines-claudes.

MOSCOVITE AUX PÊCHES

Pelez à cru une quinzaine de bonnes pêches molles; passez-les au tamis. Étendez cette purée avec le suc de 4 oranges, 4 à 5 cuillerées de lait d'amandes douces et amères, autant de marasquin, et ensuite avec du sirop vanillé, en raison de 2 verres de sirop pour 1 verre de purée. Passez encore l'appareil, mettez-le dans un poêlon, mêlez-lui 8 à 10 cuillerées de colle clarifiée; essayez-en une petite partie sur glace, dans un moule à dariole; un quart d'heure après, il ne doit être pris qu'à la consistance d'un sirop très serré, c'est-à-dire à peine lié par la gélatine ; alors, il est à point. Versez-le dans un moule hexagone, à cylindre, muni de son couvercle ; fermez le moule, lutez-en les jointures ; faites frapper l'appareil une heure et quart, avec de la glace salée. — Au dernier moment, démoulez l'entremets sur plat froid. Entourez-le avec de gros quartiers de pêche, saupoudrés avec de la glace de sucre, arrosés avec un peu de marasquin.

MOSCOVITE A L'ANANAS

Pelez un ananas frais ; pilez les parures, faites-les macérer une heure dans 2 décilitres de sirop léger, exprimez-les à travers un linge ; pilez les chairs, passez-les à l'étamine ; étendez cette purée avec l'infusion des parures, ajoutez le suc de 2 oranges, un brin de zeste, 1 décilitre de bon cognac.

Pour 3 verres d'appareil, mêlez-lui 3 verres de glace de sucre, puis 10 cuillerées de gélatine ou colle clarifiée et froide ; passez-le plusieurs fois au tamis fin ; mettez-en une petite partie dans un moule à dariole, afin d'essayer sa force : il doit être très léger et ne prendre qu'à la consistance de sirop épais ; versez-le dans un moule à cylindre, à 6 pans ; faites-le frapper une heure et demie, avec de la glace salée, en opérant comme il est dit précédemment. — Démoulez l'entremets sur un petit socle en glace naturelle ; entourez-le avec des tranches d'ananas, servez-le sans retard.

PARISIENNE EN SURPRISE

Beurrez un cercle en fer-blanc, de forme hexagone, ayant 3 centimètres de haut. Mettez-le sur un plafond couvert de papier, remplissez-le aux trois quarts avec de l'appareil de biscuit sableux, à l'orange ; cuisez à four doux. — Quand le gâteau est démoulé et refroidi, coupez-le droit en dessus, creusez-le légèrement, masquez les surfaces du creux, avec une couche de marmelade d'abricots, tiède, mêlée avec un peu de curaçao ou crème de noyau ; masquez également le gâteau tout autour ; sablez-le de ce côté avec des pistaches coupées en dés ou de l'angélique confite.

Remplissez alors le vide du gâteau avec un petit appareil de meringue italienne finie au moment, parfumée aux liqueurs, mêlée avec une abondante julienne d'ananas confit ; dressez l'appareil en pyramide pointue ; lissez-en les surfaces avec la lame d'un couteau ; faites-le sécher quelques minutes à l'étuve ; glissez-le ensuite sur serviette.

Quand le gâteau est refroidi, nappez les surfaces de la pyramide avec une mince couche de marmelade d'abricots ; masquez-les ensuite avec une couche de crème fouettée, ferme bien égouttée, peu sucrée ; lissez-la, décorez-la au cornet aussi avec de la crème fouettée ; servez sans retard.

VIENNOISE DE FRUITS

Incrustez sur glace un moule à dôme ; chemisez-le avec de la gelée au kirsch.

Coupez des pommes de calville et des poires en quartiers moyens, d'une égale grosseur ; cuisez-les très légèrement dans un sirop léger ; laissez refroidir ; mettez-les dans une terrine, ajoutez des quartiers d'abricot et de pêche, frais, légèrement blanchis, fermes ; ajoutez aussi de l'ananas confit, lavé à l'eau tiède, coupé en petits quartiers, quelques belles cerises mi-sucre, amandes et pistaches mondées. Arrosez ces fruits avec du marasquin ou du kirsch ; faites-les macérer une heure ; égouttez-les ; rangez-les symétriquement dans le moule, en mélangeant les nuances et laissant un vide au milieu ; dans ce vide, placez un moule à dôme étamé à l'extérieur, rempli de glace pilée ; coulez tout autour, sur les fruits, un appareil de blanc-manger légèrement lié sur glace, de façon qu'il puisse pénétrer jusqu'au fond du moule ; quand le blanc-manger est pris, remplacez la glace du petit moule par de l'eau tiède, afin de pouvoir l'enlever ; emplissez-en le vide avec une purée de fraises à la vanille, sucrée, légèrement collée.

Quand cet appareil est pris, démoulez l'entremets sur plat bien froid ; versez au fond de celui-ci une purée de fraises sucrée avec de la glace de sucre, vanillée, préalablement bien refroidie. — A défaut de fraises fraîches, employez de la purée conservée à froid.

DIPLOMATE A L'ANGLAISE

Faites frapper un moule à dôme, sur glace salée. — Mettez dans une sorbière un demi-litre de crème anglaise au café ; faites-la glacer ; mêlez-lui trois quarts de litre de crème fouettée. — Étalez au fond du moule frappé une couche de la glace au café ; sur cette couche placez une couche de tranches de biscuit, imbibées au kirsch ; saupoudrez-les avec 2 cuillerées de marrons confits coupés en gros dés ; finissez d'emplir le moule en alternant la glace, le biscuit et les marrons. Fermez le moule, lutez-en le couvercle ; couvrez-le avec une épaisse couche de glace salée ; faites-le frapper une heure et quart. — Au dernier moment, lavez le moule à l'eau froide ; démoulez l'entremets sur plat bien froid ; masquez-le avec quelques cuillerées de crème anglaise au café, refroidie, mêlée avec de la crème fouettée. Servez aussitôt.

SUPRÊME DE FRUITS, A LA NAPOLITAINE

Versez dans un poêlon 3 décilitres de gelée douce, clarifiée ; ajoutez 3 décilitres de suc filtré : moitié d'oranges, moitié de citrons ; puis 3 décilitres de sirop à 30 degrés ; par cette addition, la gelée doit se trouver très sucrée et peu collée. Versez-la dans un moule à bordure uni, ayant un couvercle pour le fermer ; lutez-en les jointures, faites-le frapper une heure avec de la glace salée.

Mettez dans une casserole plate 12 tranches d'ananas crues ou de conserve, peu épaisses, 12 quartiers d'orange, parés à vif, 12 quartiers de pêche et 12 de demi-abricots crus, pelés ; ajoutez 8 à 10 reines-claudes confites et une poignée de cerises mi-sucre, lavées à l'eau tiède. Arrosez les fruits avec un peu de sirop à 32 degrés, mêlé avec du marasquin. Couvrez l'ouverture de la casserole avec du papier, puis avec son couvercle, entourez-la avec de la glace légèrement salée, afin de saisir les fruits sans les congeler. — Au moment de servir, démoulez la bordure sur un plat froid ; dressez les fruits en pyramide dans le vide de la bordure, en réservant les tranches d'ananas ; arrosez les fruits avec quelques cuillerées de sorbet au marasquin ; dressez les tranches d'ananas en couronne, debout, entre la bordure et la pyramide; posez une reine-claude sur le haut de celle-ci; envoyez aussitôt l'entremets.

MOUSSE AU THÉ

Foncez un moule à pyramide ou à dôme, avec du papier blanc, ciselé ; fermez-le avec son couvercle, sanglez-le dans un seau avec de la glace salée. — Infusez dans une théière 25 à 30 grammes de bon thé, avec 3 décilitres d'eau bouillante. Au bout de 7 à 8 minutes passez l'infusion, mêlez-lui du sucre en quantité suffisante pour l'amener au point d'un sirop à 25 degrés.

Mettez 7 jaunes d'œuf dans une petite bassine, broyez-les avec le fouet, délayez-les, peu à peu, avec le sirop ; fouettez vivement l'appareil sur le feu, 3 à 4 minutes ; retirez-le, continuez de le fouetter jusqu'à ce qu'il soit tout à fait froid. Posez la bassine sur glace, fouettez-le encore jusqu'à ce qu'il ait pris la consistance d'une crème fouettée. A ce point, mêlez-lui la valeur de 1 litre de crème fouettée, bien ferme ; versez-le aussitôt dans le moule frappé au sel ; fermez celui-ci avec son couvercle, lutez-en les jointures; couvrez-le avec une épaisse couche de glace salée, faites-le frapper une heure et demie, en le ressanglant si c'est nécessaire. — Démoulez la mousse sur serviette pliée ; retirez-en le papier, entourez-la avec une couronne do petits friands glacés au rhum.

MOUSSE AU MARASQUIN

Sanglez un moule à dôme ou à pyramide, foncé avec du papier ciselé. — Versez dans un poêlon 2 décilitres de sirop à 26 degrés ; ajoutez un bâton de vanille, tenez-le bouillant sur le côté du feu.

Mettez 10 jaunes d'œuf dans une petite bassine, broyez-les avec le fouet, étendez-les avec le sirop bouillant ; fouettez quelques minutes l'appareil sur le feu, pour le lier légèrement ; retirez-le, fouettez-le jusqu'à ce qu'il soit bien refroidi ; ajoutez alors peu à peu 1 décilitre de marasquin, fouettez l'appareil sur glace jusqu'à ce qu'il soit bien mousseux, consistant ; à ce point, mêlez-lui trois fois son volume de crème fouettée, versez-le dans.le moule ; fermez-le d'abord avec un rond de papier, puis avec son couvercle ; lutez-en les jointures, couvrez-le avec de la glace salée ; laissez frapper l'appareil une heure et demie. — Renversez la mousse sur une serviette ; entourez-la avec une garniture de petits choux glacés, sablés aux pistaches.

MOUSSE A L'ANANAS

Parez à vif un ananas bien mûr ; coupez-le en deux parties, divisez celles-ci en tranches, rangez-les par couches dans une terrine, en saupoudrant chaque couche avec du sucre fin ; arrosez-les avec quelques cuillerées de bon rhum. Pilez le restant des chairs, passez-les au tamis fin ; versez la purée dans une bassine, mêlez-lui son même volume de glace de sucre, vanillée ; posez la bassine sur glace, travaillez l'appareil avec un fouet, jusqu'à ce qu'il soit refroidi, bien lié ; mêlez-lui alors deux fois son volume de crème fouettée, ferme, bien égouttée, légèrement sucrée ; versez aussitôt l'appareil dans un moule à pyramide ou à dôme, foncé de papier, frappé au sel ; fermez le moule d'abord avec du papier, puis avec son couvercle, lutez-en les jointures, couvrez-le avec de la glace salée ; laissez-le frapper une heure et demie. — Renversez la mousse sur serviette pliée ; enlevez le papier, entourez-la avec les tranches d'ananas.

MOUSSE A L'ORIENTALE

Frappez au sel un moule à dôme ; quand il est bien saisi, chemisez-le avec une couche de bonne crème fouettée, sucrée, à la vanille, ayant l'épaisseur de 1 centimètre et demi ; lissez bien la crème avec une cuiller. Un quart d'heure après, quand l'écorce de crème est solide, emplissez-en le vide avec des petites fraises de bois sucrées à la glace de sucre et macérées une heure sur glace, avec du marasquin ; couvrez les fraises avec une couche de la même crème fouettée. Fermez le moule, lutez-en les jointures avec de la pâte crue ; couvrez-le avec de la glace salée, faites-le frapper une heure et quart. — Quand la mousse est démoulée, décorez-la en dessus avec une rosace imitée en fruits confits et en biscuit-punch coupé à vif ; entourez-la avec de grosses fraises glacées au *cassé*, posées debout, chacune sur un anneau en pâte d'amandes.

MOUSSE AUX FRAISES

Passez à l'étamine 5 à 600 grammes de fraises de bois, bien fraîches ; mettez la purée dans une petite bassine, mêlez-lui son même volume de glace de sucre, vanillée ; posez la bassine sur glace, tournez l'appareil avec une cuiller en bois, jusqu'à ce qu'il soit bien refroidi ; fouettez-le 10 minutes ; quand il est bien lié, incorporez-lui deux fois son volume de bonne crème fouettée ; versez-le dans un moule foncé de papier, sanglé au sel ; fermez le moule avec son couvercle ; lutez-en les jointures avec du beurre, couvrez-le avec de la glace salée, laissez-le frapper une heure, ressanglez-le, et frappez-le encore une demi-heure ; en dernier lieu, sortez-le de la glace pour le laver. Démoulez la mousse sur serviette pliée ; retirez-en le papier, entourez-la avec une couronne de petites tartelettes garnies avec des fraises.

MOUSSE A L'ALLEMANDE

Frappez sur glace salée, un moule à fromage ou à dôme. — Prenez 1 litre et demi de bonne crème fouettée, mettez-la dans 2 terrines ; à l'une, mêlez simplement de la glace de sucre à la vanille, à l'autre, mêlez 125 grammes de mie de pain noir de Westphalie (*pumpernikel*) râpée, 5 à 6 cuillerées de chocolat aussi râpé, et du sucre fin. Avec ces deux appareils, emplissez le moule frappé en les distribuant par couches alternées ; couvrez l'ouverture du moule avec un rond de papier, puis fermez-le avec son couvercle ; lutez-en les jointures, faites-le frapper une heure et demie. Dressez la mousse sur serviette, entourez-la avec de petits gâteaux.

MOUSSE AU CHOCOLAT

Faites dissoudre à la bouche du four, dans une casserole, 250 grammes de bon chocolat à la vanille ; broyez-le, étendez-le avec quelques cuillerées de sirop, passez-le à l'étamine ; mêlez-lui alors la valeur de trois quarts de litre de crème fouettée, sucrée avec de la glace de sucre, vanillée : versez cet appareil dans un moule à dôme sanglé, foncé avec du papier ; fermez le moule, faites-le frapper une heure et demie. — Démoulez la mousse sur serviette pliée, entourez-la avec une couronne de petits gâteaux.

BOMBE A LA SOUVERAINE

Sanglez un moule à bombe ; chemisez-le avec une couche de plombière à la souveraine, emplissez-en le vide avec un appareil de mousse au thé ; fermez le moule, lutez-en les jointures ; couvrez-le de glace salée, faites-le frapper une heure et demie. — Au moment de servir, retirez le moule de la glace, trempez-le à l'eau froide, puis à l'eau tiède, essuyez-le ; démoulez la bombe sur serviette pliée ; entourez-la avec une garniture de génoises glacées, coupées en losanges.

BOMBE DE CRÉMORNE-GARDEN

Faites frapper au sel un moule à dôme ; quand il est bien saisi, chemisez-le avec une couche épaisse de glace à la crème crue ; emplissez le vide avec une purée de fraises, simplement mêlée avec de la glace de sucre. Fermez le moule, lutez-en les jointures, frappez-le 2 heures, en le ressanglant. — Démoulez l'entremets sur serviette, entourez-le avec une garniture de petits gâteaux.

BOMBE A LA MOGADOR

Foncez un moule à dôme avec du papier ciselé ; sanglez-le avec de la glace salée ; 2 heures avant de servir, chemisez-le avec une crème plombière au café ; emplissez le vide avec un appareil de mousse au kirsch ; fermez l'ouverture avec soin ; couvrez entièrement le moule avec de la glace salée ; laissez-le frapper une heure. Égouttez alors l'eau du seau, sanglez de nouveau le moule. — Trois quarts d'heure après, démoulez la bombe sur serviette pliée ; enlevez le papier, entourez-la avec une couronne de petits gâteaux-punch, au naturel.

BOMBE PRINTANIÈRE

Foncez un moule à dôme avec du papier ; sanglez-le au sel ; quand il est bien saisi, chemisez-le avec une plombière aux fraises ; lissez-la intérieurement de façon à égaliser l'épaisseur ; puis emplissez-en le vide avec une crème chantilly, sucrée, parfumée à la vanille, mêlée avec quelques cuillerées de purée de fraises. Fermez le moule, couvrez-le avec de la glace salée, laissez-le frapper une heure ; ressanglez-le alors. — Trois quarts d'heure après, dressez la bombe sur serviette pliée ; enlevez le papier, entourez-la avec une couronne de petits biscuits glacés aux framboises.

BOMBE A LA REINE

Foncez un moule à dôme avec du papier ; sanglez-le fortement dans un seau avec de la glace salée ; quand il est bien saisi, chemisez-le avec une glace aux noix fraîches ; emplissez aussitôt le vide avec un appareil de mousse aux fraises ; fermez le moule avec son couvercle, lutez-en les jointures, couvrez-le entièrement avec une couche de glace salée ; laissez-le bien frapper. Une heure après, sanglez-le de nouveau. — Trois quarts d'heure après, renversez la bombe sur serviette pliée ; enlevez le papier, entourez-la avec une garniture de gaufres.

SOUFFLÉ GLACÉ, A LA HONGROISE

Préparez un sabayon au vin de *Tokai ;* quand il est bien ferme, fouettez-le hors du feu jusqu'à ce qu'il soit refroidi ; fouettez-le ensuite sur glace. Quand l'appareil est bien saisi, mêlez-lui à peu près un égal volume de crème fouettée, légèrement sucrée.

Faites frapper sur glace salée une casserole à soufflé, emplissez-la, pour couches, avec l'appareil, en masquant chaque couche avec des tranches de biscuit, imbibées avec du sirop à l'essence de framboises. — Placez la casserole dans une *cave* à glacer, faites-la frapper 2 heures. Servez la casserole sur serviette pliée.

SOUFFLÉ GLACÉ, A LA VANILLE

Placez une casserole à soufflé, dans une *cave* à glacer ou dans une petite braisière ronde, un peu plus large que la casserole ; fermez la braisière avec son couvercle ; sanglez-la dans un baquet, avec de la glace salée et salpêtrée. Une demi-heure après, entourez la casserole à soufflé, sur le haut, avec une bande de papier blanc de 3 centimètres de large ; emplissez alors le vide de la casserole avec un appareil de mousse à la vanille, en le dressant un peu en dôme ; fermez la braisière, saupoudrez-la avec une couche de sel salpêtré ; couvrez-la avec une épaisse couche de glace, salée ; couvrez celle-ci avec un linge grossier. — Une heure après, égouttez l'eau du baquet, et ressanglez la braisière. — Au bout d'une heure, retirez le soufflé, essuyez la casserole, enlevez la bande de papier ; saupoudrez l'appareil avec de la poudre de biscuit, passée au tamis de soie. Servez la casserole sur serviette pliée.

SOUFFLÉ GLACÉ, AUX FRAISES

Placez une casserole à soufflé dans une petite braisière ronde, ou une petite *cave* à glacer ; fermez-la, sanglez-la fortement dans un baquet. Quand la casserole est bien saisie, emplissez-la avec un appareil de mousse aux fraises (page 169) ; fermez la braisière, masquez-la avec de la glace salée et salpêtrée ; laissez frapper l'appareil. — Au bout d'une heure, ressanglez la casserole ; trois quarts d'heure après, sortez-la ; essuyez-la, saupoudrez l'appareil avec du sucre à l'orange, mêlé avec son même volume de poudre de biscuit ; dressez le soufflé sur serviette pliée.

SOUFFLÉ GLACÉ, A LA PALFY

Sanglez fortement, avec de la glace salée et salpêtrée, une *cave* à glacer ou une petite braisière ronde, enfermant une casserole à soufflé ; quand celle-ci est bien saisie, emplissez-en le vide avec un appareil de mousse à la vanille, en la dressant par couches et en alternant chaque couche avec de minces tranches de biscuit aux amandes, masquées de marmelade d'abricots ; fermez la *cave*, couvrez-la avec une épaisse couche de glace salée ; laissez frapper l'appareil.

Au bout d'une heure, ressanglez la *cave ;* trois quarts d'heure après, ouvrez-la ; essuyez la casserole ; saupoudrez l'appareil avec un peu de poudre de biscuit ; servez aussitôt.

CROQUEMBOUCHE DE MARRONS

Choisissez un cent de marrons d'une égale grosseur ; fendez-les, faites-les griller, en les tenant aussi blancs que possible ; supprimez-en l'écorce en même temps que la peau ; piquez-les au bout de petites brochettes en bois ; trempez-les dans du sucre au *cassé*, laissez égoutter le sucre ; tournez la brochette[1] jusqu'à ce que le sucre soit froid. Piquez tour à tour ces brochettes, par le côté opposé, sur une passoire renversée, en les penchant en dehors. Quand le sucre est froid, détachez les marrons ; montez-les alors contre les parois et le fond d'un moule à dôme, légèrement huilé, en ayant soin de les tremper à mesure dans du sucre au *cassé*, mais légèrement, juste assez pour les coller

---

1. Quel que soit l'objet que l'on veut glacer à la brochette, il faut, après l'avoir trempé dans le sucre, laisser d'abord égoutter celui-ci, puis tourner la brochette jusqu'à ce que le sucre soit à peu près froid : alors seulement on pique la brochette.

ensemble. Quand le sucre est refroidi, dégagez le croquembouche, démoulez-le sur serviette pliée; posez sur le haut un pompon en sucre filé; entourez-le, à sa base, avec une couronne de petites caisses d'office garnies chacune avec un petit fruit confit, glacé au sucre.

CROQUEMBOUCHE DE MARRONS CONFITS, A LA CHANTILLY

Égouttez de leur sirop, des marrons confits, bien entiers, d'une égale grosseur; faites-les sécher à l'étuve douce. Prenez-les un à un, avec deux doigts, trempez-les dans du sucre au *cassé*, d'un côté seulement; faites bien égoutter le sucre; rangez-les à distance sur un plafond huilé.

Huilez très légèrement un grand moule à dôme. Prenez de nouveau les marrons un à un, trempez-les encore dans le sucre, du côté qui n'a pas été glacé, mais aussi légèrement que possible; rangez-les symétriquement au fond et autour du moule, en les collant ensemble.

Quand le sucre est froid, démoulez le croquembouche; dressez-le sur serviette pliée; servez-le en même temps que de la crème fouettée, à la vanille.

CROQUEMBOUCHE A LA CHATELAINE

Préparez une pâte de marrons au sucre cuit et à la vanille, telle qu'elle est décrite à la page 46; sans la laisser refroidir, divisez-la en petites parties; roulez-les en boules de la grosseur d'une mirabelle, bien égales. Rangez-les à mesure sur un plafond, couvrez-les avec une feuille de papier, faites-les sécher une heure à l'étuve douce; piquez-les ensuite avec une brochette, trempez-les à moitié seulement dans du sucre au *cassé;* laissez bien égoutter le sucre; rangez-les sur un plafond légèrement huilé.

Quand le sucre est froid, prenez les petites boules avec deux doigts, trempez-les de nouveau dans le sucre, légèrement, et seulement du côté qui n'a pas été glacé. Montez-les à mesure, symétriquement, autour d'un moule à charlotte, sans faire de fond. — Quand le sucre est froid, démoulez le croquembouche sur serviette pliée; garnissez-en le vide avec une plombière au lait d'amandes.

CROQUEMBOUCHE DE GÉNOISE, AUX FRAISES

Cuisez une plaque de génoise ayant 1 centimètre d'épaisseur; distribuez-la en croissants, avec un coupe-pâte de 4 à 5 centimètres de diamètre; abattez les angles de ces croissants de façon à leur donner la forme de petits quartiers d'orange; faites-les sécher à l'étuve douce. — Prenez la moitié de ces croissants, piquez-les au bout de petites brochettes pour les glacer d'un côté seulement, avec du sucre au *cassé*, blanc; piquez à mesure les brochettes sur une grille à pâtisserie. — Glacez l'autre moitié des croissants avec du sucre rose. Quand le sucre est tout à fait froid, détachez les croissants; montez-les en couronnes superposées contre les parois d'un moule à timbale, légèrement huilé, en ayant soin de les tremper à mesure dans du sucre au *cassé*, mais seulement assez pour les coller ensemble. Quand le sucre est bien refroidi, démoulez le croquembouche sur plat ; bordez-le en dessus avec du sucre filé, entourez-le, à sa base, avec de petites bouchées aux fraises ; emplissez-en le vide avec une crème plombière aux fraises, dressée en rocher.

CROQUANTE A LA MODERNE

Prenez deux moules à charlotte, dont un plus haut et plus large que l'autre ; dans le plus petit moulez un appareil de blanc-manger à la vanille ; tenez-le sur glace. — Prenez 6 à 700 grammes de pâte à vacherin ; abaissez-la de l'épaisseur de 4 millimètres. Sur cette abaisse, coupez des ronds de 2 centimètres et demi, avec un coupe-pâte ; évidez-les sur le centre, en anneaux, avec un autre coupe-pâte plus petit. Rangez-les sur plaque légèrement beurrée, cuisez-les à four doux, sans les colorer. — Quand ils sont froids, glacez-en la moitié, d'un côté seulement, avec de la glace rose, et l'autre moitié avec de la glace blanche.

Quand la glace est sèche, montez ces anneaux en spirale contre les parois du moule, en les collant avec de la glace-royale. Masquez aussi le fond du moule, laissez sécher la croquante quelques heures à l'étuve douce ; démoulez-la ensuite.

Au moment de servir, démoulez le blanc-manger sur serviette pliée, couvrez-le avec la croquante.

CROQUANTE A JOURS

Prenez 600 grammes de pâte d'amandes, au sucre cuit ; abaissez-la en bande longue, ayant à peu près un demi-centimètre d'épaisseur. Avec cette pâte, masquez les parois extérieures d'un moule à timbale beurré, soudez la bande, découpez-la à jour avec un emporte-pièce, de façon à former un décor correct. Enveloppez-la avec une bande de papier, faites-la sécher au four ; quand elle est froide, enlevez le papier ; masquez-la extérieurement avec une glace à la vanille. — Aussitôt la glace sèche, enlevez les découpures ; sortez la croquante du moule, dressez-la sur serviette pliée ; remplissez-la avec une crème plombière aux abricots.

MERINGUE A L'ANCIENNE

Avec de l'appareil à meringue, couchez sur papier, à l'aide d'une poche, des montants de la longueur de 8 à 10 centimètres ; cuisez-les à four très doux ; quand ils sont secs et refroidis, collez-les à la glace-royale, debout sur une abaisse ronde en pâte napolitaine, en les assemblant, pour plus de régularité, autour d'un moule à timbale posé sur le centre de l'abaisse. Quand la caisse est formée et la glace bien sèche, enlevez le moule ; masquez alors extérieurement ces montants avec une couche lisse de meringue ; décorez cette couche avec de la meringue poussée au cornet ; faites sécher le décor à l'étuve chaude ; laissez-le refroidir. Poussez alors au cornet, dans les cavités du décor, de la marmelade d'abricots ou de reines-claudes ou bien de la gelée de groseilles. Dressez la meringue sur serviette pliée, emplissez-en le vide avec de la crème fouettée, à la vanille.

BISCUIT D'AMANDES, AU MARASQUIN

Pilez finement 400 grammes d'amandes douces et amères, mondées, en les humectant avec un blanc d'œuf ; retirez-les dans une terrine ; ajoutez 500 grammes de sucre vanillé ; travaillez longtemps l'appareil, en lui mêlant 15 jaunes ; ajoutez un grain de sel, 2 cuillerées de cognac ; puis 10 blancs fouettés, en même temps que 200 grammes de fécule, en la tamisant. Avec une partie de cet appareil, emplissez un moule à timbale, beurré et glacé au sucre ; cuisez à four doux.

Quand le biscuit est démoulé et refroidi, parez-le, cernez-le en dessus, humectez-le au pinceau avec de la marmelade légère, nappez-le avec une glace au marasquin. Quand la glace est sèche, ouvrez le biscuit du côté cerné ; videz-le légèrement, en laissant une épaisseur égale partout ; emplissez-en le vide avec de la crème Chantilly, au marasquin ; montez la crème en pointe au-dessus du biscuit ; dressez-le sur serviette.

BISCUIT A LA PARISIENNE

Choisissez un moule à timbale, uni, haut de forme, bien sec ; beurrez-le à chaud avec un mélange de beurre épuré et de graisse de rognons de veau, dissoute ; faites égoutter le beurre, en penchant le moule, puis glacez-le avec de la glace de sucre ; la couche de glace doit être bien lisse. Emplissez ce moule avec de l'appareil de biscuit fin (page 17) ; collez sur le haut des parois une bande de papier beurré, ayant 3 centimètres ; cuisez-le à four doux. En le sortant, démoulez-le sur un clayon ; laissez-le refroidir, parez-le droit à la hauteur où était la bande de papier ; il doit être de belle couleur jaune, et de nuance égale sur toutes les surfaces. Cernez-le sur le dessus avec la pointe d'un petit couteau, à distance d'un centimètre des bords ; enlevez le rond, videz en partie le biscuit pour le garnir avec une crème Chantilly à la vanille, ferme, bien égouttée, en la dressant en pyramide. Dressez le biscuit sur serviette pliée, entourez-le avec une garniture de toutes petites tartelettes aux fraises.

BISCUIT GLACÉ, A LA VALOIS

Cuisez un biscuit fin dans un moule uni, à timbale (page 17). Quand il est refroidi, coupez-le droit, videz-le du côté coupé en laissant l'épaisseur d'un centimètre, et en réservant le couvercle.

Posez-le sur une grille d'office, en le renversant, c'est-à-dire avec le côté vidé appuyé sur la grille ; masquez-le alors entièrement avec une glace au chocolat, fondante ou cuite, assez liquide pour former une couche mince, lisse, d'une belle nuance ; faites-la sécher à l'air.

Au moment de servir, emplissez le vide du biscuit avec un appareil de plombière au lait d'amandes, mêlé avec un salpicon d'ananas confit, macéré au kirsch ; fermez l'ouverture avec le couvercle réservé, renversez le biscuit sur serviette pliée ; entourez-le avec une garniture de petits gâteaux.

GATEAU MILLEFEUILLE, A L'ITALIENNE

Préparez du feuilletage avec 500 grammes de farine, touré à 8 tours ; laissez-le bien reposer ; divisez-le en douze petites parties égales ; abaissez-les, posez-les sur plaque, coupez-les avec un petit couteau sur un patron en carton ou en fer-blanc ayant 16 à 18 centimètres de diamètre ; piquez-les avec une fourchette, laissez reposer ; humectez-les avec du blanc d'œuf, saupoudrez-les avec du sucre ; cuisez à four doux. En les sortant, faites-les refroidir sous presse très légère, puis masquez-en la moitié avec une crème frangipane au marasquin, et l'autre moitié avec de la gelée de groseilles ferme, mais broyée à la cuiller. Posez ces abaisses l'une sur l'autre, en alternant la confiture et la crème. Posez le gâteau sur une abaisse en pâte d'office, masquez-en les contours et le haut, d'abord avec de la marmelade ou de la crème, puis avec une couche de meringue italienne, au marasquin. Décorez les parois et le dessus, aussi avec de la meringue ; faites sécher celle-ci à four très doux, sans la colorer ; quand elle est froide, ornez le décor avec de la gelée de fruits, rouge et blanche.

GATEAU MILLEFEUILLE, AUX CONFITURES

Cuisez 16 abaisses en feuilletage, en opérant comme il est dit de l'article qui précède ; faites-les refroidir en trois piles, sans mettre de poids dessus.

Masquez ensuite la moitié de ces abaisses, d'un côté seulement, avec une couche de gelée de framboises, et l'autre moitié avec de la marmelade d'abricots. — Montez alors le gâteau, en posant bien régulièrement les abaisses l'une sur l'autre, et en alternant les confitures. Parez droit les contours, masquez-les avec de la marmelade d'abricots un peu ferme ; masquez également le dessus. Laissez sécher la marmelade, 2 heures ; masquez-la ensuite avec une autre couche de même marmelade plus liquide et bien claire.

Décorez le gâteau tout autour, avec des détails en feuilletage à blanc, avec de l'angélique et avec des demi-amandes blanches ; sur le haut du gâteau, formez une rosace avec de la gelée blanche et rose coupée à l'emporte-pièce. Dressez le gâteau sur serviette.

GATEAU SAINT-HILAIRE

Préparez un appareil à biscuit Saint-Hilaire (page 23) ; cuisez-le dans un moule à *trois-frères* beurré, au beurre épuré, fariné. En sortant le gâteau du four, démoulez-le sur une abaisse en pâte napolitaine cuite, coupée du diamètre voulu ; nappez-le entièrement avec de la marmelade d'abricots, chauffée ; posez-le sur une grille, masquez-le avec une glace au rhum ; dressez-le sur plat, emplissez-en le puits avec une plombière aux poires ; entourez-en la base avec de la gelée douce coupée en triangles ou à l'emporte-pièce.

GATEAU DE GÈNES

Préparez un appareil à biscuit de Gênes (page 23) ; cuisez-le dans un moule à *Gorenflot*, beurré, glacé à la fécule ; démoulez-le sur un clayon. Aussitôt qu'il est froid, abricotez-le, glacez-le à l'anisette ; décorez-le avec des fruits confits, dressez-le sur plat ou sur serviette, emplissez-en le puits avec une crème plombière aux amandes.

GATEAU IMPÉRIAL

Préparez un appareil de biscuit impérial (page 23) ; cuisez-le dans un moule forme *Delille*, beurré, fariné. — Quand le gâteau est sorti du four, démoulez-le sur un clayon, abricotez-le, glacez-le aux pistaches ; décorez-le ensuite avec cerises et ananas confits. Quand la glace est sèche, dressez le gâteau sur plat : emplissez-en le puits avec un appareil de glace aux noix fraîches.

GATEAU MADELEINE AUX AMANDES

Dans un moule à bordure, ouvragé, beurré au beurre clarifié, et glacé au sucre fin, cuisez un appareil madeleine (page 16). Laissez refroidir le biscuit ; parez-le, droit en dessus, renversez-le sur un clayon, abricotez-le ; glacez-le au fondant ou avec une glace à la vanille. — Quand la glace est sèche, passez simplement le gâteau à la bouche du four ; dressez-le sur serviette pliée ; emplissez-en le puits avec une crème plombière aux amandes, dressée en rocher ; découpez le gâteau sans le déformer.

GATEAU VAL-LA-REINE

Préparez un appareil de gâteau du congrès (page 66) ; cuisez-le dans un moule à *trois-frères*, beurré, glacé à la fécule ; en le sortant, démoulez-le sur une abaisse en pâte cuite ; laissez-le refroidir; abricotez-le, au pinceau, glacez-le à froid, avec une glace au citron; dressez-le sur plat, emplissez-en le puits avec un appareil de pain de framboises, lié sur glace; entourez le gâteau avec des croûtons de gelée à l'orange.

GATEAU VICTORIA

Cuisez, dans un moule à *savarin*, un appareil de biscuit aux amandes, au kirsch (page 22). Quand il est sorti du four, parez-le droit du côté plat; démoulez-le sur un clayon, laissez-le refroidir; abricotez-le; masquez-le avec une glace aux fraises; laissez refroidir la glace. Dressez le gâteau sur serviette pliée; garnissez-en le puits avec de la crème fouettée, sucrée, parfumée à la vanille, mêlée avec des petites fraises de bois.

GATEAU-PUNCH A L'ANGLAISE

Préparez un appareil de biscuit-punch; cuisez-le dans un moule à savarin; laissez-le refroidir; abricotez-le; posez-le sur une grille, masquez-le avec une glace fondante au punch; aussitôt la glace séchée, passez le gâteau au four, quelques secondes seulement, pour donner du brillant à la glace; dressez-le sur plat; garnissez le puits avec de grosses fraises crues, mêlées avec de la gelée de framboises, fraîchement cuite, peu consistante.

GATEAU DES DEUX-FRÈRES

Proportions : 500 grammes sucre, 500 grammes farine, 350 grammes beurre fondu, 16 œufs, 150 grammes amandes pralinées, vanille, grain de sel.

Pilez les amandes avec la vanille et un peu de sucre; passez au tamis, travaillez sur feu le sucre et 15 œufs; quand l'appareil est mousseux, ajoutez les amandes délayées avec un œuf, puis la farine, en la tamisant; ajoutez ensuite le beurre. — Cuisez dans un moule plat, cannelé, beurré et fariné; four doux.

En sortant le gâteau du four, démoulez-le sur une abaisse en pâte frolle, cuite, masquée de marmelade; glacez-le ensuite au kirsch. Dressez-le sur serviette, garnissez-en le puits avec de la crème fouettée ou crème plombière.

GATEAU DES TROIS-FRÈRES

Préparez un petit appareil de biscuit à *trois-frères* (page 24). Avec cet appareil, emplissez un moule à torsade, de forme basse, à cylindre, dit à *trois-frères*, beurré, glacé à la fécule; cuisez-le à four très doux. En le sortant, démoulez-le sur une abaisse en pâte frolle, cuite, coupée juste du diamètre du moule, masquée de marmelade; masquez-le aussitôt avec une couche de marmelade d'abricots, réduite, finie avec une cuillerée de marasquin; saupoudrez-le avec de l'angélique et des amandes coupées en petits dés. — Dressez le gâteau sur plat; emplissez le puits avec une belle macédoine de fruits variés, nappés à la gelée de pommes, mi-prise.

GATEAU ITALIEN

Cuisez un appareil de biscuit aux amandes, dans un moule à bordure, uni, plat en dessous; en le sortant du four, démoulez-le, laissez-le rassir; coupez-le en tranches transversales; masquez aussitôt ces tranches avec une crème viennoise au rhum. Remettez le gâteau en forme; masquez-le extérieurement avec de la marmelade chaude; quand celle-ci est refroidie, masquez entièrement le gâteau avec une glace fondante à la vanille, mais légère; saupoudrez-le immédiatement avec des pistaches hachées; dressez-le sur plat.

D'autre part, coupez un gros salpicon de fruits confits, ramollis à l'eau tiède, composé d'abricots, ananas, bananes, amandes vertes, coings, melon, quelques cerises entières; déposez ces fruits dans une petite terrine, mouillez juste à couvert, avec du curaçao : faites-les macérer 2 heures. Égouttez-les, mêlez-les à une petite crème plombière à l'orange, lisse et ferme. Avec cette plombière, emplissez le puits du gâteau en la dressant en pyramide; dressez sur la bordure une belle couronne de tranches d'ananas.

GATEAU MOSCOVITE AU KIRSCH

Cuisez, dans un moule à savarin, un appareil de biscuit moscovite; en le sortant du four, démoulez-le sur un clayon, laissez-le refroidir. Parez-le droit sur le côté plat; abricotez-le; masquez-le avec une glace faite à cru avec du kirsch; poussez le gâteau au four, pour quelques secondes, afin de donner du brillant à la glace; sortez-le aussitôt, dressez-le sur plat froid; comblez le vide du gâteau avec une abaisse de biscuit, assez épaisse pour le remplir jusqu'aux trois quarts de hauteur.

Foncez un moule à dôme avec du papier; sanglez-le avec de la glace salée. — Faites prendre dans une sorbetière sanglée à demi-dose, un appareil de gelée à l'orange, très légèrement collée; quand l'appareil est bien moelleux et lisse, mêlez-lui un salpicon de fruits confits, lavés à l'eau tiède, macérés au kirsch une heure. Avec cet appareil emplissez le moule sanglé, fermez celui-ci, couvrez-le avec de la glace salée; laissez frapper l'appareil 25 à 30 minutes.

Au moment de servir, retirez le moule de la glace, trempez-le à l'eau froide; renversez le pain dans le puits du gâteau; entourez la base de celui-ci avec une couronne de quartiers d'orange, glacés au *cassé*.

GATEAU SAVARIN, AUX FRAMBOISES

Préparez une pâte à savarin (page 10); quand elle est levée, dans la terrine, rompez-la; avec cette pâte emplissez aux trois quarts un moule à savarin beurré; bordez le moule, en dehors et à l'intérieur du cylindre, avec des bandes beurrées de papier ; laissez revenir la pâte à température douce.

Quand le moule est plein, posez-le sur un plafond, poussez-le à bon four ; dès que le gâteau est cuit, démoulez-le sur une grille à pâtisserie ; imbibez-le avec un sirop aux liqueurs, laissez-le bien égoutter et refroidir. Masquez-le ensuite avec une glace à l'orange ; dressez-le sur serviette. Au dernier moment, emplissez le puits avec un appareil de pain de framboises (page 240).

GATEAU SAVARIN A LA VESPASIENNE

Cuisez de la pâte à savarin dans un moule à savarin. En sortant le gâteau du four, siropez-le avec du sirop aux liqueurs : kirsch, curaçao, marasquin, noyau, lait d'amandes, zeste. Laissez-le égoutter sur une grille à pâtisserie. Quand il est froid, coupez-le droit sur le haut, dressez-le sur serviette.

Au moment de servir, garnissez-en le centre avec un appareil de blanc-manger, très légèrement collé, lié sur glace, mêlé avec de la crème fouettée, puis frappé à la glace salée, dans un moule. Prenez l'appareil dans une cuiller trempée à l'eau chaude, dressez-le en pyramide.

GATEAU DE WESTPHALIE, A LA CRÈME

Cuisez un petit appareil de biscuit au pain noir (page 28) dans un moule à savarin beurré, glacé ; quand il est froid, parez-le droit sur le côté plat, démoulez-le sur une grille à pâtisserie ; abricotez-le, glacez-le au chocolat. Quand la glace est sèche, passez quelques secondes le gâteau à la bouche du four ; dressez-le sur une serviette pliée, emplissez-en le puits avec un appareil aux noix, pilées et passées au tamis, simplement mêlées avec de la crème fouettée, à la vanille.

GATEAU BABA A LA MONTMORENCY

Emplissez un moule à savarin, haut de forme, avec de la pâte à baba, préalablement levée ; posez le moule sur plaque, faites de nouveau lever la pâte ; quand elle est montée à la hauteur des bords, poussez la plaque à four modéré pour cuire le gâteau. Démoulez-le sur une grille à pâtisserie, imbibez-le avec un sirop au kirsch ; quand il est refroidi, abricotez-le, au pinceau ; masquez-le avec une glace fondante au kirsch (page 124) ; dressez-le sur serviette ; emplissez-en le puits avec une glace aux groseilles, dressée en pyramide, par couches, en alternant chaque couche avec des cerises confites, bien égouttées de leur sirop.

GATEAU A LA STANLEY

Emplissez aux trois quarts un moule à côtes, avec de la pâte à baba, préalablement levée; faites-la encore lever dans le moule; cuisez le gâteau de belle couleur. En le sortant du four, imbibez-le avec un sirop au lait d'amandes; laissez-le refroidir; abricotez-le, masquez-le avec une glace au sucre, à la vanille; dressez-le sur serviette pliée, emplissez-en le puits avec une crème plombière, aux reines-claudes, légèrement nuancée avec du vert-d'épinards.

GATEAU DE COMPIÈGNE A L'ORANGE

Préparez une pâte à compiègne (page 12); faites-la lever dans la terrine, rompez-la, et, avec elle, emplissez un moule à fond rond et à cylindre; posez ce moule sur un petit plafond, faites de nouveau lever la pâte à température douce; poussez le plafond à four modéré pour cuire le gâteau de belle couleur. En le sortant du four, démoulez-le sur une grille pour l'imbiber avec un sirop au curaçao. Quand il est froid, coupez-le droit du côté plat; masquez-le au pinceau avec un peu de marmelade; masquez celle-ci avec une glace fondante à l'orange; saupoudrez alors le gâteau avec du sucre grainelé, mêlé avec des pistaches coupées en petits dés; dressez-le sur serviette, emplissez-en le puits avec une glace à l'orange.

GATEAU BRETON, GARNI DE PLOMBIÈRE

Cuisez un appareil de biscuit breton (page 26) dans un moule à 6 pans; laissez-le refroidir, parez-le droit, démoulez-le sur une grille à pâtisserie. Abricotez-le, masquez-le avec une glace fondante au marasquin.

Quand la glace est sèche, décorez le gâteau sur les angles, avec des points en crème beurrée, poussée au cornet; dressez-le sur serviette, garnissez le puits avec une crème plombière aux avelines, en la disposant en rocher.

GATEAU MALMAISON

Préparez un appareil de biscuit malmaison (page 24). — Beurrez un moule à bordure plat; glacez-le au sucre; emplissez-le avec l'appareil, cuisez à four doux; démoulez le gâteau. Quand il est froid, coupez-le droit, posez-le sur une grille, abricotez-le, glacez-le au fondant ou à la glace cuite; dressez-le sur plat; ornez-en le dessus avec des anneaux de gelée de pommes, rosée. Sur chaque anneau posez une petite reine-claude, glacée au *cassé*, sans noyau, mais fourrée à la pâte d'amandes. Garnissez le puits de la bordure avec de la crème Chantilly ou une crème plombière.

GATEAU PORTUGAIS

Cuisez un petit appareil de biscuit de Portugal (page 27), dans un moule à 6 pans ; en le sortant du four, démoulez-le sur un clayon, laissez-le refroidir ; parez-le droit ; masquez-le avec une légère couche de marmelade, et celle-ci, avec une glace fondante à l'orange. Quand la glace est sèche, dressez le gâteau sur serviette ; garnissez-en le puits avec une glace à l'orange, en la dressant en rocher ; entourez la base de celui-ci avec une couronne de quartiers d'orange, parés à vif.

GATEAU MALAKOFF

Cuisez dans un moule plat, à cylindre, comme pour le gâteau du congrès, un appareil de biscuit aux avelines (page 19) ; démoulez-le sur une abaisse en pâte cuite, masquée de marmelade ; laissez-le refroidir ; abricotez-le, masquez-le avec une glace fondante à la vanille ; quand la glace est sèche, dressez le gâteau sur serviette pliée ; emplissez-en le cylindre avec une crème beurrée, aux avelines (page 25), poussée au cornet ciselé, ou à la poche, en la dressant en pyramide.

GATEAU FINANCIER

Cuisez dans un moule à savarin beurré, un appareil de biscuit financier (page 25). En le sortant du four, démoulez-le sur une abaisse en pâte cuite, laissez-le refroidir ; abricotez-le, masquez-le au pinceau avec un peu de marmelade, et celle-ci, avec une glace fondante à l'orange ; passez le gâteau à la bouche du four pour donner du brillant à la glace ; dressez-le sur serviette.

Préparez une macédoine de fruits, composée avec des quartiers crus de pêche et d'abricot, de petites tranches d'ananas macérées dans du sirop, des cerises confites, des reines-claudes et des amandes vertes, coupées par moitiés ; déposez-les dans un moule à dôme, arrosez-les avec un peu de sirop vanillé, frappez-les sur glace, une heure.

Au moment de dresser, liez sur glace un petit appareil de pain d'abricots au lait d'amandes, mêlez-lui les fruits égouttés de leur sirop ; dressez cet appareil dans le puits du gâteau, servez aussitôt.

GATEAU A LA DAME-BLANCHE

Dans un moule à savarin beurré, glacé, cuisez un petit appareil de biscuit aux avelines et à la vanille (page 19). En le sortant du four, démoulez-le sur une grille ; quand il est froid, parez-le droit, du côté plat ; masquez-le au pinceau avec un peu de marmelade, et celle-ci avec une glace au kirsch ; donnez du brillant à la glace, en passant le gâteau quelques secondes à la bouche du four. Dressez le gâteau sur plat ; emplissez le puits avec une crème plombière à la Dame-Blanche (page 152), en la dressant en rocher.

GATEAU CUSSY, A LA CHANTILLY

Dans un moule à 6 pans, représenté par le dessin, beurré et glacé à la fécule; cuisez un appareil de biscuit cussy (page 25). En sortant le gâteau du four, démoulez-le sur une abaisse en pâte cuite; laissez-le refroidir; abricotez-le; masquez-le avec glace fondante à la vanille; passez le gâteau à la bouche du four afin de donner du brillant à la glace; dressez-le sur serviette pliée.

Au dernier moment, dressez dans le puits du gâteau une chantilly à la vanille; entourez-le avec une couronne de reines-claudes confites, sans noyaux, fourrées chacune avec une petite boule en pâte d'amandes, puis glacées au *cassé*.

GATEAU FANTINE

Dans un moule à 6 pans, de forme basse et à cylindre, beurré, glacé au sucre, cuisez un appareil de biscuit fin, à l'eau de fleurs d'oranger. Quand le gâteau est refroidi, abricotez-le légèrement, masquez-le ensuite avec une glace au sucre, à la liqueur de noyaux. Aussitôt le gâteau glacé, décorez-le en dessus, avec des demi-amandes vertes, confites; dressez-le sur serviette; emplissez-en le puits avec un appareil bavarois parfumé au zeste d'orange, lié à point sur glace.

GATEAU BOURBONNAIS

Incrustez sur glace un moule à bordure ouvragé, à pointes; versez, au fond de chaque pointe, une cuillerée à café de blanc-manger aux pistaches, légèrement nuancé avec du vert-d'épinards; finissez d'emplir peu à peu le moule avec du blanc-manger à la vanille, dans sa couleur naturelle.

Cuisez dans un moule à dôme un appareil de biscuit aux amandes. Cuisez également du même appareil sur plaque ou dans un moule plat, de 4 centimètres de haut. Quand le biscuit est refroidi, coupez celui qui est plat, juste du diamètre du puits de la bordure; abricotez-le, masquez-le avec une couche de glace fondante à la vanille. — Videz le biscuit en dôme; remettez-le dans le moule, posez celui-ci sur glace. Liez-le sur glace, dans un poêlon, 3 décilitres de gelée à l'ananas; mêlez-lui un gros salpicon d'ananas; quand l'appareil est raffermi, versez-le dans le vide du biscuit; couvrez celui-ci avec un moule rempli de glace; laissez raffermir l'appareil.

Au moment de servir, démoulez la bordure sur plat froid; placez le rond en biscuit dans le cylindre de la bordure; démoulez le biscuit en dôme sur le rond en biscuit; nappez-le immédiatement, à l'extérieur, avec de la marmelade d'abricots, étendue avec un peu de gelée; décorez joliment sa surface avec des demi-amandes bien blanches, et des détails d'angélique; posez une belle reine-claude sur le haut du biscuit en dôme, envoyez-le sans délai.

GATEAU SICILIEN

Cuisez un appareil de biscuit orangeade, dans un moule à 6 pans. En sortant le gâteau du four, démoulez-le sur une grille; laissez-le refroidir. Parez-le droit sur le côté plat, abricotez-le; masquez-le avec une glace à l'orange; passez-le au four, quelques secondes seulement, pour donner du brillant à la glace; dressez-le alors sur serviette pliée. Au dernier moment, garnissez-en le puits avec une plombière aux marrons, en la dressant en rocher; sur le haut du gâteau, dressez une couronne de marrons confits glacés au *cassé*.

GATEAU NARBONNE

Dans un moule à dôme, cuisez un petit appareil de biscuit à la vanille; en le sortant du four, démoulez-le sur un clayon; quand il est froid, parez-le droit sur le côté plat; distribuez-le en tranches transversales; reformez le gâteau, en masquant chaque tranche avec une couche de crème beurrée, à la vanille (page 124); masquez-le entièrement avec une couche de la même crème; décorez-le au cornet ciselé, aussi avec de la crème beurrée; dressez-le sur serviette pliée.

GATEAU PALMERSTON

Cuisez un appareil de biscuit palmerston (page 27), dans un moule à savarin, beurré, fariné. En le sortant du four, démoulez-le sur une grille à pâtisserie, laissez-le refroidir; parez-le droit, abricotez-le au pinceau; masquez-le avec une glace fondante, à la liqueur de noyaux; passez le gâteau au four, quelques secondes seulement, pour donner du brillant à la glace. Dressez-le sur serviette pliée; garnissez-en le puits avec un appareil de pain de fraises, lié au moment. Entourez-le avec une couronne de belles fraises glacées au *cassé*.

GATEAU FANCHETTE

Cuisez un appareil de biscuit fin, dans un moule à timbale; quand il est froid, videz-le en partie; emplissez-le, par couches, avec un appareil de plombière aux amandes, mêlé avec une égale quantité de fruits confits macérés avec du marasquin, en alternant chaque couche avec une couche de gelée ou marmelade de framboises; renversez-le sur une abaisse en biscuit, coupée juste de son diamètre; dressez-le sur plat, masquez-le avec une couche de meringue italienne, au rhum; décorez-le avec le même appareil.

GATEAU AMBROISIE

Étalez, sur plaques beurrées et farinées, un appareil de biscuit ambroisie (page 19), ayant l'épaisseur de 2 centimètres; cuisez-le à four doux. Quand il est refroidi, divisez-le, à l'aide d'un moule à timbale, en 7 ou 8 abaisses rondes; marquez la surface de ces abaisses avec une couche de crème beurrée (page 125), aux amandes et à la vanille; montez-les, l'une sur l'autre, comme un napolitain; masquez le haut et le tour du gâteau avec une couche de cette même crème; décorez-le au cornet ciselé; dressez-le sur plat.

GATEAU BONVALET

Pilez 200 grammes d'amandes avec 200 grammes de sucre, en ajoutant peu à peu 5 blancs d'œuf; passez l'appareil au tamis.

Travaillez dans une terrine 500 grammes de sucre en poudre, avec 350 grammes de beurre et 4 œufs, en mêlant les œufs l'un après l'autre. Quand l'appareil est mousseux, ajoutez 175 grammes de farine de froment, 175 grammes de farine de riz, 170 grammes de fécule; en dernier lieu, 7 blancs fouettés; mêlez peu à peu l'appareil aux amandes. Cuisez le gâteau à four doux, dans un moule à *trois-frères*, beurré, glacé à la fécule. Quand le gâteau est froid, glacez-le au kirsch; dressez-le sur plat; emplissez-en le vide avec de la crème fouettée, ou avec une plombière.

GATEAU DE PITHIVIERS

Avec 300 grammes d'amandes, 300 grammes de sucre, 300 grammes de beurre, 5 à 6 œufs, demi-bâton de vanille, grain de sel et quelques cuillerées de crème crue; préparez une *crème de Pithiviers* (page 126) à la vanille.

Prenez 5 à 600 grammes de feuilletage à 8 tours; divisez-le en deux parties inégales, abaissez-les rondes, du diamètre de 20 à 24 centimètres, mais l'une de ces abaisses doit être un peu plus épaisse que l'autre; étalez la plus mince sur une plaque, masquez-en la surface, jusqu'à 3 centimètres des bords, avec une couche de la crème préparée; mouillez les bords de l'abaisse au pinceau, couvrez-la exactement avec l'autre abaisse; appuyez légèrement la pâte sur les bords pour souder les deux abaisses. Avec la pointe d'un petit couteau d'office, coupez tout autour la pâte, en la festonnant aussi régulièrement que possible; dorez la surface, rayez-la avec la pointe d'un petit couteau, en formant un dessin quelconque. Poussez alors le gâteau à four modéré, afin que la pâte cuise bien; quelques minutes avant de le sortir, saupoudrez-le avec du sucre fin, faites-le glacer à la flamme; aussitôt que le sucre est fondu, retirez-le, laissez-le refroidir; dressez-le sur serviette pliée.

GATEAU CRÉOLE

Prenez un biscuit fin, cuit de la veille, dans un moule à dôme ; videz-le, en laissant une croûte mince.

Liez sur glace un petit appareil de crème bavaroise au riz, légèrement collé ; quand il est à point, mêlez-lui un salpicon d'ananas confit. Avec ce riz, remplissez le vide du biscuit ; laissez-le raffermir une heure. Dressez alors le biscuit sur un fond disposé sur plat ; masquez-en les surfaces avec une crème beurrée, aux amandes (voy. page 125) ; décorez-le ensuite au cornet, en lui donnant la forme d'un ananas ; imitez la couronne avec de l'angélique coupée ; piquez sur chaque perle une petite pointe également en angélique ; entourez-en la base avec de petites tartelettes garnies avec le même appareil au riz, nappé à l'abricot, dont la surface est décorée avec des détails en ananas confit.

GATEAU GALLICIEN

Dans 2 moules plats, ayant la hauteur de 4 centimètres, l'un plus large que l'autre, de façon à former gradin, en les plaçant l'un sur l'autre, cuisez un appareil de biscuit fin ou de génoise fouettée sur feu. — Coupez-les droit en dessus ; divisez-les en tranches horizontales ; masquez-les avec une couche de crème beurrée, aux pistaches et à la vanille ; remettez-les en forme. Videz-les alors sur le centre ; remplissez-en le vide, aussi avec la crème beurrée, aux pistaches. Retournez-les, posez-les sur une grille ; abricotez-en les surfaces au pinceau, masquez-les avec une glace à la vanille, légèrement nuancée au vert-d'épinards. Posez-les aussitôt l'un sur l'autre, saupoudrez-les avec des pistaches en dés ; dissimulez-en les jointures avec de la glace ou de la crème beurrée poussée au cornet ; dressez-les sur serviette. — Au lieu de les saupoudrer de pistaches, on peut les décorer au cornet avec de la crème beurrée, blanche.

GATEAU DE LA PAIX

Dans un moule à bordure uni et plat en dessus, cuisez un appareil de biscuit aux amandes. Quand il est démoulé et refroidi, parez-le droit ; videz-le légèrement, emplissez-en le vide avec un appareil de glace au beurre, aux amandes et à la vanille. Renversez le gâteau sur un clayon, masquez-le avec une glace aux pistaches, de couleur tendre ; décorez le tour avec des demi-amandes bien blanches ; laissez sécher la glace.

Retirez le noyau à une douzaine de belles reines-claudes confites, remplacez-les par une petite boule de pâte d'amandes ; faites-les sécher ; glacez-les au *cassé*. — Préparez une crème plombière au riz et à la crème crue.

Au moment de servir, dressez la bordure sur plat ; masquez le fond du cylindre avec un rond de biscuit de 1 centimètre d'épaisseur ; sur celui-ci, dressez la plombière, en rocher ; dressez les reines-claudes glacées, sur le haut de la bordure, l'une à côté de l'autre. Envoyez aussitôt l'entremets.

GATEAU DE MADAME

Pilez 250 grammes d'amandes avec un morceau de vanille coupé, et 350 grammes de sucre ; ajoutez peu à peu 8 œufs entiers : l'appareil doit être mousseux.

Foncez un cercle à flan avec de la pâte sucrée ; garnissez-le avec l'appareil, cuisez à four modéré. Quand il est démoulé et refroidi, masquez-le d'abord avec une mince couche de marmelade, puis avec une couche de meringue italienne, au rhum ; décorez-en la surface avec cette meringue ; faites sécher à l'étuve ; laissez-le refroidir avant de le dresser.

GATEAU FRAMBOISÉ

Préparez un appareil de biscuit de Portugal (page 27) ; cuisez-le dans un moule à bordure, uni, plat en dessus. Quand il est démoulé et refroidi, parez-le droit ; masquez-le d'abord avec une mince couche de marmelade d'abricots, puis avec une couche de glace au suc de framboises ; décorez-le aussitôt, sur le tour, avec des feuilles d'angélique ; laissez sécher la glace.

Au moment de servir, dressez le gâteau sur serviette, garnissez-en le puits avec une crème fouettée, parfumée à l'orange ; dressez alors, sur le haut de la bordure, une belle couronne de tranches d'ananas confites ; envoyez aussitôt l'entremets.

VACHERIN AUX FRAMBOISES

Avec 500 grammes d'amandes préparez une pâte à vacherin (voy. page 13).

Préparez une caisse en carton mince, ronde, ouverte des deux côtés, de même hauteur et largeur qu'un moule à charlotte.

Avec une partie de la pâte, faites une abaisse ronde, d'un centimètre d'épaisseur, de même largeur que la caisse en carton ; placez-la sur un rond de papier et sur plaque ; faites-la sécher à four doux ; laissez-la refroidir ; masquez-en l'épaisseur avec de la glace-royale au blanc d'œuf. — Abaissez le restant de la pâte, en bande de l'épaisseur d'un demi-centimètre, assez longue pour faire le tour de la caisse en carton, et d'un centimètre plus large que la hauteur de celle-ci. Posez cette caisse sur l'abaisse ronde, puis dressez la bande autour, en l'appuyant contre l'épaisseur de l'abaisse inférieure afin de la coller, et former ainsi une caisse ouverte sur le haut, en la soudant des deux bouts. Faites-la sécher à four doux, laissez-la refroidir ; retirez ensuite la caisse en carton.

Masquez alors la caisse en pâte, autour et en dessus, avec une couche de meringue italienne ; décorez-en les surfaces au cornet. Faites sécher la meringue à l'étuve douce laissez refroidir.

Dressez le vacherin sur serviette, garnissez-en le vide avec une glace aux framboises ou aux groseilles, bien rouge.

GAUFRES A LA BEKENDOFF

Dans un gaufrier, pas trop creux, cuisez des gaufres à la crème, bien sèches; divisez-les chacune en deux parties sur le travers, rangez-les par couches, sur le fond d'un plat, en masquant chaque couche avec de la marmelade d'abricots, de façon à emplir le creux des gaufres, en les montant en pyramide. Masquez alors cette pyramide avec une épaisse couche de crème fouettée, ferme, bien égouttée, sucrée et parfumée à la vanille; décorez-en ensuite les surfaces avec la même crème poussée au cornet.

POMMES A LA PARISIENNE

Entourez de glace pilée, un moule à bordure uni ou à cannelons; montez-le en chartreuse avec des pommes blanches et roses, coupées en boule ou en bâtonnets, en trempant les détails dans de la gelée mi-prise.

Quand les parois sont masquées, emplissez le vide du moule avec un appareil de pain de pommes, à la crème.

Pelez et tournez 10 belles moitiés de pomme, d'égale grosseur; cuisez-les bien blanches, un peu fermes; faites-les refroidir dans du sirop. Égouttez-les, nappez-les avec du suc de pommes sucré, réduit à peu près à la *nappe*, de façon à masquer légèrement les fruits.

Au moment de servir, démoulez la bordure sur un plat froid; emplissez-en le vide avec un appareil de riz à la crème, froid. Dressez alors les pommes, en couronne, et emplissez aussi le centre de cette couronne avec du riz; sur ce riz formez une chaîne avec des triangles d'angélique confite: dans le centre de ce cercle, dressez un joli bouquet de cerises mi-sucre, correctement montées en pyramide, nappées à la gelée.

Consolidez les pommes à leur base avec de la gelée douce, hachée, poussée au cornet; puis décorez chaque demi-pomme, sur son centre, avec une chaîne de petits ronds d'angélique coupés avec un tube à colonnne: cette chaîne doit aller de haut en bas, en suivant l'inclinaison de la pomme.

ANANAS GLACÉ, A LA D'ORLÉANS

Choisissez un gros ananas frais, coupez-en la couronne, mais laissez adhérer à celle-ci une tranche épaisse du fruit; coupez droit l'ananas à l'autre extrémité; puis pelez-le et videz-le de ses chairs, en laissant sur les contours l'épaisseur d'un centimètre; posez aussitôt l'ananas debout, dans une casserole à *bain-marie*, ou dans une grande boîte à conserve; mouillez-le à couvert avec du sirop froid, vanillé, à 25 degrés; couvrez le vase, laissez macérer l'ananas 4 heures.

Coupez en petits dés le tiers des chairs enlevées à l'ananas; déposez-le dans une terrine, couvrez-les également avec du sirop vanillé.

Pilez et passez au tamis le restant des chairs d'ananas et les parures; mêlez-les avec le suc de quelques oranges et d'un citron, un peu de zeste et le sirop d'ananas; avec cet appareil préparez une glace.

Une heure avant de servir, sanglez une petite sorbetière; quand elle est bien saisie par le froid, égouttez l'ananas, posez-le debout dans la sorbetière, en l'appuyant sur un rond de papier; fermez la sorbetière.

Quand l'ananas est bien saisi, sortez-le, coupez-le en tranches transversales; reformez-le ensuite, en remplissant à mesure le vide de chaque tranche avec la glace préparée.

Sur le centre d'un plat rond, collez un anneau épais, en génoise, masqué d'abord avec de la marmelade, glacé ensuite au rhum; sur cet anneau posez l'ananas, bien d'aplomb; entourez-le avec de longues tiges d'angélique, coupées en pointe, glacées au sucre *cassé*, et disposées en éventail. Couvrez l'ananas avec sa couronne dont les feuilles vertes auront été d'avance nappées au sucre au *cassé*, à l'aide d'une cuillère, afin de leur donner du brillant. Nappez ensuite l'ananas, au pinceau, avec de la gelée mi-prise, et garnissez-en la base avec une chaîne de petites tartelettes à l'ananas; servez sans délai. Cet entremets de confection un peu compliquée est cependant d'un effet flatteur.

Au besoin, on peut parfaitement opérer avec un gros ananas de conserve (d'Amérique), après lui avoir donné 3 façons au sucre froid, à 30 degrés. En ce cas, pour remplacer la couronne absente, il faudrait en imiter une en sucre *tiré*, de nuance verte.

SOMMAIRE DE LA PLANCHE 8

Dessin 50. — MILLEFEUILLE A LA GÉNOISE

Cuisez deux grandes plaques de génoise, ayant 2 centimètres d'épaisseur; laissez-les refroidir. Sur ce gâteau, coupez 7 abaisses rondes, ayant 12 centimètres de diamètre; prenez-les une à une, divisez-les horizontalement chacune en deux parties; fourrez-les avec de la marmelade; remettez-les en forme, puis videz-les sur le centre : réservez-en une entière. Masquez-les alors sur leur épaisseur avec une couche mince de meringue; lissez celle-ci; saupoudrez une moitié des abaisses, sur leur épaisseur, avec des pistaches hachées, et l'autre moitié avec du sucre granit, blanc. Faites sécher à l'étuve douce.

Montez ensuite le gâteau, en alternant la nuance des abaisses, et en masquant à mesure leur surface avec de la frangipane pour les souder ensemble. — Dressez le millefeuille sur un fond en bois couvert d'une serviette pliée; au dernier moment, garnissez-en le vide avec une chantilly ou une crème plombière, dressée en pyramide; entourez la base de celle-ci avec un épais cordon de gelée hachée.

Dessin 51. — CHARLOTTE RUSSE, AUX PISTACHES

Avec du papier, foncez un moule à charlotte. — Cuisez une plaque de biscuit au beurre, à la vanille, de l'épaisseur de 1 centimètre; divisez cette abaisse en bandes de 12 centimètres de largeur, masquez-les, sur une surface, moitié avec une glace-royale à la vanille blanche, l'autre moitié avec de la glace verte aux pistaches, ou rose, à l'orange; divisez aussitôt ces bandes transversalement en montants de 2 centimètres de largeur, coupés légèrement en diagonale; rangez-les à mesure sur une plaque couverte de papier, à distance, pour faire sécher la glace. — Coupez également un fond rond, du diamètre intérieur du moule à charlotte; masquez ce rond moitié avec de la glace blanche, moitié avec de la glace nuancée; divisez-le aussitôt en rosace. — Quand la glace

Pl. 8

DESSIN 50.

DESSIN 51.

DESSIN 52.

DESSIN 53.

DESSIN 54.

DESSIN 55.

DESSIN 56.

DESSIN 57.

est sèche, montez la charlotte, en commençant par le fond, en alternant les nuances; dressez ensuite les montants inclinés contre les parois du moule, en les serrant les uns contre les autres, sans négliger d'alterner les nuances.

Une heure avant de servir, incrustez le moule sur glace; quand il est saisi, emplissez la charlotte avec un appareil de crème bavaroise aux pistaches, lié au moment sur glace; couvrez le moule avec un autre moule creux, rempli de glace. — Quand l'appareil est raffermi, renversez la timbale sur serviette; sur le centre de la charlotte dressez une petite pyramide de crème fouettée; entourez-en la base avec une chaîne de petites boules en pâte d'amandes, glacées au *cassé*. Envoyez aussitôt l'entremets.

DESSIN 52. — MERINGUE GARNIE DE GLACE AUX FRAISES

Coupez 12 ronds de papier de 18 centimètres de diamètre chacun; rangez-les sur une plaque; sur chaque rond, poussez à la poche un épais cordon en meringue, formant un anneau, exactement du même diamètre que les ronds de papier; saupoudrez ces anneaux avec du sucre fin, poussez-les à four très doux. — Quand la meringue est sèche, de belle couleur blonde, sortez les anneaux, laissez-les refroidir; humectez le papier en dessous, pour l'enlever.

Assemblez alors les anneaux, de deux en deux; dressez-les l'un sur l'autre, en les collant avec de l'appareil à meringue; collez ensuite le tout sur une abaisse en pâte d'office, un peu plus large que les anneaux; masquez les parois et le dessus de la caisse avec une couche de meringue fine; puis, décorez les pourtours au cornet, dans l'ordre reproduit par le dessin; sur la lisière du cylindre, poussez une chaîne de petites perles; contre l'épaisseur de l'abaisse inférieure poussez de grosses perles; saupoudrez l'appareil avec du sucre fin; faites-le sécher à four très doux, en lui faisant prendre belle couleur.

Quand la meringue est sortie du four, et refroidie, ornez les cavités du décor avec de la gelée de coings ou de groseilles; dressez-la sur serviette. Au dernier moment, garnissez-en le vide avec une crème plombière aux fruits ou à la crème.

DESSIN 53. — CHARLOTTE A LA PRINCESSE DE GALLES

Choisissez 8 gaufres de Carlsbad[1], forme de carré long, de grande dimension, mais surtout d'égale nuance. Posez-les debout contre un moule droit, en les soudant ensemble, à l'aide d'un cordon de glace-royale poussée au cornet : le point essentiel consiste à obtenir un octogone aussi régulier que possible. Laissez sécher la glace une couple d'heures, à température de la cuisine. Enlevez le moule, collez la charlotte sur un fond en biscuit, un peu épais, coupé de forme octogone, glacé sur toutes ses surfaces : ce fond doit être un peu plus large que la charlotte. Entourez la base de celle-ci avec une chaîne de boules en pâte d'amandes, rose, glacées au *cassé*. — Dressez l'entremets sur plat;

1. Ces gaufres sont maintenant fabriquées en Angleterre; on les trouve aujourd'hui dans tous les grands centres.

au moment de servir, remplissez le vide de la charlotte avec une glace aux fraises; disposez alors sur le haut, autour de la glace, une chaîne de petits cornets en pâte à gaufres italiennes, garnis avec de la chantilly. — Cet entremets est souvent servi à Londres.

Dessin 54. — POUDING FROID, DE CARÊME

Avec 8 décilitres de lait, 300 grammes de sucre, 9 à 10 jaunes d'œuf, 1 bâton de vanille, préparez une crème anglaise (page 127); aussitôt liée, retirez-la; quand elle est à peu près froide, mêlez-lui la valeur de 8 à 10 feuilles de gélatine clarifiée. Passez l'appareil, laissez-le refroidir; essayez-en une petite partie sur glace, pour le rectifier au besoin.

Incrustez sur glace un moule à charlotte; décorez-en le fond et les pourtours avec des écorces et des amandes vertes, confites, symétriquement découpées, trempées à mesure dans de la gelée mi-prise. — Préparez un salpicon de fruits confits, variés, mêlez-lui quelques cuillerées de pistaches et des raisins de Smyrne; faites-le macérer une demi-heure dans du sirop au marasquin. Mêlez au décor quelques raisins de Smyrne et de Corinthe, ainsi que quelques pistaches, afin de varier les nuances; chemisez très légèrement le moule, avec de la gelée.

Coupez des tranches minces de biscuit à la vanille; imbibez-les tour à tour avec du marasquin, versé dans une assiette creuse; rangez-les à mesure, par couches, dans le moule, en saupoudrant chaque couche avec des fruits; couvrez-les avec une couche de la crème préparée, ayant à peu près 1 centimètre d'épaisseur; quand la crème est prise, dressez une autre couche de biscuit imbibé; saupoudrez également avec les fruits, couvrez ceux-ci avec une autre couche de crème, ayant la même épaisseur que la première. Continuez ainsi, en alternant les biscuits, les fruits et la crème, jusqu'à ce que le moule soit plein; tenez ce moule sur glace encore trois quarts d'heure.

Au dernier moment, trempez le moule à l'eau chaude; essuyez-le, renversez le pouding sur une couche de gelée prise sur plat; piquez sur le centre un hâtelet garni de fruits; entourez-en la base avec une couronne de demi-pêches; nappez cette couronne, au pinceau, avec de la gelée mi-prise. En même temps que l'entremets, envoyez une saucière de purée de fraises, étendue avec du sirop vanillé, bien refroidie sur glace.

Dessin 55. — CHARLOTTE A LA DUCHESSE

Cuisez un biscuit fin, dans un moyen moule à charlotte, pas trop large, mais haut; quand il est rassi, videz-le, en laissant une mince épaisseur. Renversez-le, abricotez-le avec une mince couche de marmelade, légèrement collée; décorez-en les surfaces avec des détails minces, en fruits confits et en biscuit blanc.

Prenez un moule à charlotte un peu plus grand et plus haut; entourez-le avec de la glace pilée; faites prendre au fond une couche de gelée claire, ayant à peu près un demi-centimètre d'épaisseur; posez alors le biscuit sur cette couche, en le renversant; coulez tout autour, peu à peu, de la gelée au kirsch, liquide et froide, pour combler le vide ; laissez-la raffermir. Masquez ensuite le biscuit, à l'intérieur, au fond et autour, avec une couche de riz à la crème, vanillé, légèrement collé ; lissez-en la surface. Couvrez le moule avec un autre moule plus large, rempli de glace pilée.

Vingt minutes après, enlevez la glace et le moule ; emplissez le vide qu'il laisse avec des cerises mi-sucre, bien rouges, lavées à l'eau tiède, liées dans un poêlon avec de la gelée mi-prise, au kirsch ; couvrez encore le moule. Un quart d'heure après, renversez la charlotte sur une couche de gelée prise sur plat ; entourez-la avec de belles reines-claudes, glacées au *cassé*.

Dessin 56. — NAPOLITAIN GARNI DE PLOMBIÈRE

La recette de ce gâteau mérite l'attention des pâtissiers ; elle est un peu minutieuse, mais le résultat dédommage largement de la peine.

Préparez une pâte frolle, avec 1 kilogramme de farine, 700 grammes de beurre, 500 grammes de sucre en poudre, 500 grammes d'amandes, 12 jaunes et 2 œufs entiers ; 1 décilitre de crème double, crue, zestes râpés de citron et d'orange, grain de sel. — Les amandes mondées doivent être pilées avec 4 jaunes d'œuf et les zestes, puis passées au tamis. — Cette pâte étant très molle, ne peut pas être abaissée au rouleau.

Divisez la pâte en seize parties. — Prenez un carton épais, évidez-le en cercle du diamètre que doit avoir le gâteau (14 à 15 centimètres); posez ce carton sur une plaque, étalez une partie de la pâte dans le vide du carton ; appuyez-la avec la main, de façon à remplir tout le vide : l'abaisse doit être mince ; lissez-la en dessus avec la lame d'un couteau, enlevez le carton ; moulez une autre abaisse à côté de la première, en opérant par le même procédé. Dorez les abaisses, cuisez-les à four chaud, sans les laisser colorer: quelques minutes suffisent.

En les sortant du four, coupez-les sur les bords avec un moule à charlotte du même diamètre que le vide du carton, afin de les obtenir égales. Évidez-les aussitôt avec un coupe-pâte de 7 centi-mètres ; laissez-en une seule pleine. A mesure qu'elles sont coupées, placez-les l'une sur l'autre, en deux piles, faites-les refroidir avec un poids léger dessus, pour les obtenir planes. Prenez l'abaisse qui n'est pas évidée ; masquez-en la surface avec une couche de marmelade d'abricots; posez dessus une abaisse évidée ; masquez-la aussi ; continuez à montrer ainsi les abaisses, l'une sur l'autre, en les masquant.

Laissez reposer le gâteau 24 heures, après avoir mis dessus un poids léger. Parez-le ensuite sur les contours, avec un couteau, pour en lisser les surfaces ; masquez celles-ci avec une couche mince de belle marmelade d'abricots claire et transparente. Si le gâteau doit être présenté aux convives, décou-pez-en la moitié de haut en bas, en tranches minces, sans cependant le déformer ; puis décorez-le sur les contours et sur le haut, avec des détails en pâte d'amandes, en feuilletage ou simplement avec de la glace-royale mangeable, poussée au cornet. Dressez le gâteau sur serviette pliée ; au dernier moment remplissez-en le vide avec une plombière à la vanille ou simplement avec une crème Chantilly.

Dessin 57. — GATEAU SAVARY

Dans un grand moule à charlotte, haut de forme, cuisez un appareil de biscuit fin, à la vanille. — Préparez deux appareils de crème beurrée, l'un aux pistaches, l'autre à la vanille.

Quand le biscuit est rassis, parez-le droit sur le haut; distribuez-le en 7 ou 8 tranches transversales; évidez celles-ci avec un coupe-pâte de 5 centimètres de largeur, de façon à former des anneaux; posez-les l'un sur l'autre pour remettre le biscuit en forme, en les masquant à mesure avec une couche de crème beurrée, blanche. Placez le biscuit sur une abaisse en pâte ferme, cuite, masquée avec une couche d'appareil, afin de les coller ensemble.

Masquez les pourtours du biscuit avec une couche d'appareil vert; lissez-le bien, décorez-le au cornet avec de l'appareil blanc.

Dressez le gâteau sur serviette pliée; emplissez-en le vide avec les deux appareils, en alternant les nuances; terminez par l'appareil blanc dressé en pyramide; entourez-en la base avec une chaîne de cerises mi-sucre, glacées au *cassé*. Tenez le gâteau 20 minutes dans l'armoire à glace avant de le servir.

SOMMAIRE DE LA PLANCHE 9

Dessin 58. — VACHERIN MODERNE

Couchez sur papier, à la cuiller ou bien à la poche, une vingtaine de grandes coquilles en meringue, de forme ovale, bien égales; saupoudrez-les avec de la glace de sucre; 5 à 6 minutes après, cuisez-les à four très doux, en leur faisant prendre belle couleur. En les sortant, videz-les très légèrement du côté plat; remettez-les au four pour quelques minutes; faites sécher 24 heures à l'étuve.

Prenez-les, une à une, nappez-les au pinceau, du côté bombé, avec une couche de belle marmelade d'abricots, serrée et tiède; décorez-les, sur les bords, avec des ronds en angélique ou des moitiés de cerises mi-sucre, distribués dans l'ordre que représente le dessin. Dressez-les ensuite en couronne, à cheval, presque debout, sur une abaisse en génoise un peu épaisse, également nappée avec de la

Pl. 9.

DESSIN 58.

DESSIN 59.

DESSIN 60.

DESSIN 61.

DESSIN 62.

DESSIN 63.

DESSIN 64.

DESSIN 65.

marmelade, décorée sur son épaisseur : collez-les à mesure au sucre au *cassé* ou à la glace-royale. Quand la couronne est formée, collez, sur le haut de chaque coquille, une belle cerise glacée au *cassé*. Glissez alors l'entremets sur un plat ; garnissez-le avec un appareil de purée de marrons, légèrement collé, lié sur glace, fini avec de la chantilly.

DESSIN 59. — MERINGUES DU ROI

Les meringues représentées par le dessin sont de forme mignonne ; elles n'ont pas plus de 2 centimètres et demi de diamètre, c'est juste la grosseur qui convient ; trop grosses, elles sont moins faciles à dresser, et sont moins élégantes.

Préparez un appareil à meringue avec 8 à 9 blancs d'œuf, 250 grammes sucre en poudre, 250 grammes glace de sucre. Prenez-le par petites parties avec une cuiller à bouche, en fer mince ; appuyez l'appareil contre le bord de la bassine, roulez-le pour le lisser et lui faire prendre du corps, absolument de la même façon qu'on opère avec la pâte à chou, pour coucher les pains de La Mecque. Laissez-le ensuite tomber sur le papier, en tenant perpendiculairement la cuiller ; aussitôt que l'appareil touche au papier, tournez lentement la cuiller de droite à gauche, de façon qu'il tombe en forme arrondie, en conservant sur le centre une petite cavité, formée par l'appareil qui vient se terminer là. Cette opération est un peu minutieuse et exige une certaine pratique ; mais, en somme, elle n'offre pas de grandes difficultés ; d'ailleurs, on ne doit point regretter la peine, en raison du résultat qu'on obtient.

Couchez les meringues à distance, car l'appareil s'affaisse toujours un peu. Quand elles sont couchées, saupoudrez-les avec une couche mince de glace de sucre, en faisant tomber celle-ci à travers un sac en étamine. Tenez-les ainsi 10 à 12 minutes ; cuisez-les à four très doux, sur des planches humides. Quand elles ont pris une belle couleur et la consistance nécessaire, retirez-les, videz-les, rangez-les sur un plafond, le vide en dessus ; remettez-les au four, afin de faire sécher le côté creux ; tenez-les ensuite 24 heures à l'étuve chaude.— Les meringues doivent toujours être bien sèches. Pour obtenir des meringues moelleuses et fondantes, il faut les garnir avec la chantilly vanillée, 20 minutes avant de les servir. Dressez-les, au moment, en buisson sur serviette pliée.

DESSIN 60. — NID EN SUCRE FILÉ

Prenez 2 douzaines d'œufs de poule, d'égale grosseur ; avec la pointe d'un petit couteau, pratiquez une petite ouverture sur la partie centrale de chaque coquille, afin de les vider entièrement des parties liquides ; lavez-les intérieurement ; quand elles sont bien égouttées, rangez-les sur une couche de glace pour les faire saisir par le froid ; emplissez-en alors la moitié avec un appareil de blanc-manger naturel, à la vanille, et l'autre moitié avec du blanc-manger rose, très légèrement lié sur glace, assez liquide pour être coulé dans le vide des coquilles, par l'ouverture pratiquée, et en prendre bien la forme ; remettez-les sur glace.

D'autre part, avec du sucre cuit au *cassé*, filez une charpente en cordons, sur un moule à bordure à fond rond, huilé ; quand elle est froide, démoulez-la sur plat. Sur cette charpente, avec du sucre filé fin, formez une imitation de nid d'oiseau. Au moment de servir, brisez tout doucement les coquilles des œufs, afin de mettre à nu l'appareil de blanc-manger; dressez à mesure ces œufs imités, dans le vide du nid. — Si l'on avait à sa disposition une suffisante quantité de moules en étain, forme d'œuf, on pourrait alors les mouler en glace à la crème ou aux fruits.

Dessin 61. — GAUFRES A LA CAIMAC

Cet entremets est d'origine orientale; il est encore peu connu; il peut cependant être considéré comme une variété très agréable. Je l'ai souvent servi.

Dans un gaufrier pas trop creux, cuisez des gaufres légères : il en faut une quinzaine. A mesure qu'elles sont cuites, rangez-les sur une grille, tenez-les à l'étuve : elles doivent être bien sèches; laissez-les refroidir.

Mettez dans une casserole un peu large, un litre de bonne crème crue, 375 grammes de sucre en pain, coupé en morceaux, un bâton de vanille coupé en deux; posez la casserole sur feu vif, en observant que le liquide ne s'échappe pas; quand il est réduit de moitié, ne le quittez plus; tournez-le avec une cuiller comme une sauce : il doit arriver à la consistance d'une béchamel serrée; en le pre- nant entre deux doigts, il doit filer comme du sucre cuit au *petit-boulé*, au même degré que pour faire le fondant, c'est-à-dire former des fils serrés et collants. A ce point, retirez-le; trempez le fond de la casserole dans l'eau froide, tournez l'appareil jusqu'à ce qu'il soit refroidi; travaillez-le alors sur glace, en lui mêlant peu à peu le suc de deux citrons; travaillez-le jusqu'à ce qu'il ait acquis la con- sistance d'une pommade : en le prenant avec la cuiller il ne doit plus couler; c'est là le vrai point qu'il faut atteindre.

Coupez la moitié des gaufres, chacune en deux parties ; masquez-les d'un côté avec une couche de gelée ou confiture de groseilles de Bar; dressez-les l'une à côté de l'autre sur une couche d'appa- reil à la crème, étalé sur le fond du plat; montez-les ainsi, en dôme de la hauteur de 10 à 12 centi- mètres, en alternant les gaufres masquées de groseilles avec une couche de l'appareil à la crème. Coupez le restant des gaufres en triangles; masquez-les aussi avec de la gelée de groseilles, montez- les de chaque côté du carré formé par les premières gaufres, en les alternant aussi avec l'appareil à la crème. En opérant ainsi, on obtient une pyramide de forme ronde; masquez-la autour et sur le haut avec une couche du même appareil, puis décorez-la avec des détails en feuilletage *à blanc*, coupés en losanges, en croissants et en ronds, disposés dans l'ordre que représente le dessin; servez aussitôt l'entremets.

Dessin 62. — PAIN D'ABRICOTS A L'IMPÉRATRICE

Écrasez quelques bons abricots mûrs, pelés, sans noyaux ; passez-les à l'étamine ; déposez la purée dans une terrine vernie; sucrez-la avec du sirop ou du sucre vanillé; mêlez-lui la valeur de 40 à 50 grammes de colle clarifiée, le suc d'une orange, 2 cuillerées de lait d'amandes; essayez sa con- sistance dans un petit moule.

D'autre part, incrustez sur glace un moule à dôme. — Choisissez une quinzaine d'abricots d'une égale grosseur, divisez-les, chacun en deux parties; pelez-les, cuisez-les légèrement dans de l'eau sucrée; égouttez-les, laissez-les refroidir. Rangez-les alors sur un plafond posé d'aplomb, sur une couche de glace, en les appuyant sur le côté bombé; emplissez le creux de chaque moitié d'abricot avec une petite partie de l'appareil préparé; appliquez sur celui-ci une moitié d'amande ronde et blanche; tenez-les encore sur glace. Quand l'appareil est raffermi, prenez les moitiés d'abricot, une à une, trempez-les dans la gelée mi-prise, rangez-les à mesure contre les parois du moule à dôme, en commençant par le fond, et en appuyant le côté décoré des fruits contre les parois; remplissez le vide du moule avec l'appareil préparé.

Une heure après, démoulez le pain sur un fond masqué en pastillage; entourez celui-ci avec de beaux croûtons de gelée douce.

DESSIN 63. — MOUSSE A LA VANILLE

Versez dans un poêlon 3 décilitres de sirop à 25 degrés, ajoutez un bâton de vanille coupé; tenez le poêlon sur le côté du feu. — Mettez 7 jaunes d'œuf dans une petite bassine étamée, broyez-les avec le fouet, délayez-les peu à peu, avec le sirop bouillant; fouettez aussitôt l'appareil sur feu doux, quelques minutes seulement; retirez-le, fouettez-le hors du feu, jusqu'à ce qu'il soit à peu près refroidi; fouettez-le alors sur glace. Quand il est ferme, bien mousseux, mêlez-lui la valeur de 3 à 4 verres de bonne crème fouettée, bien égouttée; versez-le dans un moule à dôme, foncé de papier, sanglé à la glace salée. Couvrez le moule avec un large rond de papier, fermez-le hermétiquement avec son couvercle, lutez-en les jointures avec de la pâte crue; saupoudrez-le, en dessus, avec une poignée de sel, couvrez-le avec une épaisse couche de glace salée; tenez le seau dans un endroit frais.

Une heure après, égouttez une partie de l'eau du seau, par la bonde inférieure; remettez de la glace salée autour du moule et dessus.

Trois quarts d'heure après, retirez le moule de la glace, trempez-le entièrement dans de l'eau froide, essuyez-le bien, enlevez le couvercle, renversez la mousse sur un plat froid couvert d'une serviette pliée; retirez-en le papier, entourez-la avec une couronne de belles reines-claudes glacées au cassé; posez-en une sur le haut.

On ne ressangle le moule que dans le cas où la glace a beaucoup fondu, avant que l'appareil soit frappé : il faut 2 heures pour frapper une mousse.

DESSIN 64. — MOSCOVITE A L'ORANGE

Mettez dans une terrine 2 verres de glace de sucre, soit un demi-litre; délayez-la peu à peu avec un demi-litre de suc d'orange; ajoutez le suc de 2 ou 3 citrons et le zeste râpé d'une demi-orange; laissez infuser un quart d'heure; passez au tamis fin. Mêlez alors au liquide un décilitre et demi de gélatine ou colle de poisson, clarifiée : il convient de se tenir en réserve avec l'addition de la colle, et de faire des essais répétés dans des moules à dariole, afin d'obtenir un appareil très peu collé; il doit être à ce point où, après avoir resté 25 minutes sur glace, il se trouve à la consistance de sirop très épais. Ajoutez enfin 1 décilitre de rhum et un grand verre de champagne ; passez-le plusieurs fois au tamis ; versez-le dans un moule à cylindre, de forme hexagone ayant un couvercle à poignée, s'emboîtant hermétiquement au moule ; fermez-le, lutez-en les jointures avec de la pâte crue, frappez-le 2 heures à la glace salée.

Au moment de servir, lavez-le à l'eau froide ; enlevez la pâte et le couvercle ; trempez-le à l'eau tiède ; essuyez-le, renversez l'entremets sur serviette ; entourez-le avec des quartiers d'orange, parés à vif, saupoudrés avec de la glace de sucre.

En hiver, on peut employer pour ces entremets du suc d'orange conservé. — J'ai remarqué que cet appareil se coupait difficilement quand il est présenté aux convives, il convient donc de le faire servir avec une cuiller préalablement chauffée à l'eau chaude.

DESSIN 65. — BOMBE A LA NAPOLITAINE

Deux heures avant de servir, sanglez un grand moule à bombe de forme sphérique, en étain, à charnières, s'ouvrant en trois pièces ; placez l'ouverture en haut.

Préparez un appareil de mousse à la vanille (voy. à la page 201) ; préparez aussi un petit appareil de glace au chocolat, foncé en couleur ; avec cette glace chemisez intérieurement le moule avec une couche de 1 centimètre d'épaisseur ; emplissez alors le vide avec l'appareil de mousse ; fermez le moule, lutez-en les jointures avec de la pâte, entourez-le jusqu'au niveau de l'ouverture avec de la glace pilée et salée ; couvrez-le entièrement avec la même glace ; ressanglez-le au bout d'une heure et quart. —Au moment de servir, retirez le moule de la glace, trempez-le à grande eau froide ; essuyez-le, ouvrez-le ; renversez la bombe sur serviette pliée ; posez-la d'aplomb, calez-la, entourez-la avec une couronne de petits gâteaux ; piquez sur le haut une imitation de flamme, en sucre filé blanc et rouge, fixée sur un petit fond en sucre ; adaptez à la bombe 2 petites anses en biscuit glacé au chocolat.

SOMMAIRE DE LA PLANCHE 10

DESSIN 66. — CRÈME PLOMBIÈRE A LA SUÉDOISE

Coupez, à la colonne, des bâtonnets de poires et de pommes de la longueur de 3 centimètres sur environ un demi-centimètre de diamètre ; cuisez-les séparément en compote, dans du sirop léger, en tenant les pommes peu cuites et blanches : les poires doivent être rougies avec un peu de carmin.

Pl. 10.

DESSIN 66.

DESSIN 67.

DESSIN 68.

DESSIN 69.

DESSIN 70.

DESSIN 71.

DESSIN 72.

DESSIN 73.

Laissez-les refroidir, égouttez-les ensuite, déposez-les chacune dans une terrine ; arrosez-les avec quelques cuillerées de gelée mi-prise, au marasquin.

Incrustez, sur de la glace pilée, un moule à bordure, à cannelons inclinés ; contre les parois de ce moule, montez les fruits, en alternant les nuances et en les trempant à mesure dans de la gelée mi-prise, au marasquin, peu collée ; emplissez le vide avec un appareil de pain d'abricots, légèrement collé. Fermez alors le moule, lutez-en les jointures, faites-le frapper à la glace salée. Quarante-cinq minutes après, démoulez la bordure sur un plat froid ; emplissez-en le puits avec une crème plombière aux abricots, en la dressant en pyramide ; sur celle-ci, formez des cavités avec une petite cuiller, emplissez-les avec de la marmelade d'abricots, poussée au cornet ; envoyez ainsi l'entremets.

DESSIN 67. — PÊCHES. A LA VALOIS

Prenez un moule à savarin ou à bordure, à fond convexe ; incrustez-le sur glace, remplissez-le avec de la gelée au suc de framboises, bien rouge : cette gelée doit être un peu plus collée qu'à l'ordinaire ; laissez-la bien raffermir. Démoulez-la ensuite sur un plafond ; remettez le moule sur la glace ; coupez la gelée de haut en bas, en parties égales, à l'aide d'un couteau chauffé ; rangez alors la moitié des parties coupées, dans le moule, en les posant à distance égale ; emplissez aussitôt le vide qu'elles laissent entre elles, avec un appareil de gelée fouettée, au citron ou au kirsch, bien blanche.

Quand cette dernière gelée est prise, trempez le moule à l'eau chaude, démoulez la bordure sur un plat froid. Remplissez-en le vide avec un tampon en biscuit, arrivant aux trois quarts de sa hauteur. Sur ce biscuit, dressez en pyramide du riz froid, à la crème et à la vanille, bien cuit, consistant, fini avec un salpicon d'ananas confit. Autour du riz, dressez une couronne de belles demi-pêches en compote, mais fermes et d'une égale grosseur ; sur cette couronne, dressez une chaîne de belles reines-claudes ; remplissez le vide de la couronne avec du riz, et sur celui-ci, posez une demi-pêche ; entourez-la avec des feuilles d'angélique, coupées en pointe, disposées en éventail. Nappez ces fruits avec du suc de pommes, réduit, ou bien avec de la gelée de pommes, dissoute ; servez aussitôt. — Cet entremets ne doit pas être dressé trop longtemps d'avance.

DESSIN 68. — CRÈME BAVAROISE AU CAFÉ

Huilez, avec de l'huile d'amandes, l'intérieur d'un moule d'entremets, à cylindre ; incrustez-le sur glace. Faites torréfier, dans un poêlon, 250 grammes de café en grains. Faites bouillir dans une casserole 6 à 7 décilitres de bon lait ; sucrez-le, retirez-le sur le côté, mêlez-lui le café torréfié ; couvrez et laissez infuser 25 à 30 minutes. — Passez alors l'infusion ; mêlez-lui la valeur de 50 à 60 grammes de colle de poisson, clarifiée ; essayez l'appareil, passez-le au tamis fin, dans une bassine étamée ; tournez-le sur glace jusqu'à ce qu'il soit lié : mêlez-lui peu à peu le double de son volume de crème fouettée, versez-le dans le moule.

Une heure après, dégagez la crème du moule, en l'inclinant d'un côté, pour lui donner de l'air, renversez-la sur une couche de gelée prise sur plat ; entourez-la avec une couronne de petits gâteaux.

Dessin 69. — CRÈME BAVAROISE A LA PRINTANIÈRE

Chemisez légèrement, à la gelée claire, un moule d'entremets à cylindre, ayant 12 cannelons inclinés. — Mettez dans un petit poêlon 5 à 6 cuillerées de pistaches hachées, arrosez-les avec 2 déci-litres de gelée claire ; liez l'appareil, en le tournant sur glace ; introduisez-le dans une petite poche à douille ; puis, en penchant le moule sur un côté, poussez l'appareil aux pistaches dans 4 cannelons, de haut en bas.

Mettez dans un autre poêlon quelques cuillerées de belle gelée, rougie au carmin ; liez-la sur glace ; introduisez-la également dans une petite poche ; poussez-la dans 4 cannelons, en alternant les nuances. Dans les 4 cannelons qui restent vides, poussez de l'appareil bavarois à la vanille, bien blanc : les nuances doivent alors se trouver symétriquement distribuées. Quand le décor est consolidé, emplissez le vide du moule avec un appareil de crème bavaroise aux fraises ou aux framboises, lié au moment sur glace. Au bout d'une heure, trempez le moule à l'eau chaude, démoulez l'entremets sur un fond en pastillage bordé, collé sur plat.

Dessin 70. — SUÉDOISE DE FRUITS, A LA GELÉE

Tournez une quinzaine de grosses pommes ; coupez-les en boules rondes, avec une cuiller à racine ; plongez-les à mesure dans un vase d'eau froide, acidulée ; cuisez-les à l'eau, aussi acidulée ; déposez-les dans une terrine, arrosez-les avec du sirop, laissez-les refroidir. — Préparez la même quantité de petites boules de poires, faites-les cuire dans un sirop léger, en les tenant fermes ; égout-tez-en le liquide, couvrez-les avec du sirop rougi au carmin végétal ; donnez un seul bouillon au sirop, afin de colorer les fruits d'un beau rouge ; laissez-les refroidir dans ce sirop.

Une heure après, égouttez les boules de pommes et de poires sur un linge. — Prenez 2 petites casseroles ; dans l'une, mettez 2 cuillerées de boules blanches, dans l'autre 2 cuillerées de boules rouges ; arrosez-les avec de la gelée mi-prise ; prenez-les ensuite une à une, à l'aide d'une lardoire, montez-les contre les parois et le fond d'un moule à cylindre uni, tenu sur glace ; alternez les nuances, dans l'ordre qu'indique le dessin.

Quand la suédoise est montée, emplissez-en le vide avec un appareil de pain de fruits : pêches ou amandes lié sur glace, fini au dernier moment, avec un salpicon de fruits confits. Laissez raffermir l'appareil une heure. Au moment de servir, trempez le moule à l'eau chaude, renversez la suédoise sur un fond en pastillage orné avec une petite bordure. Dressez sur le haut une rosace de feuilles d'angélique et d'écorces d'orange, confites, en laissant un vide sur le milieu ; à cet endroit, piquez un hâtelet garni de fruits.

Dessin 71. — BLANC-MANGER RUBANÉ

Préparez un appareil de blanc-manger aux amandes ou aux noix fraîches, par moitié, en procédant d'après l'une des méthodes précédentes; quand il est collé et sucré à point, divisez-le en trois parties. Dans l'une, mêlez 150 grammes de pistaches pilées avec un peu de vert-d'épinards ; passez à l'étamine.

Infusez le zeste d'une demi-orange dans la deuxième partie, colorez-la légèrement avec du rouge végétal, passez-la aussi. Infusez la troisième partie de l'appareil au marasquin, en le laissant de teinte naturelle. — Incrustez sur glace un moule à cannelons droits, huilé; au fond de celui-ci, coulez une couche d'appareil vert, ayant 3 centimètres d'épaisseur; aussitôt cette couche prise, versez sur elle une seconde couche d'appareil blanc, de la même épaisseur que la première ; quand celle-ci est prise, couvrez-la avec une mince couche d'appareil rouge ; sur la couche rouge coulez une couche blanche de 3 centimètres d'épaisseur et sur celle-ci une couche verte d'égale épaisseur; le moule doit alors se trouver plein; laissez raffermir l'appareil une heure.

Vingt-cinq minutes avant de servir, frappez le moule avec de la glace légèrement salée ; posez sur le haut un rond de papier, et sur celui-ci un moule à charlotte plein de glace salée. — Au moment de servir, lavez simplement le moule à l'eau froide, dégagez l'entremets, démoulez-le sur un fond bordé, envoyez-le sans retard.

Dessin 72. — BOMBE A LA SICILIENNE

Foncez un moule à dôme avec du papier; sanglez-le avec de la glace salée; chemisez-le avec une crème plombière aux marrons; emplissez-en le vide avec un appareil de mousse à la vanille, page 201 ; fermez le moule, couvrez-le avec une épaisse couche de glace salée; laissez-le frapper une heure; sanglez-le de nouveau. Au bout de trois quarts d'heure retirez-le, trempez-le à l'eau froide ; démoulez la bombe sur une serviette pliée ; entourez-la avec une garniture de petites caisses de fruits glacés au *cassé* ou de marrons glacés au kirsch.

Dessin 73. — TIMBALE DE MARRONS A LA CHANTILLY

Avec de la pâte de marrons à la vanille desséchée au sucre, dans les conditions prescrites à la page 46, foncez un moule à dôme, garni de papier, en tenant la pâte mince. Aussitôt qu'elle est suffisamment raffermie, démoulez la timbale sur une grille ; enlevez le papier, glacez-la au chocolat ; tenez-la quelques secondes à la bouche du four pour faire prendre du brillant à la glace; laissez-la bien refroidir. Au moment de servir, remplissez le vide de la timbale avec une crème chantilly, à la vanille ; dressez-la sur serviette ; entourez-la avec une chaîne de petites meringues, également garnies de crème chantilly.

SOMMAIRE DE LA PLANCHE 11

DESSIN 74. — GATEAU DU HAVRE

Préparez une pâte à gorenflot; quand elle est levée, emplissez aux trois quarts un moule hexagone, à six pans, vide sur le centre, beurré. Faites lever la pâte à température douce; cuisez le gâteau à bon four. En le sortant, démoulez-le sur une grille, imbibez-le avec un sirop au marasquin. Quand il est froid, parez-le droit, sur le haut, masquez-le avec une mince couche de marmelade, glacez-le au fondant léger. Décorez-en aussitôt les surfaces avec des détails en angélique ou autres fruits confits.

Dressez le gâteau sur serviette, garnissez-en le puits avec une crème plombière, à l'ananas ou aux fraises, en la dressant en pyramide; entourez la base de celle-ci avec une chaîne de belles cerises glacées au *cassé;* servez aussitôt.

DESSIN 75. — GATEAU SAINT-HONORÉ, AUX FRAISES

Sur une tourtière, étalez une abaisse en pâte à foncer, de forme circulaire, ayant 20 centimètres de diamètre; coupez-la ronde; piquez-la, humectez-en les bords au pinceau.

Avec une poche à douille garnie de pâte à chou, poussez d'abord, sur plaque, une quinzaine de petits choux; dorez-les, cuisez-les. — Avec la même pâte, couchez un épais cordon formant cercle sur les bords de l'abaisse en pâte à foncer; masquez l'espace libre du centre avec un rond de papier; dorez la pâte à chou, cuisez à four doux, 20 minutes. Quand le gâteau est refroidi, abricotez le cercle, au pinceau, seulement sur les côtés; nappez-le avec une glace légère, à l'orange. Collez le gâteau sur une mince abaisse en pâte d'office, aux amandes, un peu plus large, dont la surface est masquée de marmelade.

Ouvrez les petits choux en dessous, fourrez-les avec de la marmelade; prenez-les un à un avec une fourchette, trempez-les vivement dans du sucre au *cassé,* collez-les, l'un à côté de l'autre, sur le haut du cercle en pâte à chou. Sur chaque chou posez une cerise mi-sucre, également glacée, au

Pl. 11.

DESSIN 74.

DESSIN 75.

DESSIN 76.

DESSIN 77.

DESSIN 78

DESSIN 79.

DESSIN 80.

DESSIN 81.

27

cassé ; entourez celles-ci avec une rosace formée avec de l'angélique ou des écorces d'oranges confites. Autour de la base du gâteau, collez au sucre une chaîne d'anneaux en feuilletage, garnis chacun avec une cerise mi-sucre glacée. Dressez alors le gâteau sur serviette pliée.

Au moment de servir, emplissez le vide de la couronne avec un appareil bavarois aux fraises, lié sur glace au moment ; tenez un quart d'heure le gâteau dans l'armoire à glace.

Dessin 76. — MOSCOVITE A L'IMPÉRIALE

Prenez un moule à bordure droit et lisse, ayant un couvercle ; sanglez-le avec de la glace salée, en le posant bien d'aplomb ; remplissez-le avec un appareil de pain aux amandes, sans crème, très sucré et peu collé ; fermez-le, couvrez-le avec une épaisse couche de la même glace.

Sanglez également un moule à dôme de moyenne grandeur, s'adaptant juste à l'ouverture cylindrique de la bordure. — Mettez dans une terrine 2 verres de purée de fraises, 2 verres de glace de sucre, le suc de 4 oranges et de 3 citrons, un brin de zeste ; ajoutez 7 à 8 cuillerées de colle clarifiée, une demi-bouteille de champagne. Mêlez bien le liquide, passez-le deux fois ; essayez-en une petite partie sur glace : il ne doit prendre qu'à consistance de sirop épais. Liez-le légèrement sur glace ; versez-le dans le moule à dôme ; fermez celui-ci avec son couvercle ; lutez-en les jointures, couvrez avec de la glace salée, faites-le frapper une heure et quart.

Préparez une macédoine de fruits, composée de petits quartiers d'abricot et de pêche, légèrement blanchis ; faites-les macérer sur glace avec sucre et kirsch. — Vingt minutes avant de servir, ouvrez le moule à dôme et, à l'aide d'une cuiller chauffée, enlevez sur le centre une partie de l'appareil, en laissant une épaisseur égale autour du moule. Emplissez aussitôt le vide avec les fruits, égouttés ; recouvrez-les avec une couche d'appareil, fermez de nouveau le moule ; faites-le frapper encore un quart d'heure. — Au dernier moment, démoulez la bordure sur un plat bien froid ; remplissez le vide du cylindre avec un rond de biscuit de même largeur et à peu près de même hauteur. Sur ce biscuit, démoulez le moule à dôme. Entre ce pain et la bordure rangez une chaîne de belles cerises glacées au *cassé ;* entourez la base de la bordure avec des reines-claudes également glacées ; posez-en une sur le haut du dôme ; servez sans retard.

Dessin 77. — BISCUIT A LA SAVIGNY

Cuisez du biscuit aux amandes, dans un moule à savarin. En le sortant du four, démoulez-le sur une grille pour le laisser refroidir. Coupez-le droit sur le côté plat ; collez-le sur une abaisse en biscuit ; abricotez-le, masquez-en les surfaces avec une glace au chocolat, à la vanille. Présentez le biscuit à la bouche du four, simplement pour donner du brillant à la glace. Laissez-le refroidir, décorez-en les surfaces au cornet avec de la glace blanche ; dressez-le sur plat froid ou sur serviette. — Au moment de servir, emplissez le vide du biscuit avec une plombière aux marrons, dressée en dôme ; entourez celui-ci à sa base avec une chaîne de boules en pâte de marrons, glacées au sucre au *cassé.* Servez sans retard.

Dessin 78. — TIMBALE DE GAUFRES A L'ITALIENNE

Préparez une pâte de gaufres italiennes (page 6); essayez-en une petite partie au four. Étalez-en une partie sur une plaque beurrée, farinée; cuisez-la à four chaud; divisez-la aussitôt, à l'aide d'un patron, en carrés de 10 centimètres de long sur 7 de large; détachez-les de la plaque, roulez-les en cornets : il en faut une quinzaine. — Cuisez une autre plaque de pâte ayant 50 centimètres de long sur 8 de largeur; en la sortant, coupez-la droite, sur patron; détachez-la de la plaque, roulez-la en cercle, debout, autour d'un grand moule à timbale; soudez-en les deux extrémités avec du sucre au *cassé;* soutenez-la avec une bande de carton jusqu'à ce qu'elle soit froide. Cuisez aussi une abaisse ronde; coupez-la juste du diamètre du cercle; collez le cercle sur cette abaisse afin de former la caisse de la timbale; ornez-en l'épaisseur avec une bande en pâte d'amandes, blanche; entourez-la sur le haut avec une chaîne d'anneaux également en pâte blanche; fermez le vide de ces anneaux avec une cerise mi-sucre glacée au *cassé.*

Prenez les cornets un à un, collez-les debout contre les parois de la timbale, avec du sucre au *cassé.* Dressez la timbale sur plat ou sur serviette. Au moment de servir, garnissez les cornets avec de la crème fouettée, à la vanille; emplissez le vide de la caisse avec une plombière aux fraises; envoyez aussitôt l'entremets.

Dessin 79. — PETIT BAQUET A LA CRÈME

Prenez un moule en fer-blanc, sans fond et à charnières, ayant la forme un peu évasée. J'ai fait faire ces moules de deux différents diamètres, afin de pouvoir obtenir des imitations de baquets pour les dîners nombreux et aussi pour les petits dîners. Les petits moules ont 10 centimètres de hauteur, 12 de diamètre sur le haut, 9 à la base. Les grands moules ont 12 centimètres de hauteur, 14 à 15 de diamètre sur le haut et 10 à la base.

Avec un appareil de biscuit à 12 œufs, poussez à la poche, sur papier, 16 à 18 montants en forme de biscuits à la cuiller, peu épais, ayant un centimètre en plus que la hauteur du moule choisi. Pour les petits moules, 1 centimètre et demi de largeur est suffisant; pour les plus gros, il faut leur donner un peu plus de 2 centimètres. Ils doivent être tous égaux en longueur et en largeur. Avant de les cuire, saupoudrez-les avec de la glace de sucre, à l'aide d'un petit sac en étamine; cuisez-les à four doux, afin de les obtenir d'une belle teinte. A côté de ceux-ci, il faut en pousser 3 ou 4 un peu plus larges et un peu plus hauts : ils doivent servir à imiter les anses saillantes du baquet.

Quand les biscuits sont froids, parez-les droit sur le côté et sur un bout, en ayant soin de les couper légèrement en pointe et en biseau, afin de pouvoir les ranger l'un à côté de l'autre contre les parois intérieures du moule : les 2 montants, disposés pour les anses, doivent être percés à jour avec un tube à colonne, sur le côté le plus large.

Foncez d'abord le moule à titre d'essai, afin d'ajuster convenablement les montants formant les 2 anses saillantes : celles-ci doivent se trouver exactement placées l'une vis-à-vis de l'autre. Prenez à nouveau les montants, un à un, trempez-les vivement, sur un côté seulement, dans du sucre au *cassé* [1], afin de les coller ensemble; laissez refroidir le sucre, démoulez le baquet, glissez dans le fond une abaisse ronde en biscuit, afin de fermer le vide. Entourez-le, en imitation de cercle, avec deux bandes en pâte d'amandes ou en sucre filé, coupées bien égales, d'un centimètre de largeur. L'une de ces bandes doit être appliquée à petite distance de la base, l'autre à petite distance des bords supérieurs du baquet. — Posez celui-ci sur un plat couvert d'une serviette pliée ou collez le tout simplement sur plat; en ce cas, entourez-le à sa base avec une garniture de petits gâteaux, de croûtons de gelée douce ou de quartiers d'orange, garnis.

Dessin 80. — CHARLOTTE A LA PRINCESSE VICTORIA

Prenez une vingtaine de gaufres roulées [2], creuses, d'égale nuance, bien sèches; coupez-les du côté le plus mince, de la hauteur d'un moule à charlotte. — Foncez ce moule avec du papier; prenez les gaufres une à une, poussez sur leur longueur un simple cordon de glace-royale nuancée de même couleur que les gaufres. Posez-les à mesure debout, contre les parois du moule, en les collant. Quand la charlotte est montée, laissez sécher la glace 2 ou 3 heures, à l'air. Démoulez-la ensuite sur un fond en pâte cuite ou en biscuit; masquez l'épaisseur de ce fond avec une chaîne de grosses cerises mi-sucre, glacées au *cassé*. Sur le haut de chaque gaufre, posez aussi une cerise.

Au moment de servir, dressez la charlotte sur une serviette, garnissez-en le vide soit avec de la chantilly, soit avec une crème plombière.

Dessin 81. — PAIN DE FRAMBOISES, GLACÉ

Mêlez une poignée de sucre en poudre à 1 kilogramme de framboises bien fraîches; écrasez-les, jetez-les sur un tamis pour en recueillir le suc dans un vase verni. Prenez 2 verres de ce suc, mêlez-le avec le suc d'une orange et celui de 2 citrons, un peu de zeste et 3 verres de glace de sucre; 10 minutes après, passez l'appareil au tamis dans un poêlon; ajoutez 7 à 8 cuillerées de colle clarifiée, liquide; essayez-en sur glace une petite portion, pour le rectifier au besoin : il ne doit pas prendre, mais seulement se lier.

A ce point, versez-le dans un moule ayant son couvercle; fermez-le, lutez-en les jointures avec du beurre, faites-le frapper une heure et demie à la glace salée. — Au moment de servir, lavez le moule, à l'eau froide, trempez-le à l'eau tiède, démoulez le pain sur serviette pliée; entourez-le avec une garniture de petits gâteaux décorés. Cet entremets doit être servi, à table, à l'aide d'une cuiller chauffée à l'eau chaude.

---

1. Ce sucre doit être placé dans un poêlon plat, ou sur un petit sautoir posé sur des cendres chaudes, afin qu'il se maintienne liquide.

2. On trouve aujourd'hui à acheter, dans les grands centres, des gaufres roulées, d'une grande perfection; elles sont faites en fabrique, par conséquent peu coûteuses.

SOMMAIRE DE LA PLANCHE 12

DESSIN 82. — PAIN DE PÊCHES A L'ODALISQUE

Collez sur plat d'entremets un fond en bois masqué de pastillage, bordé avec un liseron perlé, levé à la planche.

Prenez 9 ou 10 pêches d'espalier, d'égale grosseur, pas trop mûres ; coupez-les chacune en deux parties ; supprimez-en le noyau ; plongez-les à l'eau bouillante pour en retirer la peau. Égouttez-les, épongez-les sur un linge ; fardez-les légèrement sur le côté, avec du carmin ; posez sur chacune d'elles une pincée de pistaches hachées ; nappez-les légèrement au pinceau avec de la gelée mi-prise, marasquin ; tenez-les au frais.

Avec de la pâte à flan, foncez un moule à pyramide, beurré, coupé droit sur le fond. Masquez intérieurement la pâte avec du papier beurré ; emplissez-en le vide avec de la farine ordinaire ; cuisez à four doux. En sortant la caisse du four, coupez-la droite tout autour, sur le haut ; laissez refroidir ; videz-la ensuite, sortez-la ; essuyez le moule, remettez la caisse dedans ; incrustez le moule sur glace.

Avec des pêches bien mûres, pelées, préparez la valeur d'un litre de purée, passée à l'étamine. Mettez-la dans un poêlon ; sucrez-la avec du sirop vanillé, épais ; collez-la avec la valeur de 20 feuilles de gélatine clarifiée ; mêlez-lui le suc de 4 oranges ; essayez-en une petite partie ; liez cet appareil sur glace, peu à la fois, en le tournant ; dressez-le, par couches, dans la caisse en pâte, en alternant chaque couche avec des biscuits à la cuiller, imbibés au marasquin. Quand la caisse est pleine, fermez-en l'ouverture avec une abaisse en biscuit, coupée juste de son diamètre ; laissez raffermir une heure et quart.

Quelques minutes avant de servir, démoulez l'entremets sur le fond en pastillage ; nappez-le vivement au pinceau, avec de la belle marmelade d'abricots, étendue avec de la gelée ; décorez-en les pourtours avec des détails en pâte à massepain aux pistaches, de teinte légère. Nappez le décor avec de la gelée mi-prise. Posez sur le haut de l'entremets deux demi-pêches crues, formant coupe,

Pl. 12.

DESSIN 82.

DESSIN 83.

DESSIN 84.

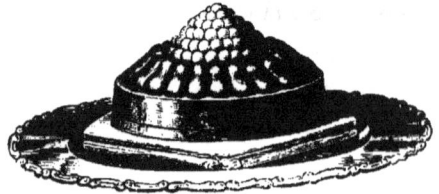

DESSIN 85.

DESSIN 86.

DESSIN 87.

DESS N 88.

DESSIN 89.

soutenues à l'aide d'un petit hâtelet, et dont le vide est empli avec de la gelée hachée. Cette coupe peut être remplacée par un hâtelet garni de fruits.

Dressez les demi-pêches en couronne autour du fond en pastillage ; envoyez aussitôt l'entremets.

Dessin 83. — POUDING D'ARMÉNIE

Préparez un fond-d'appui en bois, un peu haut, masqué de pastillage ; collez-le sur plat d'entremets. Videz et pelez une quinzaine de petites pommes reinettes ; cuisez-les bien blanches, à l'eau acidulée. Égouttez-les ; rangez-les dans une terrine, couvrez-les avec du sirop froid à 25 degrés. Une heure avant de servir, égouttez-les du sirop, nappez-les au pinceau avec de la gelée de pommes, dissoute ; décorez-les avec des détails de fruits confits. — Faites ramollir des tiges d'angélique, et, sur elles, coupez des ronds de 2 centimètres de large ; tenez-les en réserve.

Prenez un moule en fer-blanc forme de pyramide, uni, à fond plat, ayant 16 centimètres de haut sur 12 de large à l'embouchure, 7 centimètres sur le fond. — Préparez une pâte à gaufres comme pour les cornets (p. 14). Pour former cet entremets, le moule doit être foncé avec deux rangées de montants en pâte à gaufre, encadrés sur le haut, sur le centre et sur le bas, par trois cercles également en pâte à gaufre, ayant 2 centimètres de large. Pour opérer ce travail quelque peu minutieux, il convient de ne pas être seul et de s'y prendre d'avance.

Cuisez l'appareil à gaufre sur différentes plaques, minces, cirées et farinées. Coupez d'abord le cercle du fond : c'est le moins long ; coupez-le juste de la longueur voulue, disposez-le aussitôt au fond du moule, debout, en l'appliquant contre les parois. — Coupez ensuite la première rangée de montants légèrement coniques ; appliquez-les aussi contre les parois du moule, en les posant sur le cercle inférieur. Coupez un autre cercle en pâte, disposez-le au-dessus des premiers montants, en l'appuyant contre les parois. — Coupez maintenant les montants supérieurs, plus larges que les premiers et moins coniques ; appliquez-les aussi l'un à côté de l'autre contre les parois du moule. Sur cette rangée, disposez le troisième cercle. Au fond du moule, appliquez un rond de pâte. Tous ces détails, cercles et montants, doivent être coupés à l'aide de patrons en carton ils doivent surtout être mis en place et appliqués contre les parois du moule pendant qu'ils sont encore chauds, afin qu'ils en prennent mieux la forme.

Quand la pâte est bien refroidie, enlevez soigneusement les cercles et les montants ; huilez légèrement le moule avec de l'huile d'amandes ; foncez-le à nouveau dans l'ordre primitif, tel que le dessin le représente, mais en collant cette fois les détails les uns avec les autres avec de la glace-royale poussée au cornet ; laissez sécher la glace.

Pelez une quinzaine de bonnes pommes reinettes ; coupez-les en quartiers ; cuisez-les à l'étuvée, avec un peu d'eau, sucre, demi-bâton de vanille ; passez-les au tamis. Mettez cette purée dans une terrine, mêlez-lui 3 décilitres de crème anglaise et 3 décilitres de sirop vanillé. — Passez l'appareil à l'étamine ; faites-le glacer à la sorbetière. Quand il est lisse et bien lié, incorporez-lui un demi-litre de crème fouettée, légèrement sucrée, mêlée d'abord avec quelques cuillerées de l'appareil, afin qu'elle ne graine pas.

Au moment de servir, incorporez à la glace un salpicon d'ananas confit, macéré au sirop, puis bien égoutté, et, avec elle, emplissez le vide du moule foncé, en la tassant. Démoulez aussitôt l'entremets sur le fond-d'appui ; nappez-le entièrement au pinceau avec de la belle marmelade d'abricots, délayée avec un peu de gelée fondue ; décorez les cercles avec les ronds d'angélique, et les montants, soit avec du feuilletage à blanc, soit avec de la meringue italienne ou crème fouettée poussée au cornet. Piquez sur le haut, un hâtelet garni de fruits ; entourez le fond-d'appui avec les petites pommes.

Pour simplifier le travail, on peut simplement foncer le moule conique, sans cercles, avec des montants de sa hauteur, coupés sur patron, collés à la glace-royale. Quand l'entremets est renversé et nappé, on le décore avec les ronds d'angélique et avec la meringue italienne.

DESSIN 84. — PÈCHES A LA CRÉOLE

Avec de la pâte sucrée, montez à la main une croûte à flan ; donnez-lui 4 centimètres de hauteur et 14 centimètres de diamètre ; coupez la pâte droite sur le haut ; entourez-la extérieurement avec une bande de papier de même hauteur ; pincez alors la crête. Masquez intérieurement la caisse avec du papier beurré, emplissez-en le vide avec de la farine ordinaire. Un quart d'heure après, enlevez la bande du tour, pincez régulièrement les parois de la caisse ; remettez la bande de papier, cuisez la caisse à four doux. Laissez-la refroidir à moitié avant de la vider ; quand elle est vidée, abricotez-en les surfaces intérieures.

Coupez chacune en deux parties une douzaine de belles pêches d'espalier, pas trop mûres ; plongez-les à l'eau bouillante pour en retirer la peau ; épongez-les sur un linge, fardez-les légèrement au carmin, nappez-les au pinceau, avec de la gelée mi-prise, mêlée avec une égale quantité de marasquin, tenez-la au frais.

Préparez un salpicon composé de cerises mi-sucre, de pistaches, d'écorces d'orange, d'amandes vertes, et d'abricots confits ; mettez-le dans une terrine avec 4 à 5 cuillerées de riz cuit à grande eau, tendre bien entier ; mouillez à couvert avec du sirop et du marasquin.

Passez au tamis fin quelques bonnes pêches mûres, pelées ; mettez cette purée dans une terrine, mêlez-lui le suc de 4 oranges, un peu de zeste et le sirop nécessaire pour lui donner 23 degrés, au pèse-sirop. Passez encore le liquide, faites-le glacer à la sorbetière. Quand la glace est lisse et ferme, incorporez-lui 4 à 5 cuillerées de meringue italienne ; 10 minutes après, égouttez bien le salpicon, mêlez-le à la glace. Prenez cette glace avec une cuiller, dressez-la vivement en dôme dans la croûte en pâte, mais par couches, en alternant chaque couche avec des tranches de biscuit, imbibées au marasquin. Contre la pyramide, dressez alors les demi-pêches en deux couronnes ; entre celles-ci, piquez en éventail des feuilles pointues d'angélique ; sur le centre de la couronne du haut, dressez un petit bouquet de cerises mi-sucre ; envoyez sans retard l'entremets.

Dessin 85. — GATEAU TRIPOLITAIN

Dans un moule à *trois-frères,* cuisez un appareil de biscuit aux amandes (page 21); démoulez-le sur une abaisse en biscuit, coupée de même dimension, masquée de marmelade d'abricots, afin de les coller ensemble.

Quand le biscuit est bien refroidi, creusez-le légèrement sur le haut, à l'intérieur; masquez-le alors, tout autour, à l'aide d'un pinceau, avec de la marmelade tiède; nappez-le ensuite avec une glace au marasquin, légère. Glissez le gâteau sur serviette.

Au moment de servir, garnissez le creux du gâteau avec une plombière aux amandes, en la montant en dôme; masquez ce dôme avec de la crème chantilly sucrée, parfumée à la vanille, en la poussant à la poche ou au cornet; envoyez promptement l'entremets.

Dessin 86. — GATEAU DANICHEFF

Avec de l'appareil à biscuit fin, emplissez aux trois quarts, un moule à bordure à fond plat, et un moule à pyramide un peu plus étroit que le puits de la bordure; cuisez à four doux, bien atteint. Quand les biscuits sont démoulés et refroidis, coupez-les droit du côté plat. Collez la bordure sur une abaisse en pâte cuite masquée de marmelade; abricotez-en les surfaces avec de la marmelade tiède.

Préparez un appareil de meringue italienne dans les proportions de 8 blancs d'œuf pour 500 grammes de sucre cuit au *petit boulé,* parfumé au zeste d'orange. Retirez le quart de l'appareil dans un petit poêlon, faites-le remuer sur le côté du feu, en attendant de l'employer, afin qu'il ne se fige pas. Prenez le restant de l'appareil avec une cuiller, et, avec lui, emplissez vivement le puits de la bordure, par couches, en alternant chaque couche, avec une tranche de biscuit imbibé au marasquin; saupoudrez chaque tranche avec une julienne d'ananas confit. Masquez cette pyramide avec une épaisse couche d'appareil arrivant jusqu'à la lisière de la bordure, en formant le cône, arrondi sur le haut; lissez rapidement les surfaces, sans donner le temps à l'appareil de se figer.

Mettez alors dans une petite poche à douille l'appareil réservé, mêlez-lui quelques gouttes d'essence de poire. Avec cet appareil, poussez en relief, sur le haut de la pyramide, 6 ou 8 imitations de poire, l'une à côté de l'autre, mais disposées en sens inverse; poussez-en une sur le centre du cône. Sur le creux de chaque poire, du côté où était la fleur, appliquez une petite perle en chocolat ramolli, formée à la main ou poussée au cornet; sur le côté pointu des poires, piquez une pointe en angélique pour imiter la queue : cette opération doit être prompte et correcte; posez le gâteau sur une grille; fardez légèrement les poires sur le côté; aussitôt que les surfaces sont raffermies, nappez-les entièrement avec de la belle marmelade d'abricots, mêlée avec du sirop au zeste d'orange, cuite à la *nappe,* mais à moitié refroidie, afin qu'elle puisse napper l'appareil.

Quand la marmelade est figée, prenez le gâteau de la main gauche; prenez du sucre en grains dans la main droite, laissez glisser ce sucre de la main contre les surfaces abricotées du biscuit, en observant bien attentivement que la ligne du sucre ne monte pas plus haut que la lisière du biscuit : on doit opérer au-dessus d'une large feuille de papier, afin de recueillir le surplus du sucre qui ne s'attache pas au biscuit. Égalisez la couche du sucre avec la lame du couteau ; glissez le gâteau sur un fond en bois, collé sur plat, couvert d'une serviette pliée.

Dessin 87. — GATEAU TOPAZE

Préparez un appareil de biscuit fin, à l'orange ou au citron, avec 300 grammes de sucre ; mêlez-lui 2 cuillerées de suc de framboises. Cuisez une partie de cet appareil dans un moule à 6 pans, à bordure, plat en dessus ; cuisez le restant sur plaque. Quand la bordure est démoulée et refroidie, coupez-la droit en dessus, collez-la sur une abaisse en pâte cuite, masquée de marmelade.

Sur le biscuit en feuille, coupez des abaisses rondes, graduées, pour former une pyramide de 15 à 16 centimètres de haut : les plus larges abaisses doivent avoir le diamètre du puits de la bordure. Montez la pyramide en masquant chaque abaisse avec de la gelée ou de la marmelade de groseilles ; posez cette pyramide dans le puits de la bordure ; masquez-la extérieurement avec la même gelée ; masquez aussi les surfaces de la bordure.

Préparez un appareil à meringue, au sucre cuit, en procédant comme il est dit pour le gâteau *Danicheff*; finissez-le avec quelques gouttes d'essence de framboises ; avec cet appareil, masquez la pyramide, sans masquer le biscuit de la bordure ; lissez vivement les surfaces. Nappez alors l'appareil de la pyramide avec une couche de gelée de framboises, dissoute, bien lisse, mais légèrement refroidie. Quand la couche est raffermie, masquez les parois de la bordure avec des pistaches émincées ; masquez-les bien exactement, jusqu'à la lisière du biscuit, en ligne droite, en procédant comme il est dit pour le *Danicheff*.

Sur l'extrémité de la pyramide, dressez un petit bouquet de pistaches hachées, liées avec un peu de gelée mi-prise ; entourez ce bouquet avec des feuilles d'angélique, coupées en pointe, piquées en éventail. Dressez le gâteau sur serviette.

Dessin 88. — PAIN A LA RIVOLI

Collez sur plat un fond masqué en pastillage, bordé sur la lisière. — Pelez et passez au tamis 5 douzaines de bonnes reines-claudes, mûres à point ; mettez la purée dans une terrine ; sucrez-la avec du sirop épais, vanillé ; collez-la avec de la colle clarifiée (valeur de 12 à 15 feuilles de gélatine) ; ajoutez un brin de zeste et le suc de 2 oranges ; nuancez l'appareil avec une pointe de vert-d'épinards ; passez-le de nouveau dans un poêlon ; mêlez-lui alors une demi-bouteille de champagne et quelques cuillerées de crème de noyaux ; essayez une petite partie de l'appareil.

Choisissez un grand moule à dôme plus large que haut, incrustez-le sur glace. Avec des imitations de feuilles, en ananas confit, coupées à l'emporte-pièce, formez au fond du moule une rosace ; coupez-la, sur le point central, avec un tube à colonne, de façon à laisser un petit creux.

Prenez les feuilles une à une, trempez-les dans de la gelée mi-prise, parfumée à la crème de noyaux ; rangez-les à mesure au fond du moule pour reformer la rosace. Chemisez alors le moule dans son ensemble, avec la même gelée. Liez l'appareil sur glace, et, avec lui, emplissez le vide du moule, couches par couches, en les saupoudrant chacune avec un salpicon d'ananas confit. Couvrez l'ouverture du moule avec un autre moule plus large rempli de glace ; faites prendre une heure l'appareil.

Au moment de servir, trempez vivement le moule à l'eau chaude, démoulez le pain sur le fond bordé ; entourez celui-ci avec une couronne de petits jambons glacés, papillotés. Posez une belle reine-claude verte, en compote, sur le haut de l'entremets.

Dessin 89. — TIMBALE A LA CRÉOLE

Cuisez à grande eau 150 grammes de riz caroline, en conservant les grains entiers ; quand il est tendre, égouttez-le, mettez-le dans une terrine, arrosez-le avec du sirop vanillé ; faites-le macérer une heure.

Collez, sur plat d'entremets, un fond bas, en bois, masqué de pastillage, orné d'une jolie bordure montante, à jour. — Préparez 4 petits hâtelets de fruits, dont un plus fort que les autres. — Sur de la pâte à massepain, bien blanche, coupez des anneaux et des losanges ; sur chacun de ces anneaux, posez une cerise mi-sucre glacée au *cassé ;* sur chaque losange, collez un losange plus petit, de teinte vert-tendre.

Dans un grand moule à dôme beurré, glacé, cuisez un appareil de biscuit fin. Quand il est démoulé, et rassis, remettez-le dans le moule bien essuyé ; coupez-le droit sur le haut ; videz-le, en laissant à la croûte l'épaisseur de 1 centimètre ; tenez-le sur glace.

Préparez la valeur de 1 litre de blanc-manger à la vanille, collée à point ; essayez-en une petite partie, sur glace, afin de juger de sa consistance ; liez-le ensuite sur glace ; aussitôt à point, mêlez-lui le riz, un salpicon d'ananas confit, et quelques cuillerées de pistaches. Avec cet appareil, emplissez le vide de la caisse en biscuit ; laissez-le raffermir une heure.

Quelques minutes avant de servir, démoulez l'entremets sur le fond bordé ; nappez-le vivement au pinceau, avec de la belle marmelade étendue avec de la gelée ; décorez-en aussitôt les surfaces avec les détails préparés ; piquez en éventail, sur le haut, les trois plus petits hâtelets, et le plus grand sur le centre ; envoyez aussitôt l'entremets.

SOMMAIRE DE LA PLANCHE 13

Dessin 90. — GATEAU MIRABEAU

Masquez un fond en bois avec du pastillage blanc, mince; ornez-le sur le haut avec une petite bordure ou ruban simplement avec un liseron perlé, levé à la planche; collez-le sur plat.

Avec 500 grammes de sucre, préparez un appareil de biscuit aux avelines (page 19). Cuisez une partie de cet appareil dans un moule uni, à cylindre, haut de forme, beurré, glacé; cuisez le restant sur plaque, en lui donnant l'épaisseur de 2 centimètres.

Quand le biscuit est démoulé, rassis, coupez-le droit sur le haut; collez-le sur une abaisse, coupée de son même diamètre sur le biscuit plat; posez-le sur un plat renversé; puis, masquez-en les surfaces avec une couche de crème beurrée, au marasquin; lissez-la bien; poussez alors à la poche, contre les parois du gâteau, des cordons en diagonales, bien réguliers, à 2 centimètres de distance l'un de l'autre; entre ces diagonales, poussez une chaîne de petites perles, d'égale grosseur. Glissez le gâteau sur le fond en pastillage; emplissez-en aussitôt le cylindre avec du même appareil à la crème; fermez l'ouverture du cylindre avec un rond de biscuit; sur le centre de celui-ci, piquez un hâtelet garni de fruits. Autour de ce hâtelet, poussez, en cercle, une chaîne de perles de même grosseur que les premières. Entourez la base du fond en pastillage avec une jolie couronne de gâteaux décorés.

Dessin 91. — PAIN D'ANANAS A L'ORIENTALE

Incrustez sur glace un moule uni, à cylindre; sur une plaque de biscuit en feuille, paré, coupez 2 bandes minces de 1 centimètre et demi de largeur, assez longues pour faire le tour intérieur du moule; masquez ces bandes avec une couche mince de marmelade d'abricots, serrée, étendue avec un peu de gelée; saupoudrez-les vivement avec des pistaches hachées, de façon à masquer complètement le biscuit. Régularisez la couche, avec la lame d'un couteau; humectez légèrement les pistaches

Pl. 13.

DESSIN 90.

DESSIN 91.

DESSIN 92.

DESSIN 93.

DESSIN 94.

DESSIN 95.

DESSIN 96.

DESSIN 97.

au pinceau, avec de la gelée mi-prise, afin de mieux les assurer. Avec le pinceau, humectez l'intérieur du moule ; appliquez aussitôt une de ces bandes, en bordure, contre les parois du fond, et l'autre bande, sur le haut, de façon à encadrer le moule, aux deux extrêmes. Décorez ensuite le moule, sur le centre, avec des détails en ananas confit, trempés à mesure dans de la gelée mi-prise. Chemisez légèrement l'intérieur du moule, de façon à consolider les détails du décor.

A défaut d'un gros ananas frais, prenez-en un de conserve, paré ; coupez-le en deux, du haut en bas ; divisez chaque moitié en tranches un peu épaisses ; donnez-leur 3 façons, à sucre froid. Râpez les chairs d'un petit ananas frais ; mettez-les dans le mortier, pilez-les ; mêlez-leur un tiers de leur volume de marmelade d'abricots ; passez à l'étamine. Mettez cette purée dans un poêlon ; mêlez-lui le suc de 3 oranges ; sucrez-la avec du sirop serré, à la vanille ; ajoutez la colle nécessaire, dissoute (la valeur de 20 feuilles de gélatine) et, enfin, une demi-bouteille de champagne ; essayez une petite partie de l'appareil ; quand il est à point, liez-le sur glace ; mêlez-lui alors un salpicon d'ananas confit ; versez-le dans le moule ; couvrez ce moule d'abord avec un rond de papier, puis avec un couvercle à rebords, garni de glace ; tenez-le ainsi une heure et quart.

Au moment de servir, trempez le moule à l'eau chaude, démoulez le pain sur le fond en pastillage. Emplissez aussitôt le cylindre du pain avec de la crème fouettée, à la vanille. Sur le haut, posez une petite aigrette en pastillage, collée sur une abaisse en biscuit glacé. Entourez le fond en pastillage avec les tranches d'ananas bien égouttées, dressées en couronne.

Dessin 92. — PANACHÉ A LA GELÉE

Collez sur plat un fond en bois, masqué en pastillage, portant sur le haut, en saillie, un petit cordon plat. — Prenez un moule ouvragé, à cylindre, placez-le dans une terrine, entourez-le avec de la glace pilée.

Préparez un litre de gelée, avec peu d'acide ; parfumez-la au marasquin ; nuancez-en la moitié en rose, avec de la cochenille ou du carmin végétal, limpide. Versez l'appareil blanc dans une petite caisse en fer-blanc, en lui donnant l'épaisseur de 2 centimètres.

Préparez 4 à 5 décilitres d'appareil bavarois au lait d'amandes. Préparez la même quantité d'appareil bavarois au chocolat, sans beaucoup de crème, afin de l'obtenir plus brun.

Versez la gelée rougie au fond du moule qui est sur glace : elle doit arriver au tiers de hauteur. Liez sur glace l'appareil bavarois blanc, et, aussitôt que la gelée est prise, versez-le sur celle-ci : cet appareil doit arriver au deuxième tiers du moule. Finissez d'emplir le moule avec l'appareil brun, lié au moment sur glace ; laissez-le raffermir une heure ; au dernier moment, trempez le moule dans l'eau chaude, essuyez-le, renversez l'entremets sur le fond en pastillage ; entourez celui-ci avec de gros croûtons de gelée blanche, coupés en triangles.

Dessin 93. — MOUSSE PRALINÉE

Émincez 150 grammes d'amandes douces, mondées ; quand elles sont sèches, faites-les légèrement torréfier au four ; hachez-les ; mêlez-les avec moitié de leur volume de sucre en poudre et un peu de blanc d'œuf fouetté; frottez-les entre les mains pour les émietter; faites-les sécher à l'étuve chaude. — Beurrez très légèrement un moule à mousse, foncez-le avec du papier fin; faites-le frapper avec de la glace salée.

Avec 3 décilitres de sirop à 25 degrés, 7 jaunes d'œuf, un petit bâton de vanille, préparez un appareil à mousse; quand il est à point, finissez-le avec 2 ou 3 cuillerées de marasquin; versez-le dans le moule frappé; fermez celui-ci, lutez-en les jointures avec de la pâte crue; couvrez-le avec de la glace salée; faites-le frapper une heure et demie.

Au moment de servir, lavez vivement le moule à l'eau froide, démoulez la mousse sur un fond en génoise, glacé blanc; masquez-en aussitôt les surfaces avec une couche égale d'amandes pralinées. Essuyez bien le plat, garnissez le tour du fond-d'appui avec des génoises glacées, coupées en forme de croûtons, décorées aux fruits : servez sans retard.

Dessin 94. — CRÈME COWLEY, AUX FRAISES

Prenez la valeur de trois quarts de litre de purée de fraises des bois; étendez-la avec du sirop vanillé et le suc d'une orange, puis avec la valeur de 5 à 6 feuilles de gélatine clarifiée : l'appareil doit être très peu collé.

Cuisez sur plaque une petite abaisse de biscuit-punch, de 1 centimètre d'épaisseur; quand il est refroidi, coupez sur le biscuit, à l'aide d'un coupe-pâte, 8 triangles arrondis et un anneau; évidez-les tous avec un autre coupe-pâte; distribuez le reste du biscuit en carrés ou en ronds, coupés minces. — Entourez de glace pilée une casserole en argent; un quart d'heure après, liez sur glace l'appareil aux fraises; incorporez-lui quelques cuillerées de crème fouettée.

Versez au fond de la casserole une couche de cet appareil; laissez-le légèrement raffermir; masquez alors cette couche avec une couche de biscuits carrés, imbibés à mesure, au pinceau, avec du bon marasquin. Masquez les biscuits avec une autre couche d'appareil aux fraises; finissez d'emplir la casserole avec l'appareil, alterné avec le biscuit imbibé. Couvrez la casserole avec un moule plein de glace. Trois quarts d'heure après, saupoudrez la glace du tour et du haut avec deux poignées de sel pulvérisé. — Une demi-heure après, masquez l'appareil avec une couche de crème fouettée, parfumée à la vanille; décorez-en les surfaces au cornet avec la même crème; puis, dressez en rosace, sur le centre, les triangles de biscuit. Posez la casserole sur une serviette pliée; envoyez aussitôt l'entremets.

Dessin 95. — BAQUET-PUNCH

Pour préparer cet entremets, il faut disposer d'un moule en fer-blanc en deux pièces, à charnières, de forme conique, sans fond et bien rond, ayant la hauteur de 9 centimètres, 17 centimètres sur l'ouverture, 12 centimètres dans le fond : ce moule est d'une exécution facile, peu coûteuse.

Cuisez sur plaque un appareil de biscuit-punch, en lui donnant l'épaisseur de 1 centimètre et demi. Sur ce biscuit, coupez 2 bandes de 9 centimètres de large; glacez-en une blanche et l'autre rouge;

divisez-les aussitôt en montants de 2 centimètres et demi de largeur : il en faut 20, dont 2 un peu plus hauts que les autres ; ils serviront pour former les anses ; coupez-les tous en biseau, sur les côtés, afin de mieux les ajuster dans le moule. Glacez-les alors sur l'épaisseur du haut ; puis, collez-les avec de la glace-royale, en alternant les nuances, et en ayant soin de placer les 2 anses vis-à-vis. Fermez l'ouverture du fond avec une abaisse en biscuit, collée à la glace-royale.

Quand la glace est bien sèche, enlevez le moule, en démontant les charnières. Appliquez alors, contre les parois extérieures du baquet, 2 cercles imités en pâte à massepain. Posez le baquet sur un fond en bois collé sur plat, couvert d'une serviette pliée.

Au moment de servir, garnissez le vide du baquet avec un appareil de plombière ou simplement avec de la crème fouettée. Entourez-en la base avec une garniture de petites tartelettes grillées. — Ce baquet peut être simplement imité en pâte à gaufres italiennes ; en ce cas il est d'une seule nuance.

DESSIN 96. — GATEAU ANDALOUS

Cuisez 2 plaques d'appareil de biscuit aux amandes et au kirsch, tel qu'il est décrit à la page 22, en lui donnant l'épaisseur de 1 centimètre. Quand il est refroidi, parez-le en dessus ; coupez ensuite sur chaque plaque 6 abaisses rondes, de 20 centimètres de diamètre ; évidez 11 de ces abaisses, en anneaux, à l'aide d'un grand coupe-pâte. Masquez-les sur une surface avec une mince couche de frangipane au chocolat ; puis, placez-les, les uns sur les autres, pour monter le gâteau, sur l'abaisse pleine ; lissez-en les contours ; abricotez-le légèrement ; masquez-le alors avec une glace cuite, au chocolat, très légère. Quand la glace est sèche, décorez les pourtours du gâteau avec des détails en pâte à massepain, blanche ; dressez-le sur serviette. — Au moment de servir, garnissez-en le cylindre avec une plombière au lait d'amandes et au riz ; envoyez-le aussitôt.

DESSIN 97. — CHARLOTTE A L'ANANAS

Préparez un appareil de génoise sur feu, dans la proportion de 500 grammes de sucre, 500 grammes de farine, 500 grammes de beurre fondu, épuré, 12 œufs entiers, grain de sel, sucre d'orange.

Étalez l'appareil sur plaque, couverte de papier, en lui donnant l'épaisseur de 1 centimètre, cuisez-le à four doux. Quand le biscuit est refroidi, parez-le sur le haut ; coupez d'abord une abaisse circulaire, du même diamètre d'un grand moule à charlotte [1], pris sur le fond ; sur le reste coupez une bande de 4 centimètres et demi de large. Abricotez la bande et l'abaisse, au pinceau ; masquez-les

---

1. Les grands moules à charlotte mesurent 15 centimètres et demi de diamètre, à l'embouchure, 11 et demi dans le fond, 10 et demi de hauteur ; ceux de moyenne grandeur, mesurent 14 centimètres et demi à l'embouchure, 11 centimètres dans le fond, 10 centimètre de hauteur.

ensuite avec une couche de glace-royale à l'orange, parfumée avec du zeste râpé sur le sucre. Distribuez aussitôt la bande en 10 à 12 montants de 4 centimètres et demi de large; distribuez l'abaisse en rosace. Quand la glace est bien sèche, parez les montants en biais, sur les côtés; parez aussi en biais les triangles coupés sur l'abaisse, mais seulement du bout le plus large, afin de pouvoir les faire raccorder avec les montants.

Masquez le fond du moule à charlotte avec du papier fin; remettez en forme la rosace, sur le papier, en soudant les triangles, à l'aide d'un cordon de glace poussé sur le côté de chaque triangle. Poussez aussi un cordon de glace sur l'un des côtés de chaque montant; dressez-les à mesure contre les parois du moule, en les serrant et les faisant exactement raccorder avec les triangles du fond. Quand la glace est sèche, posez le moule sur glace, dans une terrine; entourez-le aussi avec de la glace.

Coupez à l'emporte-pièce des détails en pâte à massepain bien blanche, de façon à pouvoir décorer chaque montant dans l'ordre que le dessin représente.

Avec une purée d'ananas, de la gélatine clarifiée et du sirop parfumé au zeste d'orange, préparez un appareil pour bavarois; liez-le sur glace, sans le quitter; mêlez-lui la valeur d'un demi-litre de crème fouettée; quand il est à point, versez-le dans le moule; laissez-le prendre une heure.

Au moment de servir, renversez la charlotte sur une couche de gelée prise sur plat; décorez aussitôt les montants avec les détails en pâte à massepain, en les humectant à mesure, du côté appliqué, avec un peu de gomme ou de marmelade. Ornez le dessus avec une chaîne de petites perles en crème fouettée, poussées au cornet; sur le centre, posez un rond de gelée à l'orange, coupée à l'emporte-pièce, et, sur ce rond, une belle reine-claude. Entourez la base de la charlotte avec de beaux croûtons de gelée à l'orange. Envoyez aussitôt l'entremets.

SOMMAIRE DE LA PLANCHE 14

Dessin 98. — GATEAU BORDELAIS

Prenez 400 grammes de pâte à massepain, ferme; rougissez-en une petite partie; avec du carmin végétal. Divisez le restant en deux parties; nuancez-en une de couleur tendre, avec du vert-d'épinards; laissez l'autre blanche. — Dans un moule à bordure à fond plat, cuisez un appareil de biscuit aux amandes; quand il est démoulé et rassis, coupez-le droit sur le haut; posez-le sur une abaisse en pâte ferme, de même dimension, masquée de marmelade, afin de les coller ensemble.

Pl. 14.

DESSIN 98.

DESSIN 99.

DESSIN 100.

DESSIN 101.

DESSIN 102.

DESSIN 103.

DESSIN 104.

DESSIN 105.

Abricotez alors le biscuit; posez-le sur une grille, masquez-le avec une glace à l'orange. Quand la glace est sèche, décorez les pourtours du gâteau avec de la pâte d'amandes, nuancée.

Avec de la glace de sucre, saupoudrez intérieurement un petit moule à dôme, de forme élevée foncez-le ensuite avec de longs triangles en pâte d'amandes, coupés sur patron, et de deux nuances, en les alternant.

Mettez dans une terrine la valeur de trois quarts de litre de purée de poires crues; délayez-la avec du sirop à l'orange, à 30 degrés; ajoutez le suc de 4 oranges et un peu de zeste; passez l'appareil à l'étamine : il doit donner 22 degrés au pèse-sirop. Faites-le glacer à la sorbetière; quand la glace est lisse et ferme, incorporez-lui la valeur d'un demi-litre de crème fouettée, sucrée, à la vanille, préalablement mêlée avec 2 cuillerées de la glace, afin qu'elle ne graine pas; 10 minutes après, mêlez-lui un salpicon d'écorces confites, d'orange, macéré une heure dans du sirop au marasquin, mais bien égoutté.

Au moment de servir, dressez le gâteau sur serviette; emplissez-en le puits avec une partie de la glace; avec le restant, emplissez le moule à dôme; renversez-le aussitôt sur le centre du gâteau, en retirant le moule. Entourez la base du dôme avec une chaîne de cerises imitées avec la pâte à massepain, rouge, glacées au *cassé*. Posez une petite poire sur le haut du dôme; envoyez aussitôt l'entremets.

Dessin 99. — GATEAU MALTAIS

Cuisez, bien tendre, à grande eau, 150 grammes de bon riz; égouttez-le, mettez-le dans une terrine, couvrez-le avec du sirop à 25 degrés; faites-le macérer 2 heures; égouttez-le sur un tamis.

Avec 1 litre de lait, 300 grammes de sucre, 7 jaunes d'œuf, 1 petit bâton de vanille, préparez une crème anglaise; quand elle est bien froide, passez-la, versez-la dans une sorbetière sanglée; faites-la glacer. Quand elle est lisse, consistante, mêlez-lui le riz bien égoutté; 5 minutes après, retirez-en une petite partie dans une terrine; mêlez-lui peu à peu un demi-litre de crème fouettée, sucrée; mélangez le tout à l'appareil de la sorbetière, sans faire de grumeaux; fermez alors la sorbetière.

Coupez en quartiers 7 à 8 grosses et bonnes oranges de *Jaffa;* parez-les à vif; retirez-en les semences; mettez-les dans une terrine, saupoudrez-les largement avec du sucre fin; tenez-les sur glace.

Dans un moule à bordure à fond bombé, cuisez du biscuit-punch; en le sortant, démoulez le gâteau sur une abaisse de même biscuit, coupée juste, masquée de marmelade, afin de pouvoir les coller ensemble. Abricotez les surfaces du gâteau; masquez-les ensuite avec une glace au rhum, légère; décorez-en les pourtours avec des détails en pâte à massepain ou simplement du biscuit-punch coupé à vif, en les collant avec de la marmelade. Dressez le gâteau sur plat.

Au moment de servir, égouttez les oranges; emplissez le vide du gâteau avec la plombière, en la montant en pyramide; autour de celle-ci, dressez une couronne de quartiers d'orange, presque debout, en les appuyant contre la pyramide. Au-dessus de cette première couronne, dressez-en une autre un peu plus étroite; servez aussitôt l'entremets.

Dessin 100. — GATEAU MIRLITON

Avec du feuilletage à 7 tours, préparez des petits palmyres ayant 5 centimètres et demi de longueur, absolument d'égale forme et corrects; cuisez-les à bon four; glacez-les au sucre avant de les sortir.

Cuisez une abaisse en pâte d'office aux amandes, de l'épaisseur de 1 centimètre; coupez-la sur patron, bien ronde, du diamètre de 20 centimètres. — Préparez un petit appareil de biscuit à la cuiller; poussez-le à la poche, sur papier, en forme de bouchées rondes ou ovales; cuisez-les à four doux.

Quand les palmyres sont refroidis, soudez-les contre l'épaisseur de l'abaisse en pâte d'office, avec du sucre au *cassé*, en les inclinant légèrement au dehors, de façon à former autour de cette abaisse une bordure correcte. Dressez alors le gâteau sur un fond en bois, collé sur plat, couvert d'une serviette pliée; tenez-le en lieu frais.

Préparez un appareil bavarois aux noix fraîches et à la vanille; liez-le sur glace, en le tournant avec soin pour ne pas faire de grumeaux; aussitôt qu'il est à point, retirez-le; étalez-en une couche dans la caisse bordée; sur cette couche, montez en dôme les bouchées, une à une, en les imbibant à mesure dans du bon marasquin étendu avec un peu de sirop vanillé. Couvrez ce dôme avec le restant de l'appareil; lissez-en les surfaces, et disposez sur le haut une jolie rosace en écorce d'orange ou en ananas confit; tenez l'entremets dans le timbre à glace pendant 25 minutes; sortez-le au moment de servir; posez alors sur le centre de la rosace une belle reine-claude au sirop.

Dessin 101. — GATEAU MATHILDE

Avec de la pâte à tartelette, foncez un cercle à flan, cannelé ou lisse; masquez l'intérieur de la caisse avec du papier beurré, emplissez-en le vide avec de la farine ordinaire, cuisez-la *à blanc.* Quand elle est vidée et refroidie, masquez-en l'intérieur avec une couche de marmelade.

Coupez 5 à 6 bonnes oranges en petits quartiers; parez-les à vif, supprimez-en les semences; mettez-les dans un plat; saupoudrez-les avec de la glace de sucre. — Coupez en tranches minces un biscuit à l'orange, cuit dans un moule à timbale. — Sur de belles écorces d'orange, confites, coupez une vingtaine d'anneaux et autant de petits ronds, à l'aide d'un coupe-pâte.

Avec 10 jaunes d'œuf, 3 blancs fouettés, 125 grammes de sucre d'orange râpé sur le zeste, un huitième de litre de vin du Rhin et du suc d'orange, mêlés par portions égales, préparez une crème d'orange, telle qu'elle est décrite pour le gâteau maltais, à la page 93.

Masquez le fond de la caisse en pâte avec une couche de l'appareil; sur cette couche, dressez en dôme les tranches de biscuit, imbibées au vin de Malaga, en les alternant avec les deux tiers des quartiers d'orange. Masquez ensuite ce dôme avec le restant de l'appareil; lissez-le vivement avec la lame du couteau; aussitôt qu'il est figé, décorez-en la surface, sur le tour, avec les anneaux et les ronds, en écorce, formant la chaîne, et, sur le haut, avec une rosace de quartiers d'orange, sur le centre de laquelle est posé un rond de gelée de pommes ou de groseilles, coupé à l'emporte-pièce.

Glissez le gâteau sur un fond en bois, masqué d'une serviette pliée.

Dessin 102. — CHARLOTTE BLANCHE

Préparez un appareil de meringue italienne dans les proportions de 8 blancs pour 500 grammes de sucre cuit au *petit boulé*, avec un petit bâton de vanille.

Mettez l'appareil dans une poche à douille, couchez-le sur plaque beurrée, farinée, en montants de 10 à 11 centimètres de haut sur un et demi de large, tous bien égaux en longueur et en largeur : il en faut 18. Couchez une égale quantité de montants moitié moins longs, pour foncer le fond du moule : même largeur que les précédents, mais pointus d'un côté, de façon à former un triangle allongé.

Avec du papier fin, foncez un moule à charlotte. — A l'aide d'un petit couteau, parez régulièrement, sur les côtés et sur les bouts, les petits montants triangulaires : ils doivent être coupés en biseau sur le côté le plus large. Formez-les d'abord en rosace, sur la table ; prenez-les ensuite un à un, poussez un cordon de glace-royale sur un côté seulement ; rangez-les à mesure sur le fond du moule, en reformant la rosace.

Préparez, dans la sorbetière, une glace à la crème crue et à la vanille ; quand elle est lisse et ferme, incorporez-lui la valeur d'un demi-litre de crème fouettée, sucrée, préalablement mêlée avec une petite partie de la glace et quelques cuillerées de marasquin ; finissez-la avec quelques cuillerées de pistaches coupées en filets fins.

Au moment de servir, emplissez le vide de la charlotte avec la glace ; démoulez-la sur serviette ; enlevez-en le papier, envoyez-la sans retard.

Dessin 103. — TIMBALE DE BISCAYE

Faites raffermir, sur glace, 1 kilogramme de pâte à napolitain ; divisez-la en parties de la grosseur d'une orange ; moulez-les rondes ; abaissez-les sur plaque légèrement beurrée, en leur donnant un demi-centimètre d'épaisseur sur 15 centimètres de diamètre : il en faut une vingtaine. Poussez-les à four modéré ; aussitôt que la pâte est raffermie, coupez vivement les abaisses avec un grand moule à charlotte. Laissez deux de ces abaisses pleines ; évidez les autres avec un moule plus étroit ou un grand coupe-pâte ; laissez-les refroidir.

Enlevez les ronds du centre des abaisses ; montez les anneaux l'un sur l'autre, sur une des abaisses pleines, en les masquant avec de la marmelade d'abricots, serrée, afin de les coller, absolument comme pour napolitain ; couvrez la timbale avec la deuxième abaisse pleine, mais sans la coller. Lissez-en les pourtours avec le couteau, en donnant à la timbale une forme légèrement conique ;

abricotez alors les parties lissées, avec de la belle marmelade tiède ; laissez-la raffermir ; puis, nappez-la avec une glace légère, au marasquin.

Quand la glace est sèche, décorez les pourtours du gâteau, en haut et en bas, avec des détails en pâte à massepain, humectés d'un côté ; appuyez-les à l'aide d'une bande de papier, afin de les coller sans les déformer ; dressez la timbale sur plat.

Préparez un appareil de pain de marrons, à la vanille, légèrement collé. Un quart d'heure avant de servir, liez-le sur glace, en lui mêlant quelques cuillerées de marasquin. Enlevez le couvercle de la timbale, emplissez-en le vide avec l'appareil, par couches, en alternant chaque couche avec des fruits confits coupés : marrons, abricots, ananas ; fermez la timbale avant de l'envoyer.

Dessin 104. — RIZ FROID, A LA GÉORGIENNE

Faites refroidir sur glace un moule uni, à fond arrondi et à cylindre. A l'aide d'un pinceau, humectez-le intérieurement avec de la gelée au rhum, mi-prise ; saupoudrez-en aussitôt les parois et le fond avec des pistaches hachées.

Cuisez 250 grammes de beau riz, à grande eau acidulée, bien tendre, les grains entiers. Égouttez-le, mettez-le dans une terrine, couvrez-le avec du sirop à 25 degrés, faites-le macérer 2 heures.

Préparez un appareil de blanc-manger à la vanille, collé ; mettez-le dans un poêlon à fond rond, tournez-le sur glace jusqu'à ce qu'il commence à se lier ; mêlez-lui alors le riz, bien égoutté ; tournez-le encore quelques minutes ; ajoutez un salpicon d'ananas confit ; versez-le aussitôt dans le vide du moule ; laissez-le prendre une heure.

Au moment de servir, trempez le moule à l'eau chaude, essuyez-le ; renversez l'entremets sur un fond en biscuit-punch, glacé au rhum, légèrement creusé sur le dessus, juste d'après le diamètre du moule, afin que l'entremets ne puisse glisser. Entourez ce fond avec de belles tranches d'ananas symétriquement dressées ; envoyez, en même temps que l'entremets, une sauce abricots, froide, délayée au sirop d'ananas, finie avec 2 cuillerées de bon rhum.

Dessin 105. — BISCUIT VÉNITIEN

Dans un grand moule à dôme, haut de forme, beurré, glacé, cuisez un appareil de biscuit fin. Quand il est démoulé et rassis, coupez-le droit sur le côté plat ; posez-le sur une grille, du côté coupé ; abricotez-le légèrement, au pinceau ; nappez-le ensuite avec une glace de nuance rose, au zeste de mandarine ; quand la glace est bien sèche, cernez-le du côté coupé, à un centimètre des bords ; enlevez la partie cernée, videz le biscuit, en laissant une égale épaisseur partout.

A l'aide d'un patron en carton, coupez des bandes de pâte à massepain, un peu plus longues que la hauteur du biscuit, de la largeur de 2 centimètres et demi, mais effilées, se terminant en pointe. — Collez sur plat un fond en bois bordé en pastillage, masqué de papier blanc sur le haut.

Préparez un petit hâtelet garni de fruits. — Coupez en pointes d'égale longueur une douzaine de feuilles en angélique.

Retirez l'écorce à 20 mandarines et à 5 bonnes oranges; détachez les quartiers un à un, supprimez-en les semences, passez les chairs au tamis fin; ajoutez à cette purée le suc de 4 citrons, le zeste de 2 mandarines sans peau blanche, 4 cuillerées de marmelade d'abricots; sucrez l'appareil à point avec de la glace de sucre; collez-le, liez-le sur glace, en le tournant; incorporez-lui peu à peu une demi-bouteille de champagne. Quand il est à point, remettez le biscuit dans le moule, emplissez-en le vide avec l'appareil; tenez-le 20 minutes dans l'armoire à glace; renversez-le ensuite sur le fond décoré, collé sur plat. Coupez transversalement le biscuit sur la pointe; entourez-en la base et le haut avec une bande de pâte à massepain, légèrement humectée de marmelade afin de la coller. Prenez une à une, les bandes en pointe, coupez-les juste de longueur voulue, humectez-les aussi, d'un côté, avec de la marmelade, et appliquez-les debout contre la surface du biscuit, à une distance égale à leur largeur; appuyez-les légèrement; puis, ornez-les, ainsi que les bandes du haut et du bas, avec des perles en glace-royale ou en meringue italienne, poussées au cornet. Sur le haut du biscuit, piquez en éventail les feuilles pointues d'angélique; sur le point central, piquez debout le hâtelet aux fruits; nappez légèrement ceux-ci avec de la gelée mi-prise.

SOMMAIRE DE LA PLANCHE 15

DESSIN 106. — CANNELONS A LA CRÈME D'AMANDES

Beurrez légèrement des petits bois à cannelons. — Abaissez mince du feuilletage ; coupez-le en bandes de 1 centimètre et demi de large, sur 25 de long. Entourez ces bandes en spirale, autour des bois beurrés, en commençant par le bout épais, mais en les posant un peu à cheval ; rangez-les à mesure sur plaque, à petite distance ; dorez-les, cuisez-les à four modéré ; glacez-les au sucre avant de les sortir. Quand ils sont à moitié froids, démoulez-les, laissez-les bien refroidir.

Un peu avant de dresser, garnissez le vide des cannelons avec un appareil de crème bavaroise aux amandes, lié au moment sur glace, en l'introduisant à l'aide d'une petite poche à douille. Tenez les gâteaux au frais jusqu'au dernier moment, afin de raffermir légèrement l'appareil. Dressez-les ensuite en pyramide, sur serviette.

DESSIN 107. — ÉCLAIRS AU CHOCOLAT

Les éclairs sont des petits gâteaux que tout le monde aime, parce qu'ils sont tout à la fois simples et excellents. — Préparez une pâte à chou dans les proportions de 500 grammes farine, 500 grammes beurre, 9 œufs entiers, 1/2 litre eau, 50 grammes sucre, grain de sel. Mettez l'eau, le beurre, le sucre et le sel dans une casserole ; faites bouillir le liquide ; quand le beurre monte, retirez-le sur le côté, incorporez-lui la farine ; tournez la pâte jusqu'à ce qu'elle soit lisse, bien liée. Remettez-la alors sur feu, travaillez-la vivement jusqu'à ce qu'elle ne s'attache plus à la casserole ; retirez-la hors du feu ; 5 à 6 minutes après, incorporez les œufs un à un.

Introduisez la pâte dans une poche à douille, couchez sur plaque des éclairs ni trop épais, ni trop longs ; dorez-les, cuisez-les à four doux, afin de les obtenir plus secs. Quand ils sont froids, endez-les sur le côté ; garnissez-les avec une crème frangipane légère, à la vanille, beurrée ; humectez-les au pinceau avec de la marmelade ou de la gelée de pommes, dissoute.

Pl. 15.

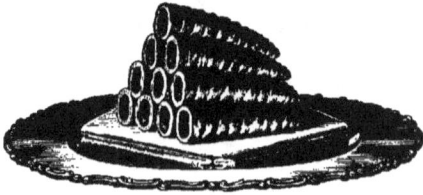

DESSIN 106.

DESSIN 107.

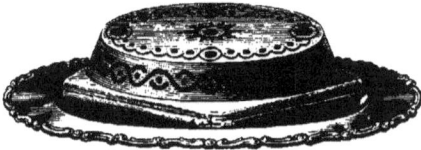

DESSIN 108.

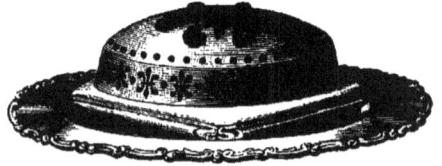

DESSIN 109.

DESSIN 110.

DESSIN 111.

DESSIN 112.

DESSIN 113.

Faites dissoudre dans une petite casserole 150 grammes de poudre de cacao avec son même poids d'eau ; ajoutez 150 grammes de sucre, cuisez au *lissé :* la glace doit alors napper la cuiller. Quelques minutes après, prenez les gâteaux un à un, avec les doigts, trempez-les dans la glace au chocolat, du côté enduit de marmelade. Rangez-les à mesure sur une grille à pâtisserie ; tenez-les quelques secondes à la bouche du four pour donner du brillant à la glace ; parez-les, dressez-les en pyramide, sur serviette.

DESSIN 108. — GATEAU SABLEUX, AU MARASQUIN

Préparez un appareil sableux dans les proportions de 500 grammes, moitié farine, moitié fécule, 500 grammes beurre, 500 grammes sucre, 16 jaunes d'œuf et 10 blancs, grain de sel, zeste. Maniez le beurre, en l'épongeant ; mettez-le dans une terrine tiède, travaillez-le avec une cuiller jusqu'à ce qu'il soit crémeux et léger ; ajoutez peu à peu 8 jaunes, sans cesser de travailler, puis la moitié de la farine et fécule, la moitié du sucre, les blancs fouettés, sel, zeste. Mêlez l'appareil avec le fouet ; ajoutez le restant des jaunes, de la farine et du sucre.

Cuisez l'appareil dans un large moule plat, à rebords, légèrement conique, ayant 5 centimètres de haut ; laissez-le refroidir ; parez-le droit. Distribuez-le ensuite en tranches transversales ; masquez-les d'un côté avec de la marmelade d'abricots, posez-les l'une sur l'autre pour remettre le gâteau en forme ; abricotez-en les surfaces ; placez-le sur une grille à pâtisserie ; nappez-le avec une glace au marasquin. Quand la glace est sèche, décorez-en les contours et le haut avec des détails en fruits confits, de la gelée de pommes et de la glace-royale poussée au cornet ; dressez-le sur serviette.

DESSIN 109. — GATEAU CHAMBORD

Prenez un appareil de biscuit fin, cuit de la veille, dans un moule plat, beurré. Parez-le en dessus. — Faites torréfier au four 250 grammes d'avelines, sans coquilles ; retirez-en la peau, hachez-les finement. — Mettez dans une casserole 5 jaunes d'œuf, 5 cuillerées de sucre en poudre, une cuillerée de fécule ; délayez avec 4 décilitres de lait ; ajoutez un demi-bâton de vanille ; tournez l'appareil sur feu doux pour le lier. Quand il est à peu près à point, ajoutez les avelines ; laissez-les infuser quelques minutes, en tournant l'appareil de temps en temps. Quand il n'est plus que tiède, passez-le dans une autre terrine, incorporez-lui peu à peu un égal volume de beurre fin, sans cesser de fouetter.

Divisez le biscuit en tranches transversales ; masquez-en une surface avec l'appareil ; posez-les l'une sur l'autre, en reformant le biscuit. Masquez-le sur le haut avec une épaisse couche d'appareil, en le faisant bomber. Masquez également les côtés ; lissez les surfaces avec soin ; décorez-les au cornet, dans le genre représenté par le dessin, avec une crème beurrée aux pistaches. Faites raffermir le gâteau 20 minutes, dans le timbre à glace. Dressez-le ensuite sur serviette.

Dessin 110. — GATEAU FLORENTIN

Préparez un appareil de biscuit dans les proportions de 500 grammes de sucre, 400 grammes d'amandes, 300 grammes fécule de riz, 300 grammes beurre, 8 œufs entiers, quelques gouttes d'essence de néroli ou d'eau de fleurs d'oranger, grain de sel.

Travaillez le sucre avec les œufs jusqu'à ce que l'appareil soit mousseux ; ajoutez alors les amandes, la fécule, puis le beurre fondu, sel et parfum. — Cuisez une partie de l'appareil dans un moule à bordure, à fond plat ; cuisez le restant sur plaque couverte de papier beurré, en couche d'un demi-centimètre d'épaisseur.

Quand la bordure est démoulée et refroidie, coupez-la sur le haut ; renversez-la, collez-la sur une abaisse coupée de même dimension, sur la plaque en biscuit. Abricotez le gâteau, masquez-le avec une glace à l'orange ; décorez-le avec des fruits confits ; dressez-le sur serviette. Au moment de servir, emplissez-en le vide avec une plombière à l'orange, dressée en pyramide. Entre le gâteau et la plombière piquez, en éventail, des feuilles imitées en angélique.

Dessin 111. — GATEAU BEAUVILLIERS

Préparez un appareil de biscuit dans les proportions de 525 grammes sucre vanillé, 125 grammes farine, 125 grammes fécule de pommes de terre et autant de fécule de riz, 350 grammes de beurre, 4 œufs entiers, 12 jaunes, 7 blancs fouettés, 200 grammes amandes, grain de sel, zeste. — Pilez les amandes avec 100 grammes de sucre et 5 blancs d'œuf, mettez-les dans une terrine avec le restant du sucre ; travaillez l'appareil, en ajoutant peu à peu 4 œufs entiers et 12 jaunes. Incorporez alors farine et fécule, le beurre, 7 blancs fouettés. — Cuisez une partie de l'appareil dans un moule plat, à *trois frères ;* cuisez le restant sur plaque couverte de papier beurré, étalé en couche mince.

Quand le gâteau est sorti du four, et refroidi, parez-le droit sur le côté plat ; renversez-le, collez-le sur une abaisse mince du même biscuit, coupée d'égale dimension que le gâteau. Humectez-en les surfaces au pinceau avec un peu de marmelade d'abricots, posez-le sur une grille à pâtisserie ; masquez-le aussitôt avec une glace au kirsch ; saupoudrez celle-ci avec des pistaches hachées. Laissez sécher la glace ; dressez le gâteau sur serviette.

Au moment de servir, emplissez le creux du gâteau avec une plombière, ou avec une crème Chantilly bien égouttée et parfumée.

Dessin 112. — GATEAU GENTILHOMME

Préparez un appareil de biscuit dans les proportions de 500 grammes sucre, 500 grammes beurre, 400 grammes fécule, 50 grammes farine, 2 œufs entiers, 12 jaunes, zeste de citron râpé ou haché, grain de sel. — Faites fondre à moitié le beurre, versez-le dans une terrine, travaillez-le avec une cuiller jusqu'à ce qu'il soit lié en crème ; ajoutez alors 5 à 6 jaunes d'œuf, l'un après l'autre, puis le sucre, le restant des œufs, fécule et farine, sel et zeste.

Beurrez et glacez un moule à bordure, à fond bombé ; emplissez-le avec l'appareil, posez-le sur un plafond mince, cuisez à four modéré. Quand il est démoulé, laissez-le rassir. Parez-le droit sur le côté plat, collez-le sur une abaisse mince en pâte à flan, juste de son même diamètre ; abricotez-le, au pinceau, avec de la marmelade tiède ; aussitôt que celle-ci est refroidie, nappez le gâteau avec une glace au marasquin. Décorez-en les pourtours avec des croissants en fruits confits ; dressez-le sur serviette pliée.

Prenez un demi-litre de purée de pêches, sucrez-la avec de la glace de sucre, fouettez-la 10 minutes sur glace ; mêlez-lui, peu à peu, 2 décilitres de crème anglaise froide ; fouettez-la encore jusqu'à ce qu'elle soit crémeuse et consistante. Incorporez-lui alors la valeur de trois quarts de litre de crème fouettée. Rougissez légèrement cet appareil, versez-le dans 2 moules à mousse ; fermez-les, lutez-en les jointures, faites-les frapper une heure et demie sur glace salée.

Au moment de servir, prenez l'appareil par petites parties, avec une cuiller chauffée à l'eau ; dressez-les en pyramide, par couches, dans le vide de la bordure ; dans les creux de chaque couche, laissez tomber de la marmelade d'abricots et des cerises mi-sucre ; envoyez ainsi l'entremets.

DESSIN 113. — PÊCHES A LA METROPOLE

Dans un moule à bordure, fond bombé, cuisez un appareil de biscuit d'amandes, au kirsch (page 22). Quand il est bien refroidi, coupez-le droit sur le côté plat, collez-le sur une abaisse en pâte d'office, un peu plus large que le diamètre du gâteau, masquée de marmelade. Posez le gâteau sur une grille à pâtisserie, abricotez-le, nappez-le avec une glace crue au kirsch ; quand la glace est sèche, décorez-le à sa base et sur le haut, avec une chaîne d'anneaux en pâte à massepain ou en feuilletage à blanc, dont le vide est rempli avec une cerise mi-sucre, glacée au *cassé* ; dressez-le sur plat.

Choisissez 8 belles pêches d'espalier, d'égale grosseur, pas trop mûres ; divisez-les chacune en deux parties, supprimez-en le noyau, plongez-les à l'eau bouillante pour en retirer la peau ; égouttez-les, épongez-les sur un linge ; fardez-les légèrement sur le côté ; posez sur le centre de chaque moitié une pincée de pistaches hachées, liées avec un peu de gelée mi-prise ; nappez légèrement les pêches avec la même gelée ; tenez-les en lieu frais.

Cuisez à grande eau acidulée 200 grammes de riz. Quand il est bien tendre, égouttez-le, mettez-le dans une terrine, couvrez-le avec du sirop froid et du kirsch, faites-le macérer 2 heures.

Préparez un appareil de glace à la crème crue et au lait d'amandes, vanille et glace de sucre ; faites-le prendre à la sorbetière. Quand la glace est lisse et ferme, incorporez-lui un demi-litre de crème fouettée, sucrée ; un quart d'heure après, mêlez-lui le riz bien égoutté. — Au moment de servir, dressez la plombière en pyramide dans le puits du gâteau. Dressez autour les demi-pêches, en couronne. Entre la plombière et les pêches, piquez en éventail des pointes d'angélique. — Avec cet entremets, envoyez une saucière de marmelade d'abricots, bien refroidie, étendue avec du lait d'amandes et du kirsch.

SOMMAIRE DE LA PLANCHE 16

Dessin 114. — PETITES CORBEILLES GARNIES DE FRUITS

Un moyen tout simple d'exécuter promptement ces corbeilles consiste à s'en procurer une en osier ou en carton, de jolie forme, juste de grandeur voulue, et d'en faire exécuter une demi-douzaine de semblables, en fer-blanc. Beurrez alors ces moules, emplissez-les avec du biscuit-punch, cuisez-en la quantité voulue en deux ou trois fois.

A défaut de moules, cuisez une plaque de biscuit-punch de l'épaisseur de 3 centimètres. Quand le biscuit est démoulé et refroidi, distribuez-le en forme de carré long, de la longueur et la largeur que doivent avoir les corbeilles; découpez-les au couteau, en leur donnant la forme que le dessin représente. Videz-les en partie, masquez-les entièrement au pinceau avec de la marmelade d'abricots; nappez-les ensuite avec une glace claire, aux zestes ou aux liqueurs; posez-les à mesure sur une grille à pâtisserie.

Quand la glace est sèche, décorez-les tout autour, au cornet, avec de la glace-royale; ornez-les sur les bords avec une torsade en pâte d'amandes, collée à plat. Imitez-en les anses aussi avec de la pâte d'amandes; faites-les d'abord sécher sur plaque; puis collez-les debout sur le centre des corbeilles avec de la glace-royale.

Préparez un fond-d'appui en bois portant sur son centre un support formant gradin; celui-ci peut être en bois mince, vide ou en carton-pâte; en tout cas, l'un et l'autre doivent être masqués en pastillage et bordés. Collez ce fond-d'appui sur plat d'entremets.

Un peu avant de servir, masquez l'intérieur des corbeilles avec de la marmelade d'abricots; emplissez-en à peu près le vide avec un peu d'appareil collé, aux fraises ou aux abricots; sur celui-ci, rangez symétriquement des petits fruits confits entiers ou coupés, entremêlés avec des feuilles vertes imitées en angélique. Dressez 3 corbeilles sur le support et les autres autour de sa base. Garnissez, avec de la gelée hachée, les intervalles qui séparent les petites corbeilles. Servez-les ainsi.

Pl. 16.

DESSIN 114.

DESSIN 115.

DESSIN 116.

DESSIN 117.

DESSIN 118.

DESSIN 119.

DESSIN 120.

DESSIN 121.

Dessin 115. — PANIERS D'ORANGE, GARNIS

Préparez un fond-d'appui à support, dans le genre du précédent, masqué en pastillage et bordé; collez-le sur plat.

Choisissez des oranges à peau fine, fermes, d'une égale grosseur. Posez-les sur la table, en les appuyant du côté où était la tige. Faites d'abord une coupure transversale de chaque côté, à peu près au tiers de hauteur de l'orange, mais sans aller jusqu'au centre, en laissant une largeur de 2 centimètres: cette largeur doit former l'anse. Coupez alors l'orange de haut en bas, des deux côtés. Retirez d'abord toutes les chairs de l'écorce, soit avec un petit couteau, soit avec une cuiller à racine; lavez-les à l'eau froide.

Enlevez ensuite toute la peau blanche de l'écorce, festonnez celle-ci sur les bords et sur l'anse, dans le genre représenté par le dessin. Plongez simplement les oranges à l'eau chaude; égouttez-les aussitôt pour les rafraîchir et les éponger. Fermez-en l'ouverture de la base où adhérait la tige, en appliquant en dehors un petit morceau de pâte crue ou du beurre. Posez à mesure les paniers sur une couche de glace pilée, étalée sur un plafond à rebords.

Avec le suc filtré des oranges, de la colle clarifiée et du sirop, préparez une gelée légère, délicate, de bon goût. Mettez-la dans un poêlon, liez-la légèrement sur glace, en la tournant avec une cuiller; puis fouettez-la, 2 secondes, sans la rendre mousseuse, mais simplement globuleuse. Mêlez-lui alors un salpicon de fruits variés, entremêlés de quelques petites fraises fraîches, des groseilles, des framboises ou des pistaches entières.

Avec cet appareil, emplissez les paniers [1]; tenez-les une heure sur glace. — Au moment de servir, essuyez-les; dressez-en trois sur le support central et les autres autour de sa base.

Dessin 116. — PETITS NOUGATS A LA CRÈME

Coupez en petits dés, des amandes mondées, bien épongées; faites-les sécher 24 heures à l'étuve, sur plaque couverte de papier. Tamisez-les ensuite dans une passoire fine, afin d'en retirer les débris pulvérisés. Étalez-les sur une plaque, chauffez-les à la bouche du four sans les colorer.

Pour 500 grammes d'amandes, prenez 350 grammes de sucre pilé, non déglacé; mettez-le dans un poêlon avec le suc de 2 ou 3 citrons ou une cuillerée d'acide citrique. Tournez le sucre sur feu doux, avec une cuiller, pour le faire fondre; cuisez-le quelques secondes pour l'amener au caramel blond; mêlez-lui vivement les amandes hachées, chaudes; retirez le poêlon sur feu tout à fait doux.

Avec cet appareil, foncez minces, une douzaine de grands moules à dariole, légèrement huilés

1. Un point essentiel à observer, dans l'apprêt des paniers d'orange, c'est d'enlever soigneusement le blanc de l'écorce qui rendrait forcément la gelée amère; mais, même en ce cas, il ne convient pas de laisser séjourner longtemps la gelée dans les écorces.

avec de l'huile d'amandes ; ce travail doit être fait par deux ou trois personnes, afin que le nougat n'ait pas le temps de refroidir.

À mesure que les moules sont foncés, coupez le nougat à niveau des bords ; laissez-le refroidir, démoulez-le. Humectez les bords supérieurs de chaque nougat, avec de la glace-royale ; appuyez-les de ce côté, sur des pistaches hachées, pour les border. Collez-leur ensuite à chacun, sur le côté, une petite anse en feuilletage *à blanc* ou en pâte d'amandes.

Au moment de servir, emplissez les nougats avec de la crème fouettée, bien égouttée, sucrée, parfumée. Dressez-les sur serviette pliée, au-dessous de laquelle est un fond en bois, masqué de papier blanc.

Dessin 117. — GATEAUX MILTON

Préparez un appareil de génoise, sur feu, dans les proportions de 500 grammes de sucre, 375 grammes de farine de riz, 500 grammes de beurre, 16 œufs, 4 cuillerées de kirsch, autant d'eau de fleurs d'oranger, grain de sel.

Beurrez de grands moules à dariole ; glacez-les à la fécule ; emplissez-les à peu près à hauteur avec l'appareil préparé ; rangez-les sur plaque, cuisez-les à four modéré.

Démoulez-les, laissez-les refroidir ; coupez-les droit, sur le haut ; videz-les de ce côté. Masquez-les alors extérieurement, au pinceau, avec une couche de marmelade d'abricots, tiède ; puis roulez-les un à un, sur des pistaches hachées, de façon à les verdir entièrement sur les côtés.

Coupez des cerises mi-sucre, chacune en deux parties ; arrondissez-les, piquez-les avec une lardoire, trempez-les dans du sucre au *cassé* ; laissez-en bien égoutter le sucre ; collez-les sur l'ouverture des gâteaux, les unes à côté des autres ; glacez aussi quelques cerises entières ; tenez-les en réserve sur un petit plafond huilé.

Au moment de servir, liez sur glace un petit appareil de pain d'amandes, à la vanille ou à l'orange ; emplissez-en le vide des gâteaux, en le montant en dôme ; tenez-les quelques minutes dans le timbre à glace ; dressez-les ensuite sur serviette ; posez alors une cerise entière sur chaque dôme d'appareil.

Dessin 118. — PANIER D'ORIENT

Choisissez une pastèque de forme ronde ; posez-la sur le côté où était la tige ; coupez-la d'abord de haut en bas, au quart de hauteur, des deux côtés, en laissant une distance de 3 centimètres, juste sur le milieu ; coupez-la ensuite transversalement sur les côtés, de façon à atteindre la coupure latérale et obtenir ainsi la forme d'un panier à anse centrale.

Videz la pastèque de ses chairs rouges ; puis festonnez-en les bords et l'anse dans le genre des paniers d'orange ; posez-la bien d'aplomb dans un baquet, sur une épaisse couche de glace pilée, légèrement salée, entourez-la aussi avec de la glace.

Quand elle est bien saisie, emplissez-la avec une gelée au champagne, peu collée, bien claire, légèrement liée sur glace, puis mêlée avec un gros salpicon composé de chairs confites de pastèque et d'ananas, mêlées avec deux poignées de pistaches entières. Faites frapper la gelée une heure et demie. Essuyez bien la pastèque ; dressez-la sur un anneau en bois, collé sur plat, couvert d'une serviette ; entourez-la avec une garniture de petites gaufres italiennes, forme *dos-d'âne*, pistachées sur les bords, posées à cheval.

DESSIN 119. — PANIER DE GAUFRES

Préparez un appareil à gaufre dans les proportions de 500 grammes farine, 500 grammes sucre en poudre, 8 œufs entiers, 125 grammes beurre fondu, demi-décilitre eau de fleurs d'oranger, zeste de citron râpé, grain de sel. — Prenez un gaufrier plat, à fer épais, forme de carré long ; frottez-le des deux côtés avec un morceau de lard frais ; puis tenez-le une demi-heure à la bouche du four ou sur le côté du feu. Graissez-le encore, chauffez-le en plein fourneau ; ouvrez-le, étalez sur une de ses surfaces une couche mince d'appareil ; fermez-le ; cuisez la gaufre de belle couleur, en retournant le gaufrier. Ouvrez le moule, dégagez la gaufre avec la lame d'un petit couteau ; enroulez-la aussitôt sur une mince colonne en bois un peu plus longue que le gaufrier : les gaufres doivent avoir la longueur de 10 centimètres au moins. Aujourd'hui, on peut acheter ces gaufres chez tous les confiseurs ; on les fait en fabrique, elles sont parfaites.

Huilez très légèrement un moule à timbale plus large que haut. Prenez les gaufres une à une, posez-les debout contre les parois intérieures du moule, en les collant à l'aide d'un mince cordon de glace-royale, poussée au cornet. Fermez l'ouverture du fond avec un rond en génoise, coupé du diamètre voulu, en le collant aux gaufres avec de la glace-royale.

Quand la glace est sèche, démoulez le panier ; adaptez-lui une anse en pâte à gaufre ou en sucre *tors*, en la collant avec du sucre au *cassé ;* ornez-la, sur les côtés et sur le haut, avec de petites roses en sucre, entremêlées de feuilles vertes, en pâte d'amandes. Dressez le panier sur un fond en bois couvert d'une serviette ; garnissez-le avec de la Chantilly sucrée et parfumée, ou bien avec une plombière quelconque.

DESSIN 120. — TIMBALE GLACÉE, A LA SICILIENNE

Avec de la pâte frolle, foncez un moyen moule à timbale ; masquez intérieurement la pâte avec du papier beurré, emplissez-en le vide avec de la farine commune ; cuisez-la à *blanc ;* videz-la. Nappez-la extérieurement avec une couche de marmelade d'abricots, étendue avec de la gelée ; placez-la sur un petit plafond, en la renversant, le côté fermé en dessus. Décorez-la extérieurement, sur les contours et sur le haut, avec des détails, en fruits confits ou en pâte d'amandes, trempés à mesure dans de la gelée mi-prise.

Incrustez sur glace un moule à timbale d'un centimètre plus large que la caisse en pâte ; faites prendre au fond une couche de gelée d'un centimètre d'épaisseur. Sur cette couche, posez la caisse en pâte, en l'appuyant du côté décoré. Remplissez aussitôt le vide entre le moule et la caisse avec de la gelée liquide et froide, mais peu à peu.

Tenez ainsi la timbale une heure.

Au moment de servir, remplissez le vide de la caisse avec une plombière aux pistaches et à l'eau de fleurs d'oranger, en la dressant par couches, et en alternant chaque couche avec un gros salpicon d'ananas confit, lavé à l'eau tiède, macéré une heure dans du sirop. — Trempez vivement le moule à l'eau chaude, essuyez-le ; renversez l'entremets sur un fond, bordé en pastillage, collé sur plat; sur le centre de l'entremets, piquez un hâtelet garni de fruits, c'est-à-dire une petite coupe formée de deux moitiés de pomme, dont le vide est garni d'une reine-claude confite, sans noyau, farcie avec de la pâte d'amandes.

DESSIN 121. — GATEAU GLACÉ, A LA SAVARY

Cuisez un biscuit fin dans un grand moule à timbale, beurré, glacé ; quand il est refroidi, coupez-le droit, cernez-le sur le haut, en laissant autour l'épaisseur d'un centimètre ; abricotez-le, posez-le sur une grille à pâtisserie ; masquez-le entièrement avec une glace cuite au chocolat ou une glace fondante, assez liquide pour former une couche mince, lisse, de belle nuance ; faites-la sécher à l'air. Ouvrez alors le gâteau du côté cerné ; videz-le en partie.

Au moment de servir, emplissez le vide du gâteau avec un appareil de plombière au lait d'amandes, mêlé avec un salpicon d'ananas confit, préalablement macéré une heure avec du sirop et du kirsch ; montez-le en pyramide ; entourez celle-ci à sa base avec une chaîne de cerises mi-sucre, glacées au *cassé*. Dressez le gâteau sur serviette.

SOMMAIRE DE LA PLANCHE 17

DESSIN 122. — GATEAU MONTAUBAN

Avec de la pâte sucrée, foncez un cercle à flan, haut de forme; pincez la crète ; masquez inté-rieurement la pâte avec du papier beurré ; emplissez le vide de la caisse avec de la farine commune ; cuisez-la *à blanc*. Videz-la ensuite ; masquez-en les surfaces intérieures avec une couche de mar-melade d'abricots ; dressez-la sur serviette.

Pl. 17.

DESSIN 122.

DESSIN 123.

DESSIN 124.

DESSIN 125.

DESSIN 126.

DESSIN 127.

DESSIN 128.

DESSIN 129.

32

Cuisez deux douzaines de pains de La Mecque; cuisez une égale quantité de choux ronds; quand ils sont froids, fourrez-les tous avec de la marmelade d'abricots; masquez les choux longs avec une glace à la vanille, et les choux ronds avec une glace au chocolat; rangez-les à mesure sur une grille à pâtisserie. Préparez une crème plombière à l'abricot, dans les conditons prescrites pour la plombière des dames; fermez la sorbetière, tenez-la ainsi jusqu'au moment de servir.

Prenez alors la plombière avec une cuiller; dressez-la en pyramide dans la caisse à flan; lissez-la, entourez-la avec deux couronnes de choux longs et deux couronnes de choux ronds, dressés debout, en alternant les nuances: d'abord ceux glacés blancs, puis ceux glacés au chocolat; au-dessus de la dernière couronne, dressez deux choux longs, accolés, posés debout. Envoyez aussitôt l'entremets.

DESSIN 123. — CORNETS A LA CHANTILLY

Préparez une vingtaine de petites meringues, avec le même appareil, et en procédant comme il est dit pour les meringues du roi (page 199). — Avec de la pâte à feuilles de chêne ou pâte à gaufres italiennes, préparez une vingtaine de cornets de moyenne grosseur; tenez-les au sec, ainsi que les meringues. Sur le centre d'un plat d'entremets, collez un fond en bois, masqué en pâte à nouille, portant sur son centre un support à deux gradins étroits, disposés à 6 centimètres de distance l'un de l'autre, celui du bas un peu plus large que l'autre.

Avec du sucre au *cassé*, tenu dans un petit poêlon, humectez les cornets sur le bout pointu, humectez aussi l'épaisseur du gradin où doit appuyer le cornet; collez-les vivement, presque debout, l'un à côté de l'autre, tous dans le même sens, en commençant par la couronne du bas. Collez ensuite ceux de la deuxième couronne, absolument dans les mêmes conditions, et, sur le centre de celle-ci, collez-en un tout à fait debout. Un quart d'heure avant de servir, garnissez les meringues et les cornets avec de la bonne crème fouettée, bien égouttée, sucrée et vanillée. Dressez les meringues autour des cornets, sur le fond-d'appui.

DESSIN 124. — POIRES A LA MARQUISE

Prenez 6 poires de *beurré* ou *duchesse* pas trop grosses; divisez-les chacune en deux parties; retirez-en le cœur à l'aide d'une cuiller à racine; pelez-les régulières; cuisez-les à peu près, simplement à l'eau; égouttez-les, finissez de les cuire dans un sirop léger; égouttez-les encore, mettez-les dans une terrine, couvrez-les avec du sirop épais, à l'orange.

Coupez en petits morceaux 100 grammes de colle de poisson; mettez-la dans une casserole avec un litre et quart d'eau froide, une pincée de sucre, les chairs de 2 citrons sans écorce ni pépins. Faites bouillir et retirez sur le côté; faites dépouiller tout doucement jusqu'à ce que la colle soit dissoute et claire; écumez-la, passez-la. Quand elle est à moitié froide, allongez-la avec un décilitre de suc d'orange filtré, mêlé avec du sirop. Goûtez la gelée, essayez-en la consistance sur glace.

Égouttez les demi-poires; piquez à chacune une petite queue en angélique; puis, remplissez-en le creux fait à l'aide de la cuiller à racine, avec une demi-boule en pâte d'amandes, verte ou rose.

Incrustez sur glace un moule à bordure, à fond arrondi ; faites prendre dedans une couche de gelée ; nappez les poires du côté plat, avec de la gelée mi-prise, appliquez-les de ce côté, contre les parois du moule ; remplissez peu à peu celui-ci avec le restant de la gelée ; faites-la raffermir une heure. Au moment de servir, trempez le moule à l'eau chaude, renversez la gelée sur plat froid. Garnissez le centre de la bordure avec un appareil bavarois aux poires, lié au moment sur glace.

Dessin 125. — ANANAS A LA CAROLINE

Cuisez un appareil de biscuit-punch dans un moule à bordure de forme hexagone, beurré, glacé. Quand il est démoulé et refroidi, parez-le droit sur le haut ; collez-le sur une abaisse en pâte frolle ; abricotez-le, nappez-le avec une glace au rhum. Quand la glace est sèche, décorez-en les six faces avec des détails de fruits confits ; glissez-le sur plat.

Parez un ananas de conserve ; coupez-le en tranches sur sa longueur ; mettez-les dans une terrine, couvrez-les avec du sirop froid, à 25 degrés ; donnez-leur 3 façons à sucre froid.

Lavez 150 grammes de beau riz, cuisez-le à grande eau, bien tendre ; égouttez-le, mettez-le dans une terrine, couvrez-le avec du sirop froid à 25 degrés ; faites-le macérer 2 heures.

Mettez dans une sorbetière un litre de crème anglaise à la vanille ; faites-la glacer, lisse et ferme ; mêlez-lui alors quelques cuillerées de crème fouettée, sucrée ; puis, le riz, bien égoutté.

Au moment de servir, égouttez les tranches d'ananas ; coupez-les droites sur un bout ; garnissez le vide de la bordure avec la glace, en la dressant en pyramide ; contre celle-ci, dressez les tranches à cheval ; garnissez le haut avec une cuillerée d'appareil dressé en pointe ; entourez-le avec des feuilles imitées en angélique, piquées en éventail.

Dessin 126. — CRÈME DE MOKA

Préparez un fond-d'appui masqué en pastillage, portant sur son centre un support mobile, orné d'une petite aigrette en pastillage. — Incrustez sur glace un moule à gelée ; chemisez-le avec de la gelée claire.

Mettez dans une terrine 8 jaunes d'œuf et 250 grammes de sucre en poudre ; délayez avec 4 décilitres d'infusion de café à l'eau. Tournez l'appareil sur feu doux, pour le lier comme une crème anglaise, sans faire bouillir ; passez-le. Quand il est à peu près refroidi, mêlez-lui la valeur de 30 grammes de colle de poisson clarifiée et tiède ; passez-le dans un poêlon, tournez-le sur glace pour le faire bien refroidir ; retirez alors le poêlon, incorporez à l'appareil la valeur d'un litre de crème fouettée, bien égouttée ; ajoutez 2 cuillerées d'essence de café. Versez-le dans le moule chemisé, laissez-le raffermir une heure.

Au moment de servir, trempez vivement le moule à l'eau chaude ; essuyez-le ; démoulez l'entremets sur le fond-d'appui, en glissant le support dans la douille de ce fond ; sur le haut du support, fixez une petite aigrette ; entourez la base de l'entremets avec une chaîne de petits gâteaux.

Dessin 127. — PAIN D'ABRICOTS AUX FRUITS

Quand la saison est propice, les pains d'abricots doivent être préparés avec des fruits crus, bien mûrs, pelés, passés au tamis. En hiver, on doit employer la pulpe d'abricots conservée en boîte, au bain-marie. Il faut éviter d'employer la marmelade d'abricots, car la réduction qu'elle a subie enlève aux fruits une partie de leur arome primitif.

Préparez un fond-d'appui en bois masqué en pastillage, portant un support mobile sur son centre, orné d'une petite coupe en pastillage. Collez le fond sur plat d'entremets.

Mettez dans un poêlon trois quarts de litre de purée d'abricots, délayez-la avec du sirop froid à 30 degrés, et avec la valeur de 30 grammes de colle de poisson ou gélatine clarifiée ; ajoutez le suc d'une orange. Essayez une petite partie de l'appareil dans un moule à dariole.

Chemisez légèrement, avec de la gelée claire, un moule à cylindre et à trois pans, muni d'un couvercle en fer-blanc ; tenez-le au froid. — Tournez l'appareil sur glace, pour le lier légèrement ; versez-le aussitôt dans le moule ; faites-le prendre une heure.

Au moment de servir, trempez vivement le moule à l'eau chaude, essuyez-le ; démoulez le pain sur le fond-d'appui ; glissez le montant dans la douille en fer-blanc ; garnissez la coupe avec des cerises mi-sucre. Entourez le pain avec trois bouquets de beaux fruits demi-confits : reines-claudes ou petits abricots confits ; croûtonnez la base du fond-d'appui avec de la belle gelée à l'orange.

Dessin 128. — BISCUIT PRINTANIER

Préparez un fond-d'appui en pastillage, imitant une couronne ; décorez-le avec des détails en gelée de fruits ou en fruits confits. — Prenez un biscuit fin, cuit de la veille dans un dôme évasé, formé en pointe. Divisez-le en deux parties, du haut en bas ; coupez ensuite chaque moitié en six parties égales. Rassemblez les parties en les serrant ; appuyez-les, du côté coupé, sur une grille à pâtisserie ; humectez-en les surfaces brunes, au pinceau, avec une couche de marmelade d'abricots. Nappez-en une moitié avec une glace au kirsch, blanche, préparée avec de la glace de sucre et du sirop : nappez l'autre moitié avec de la glace rose.

Quelques minutes après, dégagez les parties coupées avec la lame d'un petit couteau ; remettez-les dans le moule propre, en alternant les nuances et reformant le biscuit. Videz-le alors en partie, puis incrustez le moule sur glace.

Au bout d'un quart d'heure, emplissez le vide du moule avec un appareil de pain de fraises, lié au moment. Couvrez le moule, laissez raffermir l'appareil une heure. Renversez alors le biscuit sur le fond-d'appui, ornez-le sur le haut avec un petit pompon en sucre filé.

Dessin 129. — GATEAU MANDARIN

Collez sur plat un fond-d'appui masqué de papier ; autour de ce fond, disposez une bordure mobile, ornée avec de petites roses en sucre, et des feuilles vertes en pastillage.

Prenez un biscuit fin, cuit de la veille, dans un moule à dôme ; parez-le droit en dessus ; cernez-le à un centimètre des bords, en réservant la partie supérieure qui servira de couvercle. Remettez le biscuit dans le moule, tenez-le dans l'armoire à glace.

Préparez un appareil de pain de mandarine, tel qu'il est décrit à la page 141. Liez-le sur glace, et, avec lui, emplissez le vide du biscuit ; fermez-en l'ouverture avec le rond enlevé ; laissez-le au froid encore une demi-heure.

Mettez dans un poêlon 150 grammes de sucre en poudre et 2 cuillerées de sucre au zeste de mandarine ; délayez peu à peu avec du sirop à 32 degrés, tiède ; essayez cette glace sur un morceau de biscuit : elle doit sécher instantanément.

Un quart d'heure avant de servir, renversez le gâteau sur une grille à pâtisserie, humectez-en les surfaces au pinceau avec de la marmelade, puis nappez-le entièrement avec la glace préparée. Laissez sécher la glace ; glissez le gâteau sur le fond collé sur plat.

Entre la base du gâteau et la bordure, dressez une couronne de petits quartiers d'orange, glacés au *cassé ;* décorez-en le sommet avec des détails en angélique, collés avec de la marmelade. Sur le centre, piquez un hâtelet garni d'une demi-pêche et d'une reine-claude.

Comme ornement d'entremets froids, je professe une grande admiration pour les hâtelets garnis de fruits, car ils s'y adaptent généralement bien, et leur apportent toujours un cachet de distinction remarquable. Mais, pour que ces hâtelets rendent tout leur effet, il ne suffit pas qu'ils soient corrects et élégants, il faut encore qu'ils soient appliqués avec discernement et surtout avec à-propos. C'est là une observation que je recommande tout particulièrement aux praticiens.

SOMMAIRE DE LA PLANCHE 18

Dessin 130. — GATEAU ISABELLE

Cuisez de l'appareil à biscuit fin, dans un moule à bordure, à fond rond, et aussi dans un moule à pyramide du même diamètre que le puits de la bordure. Quand les biscuits sont démoulés et refroidis, coupez-les droit du côté plat ; collez la bordure sur une abaisse en biscuit ou en pâte frolle, masquée de marmelade ; posez-la sur une grille, abricotez-la entièrement, puis masquez-la avec une légère glace crue, aux pistaches, de nuance tendre, parfumée à l'eau de fleurs d'oranger.

Quand la glace est sèche, ornez le gâteau avec des bandelettes blanches, en pâte à massepain, posées à cheval, à petite distance ; dressez-le sur un fond en bois, collé sur plat, couvert d'une serviette.

Pl. 18.

DESSIN 130.

DESSIN 131.

DESSIN 132.

DESSIN 133.

DESSIN 134.

DESSIN 135.

DESSIN 136.

DESSIN 137.

Avec 16 jaunes d'œuf et 400 grammes de sucre cuit au *lissé*, préparez une crème beurrée (page 124); quand elle est à peu près froide, travaillez-la avec une cuiller, en lui incorporant 250 grammes de beurre fin, parfumé à l'eau de fleurs d'oranger.

Coupez le petit biscuit en tranches transversales; masquez ces tranches avec une couche de crème beurrée, posez-les à mesure l'une sur l'autre pour remettre le biscuit en forme; masquez-en aussi les surfaces extérieures avec une couche de la même crème: posez-le tout simplement dans le puits de la bordure.

Maintenant, mettez le restant de la crème dans une poche à douille ciselée; poussez contre les surfaces du biscuit central, des touffes d'appareil qui, symétriquement groupées, formeront une sorte de bouquet; poussez sur le haut une touffe un peu plus grosse que les autres. Tenez 12 à 15 minutes l'entremets dans l'armoire à glace, avant de l'envoyer.

Dessin 131. — PLOMBIÈRE A L'ITALIENNE

Pour faire cet entremets, il faut disposer d'un moule à entonnoir, en fer-blanc, ayant 14 centimètres de diamètre à son embouchure, et 16 de profondeur, sans fond, coupé droit du côté le moins large.

Avec 500 grammes de farine, 400 grammes de sucre, 150 grammes d'amandes moulues, 8 blancs d'œuf, sel et zeste, préparez une pâte à gaufres italiennes.

Étalez sur plaque beurrée et farinée une partie de l'appareil, en bande de 46 centimètres de long sur 17 de largeur; cuisez-la à four vif; coupez-la, à la bouche du four, avec un patron en demi-carton de 16 centimètres de largeur sur 45 de longueur; coupez-la ensuite en pointe et en biais, sur les bouts, de façon à pouvoir l'assembler dans l'entonnoir. Soudez-en la jointure au sucre ou à la glace-royale. Étalez le restant de l'appareil en 4 bandes, chacune de 8 centimètres de large, sur 32 centimètres de long. En les sortant du four, coupez ces bandes droites, sur les côtés; divisez-les chacune en quatre parties, un peu plus longues que larges, mais ayant tout au plus 8 centimètres; détachez-les de la plaque, roulez-les en cornets: il en faut 15 à 16.

Quand la pâte de l'entonnoir est froide, consolidée, démoulez-la; humectez-la légèrement au pinceau, avec de la gelée de pommes, dissoute; nappez-la entièrement avec une glace légère, au marasquin. Quand la glace est sèche, décorez symétriquement les pourtours de l'entonnoir, de haut en bas, avec des lignes de perles poussées au cornet, à égale distance; perlez aussi la base et le haut.

Collez sur plat un fond en génoise, un peu plus large que le diamètre de la base de l'entonnoir, entièrement masqué, sur le haut et sur les côtés, avec glace au marasquin.

Faites glacer à la sorbetière un litre et demi d'appareil au lait d'amandes; quand il est pris à point, bien lisse, mêlez-lui 200 grammes de riz cuit à grande eau, bien égoutté et macéré une heure dans du sirop; 10 minutes après, incorporez à l'appareil, peu à peu, la valeur d'un demi-litre de crème fouettée, sucrée, vanillée. Mêlez-lui encore un salpicon d'ananas confit, macéré une heure dans du sirop au marasquin.

Au moment de servir, garnissez les cornets avec de la crème fouettée, dressez-les autour du fond en génoise ; en les inclinant ; garnissez vivement l'entonnoir en gaufre avec la plombière au riz, renversez-le sur le fond en génoise ; posez sur le haut une belle reine-claude, entourez celle-ci avec un cercle de pointes en angélique, piquées en éventail ; envoyez aussitôt l'entremets.

Dessin 132. — GATEAU RICASOLI

Avec 500 grammes de sucre vanillé, 300 grammes fécule et farine, 150 grammes beurre fondu, 8 jaunes d'œuf, 7 blancs fouettés, grain de sel, préparez un appareil de biscuit, en ayant soin d'incorporer le beurre après les blancs.

Avec cet appareil, emplissez un moule à dôme, glacé à la fécule ; cuisez-le à four doux ; laissez-le rassir. Divisez-le ensuite en tranches transversales ; remettez le biscuit en forme, en imbibant chaque tranche avec de l'*alkermès ;* masquez-les à mesure avec une couche de frangipane (page 260) à la vanille. Dressez le gâteau sur plat, abricotez-le, masquez-le avec une épaisse couche de crème fouettée, bien égouttée, bien ferme, sucrée, parfumée. Décorez le gâteau au cornet avec la même crème, dans le genre représenté par le dessin ; ornez-le sur le haut avec des feuilles d'angélique, disposées en éventail. — On ne peut préparer ce gâteau qu'à condition d'avoir de la bonne crème fouettée à sa disposition.

Dessin 133. — GATEAU PALERMITAIN

Préparez un appareil à biscuit dans les proportions de 500 grammes de sucre pilé, dont 50 grammes à la vanille, 250 grammes fécule, 150 grammes amandes douces, dont 20 grammes amères, 12 œufs, 2 cuillerées de kirsch, grain de sel. — Pilez les amandes avec un œuf ; mettez-les dans une terrine avec le sucre, le sel ; travaillez l'appareil en mélangeant peu à peu 3 œufs entiers et 8 jaunes ; quand il est mousseux, ajoutez d'abord la moitié de la fécule, puis 8 blancs fouettés, et ensuite le restant de la fécule ; en dernier lieu, 4 cuillerées de kirsch.

Cuisez une partie de l'appareil dans un moule à bordure, et le restant sur plaque couverte de papier beurré. En sortant la bordure du four, démoulez le biscuit sur une grille ; laissez-le refroidir quelques heures. Coupez-le droit sur le haut ; collez-le, avec de la marmelade d'abricots, sur une abaisse en biscuit, coupée du même diamètre. Humectez-en les surfaces au pinceau, aussi avec de la marmelade ; puis, masquez-le avec une glace au kirsch ; décorez-en les pourtours avec des détails de fruits confits ; dressez-le sur serviette pliée[1].

Avec du sucre au *cassé*, bien blanc, filez sur un moule à dôme, une petite sultane à grillage. Quand elle est démoulée, ornez-la d'un petit pompon ; couvrez-la avec un globe en verre, tenez-la en lieu sec. — Avec du sucre filé fin, préparez 25 à 30 petites boules roulées à la main.

Pilez 400 grammes de pistaches fraîches, mondées ; délayez avec un demi-décilitre d'eau de

---

1. Pour donner plus d'élégance aux entremets froids, dressés sur serviette, il faut d'abord coller au fond d'un plat d'entremets un fond-d'appui en bois, masqué de papier blanc ; on pose sur ce fond, la serviette pliée.

fleurs d'oranger et autant de sirop ; passez-les au tamis. Mettez cette purée dans une terrine, délayez-la avec un litre de crème anglaise froide, à la vanille. — Avec cet appareil, préparez, à la sorbetière, une bonne glace lisse et ferme. Quand elle est liée à point, incorporez-lui 4 décilitres de crème fouettée, légèrement sucrée, mêlée avec un peu d'appareil glacé, afin de l'empêcher de grainer dans la sorbetière. Finissez la plombière[1] en lui incorporant 4 cuillerées d'eau de fleurs d'oranger, mêlée avec un peu de sirop. — Au moment de servir, dressez le gâteau sur serviette, garnissez-en le vide avec la plombière, dressée en dôme ; couvrez celui-ci avec la sultane, entourez-la avec les petites boules en sucre filé.

Dessin 134. — RIZ A LA MALTAISE

Triez et lavez 500 grammes de riz ; cuisez-le à grande eau, avec le suc de 2 citrons, jusqu'à ce qu'il soit tendre, en tenant les grains entiers. — Râpez sur du sucre, le zeste de 2 bonnes oranges. Faites fondre 600 grammes de sucre, dans un sautoir, avec un peu d'eau et le suc passé de 2 oranges ; cuisez-le au lissé ; retirez-le, mêlez-lui le sucre d'orange, puis frottez-le contre les parois de la casserole, à l'aide d'une cuiller en bois, pour le faire blanchir ; aussitôt qu'il est épais, mêlez-lui le riz, tournez-le sur feu très doux, sans faire bouillir, jusqu'à ce que le sucre et le riz soient mêlés ; retirez-le, incorporez-lui un demi-décilitre de marasquin. Aussitôt que la liqueur est absorbée, emplissez avec ce riz, un moule à savarin et un petit moule à dôme préalablement trempés à l'eau froide. Laissez raffermir ce riz 3 à 4 heures, dans l'armoire à glace.

Coupez 5 grosses oranges, chacune en quatre quartiers ; parez-les à vif, en supprimant l'écorce et les semences ; mettez-les dans une terrine ; saupoudrez-les avec de la glace de sucre. — Coupez 2 ou 3 ronds de biscuit ou de génoise, juste de même dimension du cylindre du moule à bordure ; collez-les l'un sur l'autre avec de la marmelade, abricotez-les, glacez-les à l'orange ; laissez sécher la glace.

Au moment de servir, démoulez la bordure sur un plat froid, d'entremets ; garnissez-en le creux avec le support en biscuit. Sur ce biscuit, démoulez le moule à dôme ; entourez-en la base avec une chaîne de jolies reines-claudes ; entourez la base de la bordure avec les quartiers d'orange. Décorez les surfaces des deux pains avec des détails en angélique ou écorces confites, d'orange. Piquez sur le haut un hâtelet garni de fruits ; envoyez l'entremets en même temps qu'une saucière de sirop épais, à l'orange, mêlé avec quelques cuillerées de marasquin.

Dessin 135. — PAIN D'ORANGES

Incrustez sur glace un moule à bordure uni, à fond bombé. — Mettez dans un poêlon 1 litre d'appareil de pain d'abricots, collé, de belle nuance ; liez-le sur glace en le tournant ; aussitôt qu'il est

---

1. Une glace aux fruits ou à la crème, à laquelle, quand elle est finie, on incorpore de la crème fouettée, et sucrée, prend par ce fait le nom de *plombière*.

à point, emplissez-en le moule à bordure ; laissez-le raffermir une heure. Démoulez ensuite le pain sur un plafond ; prenez-en la moitié ; coupez-le de haut en bas, avec un couteau trempé à l'eau chaude, en morceaux réguliers de 2 centimètres et demi de large ; essuyez le moule, remettez-le sur glace. Prenez un à un les morceaux coupés, rangez-les de nouveau dans le moule à bordure, à distance égale, en laissant entre eux un vide de même largeur ; emplissez ces vides avec de la gelée fouettée, blanche, au citron, de façon à former deux nuances bien distinctes.

Incrustez sur glace un moule à dôme de moyenne grandeur. — Prenez 7 à 8 bonnes oranges ; divisez-les en petits quartiers ; parez-les à vif, sans peau ni pépins ; étalez-les sur un linge. Prenez-les un à un avec une fourchette, trempez-les dans de la gelée à l'orange claire et mi-prise ; montez-les à mesure au fond et contre les parois du moule à dôme, en les disposant en couronnes serrées ; chemisez-les ensuite avec la même gelée d'orange.

Délayez dans une terrine, un décilitre et demi de belle marmelade d'abricots, avec le suc de 8 oranges et un demi-décilitre de kirsch ; ajoutez le zeste d'une orange. Passez l'appareil dans un poêlon à fond rond ; mêlez-lui quelques cuillerées de colle claire, liquide : l'appareil doit être très peu collé ; liez-le sur glace, en le tournant ; aussitôt à point, mêlez-lui un salpicon d'ananas, et, avec lui, emplissez le creux du moule à dôme ; tenez-le sur glace une demi-heure ; salez alors légèrement la glace, faites frapper le moule encore une demi-heure.

Au moment de servir, démoulez la bordure sur plat froid ; emplissez-en le cylindre avec un support en biscuit coupé de même diamètre que le vide de la bordure, mais un peu plus bas. Lavez vivement le moule à dôme, à l'eau froide ; trempez-le aussitôt à l'eau chaude, démoulez le pain sur le support. A l'aide d'un petit hâtelet, piquez sur le haut de l'entremets un petit panier de mandarine, dentelé, garni de petits fruits ou simplement avec de la gelée ; envoyez aussitôt l'entremets.

Dessin 136. — CHARLOTTE IMPÉRIALE

Préparez un fond-d'appui en bois, masqué en dessus avec du papier blanc, bordé en pastillage sur son épaisseur ; collez-le sur plat. — Foncez un grand moule à charlotte avec du papier fin.

Préparez un appareil de biscuit dans les proportions de 500 grammes sucre, 250 grammes amandes moulues, 350 grammes farine, 150 grammes beurre fondu et épuré, 18 jaunes d'œuf, 14 blancs fouettés, zeste d'orange, grain de sel. Cuisez le biscuit en couche mince, sur plaque couverte de papier ; quand il est bien refroidi, coupez d'abord une abaisse ronde de 1 centimètre plus étroite que le fond d'un moule à charlotte, de même qu'une dizaine de montants de la hauteur du moule, et de 3 centimètres de large. Masquez ces montants et l'abaisse, d'abord avec une mince couche de marmelade, puis avec une couche de glace au rhum.

Quand la glace est sèche, bordez ces montants avec un cordon de glace-royale poussée au cornet ; formez aussi avec le cornet, sur chacun d'eux, un grand losange régulier, allant de haut en

---

1. En pâtisserie, ou doit avoir des moules à charlotte de forme basse, ayant 9 centimètres de hauteur sur 14 à 15 centimètres de large ; ce sont ceux ordinairement employés pour les charlottes de pommes. On doit avoir aussi ceux de forme haute : 10 centimètres et demi de haut sur 14 centimètres et demi de large ; ceux-là sont plutôt employés pour cuire les biscuits et foncer les charlottes pour entremets froids.

bas et sur toute la largeur du montant ; puis formez un autre losange plus petit, dans le grand.

Poussez un cordon de glace sur l'épaisseur des montants, rangez-les debout, contre les parois intérieures du moule, en les collant. Glissez alors l'abaisse ronde au fond du moule ; quand la glace est sèche, tenez le moule sur glace.

D'autre part, préparez deux appareils de glace, l'un aux framboises, l'autre à l'ananas, bien lisses, bien frappés. — Choisissez un assortiment de bons fruits confits : ananas, reines-claudes, abricots, poires, melon, cerises ; lavez-les à l'eau chaude ; épongez-les bien ; divisez les plus gros, retirez les noyaux à ceux qui en ont.

Au moment de servir, emplissez le moule, par couches, avec les deux appareils : framboises et ananas, en les alternant et en masquant chaque couche avec des fruits confits. Renversez aussitôt la charlotte sur le fond bordé ; garnissez vivement le centre et les angles de chaque losange avec de la gelée de framboises, poussée au cornet. Sur le haut de la charlotte, dressez un bouquet de gelée douce, hachée ; entourez-le avec une double chaîne de petites perles en sucre filé, ou simplement avec des cerises mi-sucre ; servez aussitôt l'entremets.

Dessin 137. — GATEAU GAULOIS

Prenez un biscuit fin, cuit de la veille, dans un moule à dôme ; parez-le droit sur le haut ; renversez-le, coupez-en une tranche sur le côté pointu ; par cette ouverture videz-le en laissant sur les côtés une épaisseur d'un centimètre ; collez-le alors sur une abaisse mince, en pâte frolle, de 1 centimètre plus large que le gâteau. — Glacez au chocolat 12 bouchées en biscuit, la moitié rondes, l'autre moitié ovales.

Prenez 500 grammes de purée de marrons, sucrée, à la vanille ; mettez-en la moitié dans une casserole ; mêlez-lui 1 décilitre de crème anglaise ; travaillez-la 2 minutes avec une cuiller ; chauffez-la légèrement sans la quitter ; retirez-la, incorporez-lui 200 grammes de beurre fin, par petites parties à la fois, afin d'obtenir un appareil léger. Mettez le restant de la crème dans une petite bassine ; faites-la bien refroidir sur glace ; incorporez-lui trois quarts de litre de crème fouettée.

Avec l'appareil beurré, masquez les contours du gâteau, lissez-les ; puis appliquez les petites bouchées rondes sur l'abaisse en pâte et contre le gâteau, à petite distance l'une de l'autre ; bordez-les de perles poussées au cornet, avec l'appareil beurré.

Rangez les bouchées ovales sur le haut, à petite distance, en les inclinant légèrement ; bordez-les également au cornet avec des perles d'appareil beurré. — Décorez alors le centre du gâteau, en poussant au cornet ce qu'on appelle en pâtisserie un *cheval-courant ;* dressez-le sur un fond en bois couvert d'une serviette ; sur le haut du gâteau, dans le creux formé par les bouchées de forme longue, dressez en pointe le restant de l'appareil aux marrons.

SOMMAIRE DE LA PLANCHE 19

Dessin 138. — PLOMBIÈRE MARGUERITE

Préparez une crème anglaise, avec 8 jaunes d'œuf, 375 grammes de sucre, trois quarts de litre de lait et de crème crue, un bâton de vanille coupé. Quand elle est froide, passée, versez-la dans une sorbetière, faites-la glacer. Quand elle est bien lisse, mêlez-lui, peu à peu, une infusion de 3 cuillerées de sirop d'ananas mêlé avec une égale quantité de liqueur d'*alkermès* et autant de marasquin. Travaillez encore la glace 10 à 12 minutes ; incorporez-lui alors un demi-litre de crème fouettée, légèrement sucrée, mêlée avec une petite partie de la glace, afin qu'elle ne graine pas.

Quand le mélange est opéré, que la plombière est lisse, ferme, moelleuse, mêlez-lui un salpicon d'ananas confit, préalablement lavé à l'eau tiède, macéré une heure dans du sirop.

Masquez, avec du papier, l'intérieur d'un moule à dôme de forme élevée, formé en pointe ; fermez-le, frappez-le sur glace salée ; 10 minutes après, emplissez-le avec la plombière. Fermez l'ouverture du moule avec un rond de papier, puis avec son couvercle ; mastiquez-en les jointures avec de la pâte crue ou du beurre ; couvrez-le avec une épaisse couche de glace salée, faites-le frapper 5 quarts d'heure.

Au moment de servir, lavez le moule à l'eau froide, enlevez le beurre et le couvercle ; renversez la plombière sur un fond en bois, couvert d'une serviette pliée. Piquez sur le haut un pompon en sucre filé ; entourez-en la base avec de petites tartelettes de fruits.

Dessin 139. — BOMBE LEVANTINE

Beurrez légèrement un moule à dôme, formé en pointe ; foncez-le de papier fin ; frappez-le sur glace salée ; quelques minutes après, chemisez-le au fond et autour avec une couche de glace au chocolat ; couvrez-le, laissez-le frapper un quart d'heure.

Prenez la valeur d'un litre de crème fouettée, ferme ; faites-la bien égoutter. — Entourez une

Pl. 19.

DESSIN 138.

DESSIN 139.

DESSIN 140.

DESSIN 141.

DESSIN 142.

DESSIN 143.

DESSIN 144

DESSIN 145.

bassine avec de la glace pilée, versez dedans 3 décilitres de crème anglaise, froide, aux avelines et à la vanille; fouettez 12 à 14 minutes, jusqu'à ce qu'elle soit bien liée et mousseuse; mêlez-lui alors la crème fouettée, à l'aide d'une cuiller; puis versez l'appareil dans le moule chemisé : il doit être plein jusqu'à un demi-centimètre des bords. Coupez un rond de papier du diamètre de l'ouverture du moule; masquez-le avec une couche de glace au chocolat, et, avec lui, masquez l'ouverture du moule; fermez celui-ci, mastiquez-en les jointures avec du beurre, couvrez-le avec une couche épaisse de glace salée; frappez-le une heure et demie. — Au dernier moment, lavez le moule, trempez-le à l'eau tiède, renversez la bombe sur serviette; supprimez-en le papier, entourez-en la base avec une couronne de petits gâteaux.

Dessin 140. — GATEAU MOUCHY

Cuisez un biscuit fin, à la vanille, dans un moule à timbale beurré et glacé. Broyez 8 jaunes d'œuf dans une terrine; délayez-les avec 3 décilitres de sirop à 28 degrés et 1 décilitre de lait d'amandes concentré; passez au tamis dans une casserole; ajoutez un demi-bâton de vanille. Tournez la crème sur feu doux jusqu'au moment où elle va bouillir; retirez-la, tournez-la jusqu'à ce qu'elle soit à peu près refroidie. Enlevez la vanille, incorporez-lui, peu à peu, 300 grammes de beurre fin, divisé. Quand la crème est légère, divisez-la en trois parties.

Pilez une poignée de pistaches avec quelques gouttes d'eau de fleurs d'oranger et un peu de vert-d'épinards; passez-les au tamis; délayez-les avec une des trois parties de la crème beurrée. — Pilez 150 grammes d'amandes, passez-les; délayez-les aussi avec un tiers de la crème beurrée.

Coupez le biscuit en tranches transversales; masquez-les tour à tour avec une couche de crème beurrée, aux amandes; remettez le biscuit en forme; masquez-le tout autour et, sur le haut, avec la crème beurrée, naturelle. Dressez le gâteau sur serviette; lissez-le sur toutes les surfaces; décorez-le correctement, au cornet, avec l'appareil aux pistaches, dans le genre représenté par le dessin.

Dessin 141. — MILLEFEUILLE A LA POMPADOUR

Cuisez 16 abaisses en feuilletage, forme d'anneau, en opérant comme il est dit à la page 176; faites-les refroidir en 3 piles, avec un poids léger dessus. Prenez-les un à un; masquez-en la moitié avec une couche de frangipane, et l'autre moitié avec de la marmelade d'abricots; montez-les, l'un sur l'autre, en les alternant. Collez ensuite le gâteau sur une abaisse cuite, en pâte d'office, coupée un peu plus large que les anneaux[1]; masquez-le, sur les contours et sur le haut, avec une couche mince de meringue fine ou de meringue italienne; décorez-en les surfaces au cornet avec la même meringue, faites-la sécher à four doux. Quand le gâteau est refroidi, dressez-le sur un rond de bois collé sur plat, couvert d'une serviette pliée; poussez au cornet, sur les bords de l'abaisse inférieure, des triples perles en crème fouettée, parfumée; avec la même crème, poussez aussi une chaîne de

---

1. Il faut couper les abaisses sur la plaque où elles doivent cuire, afin d'éviter de les déformer, en les transportant.

perles bien égales, sur la lisière du haut ; garnissez le vide du cylindre avec de la crème fouettée, en la dressant en pyramide. Envoyez ainsi l'entremets.

Dessin 142. — GATEAU VALOIS

Mettez dans un mortier 250 grammes de noix fraîches, pelées ; pilez-les avec une poignée de sucre en poudre ; en dernier lieu, ajoutez un morceau de beurre ; passez au tamis.

Préparez une crème anglaise avec 5 décilitres de lait, 7 à 8 jaunes, 250 grammes de sucre, demi-bâton de vanille. Passez-la, laissez-la à moitié refroidir ; avec elle, délayez la purée de noix ; incorporez-lui aussitôt 300 grammes de beurre fin, peu à peu, sans cesser de travailler.

Prenez un biscuit fin, cuit de la veille ; émincez-le en 7 ou 8 tranches ; masquez-les d'un côté avec une couche de cette crème beurrée ; puis, montez-les l'une sur l'autre pour remettre le biscuit en forme. Masquez-en les surfaces et le haut avec une couche de cette même crème ; lissez bien celle-ci, décorez-la dans le genre représenté par le dessin, toujours avec la même crème, poussée à la poche, à travers une douille ciselée. Tenez 25 minutes le gâteau dans le timbre à glace ; dressez-le ensuite sur une serviette, posée sur un fond en bois masqué de papier.

Dessin 143. — GATEAU MOKA

Mettez dans une casserole 8 jaunes d'œuf, 250 grammes de sucre en poudre et une cuillerée de fécule ; mêlez les œufs et le sucre ; délayez avec 3 décilitres d'infusion de café à l'eau et 2 décilitres de lait ; tournez la crème sur feu doux pour la lier, sans faire bouillir ; passez-la dans une terrine ; remuez-la jusqu'à ce qu'elle ne soit plus que tiède ; incorporez-lui alors, peu à peu, 300 grammes de beurre divisé en petites parties, sans cesser de travailler.

Prenez un biscuit fin, cuit de la veille, dans un moule à timbale. Divisez-le en 7 ou 8 tranches transversales ; masquez-les sur une surface avec une couche de crème moka, montez-les l'une sur l'autre, pour remettre le biscuit en forme. Masquez-en les pourtours et le haut avec une couche de la même crème ; lissez-la bien. Décorez le gâteau, autour et en dessus, partie avec une poche à douille ciselée, partie avec un cornet de papier, en opérant dans l'ordre représenté par le dessin ; tenez-le 25 minutes dans le timbre à glace ; dressez-le sur une serviette pliée, posée sur un fond en bois masqué de papier blanc.

Dessin 144. — CROQUEMBOUCHE A LA BOURQUENAY

Préparez une pâte à chou ordinaire ; prenez-la par petites parties avec une cuiller à café, laissez-les tomber sur la table farinée, roulez-les rondes de la grosseur d'une cerise. Rangez-les à mesure sur plaque, à distance, cuisez-les à bon four. En les sortant, détachez-les de la plaque ; laissez-les sécher une heure à l'étuve.

Huilez un moule à dôme. — Prenez les choux un à un, avec les doigts, trempez-les dans du sucre au *cassé* d'un seul côté, rangez-les à mesure au fond et contre les parois du moule huilé, en les collant. Quand le sucre est froid, renversez le croquembouche sur une grille en pâtisserie ; puis masquez-les entièrement avec une glace cuite au chocolat, bien lisse, pas trop chaude, afin qu'elle puisse bien les napper. Quand la glace est froide et sèche, passez-la 2 secondes à la bouche du four pour lui donner du brillant. — Au moment de servir, emplissez le vide du croquembouche avec une crème Chantilly à la vanille ; dressez-le sur serviette. Collez sur le haut un pompon en sucre filé.

Dessin 145. — RIZ A LA PALERMITAINE

Triez 300 grammes de riz caroline ; faites-le blanchir sans ébullition ; égouttez-le, plongez-le à grande eau bouillante, acidulée au suc de citron ; cuisez-le jusqu'à ce qu'il soit bien atteint, mais légèrement ferme. Égouttez-le sur un tamis, remettez-le dans une casserole plus petite, avec le suc de 6 oranges, un verre de bon vin blanc du Rhin, 150 grammes de sucre en poudre. Remettez-le sur feu vif, en le tournant avec une cuiller ; cuisez-le 6 à 8 minutes, sans le quitter : il doit alors se trouver légèrement lié, mais non à sec. Mêlez-lui 50 grammes de sucre d'orange râpé sur l'écorce ; donnez un seul bouillon, retirez-le, finissez-le avec quelques cuillerées de pistaches en dés ; versez-le aussitôt dans un moule à fond rond et à cylindre, préalablement trempé à l'eau froide, saupoudré intérieurement avec du sucre à l'orange.

Quand le riz est refroidi, mettez le moule dans une terrine avec de la glace autour ; tenez-le ainsi une heure. Démoulez ensuite l'entremets sur plat froid ; décorez-en les pourtours avec des écorces d'orange, confites. Entourez l'entremets avec des quartiers d'orange, parés à vif ; envoyez en même temps une saucière de sirop froid, à l'orange.

SOMMAIRE DE LA PLANCHE 20

DESSIN 146. — CHARLOTTE GÉNOISE

Beurrez un grand moule à charlotte ; glacez-le avec moitié fécule et moitié glace de sucre ; emplissez-le avec un appareil de biscuit fin, à la vanille ; cuisez-le ; laissez-le rassir.

Parez ensuite ce biscuit, videz-le de part en part, en laissant à la croûte un centimètre et demi d'épaisseur. Collez-le alors, avec de la marmelade, sur une abaisse en pâte napolitaine ; posez-le sur une grille à pâtisserie ; abricotez-le, au pinceau, masquez-le entièrement avec une glace-royale, à l'orange.

Coupez en tranches minces un petit biscuit-punch ; sur ces tranches, coupez au coupe-pâte, 36 ovales de petite dimension et 6 ronds. Sur chaque ovale, collez un autre ovale mince, plus étroit, coupé sur des écorces d'orange, confites, molles, c'est-à-dire encore dans leur sirop et non confites à sec. Essuyez-les bien ; masquez-les du côté blanc avec un peu de marmelade, collez-les sur les ovales en biscuit ; humectez également ceux-ci avec de la marmelade serrée ; appliquez-les contre les parois du gâteau, en formant 3 rosaces régulières, avec un petit rond sur le centre. Entourez aussi l'épaisseur du gâteau, sur le haut, avec des petits ronds en écorce. Poussez au cornet, contre la lisière du haut et du bas, une chaîne de petites perles en meringue italienne ; au centre de chaque perle, appliquez un petit rond ou simplement une petite pointe en angélique. — Dressez la charlotte sur un rond de bois collé sur plat d'entremets, couvert d'une serviette.

Au moment de servir, garnissez le vide de la charlotte avec un appareil de crème bavaroise aux avelines torréfiées, parfumé à l'eau de fleurs d'oranger, lié au moment sur glace.

DESSIN 147. — CHARLOTTE RUSTIQUE

Cette charlotte est tout simplement coupée sur le centre d'un *gâteau-arbre*, vulgairement connu sous le nom de *gâteau de broche*.

Pl. 20.

DESSIN 146.

DESSIN 147.

DESSIN 148.

DESSIN 149.

DESSIN 150.

DESSIN 151.

DESSIN 152.

DESSIN 153.

Il faut la couper sur un gâteau frais préparé avec du beurre fin, de forme moyenne, ni trop large, ni trop étroit, surtout pas trop épais. Fermez-en le fond ouvert avec un rond de biscuit coupé de son même diamètre ; dressez-la sur serviette. Au dernier moment, garnissez-en l'intérieur avec un appareil de crème bavaroise au marasquin, lié sur sur glace.

DESSIN 148. — CHARLOTTE PRINTANIERE

Cuisez une grande plaque de biscuit au beurre, tel qu'il est décrit pour la charlotte impériale. Quand le biscuit est refroidi, parez-le; coupez sur lui un rond de même largeur que le fond du moule à charlotte ; masquez-le avec une glace-royale blanche. Coupez 2 bandes de 12 centimètres de long ; glacez-en une blanche et une rose, divisez-les aussitôt sur le travers, en montants de 1 centimètre de large, en ayant soin de les couper un peu en biais, bien réguliers, de façon qu'en les posant dans le moule, tout en les inclinant, ils se trouvent cependant d'aplomb. Rangez à mesure les montants sur plaque, à distance ; il en faut 16 à 18.

Quand la glace est sèche, prenez les montants un à un, rognez-les très régulièrement sur l'épaisseur, des deux côtés, afin qu'ils s'encadrent mieux en les rangeant dans le moule.

Masquez le fond du moule avec un rond de papier ; sur ce papier, posez le rond glacé blanc. Appliquez alors les montants contre les parois intérieures du moule, en les inclinant et alternant les nuances ; serrez-les convenablement pour qu'ils se soutiennent ; incrustez le moule sur glace pilée.

Préparez 2 petits appareils de crème bavaroise, l'un aux fraises de bois, l'autre simplement à la vanille ; liez-les tour à tour sur glace, par petites portions à la fois, en leur mêlant quelques cuillerées de crème fouettée, et, avec eux, emplissez le vide de la charlotte, par couches alternées ; tenez le moule encore une demi-heure sur glace. — Démoulez la charlotte sur le fond bordé ; enlevez le papier; collez sur le haut une petite aigrette en sucre, fixée sur une pastille. Poussez alors, contre l'épaisseur de l'abaisse supérieure, une chaîne de perles en meringue italienne ou en crème fouettée.

DESSIN 149. — CHARLOTTE DE MARRONS

Préparez un appareil de biscuit comme pour la charlotte impériale (page 260) ; cuisez-le dans un moule à charlotte haut de forme, beurré et glacé avec glace et fécule; laissez-le rassir. Coupez-le droit sur le haut, renversez-le, cernez-le en dessus, du côté lisse, avec la pointe d'un couteau et un patron en carton, à 1 centimètre et demi des bords, sans enlever la partie cernée. Humectez les surfaces du biscuit, au pinceau, avec de la marmelade d'abricots ; posez-le sur une grille à pâtisserie, masquez-le entièrement avec une glace cuite au chocolat ; quand la glace est sèche, passez le gâteau à la bouche du four, 2 secondes, pour donner du brillant à la glace. Ouvrez-le alors, en enlevant le rond cerné ; videz-le, en laissant autour et au fond l'épaisseur de 1 centimètre. Ornez-en le haut, tout autour de l'ouverture, avec des anneaux en feuilletage à blanc ou en pâte à massepain ; dans le vide de chaque anneau, posez une cerise mi-sucre, trempée dans du sucre au cassé. Dressez la charlotte sur serviette ; emplissez-en le vide avec une plombière aux marrons, à la vanille, finie avec quelques cuillerées de marasquin mêlé avec du sirop.

DESSIN 150. — CHARLOTTE A L'ORANGE

Cuisez, sur plaque couverte de papier, un appareil de biscuit aux amandes. Divisez-le en bandes de 10 centimètres de large ; nappez-les avec une glace à l'orange légèrement rougie ; coupez-les transversalement en triangles allongés. Glacez également une bande longue, de 2 centimètres et demi de largeur ; laissez sécher la glace. Masquez le fond d'un moule à charlotte avec un rond de papier ; entourez-le de glace.

Préparez un appareil de pain d'orange avec suc d'orange et colle de poisson ; tournez-le sur glace pour le lier ; quand il est à point, retirez-le ; mêlez-lui un salpicon composé de pistaches mondées, et écorces d'orange, confites ; ajoutez quelques cuillerées de cerises mi-sucre, entières.

Rangez vivement les triangles en biscuit contre les parois du moule, en les serrant, la pointe en bas ; versez l'appareil dans le moule ; tenez-le une heure sur glace. — Au moment de servir, démoulez la charlotte sur plat ; entourez-la avec des quartiers d'orange, en écorce, à la gelée.

DESSIN 151. — CHARLOTTE A L'ORIENTALE

Cuisez sur plaque une abaisse en biscuit au beurre, tel qu'il est décrit pour la charlotte impériale, en lui donnant l'épaisseur de 1 centimètre ; laissez-le refroidir ; sur cette abaisse, coupez un rond du diamètre intérieur du moule à charlotte. Divisez le reste de l'abaisse en deux bandes de 10 centimètres de large ; masquez-en une avec de la glace-royale blanche et l'autre avec de la glace aux pistaches. Aussitôt qu'elles sont glacées, coupez-les transversalement en montants d'un centimètre et demi de large ; rangez à mesure ceux-ci sur une plaque bien plane ; laissez sécher la glace. Glacez l'abaisse ronde, moitié avec la glace blanche, moitié avec la glace vert-tendre ; divisez l'abaisse en deux, puis coupez chaque moitié en rosace, juste de la largeur des montants. Quand la glace est sèche, coupez légèrement en biais, du côté non glacé, un des bouts des montants blancs et verts. Coupez aussi en biais les divisions de l'abaisse ronde, afin de pouvoir plus tard les rajuster exactement dans le moule, sans que l'épaisseur de l'abaisse supérieure soit visible. — Foncez le moule avec le biscuit, en commençant par le fond et en alternant les nuances, mais surtout en les rajustant exactement ; tenez-le à couvert.

Pilez 300 grammes de pistaches fraîches, mondées, en ajoutant un peu de sirop ; passez-les au tamis. Mettez la purée dans une terrine ; délayez-la d'abord avec 3 à 4 décilitres de sirop et quelques cuillerées d'eau de fleurs d'oranger, puis avec de la colle clarifiée et tiède ; si l'appareil n'était pas suffisamment vert, mêlez-lui un peu de vert-d'épinards pour le nuancer[1]. Versez-le ensuite dans un

---

1. Pour nuancer en vert les appareils d'entremets, et en général tout ce qui est mangeable, on ne doit employer que du vert-d'épinards : aucune autre substance ne peut et ne doit remplacer celle-là.

poêlon, liez-le sur glace, en le tournant. Aussitôt qu'il commence à épaissir, incorporez-lui un demi-litre de crème fouettée et un salpicon d'ananas confit. Avec cet appareil, emplissez aussitôt le vide de la charlotte ; laissez-le raffermir une heure ; servez aussitôt.

Dessin 152. — CHARLOTTE CASTELANE

Prenez une caisse en fer-blanc, sans fond, de forme légèrement conique, de 10 centimètres de haut, dont les faces ont 5 centimètres de large. Si l'on ne dispose pas d'un tel moule, il faut le faire exécuter : rien n'est plus simple.

Beurrez le moule, glacez-le avec fécule et glace de sucre ; emplissez-le à peu près à hauteur avec un appareil de biscuit fin, à la vanille ; cuisez-le à four bien atteint, mais tombé. Quand il est sorti du four, laissez-le rassir ; parez-le droit en dessus ; renversez-le, cernez-le sur le haut, avec la pointe d'un couteau, à 1 centimètre et demi des bords ; videz-le de ce côté. Masquez-en alors les surfaces extérieures et le rebord du haut avec une couche mince de crème beurrée, à la vanille (page 124). Décorez ensuite les surfaces de la charlotte, en grillage, avec la même crème beurrée, poussée au cornet ; poussez également contre les angles, de même que sur la lisière du haut et du bas, une chaîne de petites perles. Sur le centre de chaque carreau du grillage, appliquez un petit rond d'angélique coupé à la colonne. — Dressez la charlotte sur serviette ; au moment de servir, garnissez-en le vide avec un appareil de crème bavaroise aux noix fraîches, à la vanille, lié sur glace.

Dessin 153. — CHARLOTTE PRINCIÈRE

Beurrez et glacez à la fécule un moule à 6 pans, en fer-blanc, sans fond ; posez-le sur un plafond rond masqué de papier beurré ; emplissez-le avec un appareil de biscuit fin au zeste d'orange ; cuisez à four doux. Quand le gâteau est démoulé et rassis, parez-le droit, cernez-le à 1 centimètre des bords, pour le vider. — Cuisez une grande plaque de génoise, en lui donnant l'épaisseur de 2 centimètres ; sur cette génoise, coupez 3 abaisses à 6 pans, dont 2 du même diamètre que le biscuit, et l'autre de 2 centimètres plus large ; sur celle-ci, collez une des abaisses plus étroites, avec de la marmelade, de façon à former gradin ; sur ce gradin, collez le biscuit ; fermez-en l'ouverture avec la troisième abaisse, sans la coller ; abricotez-en les surfaces ; puis, nappez-le entièrement avec une glace claire, au kirsch : avant que la glace soit trop sèche, enlevez le couvercle ; décorez-en l'épaisseur avec des anneaux en pâte d'amandes, collés avec de la marmelade, dont le vide est garni d'une demi-cerise mi-sucre, glacée au *cassé*. Sur le centre de l'abaisse, collez un petit appui en pâte d'amandes, et, sur celui-ci, fixez un petit ananas imité aussi en pâte d'amandes, surmonté d'une couronne verte, imitée en sucre *tiré*. — Décorez les 6 faces du biscuit avec des losanges en pâte d'amandes, coupés à l'emporte-pièce, dont le centre est masqué avec un losange plus étroit, en écorce d'orange, confite, également coupé à l'emporte-pièce. Décorez l'épaisseur du gradin, sur lequel la charlotte est fixée, dans le même ordre que l'épaisseur de l'abaisse formant couvercle. Collez aussitôt le gradin et la charlotte sur plat froid.

Avec de l'ananas cru, râpé, passé à l'étamine, du sirop à 30 degrés, 2 décilitres de colle clarifiée, 2 décilitres de suc d'oranges, 2 décilitres de marmelade d'abricots et une demi-bouteille de champagne, préparez un appareil de pain d'ananas ; liez-le au moment sur glace, et, avec lui, emplissez le vide de la charlotte, par couches, en saupoudrant chaque couche avec de l'ananas confit, coupé en dés. Fermez l'ouverture de la charlotte avec l'abaisse réservée ; envoyez aussitôt l'entremets.

SOMMAIRE DE LA PLANCHE 21

Dessins 154, 155. — BORDURES MOBILES, EN PASTILLAGE

Ces bordures sont surtout employées pour servir les gâteaux d'entremets froids. Elles constituent, en somme, un ornement d'une exécution facile, peu coûteux, puisqu'il doit servir souvent, et d'un effet très agréable. — Faites souder un cercle en fer-blanc, de façon qu'il s'adapte juste sur le haut de la cuvette du plat : il doit avoir seulement la hauteur d'un centimètre et demi. — Humectez-le d'abord au pinceau, sur les deux faces, avec de la dorure ou du repère ; puis masquez-le, sur les deux faces, avec du pastillage abaissé mince. Posez-le sur un plafond saupoudré d'amidon ; ornez-le simplement, tout autour, avec des feuilles vertes imitées en pastillage, entremêlées de petits boutons de rose, blancs ou nuancés : le premier modèle est orné dans ces conditions.

Le deuxième modèle est formé sur un cercle légèrement évasé ; il est orné, sur le haut, d'une petite bordure blanche, à jour, levée à la planche, et, sur sa largeur, avec une guirlande composée de roses imitées en sucre, en pastillage ou en pâte à massepain, entremêlées avec des feuilles vertes en pastillage. Laissez bien sécher le pastillage avant d'employer les bordures : le gâteau mandarin (planche 17) est représenté orné d'une de ces bordures mobiles.

Pl. 21.

DESSIN 154.

DESSIN 155

DESSIN 156.

DESSIN 157.

DESSIN 158.

DESSIN 159.

DESSIN 160.

DESSIN 161.

DESSIN 156. — SOUFFLÉ GLACÉ, A LA MARLY

Avant de commencer l'opération, prenez une casserole à soufflé, à parois droites, en argent ou en métal argenté. Entourez-en les bords supérieurs avec une bande de papier de 3 à 4 centimètres de large, soit en la collant, soit en la soutenant avec un anneau de ficelle. Posez la casserole dans une petite *cave* à glacer[1]; fermez celle-ci, posez-la sur une épaisse couche de glace salée, étalée dans un baquet; entourez-la aussi avec de la glace salée; faites-la frapper 20 à 25 minutes.

Pelez une trentaine de bons abricots, mûrs à point; supprimez-en les noyaux, passez les chairs au tamis fin. Mettez cette purée dans une bassine étamée : pour 500 grammes de fruits, mêlez 500 grammes de glace de sucre à la vanille. Posez la bassine sur glace pilée, fouettez l'appareil jusqu'à ce qu'il soit devenu consistant. Mêlez-lui alors quelques gouttes de crème ou d'essence de noyau, sucrée; puis, incorporez-lui trois quarts de son volume de crème fouettée, légèrement sucrée. Versez alors l'appareil dans la casserole frappée; remplissez-la jusqu'à 2 centimètres au-dessus des bords. Fermez la *cave*, lutez-en les jointures du couvercle avec de la pâte crue; couvrez-la d'une épaisse couche de glace salée. Faites frapper 2 heures l'appareil.

Sortez la casserole de la *cave;* passez la lame tiède d'un couteau, entre l'appareil et la bande de papier pour l'enlever. Saupoudrez le dessus de l'appareil avec une mince couche d'amandes torréfiées, hachées, mêlées avec du sucre en poudre. — Posez la casserole sur serviette pliée; envoyez aussitôt le soufflé.

DESSIN 157. — PAIN DE MANDARINES, A LA MALTAISE

Le pain de mandarines est représenté dressé sur un socle imitant la moitié d'une grosse mandarine fixée sur une abaisse. Cette imitation peut être exécutée en pastillage, en carton-pâte ou en bois tourné : elle est tout simplement moulée dans un moule à dôme de forme basse, plus large que haut. Ce socle doit être exécuté 3 à 4 jours d'avance, afin de donner le temps à la pâte de bien sécher. Fermez-en alors l'ouverture avec une abaisse ronde, en fort carton, masquée avec du papier ou du pastillage, en ayant soin de la descendre à 1 centimètre de profondeur, afin de réserver un creux sur le haut du socle dans lequel sera dressé le pain. Masquez l'épaisseur du haut du socle, formant rebord, avec une mince bande en pastillage blanc; puis, à l'aide d'un pinceau, nuancez-la sur la moitié de sa largeur avec du jaune orange, afin d'imiter l'épaisseur de l'écorce de mandarine qui est naturellement moitié jaune, moitié blanche. Humectez les surfaces extérieures du socle avec des jaunes d'œuf; sablez-les avec du sucre en grain de couleur jaune orange. Quand le sucre est sec, fixez solidement le socle sur une abaisse en bois; sablez aussi cette abaisse; collez-la sur plat.

Pour que le pain imite bien exactement une mandarine, il faut faire exécuter un moule en

1. J'ai reproduit ce modèle dans la *Cuisine de tous les pays.*

fer-blanc dans les conditions représentées par le dessin, c'est-à-dire avec les côtes légèrement marquées. Mais, à défaut d'un moule semblable, on peut aussi mouler le pain dans un moule à dôme plus large que haut, un peu plus étroit cependant que celui ayant servi à foncer le socle. En ce cas, huilez-le légèrement à l'intérieur avec de l'huile d'amandes douces ; puis, à l'aide d'un cornet, poussez des cordons de glace-royale, partant du centre du moule et rayonnant vers les bords, à égale distance les uns des autres : il en faut une dizaine au plus : cette ligne blanche simule l'épaisseur de la peau blanche divisant les chairs de mandarine. Incrustez le moule sur glace.

Coupez en deux une vingtaine de mandarines ; supprimez les semences des chairs, passez-les au tamis. Mettez-les dans un poêlon, ajoutez les chairs et le suc de 4 à 5 oranges et de 2 citrons, également passés ; allongez l'appareil avec 2 décilitres de marmelade d'abricots, délayée avec 3 décilitres de sirop, passée au tamis. Infusez dans l'appareil, pendant une demi-heure, 3 écorces de mandarines, en quartiers, dont les parties blanches ont été entièrement supprimées à l'aide d'une cuiller en fer.

Choisissez une douzaine de mandarines fermes, d'égale grosseur ; divisez-les chacune en deux parties, sur le travers ; retirez-en très délicatement les chairs entières, sans les abîmer. Supprimez le blanc des écorces, lavez-les ; festonnez-en les bords ; rangez-les d'aplomb sur une épaisse couche de glace pilée ; emplissez-les à peu près à hauteur avec de la gelée d'orange ; laissez raffermir celle-ci. Supprimez alors les semences aux chairs des demi-mandarines, posez-en une moitié sur chaque écorce, c'est-à-dire sur la couche de gelée, en les renversant.

Enlevez les écorces en infusion dans l'appareil, mêlez à celui-ci 2 décilitres de colle de poisson, clarifiée, ainsi qu'une demi-bouteille de champagne ; essayez-en une petite partie sur glace, afin de juger de sa consistance : il doit être léger. Liez-le alors légèrement, en le tournant sur glace ; versez-le dans le moule huilé ; laissez-le raffermir une heure.

Une demi-heure seulement avant de servir, fermez le moule avec un couvercle, salez la glace qui l'entoure ; couvrez-le aussi avec de la glace salée. — Au dernier moment, enlevez le moule de la glace, lavez-le à l'eau froide, trempez-le vivement à l'eau chaude, démoulez le pain sur le socle ; entourez celui-ci avec les demi-mandarines dans les écorces.

Dessin 158. — PANACHÉ A LA MODERNE

Préparez un fond-d'appui en bois, bordé sur son épaisseur, masqué en dessus avec du papier blanc, portant, sur son centre, un support mobile ; ce support est en bois masqué de papier blanc : il ne doit être introduit dans la douille qu'après que l'entremets est démoulé.

Mettez dans une petite terrine 4 décilitres de lait d'amandes, sucré, infusé à la vanille, collé à point. Dans un autre poêlon, mettez 5 décilitres de purée de fraises, passée à l'étamine, étendue avec le suc de 2 oranges, sucrée et collée ; si l'appareil n'était pas de belle nuance, mêlez-lui quelques gouttes de carmin liquide. Mettez dans un autre poêlon une égale quantité d'appareil de pain d'abricots au marasquin, également sucré et collé.

Incrustez, sur glace pilée, un moule à cylindre uni, huilé à l'huile d'amandes ; faites prendre au fond une couche d'appareil aux fraises ayant 1 centimètre d'épaisseur ; sur cette couche, faites-en prendre une autre plus mince d'appareil au lait d'amandes ; sur le lait d'amandes, faites prendre une couche d'appareil aux abricots ; continuez ainsi en alternant les nuances et en réglant l'épaisseur des couches à l'aide d'une mesure : les couches de lait d'amandes doivent être plus minces parce que cet appareil, par sa nature huileuse, se colle difficilement aux autres appareils ; il faut donc employer peu d'appareil aux amandes ou même le remplacer par de la gelée fouettée, bien blanche, ce qui est préférable.

Laissez refroidir l'appareil sur glace. — Un quart d'heure avant de servir, fermez le moule avec son couvercle ; salez légèrement la glace, frappez l'appareil, afin qu'étant superficiellement frappé, les couches soient moins exposées à se séparer, quand l'entremets est renversé.

Au moment de servir, lavez vivement le moule à l'eau froide ; si l'entremets ne se dégageait pas du moule, trempez-le à l'eau à peine tiède ; essuyez-le, renversez l'entremets sur le fond-d'appui ; glissez alors le support dans la douille, pour mieux soutenir le pain. — Sur le haut de la douille, on peut piquer un hâtelet garni de fruits.

DESSIN 159. — PANACHÉ ROSA

Collez, sur plat d'entremets, un fond-d'appui, bordé en pastillage sur son épaisseur, masqué de papier sur le haut, portant sur son centre un support à douille. — Mondez 500 grammes d'amandes ; faites-les dégorger une heure à l'eau froide. Égouttez-les, pilez-les, petit à petit, en ajoutant de temps en temps un peu d'eau froide et une poignée de sucre. Délayez-les avec 1 litre d'eau froide ; exprimez-les, peu à la fois, à travers un linge. Mettez le liquide dans une terrine, avec de la vanille coupée et du sucre ; faites infuser une demi-heure. Mêlez-lui alors la valeur de 2 décilitres de colle de poisson, clarifiée ; passez-le au tamis fin, dans un poêlon. Essayez-en une petite partie sur glace, afin de le rectifier au besoin, selon qu'il serait ou trop faible ou trop collé : l'appareil doit être léger.

Préparez un petit appareil de pain de framboises, mêlé avec le suc de 2 oranges, du sucre ou du sirop et la colle nécessaire ; essayez-le aussi sur glace. — Incrustez sur glace un moule uni, à cylindre, huilé à l'huile d'amandes douces ; décorez-en le fond avec quelques détails de fruits confits, trempés à mesure dans de la gelée mi-prise. — Quand le moule est bien saisi, faites lier sur glace la moitié de chaque appareil ; dans celui aux amandes, incorporez quelques cuillerées de crème fouettée ; puis, prenez-le avec une cuiller, par petites parties, étalez-le au fond du moule, en l'entremêlant avec de l'appareil aux framboises. Laissez raffermir les couches, et recommencez l'opération jusqu'à ce que le moule soit plein ; tenez-le une heure sur glace.

Vingt minutes avant de servir, fermez le moule avec son couvercle ; saupoudrez la glace avec du sel ; couvrez-le aussi avec de la glace salée. — Au moment de servir, lavez vivement le moule à l'eau froide, essuyez-le, renversez l'entremets sur le fond-d'appui. Glissez alors le support dans la douille qui n'a d'autre rôle que de maintenir le pain d'aplomb. — On peut piquer sur le haut de cette douille un hâtelet garni de fruits.

Dessin 160. — POUDING FROID, AUX PÊCHES

Collez, sur plat d'entremets, un fond en bois couvert de papier blanc sur le haut, masqué sur son épaisseur, avec une bordure en pastillage, levée à la planche, formant rebords ; tenez-le en lieu sec. — Choisissez des amandes plates et larges, échaudez-les pour en retirer la peau ; fendez-les en deux, faites-les dégorger 2 heures à l'eau froide. Coupez-les ensuite avec un tube à colonne. Choisissez-en d'autres d'égale longueur dont la forme est ovale, pointue d'un côté ; fendez-les aussi, faites-les dégorger.

Pelez 8 à 10 bonnes pêches mûres à point ; retirez-en le noyau ; passez au tamis. Mêlez à cette purée 1 décilitre de lait d'amandes et autant de sirop froid à 30 degrés ; passez-la à l'étamine ; mettez-la dans un poêlon, mêlez-lui 2 décilitres de colle de poisson clarifiée, en même temps que quelques gouttes de carmin pour la nuancer légèrement ; essayez une petite partie de l'appareil.

Incrustez sur glace un moule à dôme élevé, huilé à l'huile d'amandes douces ; prenez les ronds d'amandes un à un, trempez-les dans de la gelée mi-prise, appliquez-les contre les parois du moule, à quelques centimètres du fond et à une petite distance des bords. Avec les amandes ovales formez, sur le centre du moule, 4 rosaces, à distance l'une de l'autre. Consolidez le décor, en chemisant le moule avec une couche de gelée claire, à l'orange.

Tournez sur glace l'appareil aux pêches, pour le lier ; mêlez-lui alors quelques cuillerées de kirsch et un salpicon composé d'ananas confit et de pistaches fraîches ; versez-le dans le vide du moule. Faites frapper le pouding une heure. — Un quart d'heure avant de servir, fermez le moule avec son couvercle, mastiquez-en les jointures avec du beurre ; salez légèrement la glace du tour ; couvrez-le aussi avec une couche de glace salée ; faites frapper le pouding simplement pour maintenir la gelée.

Au dernier moment, lavez vivement le moule à l'eau froide, trempez-le à l'eau tiède, et démoulez le pouding sur le fond-d'appui. Enlevez, sur le haut, une petite partie de l'appareil, avec un couteau chauffé ; creusez-le légèrement ; masquez le creux avec une couche de l'appareil réservé ; sur celui-ci, piquez en éventail des pointes en angélique ; dressez sur le centre un bouquet de cerises mi-sucre. Envoyez ainsi l'entremets.

Dessin 161. — GATEAU ESPÉRANCE

Collez sur plat un fond-d'appui en bois, bordé en pastillage sur le tour, et masqué de papier sur le haut. — Pelez une demi-pomme, cannelez-la sur les côtés, creusez-la légèrement en dessus ; faites-la cuire en la tenant ferme ; faites-la ensuite macérer dans du sirop.

Prenez un biscuit fin, cuit de la veille dans un moule à dôme élevé ; coupez-le droit, cernez-le, enlevez le rond cerné, tenez-le en réserve ; videz le biscuit en laissant au fond et autour l'épaisseur d'un centimètre et demi ; remettez-le dans le moule ; tenez-le au froid.

Lavez à l'eau tiède 7 à 800 grammes d'angélique ; coupez-la, faites-la piler et passer au tamis fin. Mettez cette purée dans un poêlon, délayez-la avec 1 demi-décilitre d'eau de fleurs d'oranger, autant de kirsch, un peu de sirop léger et 1 décilitre de colle clarifiée, pas trop forte. Liez l'appareil sur glace, en le tournant ; retirez-le, incorporez-lui la valeur d'un demi-litre de crème fouettée.

Avec cet appareil, emplissez le vide du biscuit, masquez-en l'ouverture avec le rond réservé ; faites raffermir l'appareil une heure, dans le timbre à glace. — Démoulez le gâteau sur une grille à pâtisserie ; abricotez-le au pinceau ; masquez-le avec une glace au kirsch, légère. Aussitôt que la glace est sèche, glissez le gâteau sur le fond-d'appui ; coupez-le légèrement sur le haut ; posez la demi-pomme dessus ; traversez-la avec un hâtelet garni simplement d'une reine-claude ; entourez celle-ci avec quelques cerises mi-sucre. Au-dessous de la pomme, piquez en éventail des pointes d'angélique. — Entourez la base du gâteau avec un cordon de gelée hachée, poussée à la poche.

SOMMAIRE DE LA PLANCHE 22

DESSIN 162. — GATEAU MAURESQUE, A LA SULTANE.   DESSIN 163. — BISCUIT D'AMANDES, A LA SULTANE.
DESSIN 164. — BASTION A TOURELLES.   DESSIN 165. — CROQUEMBOUCHE DE QUARTIERS D'ORANGE.
DESSIN 166. — CORNES D'ABONDANCE, DROITES, SUR PETIT SOCLE.

DESSIN 162. — GATEAU MAURESQUE, A LA SULTANE[1]

Cuisez du biscuit fin dans un moule à dôme; laissez-le rassir. Parez-le droit sur le haut, distribuez-le en tranches transversales. Prenez les tranches une à une, masquez-les avec une couche de crème de noisette, à la vanille; posez-les l'une sur l'autre pour remettre le gâteau en forme; posez-le sur une grille, humectez-en légèrement les surfaces au pinceau avec de la gelée de pommes, nappez-le entièrement avec une glace au chocolat, cuite.

Quand la glace est sèche, enlevez le gâteau, posez-le sur le centre d'un petit socle; couvrez-le avec une sultane en sucre filé à *la jetée;* collez le socle sur un plat.

Ce socle est moulé, en plusieurs pièces; il peut être exécuté en pastillage ou en carton-pâte masqué avec du pastillage. Le corps du socle est décoré en relief avec du pastillage; il est orné d'une bordure pendante, à jour, levée à la planche.

DESSIN 163. — BISCUIT D'AMANDES, A LA SULTANE

Pilez 150 grammes d'amandes douces et amères, mondées, en les humectant avec un œuf; quand la pâte est fine, mêlez-lui 250 grammes de sucre; ajoutez 3 œufs entiers et encore 240 grammes de sucre; un peu de zeste, un grain de sel, 2 cuillerées de cognac. Retirez l'appareil dans une terrine; travaillez-le avec une cuiller, en lui mêlant encore 8 jaunes d'œuf; quand l'appareil est mousseux, incorporez-lui peu à peu, d'abord 8 à 9 blancs fouettés, et ensuite 250 grammes de fécule, en la tamisant sur l'appareil.

---

1. A partir de cette planche, tous les sujets reproduits dans la série des entremets froids entrent dans l'ordre des *gros entremets,* c'est-à-dire de ces entremets qui, dans bien des cas, peuvent figurer sur table dans les dîners d'apparat, ou être servis comme pièce de milieu dans les dîners peu nombreux. — Un grand nombre de ces sujets peuvent être considérés comme pièce de confiserie, c'est-à-dire qu'on peut fort bien les faire entrer dans le cadre du dessert des dîners familiers.

Pl. 22

DESSIN 162.

DESSIN 163.

DESSIN 164.

DESSIN 165.

DESSIN 166.

Avec une partie de cet appareil, emplissez aux trois quarts un moule à dôme beurré, glacé ; cuisez à four doux. En sortant le biscuit du four, démoulez-le sur un clayon ; quand il est rassis, coupez-le droit, sur le côté plat, cernez-le, abricotez-le, posez-le sur une grille à pâtisserie, masquez-le entièrement avec une glace à l'orange.

Quand la glace est sèche, videz le biscuit du côté cerné, en conservant le rond. Au moment de servir, emplissez-en le vide avec une crème à la Chantilly, à la vanille ; fermez-en l'ouverture avec le rond réservé ; dressez-le sur un petit socle collé sur plat, couvrez-le avec une sultane pleine, en sucre filé à la jetée.

DESSIN 164. — BASTION A TOURELLES

Cette pièce est une imitation de forteresse quadrangulaire, à base crénelée, portant sur son centre un bastion formé de 4 tourelles accouplées. La forteresse est posée sur un double tambour de forme circulaire, à 2 gradins, fixé sur le centre d'un grand plat ; à défaut d'un plat suffisant, la pièce peut être dressée sur un plateau posant sur 4 pieds.

On peut préparer cette pièce d'après différentes méthodes ; avec des moules convenables elle pourrait être exécutée en nougat ; on pourrait aussi la faire en pâte à gaufres ; mais la méthode la plus simple consiste à opérer avec du biscuit-punch, se coupant lisse, sans s'émietter.

Commencez par préparer le double tambour en bois ; masquez-le d'abord avec du papier blanc ; puis, plaquez-le avec des bandes minces de biscuit-punch, collées avec de la marmelade.

Sur le haut de chaque gradin, collez une bande épaisse de biscuit-punch, ayant 4 centimètres de haut, sur 2 centimètres d'épaisseur ; rajustez-les exactement ; découpez-les ensuite en créneaux, à l'aide d'un petit couteau, sans les creuser jusqu'au bas de la bande, c'est-à-dire en réservant la hauteur de 2 centimètres, et en laissant en saillie, sur la base de la bande, un liseron arrondi. Abricotez au pinceau les surfaces des créneaux et des pourtours ; nappez-les aussitôt avec une mince couche de glace-royale au blanc d'œuf ; fixez-les ensuite sur le plat ou sur le plateau.

Pour exécuter le corps de la forteresse, prenez des abaisses de biscuit-punch, de 2 centimètres d'épaisseur, sur 12 centimètres de large ; coupez-les de forme carrée, abricotez-en les surfaces ; collez-les l'une sur l'autre en donnant au carré l'épaisseur de 12 centimètres. Coupez ce carré en inclinaison sur les 4 faces, de façon à lui donner la forme conique ; abricotez-en les surfaces au pinceau. Sur chacun des angles du carré, appliquez en saillie une petite tour imitée en biscuit, également coupée en inclinaison, sur 3 faces ; la quatrième face doit être creusée de façon à se rajuster à l'angle du carré central.

Sur chaque façade du carré central creusez une meurtrière en demi-lune. Sur chaque façade des tours angulaires, creusez 2 autres meurtrières hautes et étroites.

Maintenant, collez la forteresse sur un soubassement gradué, coupé sur le même plan, mais de 2 centimètres plus large, ayant 4 centimètres de haut. Pour donner plus d'aplomb à la pièce, ce soubassement peut être exécuté en pâte d'office aux amandes et non en biscuit.

Sur la lisière des tours angulaires et du carré central, appliquez en saillie une épaisse bande de biscuit-punch ; découpez-la aussi en créneaux. Abricotez au pinceau toutes les surfaces de la forteresse, ainsi que celle des créneaux ; puis, nappez-les avec une couche mince de glace au blanc d'œuf. Quand la glace est sèche, décorez d'abord au cornet, avec de la glace-royale, l'ouverture des meurtrières ; masquez-en les creux, soit avec de la marmelade de reine-claude poussée au cornet, soit simplement avec une bande de pâte de pommes ou de coings, coupée juste, collée avec de la marmelade.

Les 4 tourelles accolées, disposées sur le centre de la forteresse, peuvent fort bien être exécutées en biscuit fin, dans un moule en fer-blanc, en deux pièces, l'un peu élevé, pour le soubassement, l'autre plus haut pour le corps des tourelles, mais toutes deux de forme conique. A défaut de moules, exécutez les deux parties à l'aide d'abaisses en biscuit-punch, collées les unes sur les autres avec de la marmelade ; découpez-les ensuite au couteau, en leur donnant la forme conique, telle que le dessin les représente.

Dans les deux cas, creusez 4 meurtrières sur chaque façade des tourelles ; abricotez-les au pinceau avec de la marmelade de reines-claudes, puis nappez-les avec une glace légère. Fixez-les ensuite sur le centre de la forteresse, en les soutenant d'aplomb à l'aide de brochettes en argent. Ornez-les sur le haut avec un crénelage en biscuit-punch, appliqué en saillie et formant corniche. Sur le centre de ces tourelles, fixez une petite oriflamme.

Maintenant, placez la forteresse sur le double tambour ; entourez la base de celui-ci avec de gros croûtons de gelée, alternés chacun par un petit bouquet de gelée hachée. Contre chacune des façades centrales de la forteresse dressez en imitation de boulets, un buisson correct de petites boules en pâte de marrons, glacées au *cassé*.

Dessin 165. — CROQUEMBOUCHE DE QUARTIERS D'ORANGE, SUR PETIT SOCLE

Le socle sur lequel le croquembouche est monté est en nougat, formé dans un moule en trois pièces. Le vide de la coupe du socle est rempli par une abaisse en nougat ou en pâte d'office, portant sur son centre un support en forme de gradin, à trois étages, composé de quatre abaisses en pâte d'office, formant ainsi une sorte de pyramide dont le haut est surmonté d'une quatrième abaisse étroite.

Pour pouvoir dresser les quartiers d'orange en pyramide correcte et aussi élevée, il faut absolument disposer de grosses oranges ; celles de *Jaffa*, de forme légèrement allongée, grosses, sans pépins, qui sont maintenant communes partout, sont celles qui conviennent le mieux ; à défaut, on prend de grosses oranges de Valence.

Quand les quartiers sont détachés, faites-les sécher à l'air et non à l'étuve, car à une température trop chaude le suc des fruits tourne et devient désagréable. Glacez-les à la brochette ou à la main, mais légèrement ; faites bien égoutter le sucre, rangez-les à mesure sur plaque huilée. Quand le sucre est bien froid, prenez les quartiers un à un, en commençant par les plus longs ; collez-les debout, d'abord sur la lisière de l'abaisse inférieure, en les inclinant légèrement et les collant sur le haut, contre l'épaisseur de la seconde abaisse. Collez une deuxième rangée, absolument dans le même ordre, sur la lisière de la seconde abaisse, en les collant contre l'épaisseur de la troisième. Les quartiers de la troisième rangée viennent également s'appuyer contre l'épaisseur de l'abaisse supérieure, la plus étroite.

Le point essentiel consiste à obtenir une belle pyramide, correcte, élancée, attrayante ; dans toute autre condition elle serait sans élégance, sans mérite ; cette opération exige évidemment une certaine aptitude, mais surtout du bon goût : il faut opérer posément, avec précision.

Quand la pyramide est montée, collez sur son faîte, c'est-à-dire sur le haut de la quatrième abaisse, un petit ananas, imité, dans un moule en deux pièces, avec de la pâte à massepain, ou bien en sucre, coulé dans un moule en plâtre ; ornez-le d'une couronne verte, imitée en sucre *tiré ;* entourez-en la base avec des pointes en angélique, glacées au *cassé,* piquées en éventail.

Entre chaque rangée de quartiers d'orange, collez une chaîne de cerises mi-sucre ou des cerises imitées en pâte à massepain, ou même des mirabelles confites, sans noyaux, fourrées à la pâte d'amandes et glacées au *cassé :* cette chaîne constitue tout à la fois un ornement et un soutien pour les rangées de quartiers d'orange. Maintenant, collez le socle sur un grand plat ; ornez-en la frise avec des fruits confits, mais surtout avec de petites grappes de raisins frais, glacées au *cassé,* régulièrement soudées de façon à imiter une bordure pendante. Entourez la base du pied de coupe avec des quartiers d'orange à la gelée ou simplement des quartiers au naturel, glacés au *cassé* et disposés chacun dans une petite caisse en papier, plissée, de forme ovale.

DESSIN 166. — CORNES D'ABONDANCE, DROITES, SUR PETIT SOCLE

Avec 1 kilogramme d'amandes coupées en dés, bien blanches, bien sèches, préparez du beau nougat, en plusieurs cuissons. — Avec ce nougat, foncez d'abord 2 cornes d'abondance, dans des moules à charnières. Foncez ensuite un moule à socle en trois pièces : la coupe, le pied, la base ; soudez les trois pièces avec du sucre ; collez le socle sur une abaisse en pâte d'office un peu plus large que la base du socle ; collez l'abaisse sur plat. Fermez le vide supérieur de la coupe avec une abaisse étroite, en nougat ou en pâte d'office ; sur le centre de cette abaisse, collez un petit support en nougat. Dressez alors, debout, les deux cornes d'abondance, collez-les au sucre, en les appuyant sur le support.

Ornez ces cornes d'abondance avec des détails en pâte à massepain ; garnissez-en l'embouchure avec des fruits confits, glacés au *cassé ;* garnissez aussi avec des fruits l'intervalle que laissent entre elles les cornes d'abondance, à leur base, afin de ne pas laisser de jours ; ornez la frise du socle avec une chaîne d'amandes vertes confites, glacées, collées en bordure ; ornez le haut des cornes d'abondance, à la jonction des pointes, avec un petit pompon en sucre filé, collé sur un petit calice en sucre, moulé dans une forme en plomb, légèrement huilée.

Entourez la base du socle avec une jolie couronne de petits gâteaux.

SOMMAIRE DE LA PLANCHE 23

DESSIN 167. — GATEAU ALSACIEN

Préparez une pâte à massepain (page 13) avec 1 kilogramme d'amandes ; divisez-la en cinq parties inégales ; masquez-en une partie en rouge veiné de blanc, pour imiter le jambon ; une autre partie en couleur café au lait, pour imiter le foie-gras ; une autre en noir avec chocolat et caramel, pour imiter les truffes ; enfin une parure en jaune foncé, et une partie de couleur naturelle.

Prenez une partie de la pâte rougie, hachez-la avec de la pâte naturelle, de la pâte café au lait et de la pâte noire, de façon à imiter le hachis du pâté ; liez-le avec un peu de gelée de pommes. Coupez en gros carrés le restant de la pâte café au lait, imitant le foie-gras ; lardez-les avec de gros filets de pâte noire imitant la truffe. Coupez des filets sur la pâte marbrée imitant le jambon, et des filets de pâte blanches, imitant le lard. Mêlez le tout dans une terrine, ajoutez quelques noix confites, bien noires, et des carrés de gelée de coings ou de gelée de pommes, bien ferme ; tous ces éléments constituent la garniture intérieure du pâté qu'on veut imiter.

Avec de la glace de sucre, saupoudrez l'intérieur d'un moule à pâté froid, à charnières, façon de Strasbourg ; foncez-le avec de la pâte jaune foncé ; puis, humectez intérieurement la pâte, doublez-la avec une enveloppe de pâte blanche, afin d'imiter exactement la croûte des pâtés de Strasbourg dont la partie intérieure n'est pas complètement atteinte.

Garnissez le vide de la caisse, en procédant comme s'il s'agissait d'un vrai pâté : la farce au fond et autour, les garnitures sur le centre, en ayant soin de distribuer les nuances avec discernement et de glisser entre les garnitures quelques cuillerées de gelée de coings dissoute, afin d'imiter la gelée d'aspic. Montez les garnitures en dôme, au-dessus du niveau de la crête du pâté ; couvrez-les avec une mince abaisse de pâte jaune, doublée de pâte blanche ; appuyez cette pâte en dôme et contre la crête ; coupez cette crête droite, pincez-la. Faites une cheminée sur le centre du dôme ; décorez celui-ci avec des feuilles imitées en pâte brune. Posez le pâté tel qu'il est, sur un fond en bois, masqué de pâte à nouille, collé sur plat.

Une heure après, enlevez le moule, en démontant les charnières ; pincez alors les surfaces de

Pl. 23.

DESSIN 167.

DESSIN 168.

DESSIN 169.

DESSIN 170.

DESSIN 171.

la caisse, dans le même ordre que les pâtés de Strasbourg. Dorez cette caisse et le dôme, avec de la dorure aux jaunes d'œuf, légèrement brunie; laissez sécher. Brunissez ensuite au pinceau, avec modération, les parties saillantes de la pâte, afin de donner à l'imitation l'apparence d'un pâté cuit au four, ce qui est facile.

Au moment de servir cet entremets, faites-lui, à l'aide d'un couteau mince, bien tranchant, une large entaille sur le côté, afin de mettre à nu les garnitures intérieures et lui donner l'aspect d'un pâté déjà entamé. Entourez le fond en pâte à nouille avec de gros croûtons de gelée douce, coupée en triangles. — En procédant d'après la méthode que je viens de décrire, on peut très bien préparer des imitations de galantine et de jambon à la gelée : la pâte à massepain se prête admirablement à cette transformation.

DESSIN 168. — GATEAU SULTAN

Cuisez un appareil de biscuit à la vanille, dans un moule à dôme ; démoulez-le sur une grille. Cuisez en même temps du biscuit-punch dans une caisse carrée, en papier ou en fer-blanc, ayant 25 centimètres de diamètre sur 10 de hauteur ; quand le biscuit est sorti de la caisse, laissez-le rassir ; parez-le en forme de coussin ; masquez-en les surfaces avec de la marmelade, et celle-ci avec une glace crue, à l'orange, légèrement nuancée en rouge ; quand la glace est sèche, dressez le coussin sur plat ; bordez-le avec un cordon de sucre filé fin, ou de sucre *tors* roulé à la main : disposez à chaque coin un gland, également imité en sucre de couleur jaune ; imitez quelques petites broderies sur le tour avec de la glace-royale poussée au cornet.

Parez droit le biscuit en dôme, cernez-le à un centimètre des bords, videz-le ensuite en conservant le rond de la surface ; remettez alors le biscuit dans le moule bien essuyé, incrustez-le sur glace. Un quart d'heure après, emplissez-le avec un appareil bavarois à la vanille, lié au moment; couvrez-le avec le rond enlevé.

Quand l'appareil est bien raffermi, démoulez le gâteau sur une grille ; abricotez-le au pinceau, masquez-le entièrement avec une glace fondante aux pistaches, de nuance légère ; décorez-le au cornet, avec de la glace et des confitures, puis fixez un petit pompon sur le haut. Dressez-le alors sur le centre du coussin, entourez-le avec un turban imité en sucre filé, rose, orné avec de petites boules de sucre blanc, et un pompon. Garnissez la base du coussin avec de la gelée hachée.

DESSIN 169. — CASQUE EN NOUGAT

La pièce est représentée dressée sur un socle ovale, simplement composé de 2 abaisses dont l'une plus étroite que l'autre, reliées par un support central ; celui-ci est dissimulé au regard par une charpente en carton, appliquée en talus. Le socle est fixé sur une base ovale portant sur son centre un tambour vide, en bois mince, de même forme que la base du socle.

La base de la pièce pose sur 4 pieds ; elle est masquée en pastillage et bordée. Le double tambour sur lequel le socle est fixé est aussi masqué en pastillage, et orné d'une bordure montante. La charpente en talus, formant la base du socle, est plaquée avec des bandes rapportées de pastillage, abaissées au rouleau cannelé. Le haut de ce talus, juste au-dessous de l'abaisse supérieure du socle, est orné d'une belle guirlande composée de feuilles imitées, en pâte à massepain, et des roses imitées en sucre : les feuilles et les fleurs sont blanches.

Le sujet disposé sur le haut du socle se compose d'un casque moderne posant sur un bouclier renversé collé sur l'abaisse supérieure du socle. Ce bouclier est moulé en beau nougat, dans un moule en fer-blanc légèrement bombé ; il est bordé tout autour, sur la lisière et sur son épaisseur, avec une bande en pâte à massepain ou en pâte d'amandes, bien blanche.

Le casque est aussi imité en nougat ; il est moulé dans un moule en deux pièces [1] ; les gourmettes et le creux de la crinière sont également formées dans un moule en fer-blanc. Le sabre antique posé en travers du bouclier, est aussi en nougat, formé dans un moule en deux pièces, et ornementé avec de la pâte d'amandes. Le corps du casque, les gourmettes, le garde nuque, le garde crinière sont aussi bordés avec un liseron en pâte d'amandes. La couronne de feuilles dont le casque est ceint est exécutée en pâte d'amandes. La crinière est imitée en sucre filé fin et blanc. Sur la gravure le casque paraît être soutenu simplement par les gourmettes, mais, en fait, ces deux appuis n'ont aucun effort à faire, car le poids du casque porte uniquement sur un soutien intérieur, en bois, coupé de hauteur voulue, portant sur le haut une sorte de calotte en pâte d'office mince, moulée sur le fond même du moule à casque, séchée, puis plaquée en pastillage mince. Le soutien est solidement collé debout sur le bouclier. Sans ce soin le casque en nougat ne pourrait résister à son propre poids et se déformerait certainement, pour peu que la chaleur ou toute autre cause imprévue vienne faire ramollir le nougat.

L'espace libre, entre le tambour et la bordure de la base, est garni de petits nougats à la crème, moulés dans des moules à dariole, et ornés chacun avec une anse imitée en pâte à massepain on en feuilletage à *blanc*.

DESSIN 170. — CROQUEMBOUCHE DE PETITS CHOUX, A LA CRÈME

Préparez environ 150 petits choux de forme ronde ; quand ils sont cuits, ils doivent être bien égaux et avoir la grosseur d'une petite reine-claude ; garnissez-les intérieurement avec de la crème frangipane aux amandes, vanillée.

Cuisez un petit poêlon de sucre au *cassé*. — Huilez légèrement un moule uni, de forme conique. — Piquez les choux à de petites brochettes, trempez-les vivement dans du sucre au *cassé*, d'un côté seulement ; montez-les à mesure, par rangs superposés, contre les parois intérieures du moule. Quand le sucre est refroidi, démoulez le croquembouche sur un petit socle en pastillage collé sur plat, dont la frise est ornée d'une guirlande de feuilles et de fleurs en pastillage. Sur le haut du croquembouche, fixez une petite aigrette en sucre, ornée d'un petit pompon.

Ce croquembouche, dressé dans les conditions reproduites par le dessin, peut très bien être

---

1. Les moules à casque sont bien connus des pâtissiers ; on les trouve dans tous les laboratoires.

utilisé comme pièce de milieu dans un dîner familier ; en tout cas, il peut toujours figurer sur la table d'un dîner plus nombreux, à condition cependant qu'il ait un pendant établi dans le même ordre, et dans les mêmes dimensions.

DESSIN 171. — GATEAU DELILLE, SUR PETIT SOCLE

Préparez un appareil à biscuit Delille, avec 600 grammes de sucre, 400 grammes de farine, 100 grammes de fécule, 400 grammes de beurre, 14 œufs, zeste et sel (page 250).

Beurrez 5 moules en fer-blanc, de forme hexagone et à cylindre ; farinez-les, emplissez-les avec l'appareil préparé ; cuisez les gâteaux à four doux.

Quand ils sont démoulés et refroidis, parez-les droits, abricotez-les légèrement ; puis, masquez-en 3 avec une glace au marasquin, blanche ; masquez les deux autres avec une glace à l'orange, légèrement rougie. Décorez les parois du gâteau avec des détails en fruits confits ; montez-les en pyramide, l'un sur l'autre, en alternant les nuances et en les collant avec de la marmelade ; dressez-les sur un petit socle collé sur plat ; fixez sur le haut une petite aigrette en sucre, ornée d'un petit pompon.

Le socle sur lequel le gâteau est dressé est en pastillage, orné en relief, sur la frise, avec une guirlande également imitée en pastillage. La base et le pied de coupe sont aussi décorés en relief et ornés de bordures à jour, levées à la planche : le corps du socle et les détails sont blancs.

De même que les sujets de la précédente planche, ceux-ci peuvent être servis comme pièces de milieu sur la table d'un petit dîner.

SOMMAIRE DE LA PLANCHE 24

Dessins 172, 173. — GRADINS A SUJET

Ces deux gradins sont montés sur des petits socles en sucre taillé. Les sujets sont exécutés en pastillage blanc, ornés avec des détails levés à la planche ou poussés au cornet ; ils sont fixés sur un support adapté sur le centre du socle, mais qui se trouve dissimulé au regard par un petit rocher imité en sucre soufflé, formant la base du sujet.

La garniture des gradins se compose simplement d'une belle couronne de petits gâteaux décorés. Mais la base du socle peut aussi être garnie avec des gâteaux de forme plus mignonne.

Les socles sont de forme basse, mais flatteuse, dégagée ; ils sont en sucre taillé, formés en deux pièces. Si l'on disposait de moules convenables, on pourrait les exécuter en sucre *tassé ;* dans les deux cas, ils doivent rester tout à fait blancs.

Dessin 174. — PAIN D'ABRICOTS, A LA ROYALE

Cette pièce se compose d'un pain d'abricots, moulé dans un moule plein, à créneaux, dressé sur le centre d'un socle en forme de couronne. Le socle est posé sur un large coussin imité, et celui-ci sur un fond en bois, masqué en pastillage, collé sur un grand plat long. A défaut d'un plat suffisant, la pièce peut être dressée sur un plateau de forme ovale, posé sur 4 pieds.

La couronne peut être exécutée en pastillage ; mais, pour plus de sécurité, il convient de la monter sur une charpente en fer-blanc, plaquée en pastillage blanc, en dehors et en dedans. En ce cas, la couronne est ornementée d'abord avec des détails en sucre rose coulé sur marbre et coupé à l'emporte-pièce, de façon à imiter les joyaux, puis avec des liserons perlés : ces perles peuvent cependant être imitées en sucre coulé. Les petites boules fixées sur les pointes de la couronne peuvent être imitées en sucre filé fin.

Le coussin sur lequel la couronne est posée est imité avec du biscuit aux amandes, distribué en abaisses minces, fourrées avec de la marmelade d'abricots. Mais ce coussin ne peut pas être tout en biscuit, car il doit porter sur son centre un appui en bois, masqué de papier, du même diamètre

Pl. 24.

DESSIN 172.

DESSIN 173

DESSIN 174.

DESSIN 175.

DESSIN 176.

que la couronne qu'il doit supporter. Cet appui est disposé dans l'épaisseur du coussin et masqué avec une mince abaisse en biscuit, de façon qu'il reste invisible au regard.

Le fond ovale sur lequel repose le coussin est en bois, masqué de pastillage blanc ; collez-le d'abord sur le plat ou sur le plateau. Façonnez alors le coussin avec le couteau, lissez-le bien ; humectez-en les surfaces, au pinceau, avec de la marmelade d'abricots ; puis, nappez-le avec une glace légère, au kirsch ou au marasquin ; glissez-le aussitôt sur le fond en pastillage. Quand la glace est sèche, ornez-le tout autour, sur le milieu de son épaisseur, avec une torsade imitée en pâte à massepain ou en sucre filé fin. A chaque coin du coussin fixez un gland imité en sucre ou en biscuit, ornementé au cornet avec de la glace-royale. Sur le coussin posez la couronne et, au centre de celle-ci, posez un petit fond en bois mince masqué de papier blanc, portant sur le haut un rebord de 2 centimètres, de façon à pouvoir maintenir en équilibre le pain d'abricots.

Pour préparer ce pain, incrustez d'abord le moule sur glace ; chemisez-le avec de la gelée rosée, à l'orange ; emplissez-le ensuite avec un appareil de pain d'abricots, lié à point sur glace ; faites-le prendre une heure et demie. Au moment de servir, trempez vivement le moule dans l'eau chaude, essuyez-le, renversez le pain sur le petit fond à rebord ; piquez sur le haut un hâtelet composé d'une petite pomme rougie et d'une reine-claude verte. Entourez la base du fond ovale avec une chaîne de petites caisses plissées, garnies de fruits glacés au *cassé*.

Dessins 175, 176. — GRADINS ÉTAGÉS

Ces gradins sont à trois étages ; ils sont construits sur un petit tambour de forme basse, portant sur son centre une tringle en bois, à laquelle sont enfilées les corbeilles et les abaisses formant étage.

Les corbeilles sont en pastillage ou en carton masqué de pastillage blanc, percées au fond pour donner passage à la tringle. Les abaisses sont en bois ou en pâte d'office, également percées ; le tambour est en bois mince masqué en pastillage ; il est orné d'une jolie bordure montante.

Les abaisses des étages sont masquées de papier blanc, en dessus, et ornées, sur les côtés, d'une double bordure à jour, en pastillage levé à la planche.

Ces gradins sont disposés pour aller sur la table d'un dîner, mais, étant construits en matière légère, ils pourraient aussi être présentés aux convives. Dans les deux cas, ils doivent être collés sur plat avec du sirop de froment ou du repère.

Le premier de ces gradins (dessin 175) est garni à sa base avec de petites meringues ; les étagères sont garnies avec de jolis gâteaux décorés, d'espèce variée.

Le deuxième gradin, sur les étagères et à sa base, est garni de petits paniers d'orange et de mandarine, des quartiers d'orange rubanés et enfin de gros quartiers d'orange, glacés au *cassé*.

SOMMAIRE DE LA PLANCHE 25

DESSIN 177. — GATEAU MÉTROPOLITAIN

Beurrez un moule à brioche, plat, à cannelons ; foncez-le avec de la pâte à flan ou pâte à foncer, fine ; emplissez-le à peu près à hauteur, avec un appareil de biscuit aux amandes, au kirsch ; cuisez-le à four doux.

Beurrez et glacez un moule à pyramide, pointu, en fer-blanc, ayant à son embouchure le même diamètre que le moule à brioche ; emplissez-le à peu près à hauteur avec un appareil de biscuit fin ; cuisez-le à four doux [1]. Démoulez les deux gâteaux, laissez-les refroidir.

Parez droit, sur le haut, le biscuit dans le moule à brioche ; masquez-en le dessus avec une couche de crème beurrée, aux amandes (page 125). Coupez en tranches transversales le biscuit en pyramide ; masquez ces tranches une à une, avec une couche de la même crème beurrée, montez-les sur le biscuit aux amandes, en commençant par les tranches les plus larges, de façon à remettre la pyramide en forme ; masquez celle-ci tout autour avec une couche de crème beurrée.

Introduisez le restant de cette crème dans une poche à douille ; puis, poussez des cordons en crème, tout autour de la pyramide, en commençant par le bas, de façon à imiter la toiture pointue d'une ruche en chaume, formant trois divisions, dans l'ordre reproduit par le dessin. Piquez sur le haut de la toiture un hâtelet formé avec des détails en biscuit coupé, décoré à sa base avec des perles en crème beurrée.

Dressez l'entremets sur un fond en bois, collé sur plat, couvert d'une serviette pliée. Tenez l'entremets 25 minutes dans l'armoire à glace pour raffermir la crème beurrée; servez-le aussitôt.

DESSIN 178. — RUCHE A LA PARISIENNE

Avec 500 grammes de farine, 500 grammes de glace de sucre, 150 grammes amandes moulues, sel et zeste, préparez une pâte à gaufres italiennes. Étalez une partie de cette pâte sur plaque beurrée, farinée, en bande ayant la longueur de 36 centimètres sur 13 de largeur ; cuisez à four chaud.

---

1. Pour cuire du biscuit dans un tel moule, il faut soutenir celui-ci d'aplomb, à l'aide d'un petit trépied en fer, placé sur un plafond couvert d'une couche de cendres.

Pl. 25.

DESSIN 177,

DESSIN 178.

DESSIN 179.

DESSIN 180.

DESSIN 181.

Aussitôt à point, retirez-la du four ; coupez-la sur patron en demi-carton, ayant 35 centimètres de long sur 12 de largeur; enroulez-la aussitôt autour d'un moule à cylindre uni [1]. Enveloppez aussitôt la bande avec le carton ayant servi de patron ; nouez-la avec de la ficelle, de façon à la maintenir ; laissez-la refroidir ainsi ; démoulez-la ensuite, soudez-en la jointure avec du sucre au *cassé* ou de la glace; collez-la aussitôt sur une abaisse en pâte d'office de 2 centimètres plus large.

Prenez un moule en fer-blanc, forme d'entonnoir, ayant 17 à 18 centimètres à son embouchure et 15 centimètres de profondeur. Étalez le restant de l'appareil sur une autre plaque, en bande de 45 centimètres de long sur 16 de largeur ; cuisez-la, coupez-la droite sur les côtés, et en biais, sur les bouts, à l'aide d'un patron, de façon à pouvoir l'introduire dans l'entonnoir et la faire refroidir ainsi ; soudez-en les jointures : cet entonnoir doit former la charpente de toiture de la ruche.

Maintenant masquez la caisse en pâte à gaufres, collée sur l'abaisse, avec une mince couche de meringue italienne, en ménageant une petite ouverture vers le centre, en imitation de porte cintrée, dont la base est munie d'un petit appui en relief. Rayez la meringue en travers avec un cordon de glace-royale ; faites-la sécher à l'étuve douce.

Posez la charpente de toiture de la ruche sur le moule à cylindre ayant servi à former le corps de la ruche ; puis, avec de la même meringue légèrement jaunie, poussez au cornet des cordons réguliers, disposés les uns sur les autres, en commençant par le bas, de façon à obtenir une imitation de toiture en chaume ; faites sécher à l'étuve.

Au moment de servir, dressez le corps de la ruche sur une serviette pliée ; entourez-en la base avec de petites meringues garnies de crème ; emplissez-en le vide, soit avec de la crème fouettée, soit avec une plombière. Couvrez-la avec la toiture, envoyez aussitôt l'entremets.

DESSIN 179. — CHARIOT EN NOUGAT

Cette pièce est représentée ici sur un socle à deux gradins formés par deux tambours en bois mince, de forme ovale, disposée sur une base portée sur quatre pieds : la base et les tambours sont masqués en pastillage et bordés.

Le chariot est tout simplement une imitation de brouette de jardinier ; elle est exécutée en nougat, elle est garnie de fruits confits ou frais, glacés en *cassé*.

L'exécution du chariot est d'autant plus facile que sa partie principale, la caisse, se compose de surfaces planes, pouvant être façonnées, sans le secours d'aucun moule. Cette caisse est en forme de carré long, composée de cinq abaisses en nougat aux amandes hachées ou en petits dés, coupées sur patron. — Pour que cette pièce soit d'un joli effet, elle exige d'être non seulement correcte, mais encore exécutée avec du beau nougat clair, d'une égale nuance dans ses différentes divisions, comme aussi dans tous ses détails.

Pour cette opération, il est nécessaire de s'y mettre à plusieurs personnes. Il faut d'abord couper des patrons en carton s'adaptant aux différentes divisions de la caisse, afin de pouvoir les

1. Les moules d'entremets, unis, à cylindre, mesurent 14 centimètres de diamètre sur 12 de hauteur ; le développement du tour mesure 35 centimètres.

couper exactement dans les proportions établies d'avance, et les faire raccorder ensemble. Si les divisions de la coupe peuvent être exécutées sans moules, il n'en est pas tout à fait de même des détails qui lui sont appliqués ; ceux-ci, si l'on veut obtenir un ensemble bien correct, doivent être moulés. Ainsi, la roue de l'avant, sauf le moyeu en relief, peut être exécutée en deux parties, dans un même moule en fer-blanc ; ces parties exactement semblables seront aussitôt accouplées et collées au sucre ; il en est de même des brancards, qui peuvent être moulés dans un seul moule : ces moules, tout à fait simples, sont d'une exécution tellement facile, qu'on ne doit pas hésiter à les faire exécuter. Mais, avant, il est bon de dessiner la pièce dans les dimensions qu'on veut l'obtenir, afin que les détails correspondent avec l'ensemble. Les dimensions de la pièce peuvent être plus ou moins étendues, selon que le socle sera plus ou moins haut et long, car il faut absolument que ces deux parties du sujet soient relatives et proportionnées. — Quand les différentes divisions du chariot sont ou coupées ou démoulées, il faut les assembler et les coller au sucre, puis, les ornementer avec des détails en pâte à massepain, qui dissimuleront au regard leur jonction et leur soudure.

Si la caisse du chariot devait rester vide, la soudure au sucre serait suffisante pour maintenir la pièce en équilibre ; mais si cette caisse doit être garnie avec abondance, il faut absolument, avant de la garnir, la soutenir en dessous à l'aide d'un solide support en nougat ou en bois masqué de pastillage, disposé exactement contre la partie centrale, de façon que le poids de la caisse ne pèse ni sur les brancards ni sur la roue ; ce support doit être dissimulé à l'aide d'une petite gerbe de sucre filé : c'est seulement dans ces conditions que la caisse doit être garnie. Cette garniture se compose surtout de fruits variés : reines-claudes et dattes farcies, quartiers d'abricots confits, amandes vertes, cerises mi-sucre, raisins frais, grosses fraises et quartiers d'orange, tous glacés au *cassé* et groupés dans le vide avec symétrie, selon les espèces de fruits qu'on a à sa disposition.

Les gradins du socle sont garnis avec de jolis petits gâteaux variés.

Dessin 180. — MACÉDOINE DE FRUITS, A LA GELÉE

La gelée est un entremets universel, aujourd'hui servi dans toutes les contrées ; on pourrait même ajouter dans tous les festins ; mais, hélas ! combien peu sont méritoires. Les bonnes gelées, les meilleures, sont celles préparés avec la colle de poisson ; malheureusement, ce produit étant d'un prix très élevé, les chimistes ont voulu y substituer la gélatine ; mais celle-ci, pour belle et pure qu'elle soit, n'en est cependant qu'une imitation très éloignée, pouvant y suppléer, sans la remplacer exactement. La colle de poisson dissoute donne une gelée moelleuse et d'une grande délicatesse.

Pour qu'une gelée soit délicate, pour que son arome ressorte bien, elle ne doit pas être trop collée : une gelée bien faite, ne doit être collée qu'à ce point où, mise dans la bouche, elle fond. Mais moins elle est collée, plus elle est exposée à s'affaisser lorsqu'on la démoule, et une gelée qui tombe, tout en ne perdant rien de ses qualités, se trouve cependant dans une condition anormale, n'ayant rien d'agréable au regard ; or, les entremetiers ne doivent jamais perdre de vue le double mérite de satisfaire tout à la fois les yeux et le goût des gourmets.

Dans un dîner d'amateurs, peu nombreux, peu compliqué, où l'artiste a toutes ses aises, il est facile de prévenir ce double danger : ou de servir une gelée trop collée, ou de s'exposer à ce qu'elle s'affaisse. Le premier de tous les soins devrait consister à ne former la gelée que dans un moule muni d'un couvercle, afin que, sur la glace, elle puisse se frapper à un égal degré sur toutes ses surfaces; malheureusement, ces moules ouvragés sont toujours dépourvus de couvercle; c'est là un grand défaut. En tout cas, une gelée délicate ne doit être démoulée que dans l'avant-salle, de façon à pouvoir la faire présenter aux convives à l'instant même qu'elle est dressée sur le plat.

Mais, dans un dîner nombreux et compliqué, cette dernière précaution devient à peu près impossible ou tout au moins fort difficile à observer; non seulement par ce motif que les entremets sont nombreux, mais parce qu'ils sont ordinairement garnis, ornementés, et qu'alors ils exigent d'être dressés d'avance, afin de ne pas s'exposer à interrompre le cours du service. Dans ce dernier cas, il est évident que mieux vaut courir le danger de servir une gelée un peu plus collée, plutôt que d'aller à l'encontre d'un autre plus apparent, et, en somme, plus désagréable.

Avant de mouler une gelée, il est urgent de se rendre compte de son degré de solidité; pour s'en assurer, il suffit d'en essayer une petite partie dans un moule, en la faisant prendre sur glace.

Cependant, il peut arriver qu'en dépit de toute précaution, une gelée moulée puisse, au moment d'être servie, se trouver trop collée ou trop faible. Dans le premier cas, il est impossible d'y remédier : ce défaut est irréparable; mais c'est aussi celui qu'il est le plus facile d'éviter. En fait, le danger de mouler une gelée trop faible, est celui qui se présente le plus communément; car, même avec les précautions voulues, il est des causes indépendantes qui peuvent l'amener. Eh bien, pour combattre cet obstacle, il n'y a qu'un moyen : c'est de la faire frapper à la glace salée, 20 à 25 minutes.

Préparez un petit socle en sucre taillé, de forme basse; creusez-le légèrement sur le haut, afin que la gelée ne puisse glisser et se trouve retenue par un rebord percé de petits trous, à distance égale, afin de pouvoir y piquer les hâtelets de fruits; collez-le sur plat. — Choisissez un moule en cuivre, plein, sans cylindre, dit à créneaux. — Préparez de jolis petits hâtelets garnis de fruits : pommes taillées en bobèche, reines-claudes et cerises mi-sucre. — Prenez la valeur de 125 grammes de colle de poisson clarifiée (page 120); sucrez-la avec du sirop limpide, bien épuré, ajoutez le suc filtré de 5 à 6 oranges et de 2 citrons. Essayez sa consistance dans un petit moule à dariole.

Incrustez le moule à créneaux, sur glace pilée, dans un petit baquet; emplissez-le par couches avec de la gelée, en distribuant sur chaque couche quelques petits fruits frais ou confits, mais légers, afin de ne pas nuire à la solidité de la gelée, quand elle sera renversée sur le socle. Quand le moule est plein, fermez-le avec son couvercle[1]; couvrez-le avec de la glace; tenez-le ainsi 2 heures. — Au moment de servir, trempez le moule à l'eau chaude; essuyez-le, renversez la gelée sur le socle; piquez sur le haut un petit hâtelet garni de fruits, piquez les autres en éventail sur les bords du socle.

DESSIN 181. — POUDING FROID, A L'AMBASSADRICE

Préparez un fond en sucre taillé, en pastillage, ou même en biscuit-punch, dans les conditions représentées par le dessin. — Faites frapper sur glace salée et salpêtrée, un moule uni, à pouding, de forme conique, ayant un couvercle qui s'emboîte à son embouchure. Décorez-en les parois avec

[1]. Tous les moules à entremets, chauds ou froids, avec ou sans cylindre, doivent être munis d'un couvercle en fer-blanc s'adaptant juste au diamètre de chaque moule.

des détails en pâte de reines-claudes ou d'abricots, coupés à l'emporte-pièce, humectés avec de la gelée, pour les coller.

Coupez chacun en deux parties 2 douzaines de marrons confits ; mettez-les dans une terrine avec moitié de leur quantité de cerises mi-sucre ; faites-les macérer une heure avec du marasquin.

Délayez, dans un poêlon, 500 grammes de purée de marrons, avec 4 à 5 décilitres de crème anglaise à la vanille ; faites bien refroidir l'appareil sur glace, en le travaillant avec une cuiller ; incorporez-lui alors la valeur d'un litre de bonne crème fouettée ; dressez-en une couche au fond du moule frappé ; fermez le moule, laissez raffermir l'appareil ; masquez alors cette couche avec des tranches de biscuit, imbibées au marasquin ; sur le biscuit, rangez une couche de marrons et de cerises ; couvrez avec une autre couche d'appareil ; laissez-le raffermir ; recommencez l'opération jusqu'à ce que le moule soit plein ; masquez-en l'ouverture avec un rond de papier, fermez-le avec son couvercle ; mastiquez-en les jointures, couvrez-le avec une épaisse couche de glace salée ; faites-le frapper une heure et demie. — Au moment de servir, lavez le moule à l'eau froide, enlevez le couvercle, trempez-le vivement à l'eau chaude ; démoulez le pouding sur le fond préparé. Entourez-le avec une couronne de belles reines-claudes ; piquez sur le haut un hâtelet garni ; entourez celui-ci avec des cerises mi-sucre, bien rouges.

SOMMAIRE DE LA PLANCHE 26

Dessin 182. — CYGNE AUX ŒUFS DE PAQUES

Cuisez du biscuit fin ou de la génoise dans un moule en fer-blanc, sans fond, de forme ovale, ayant 22 centimètres de long et la hauteur de 7 à 8 centimètres ; laissez-le rassir. Parez-le ; masquez-en les surfaces avec une mince couche de marmelade d'abricots ; posez-le sur une grille, masquez-le entièrement avec une glace au marasquin ; collez-le aussitôt sur un plat long ; ornez-le, sur la lisière du haut, avec une bordure en chute-d'eau, levée à la planche avec de la pâte fine à massepain ; à défaut de planche, on peut simplement pousser la bordure au cornet avec de la glace-royale.

Abaissez au rouleau, de la pâte d'office ; sur cette abaisse, coupez le profil d'un cou de cygne et de 2 ailes ; coupez aussi une abaisse ovale un peu plus étroite que le biscuit. Cuisez-les sur plaque beurrée et farinée ; façonnez ensuite les ailes et le cou avec le couteau ; puis, avec du sucre au *cassé*, collez le cou du cygne sur l'un des bouts de l'abaisse ovale ; collez aussi les ailes un peu plus

Pl. 26.

DESSIN 182.

DESSIN 183.

DESSIN 184.

DESSIN 185.

DESSIN 186.

bas, en les élevant, sans les rapprocher trop. Fixez cette sorte de charpente du cygne sur un plafond ; masquez vivement le cou et les ailes avec de la meringue italienne préparée au moment, en leur donnant à peu près la forme ; lissez bien la meringue ; tenez-la à l'étuve, 10 minutes ; posez la charpente sur le biscuit. Quand la meringue est froide, masquez-la avec une mince couche de crème fouettée, ferme, bien égouttée, peu sucrée ; puis, façonnez les surfaces aussi avec de la crème, à l'aide d'un cornet, de façon à modeler le plumage aussi bien que possible. Imitez les yeux du cygne avec un petit losange en écorce d'orange confite, sur lequel est collé un rond de cerise bien rouge ; accrochez à son bec une petite guirlande en pâte à massepain, levée à la planche, posée à cheval sur son cou. — Entourez alors le fond du plat avec une gerbe de sucre filé, façonnée en imitation de nid, de forme ovale. Entre ce nid et le biscuit, dressez debout, les uns à côté des autres, des œufs imités soit en biscuit, soit en blanc-manger (page 238).

Au moment de servir, dressez une plombière aux amandes dans le vide laissé sur l'abaisse en pâte, en la disposant avec la lame d'un couteau, de façon à imiter le corps du cygne. — On pourrait préparer cet entremets, en imitant l'avant-corps du cygne avec du biscuit-punch, pour le masquer ensuite avec de la crème fouettée : la chose est faisable, mais dangereuse. — Avec des moules convenables, on pourrait exécuter le cou et les ailes de cygne, en nougat.

DESSIN 183. — CORNE D'ABONDANCE, AUX ŒUFS DE PAQUES

Collez sur plat long, un fond-d'appui ovale, en bois, masqué de pastillage, bordé. — Avec du nougat aux amandes émincées, foncez un moule à corne d'abondance, légèrement huilé. Quand le nougat est froid, démoulez la corne ; collez-la aussitôt sur une abaisse ovale, en pâte napolitaine, en l'élevant un peu, à l'aide d'un petit support en nougat collé au sucre, sur l'abaisse. Décorez-la alors avec des détails en pâte à massepain, levés à la planche ; décorez-en l'embouchure avec une jolie bordure saillante, encadrée par un liseron perlé, également en pâte à massepain ; posez-la ainsi sur le fond-d'appui.

Videz de petits œufs de poule, bien propres ; emplissez-en la moitié avec un appareil de blanc-manger à la vanille, blanc, très légèrement lié sur glace ; emplissez l'autre moitié avec du même appareil, légèrement rougi ; tenez-les sur glace une heure. — Avec des mandarines à peau ferme, ou de petites oranges, préparez des paniers, à anses festonnées. Remplissez-les avec de la gelée d'oranges ou de mandarines, au champagne ; faites raffermir celle-ci sur glace, une couple d'heures. Au moment de servir, supprimez la coquille des œufs ; dressez-les à mesure dans l'ouverture de la corne d'abondance ; dressez les petits paniers autour du fond-d'appui.

DESSIN 184. — NAVIRE EN NOUGAT

Cette pièce est établie sur un petit socle ovale, formé de deux abaisses en bois, dont l'une plus étroite que l'autre, reliées ensemble par deux supports latéraux ; le socle est posé sur quatre pieds. L'abaisse inférieure est masquée en pâte d'amandes, gommée et ornée d'une bordure montante. L'abaisse supérieure est bordée en chute-d'eau avec de la même pâte d'amandes, levée à la planche; sa surface plane, figurant une nappe d'eau, est simplement masquée de papier blanc, puis d'une gerbe de sucre filé à la *jetée*, façonnée à la main. Les filons en pâte d'amandes sont entremêlés avec de minces cordons de sucre coulé sur marbre.

Le navire est imité en nougat, avec des amandes coupées en dés; cette imitation est d'une exécution facile, à condition qu'on dispose d'un moule en fer-blanc, en deux pièces, qui sont moulées séparément, puis assemblées et soudées au sucre au *cassé*. Ces moules sont faciles à faire exécuter, il suffit d'en donner les proportions justes à un ferblantier tant soit peu intelligent. Le pont du navire est simplement coupé sur une abaisse mince de nougat, à l'aide d'un patron en fer-blanc. Le mât et les cordages sont imités en sucre *tors;* l'ancre est en pâte à massepain; la voile peut aussi être imitée en pâte bien blanche; en ce cas, elle doit être doublée en tulle amidonné, puis séchée sur une forme adaptée; elle est ensuite suspendue à la mâture, à l'aide d'un simple fil d'archal argenté. Mais cette voile peut simplement être imitée avec du demi-carton blanc, glacé.

Le navire, ne comportant aucune garniture, reste dans son état naturel, c'est-à-dire simplement ornementé avec des détails en pâte d'amandes; c'est en raison de ce fait que l'ornementation du socle est uniquement composée avec un mélange de fruits et de gâteaux variés, glacés au *cassé*, disposés en rocher, formant ainsi tout à la fois et l'ornement et la garniture de la pièce.

Ces sortes de pièces étant destinées à être démolies et mangées par les convives, il faut bien observer de ne faire entrer dans leur composition que des éléments mangeables, n'inspirant aucune crainte et ne faisant courir aucun danger; aucune couleur, aucune pâte qui ne puisse être mangée. C'est par ce motif que la charpente du rocher reliant les deux abaisses du socle doit être construite en nougat, au lieu d'être en carton; c'est sur ce support que les fruits et les gâteaux sont groupés, en ayant soin de ne les coller avec le sucre que juste ce qu'il faut pour les soutenir, afin que ceux qui veulent s'en servir n'aient aucun effort à faire.

Entre le rocher et la bordure, est disposée une belle couronne de grosses bouchées en biscuit, de forme ovale, les unes masquées d'une couche de marmelade de reines-claudes, les autres masquées de crème viennoise : les deux espèces glacées au kirsch et perlées au cornet avec de la meringue.

Cette pièce peut être servie seule sur la table d'un petit dîner, comme pièce centrale, ou même sur la table d'un petit buffet. Mais elle peut aussi être servie sur la table d'un grand buffet, à condition de lui donner un pendant, dans le genre du chariot reproduit à la planche précédente.

DESSIN 185. — FORTERESSE EN BISCUIT

Cette pièce est représentée dressée sur un fond en génoise, de 2 centimètres d'épaisseur, glacé à l'orange, collé sur le centre d'un grand plat orné d'une bordure en pâte à massepain, levée à la planche. — Le corps de la forteresse est imité en biscuit fin, cuit dans un moule en fer-blanc, sans fond, légèrement conique. Le crénelage, du haut et du bas, est exécuté en biscuit-punch; ce crénelage peut être exécuté de deux façons : le biscuit-punch offrant l'avantage de pouvoir être coupé très lisse, on peut le cuire en abaisse de l'épaisseur voulue et, sur ce biscuit, couper les créneaux un à un, pour les assembler sur une abaisse en pâte d'office, les coller et les parer ensuite. Si l'on ne veut pas se donner la peine de faire exécuter des moules convenables et adaptés, cette méthode est la plus pratique; elle exige seulement de la précision. Mais si l'on dispose de 2 grandes bordures en fer-blanc, même lisses, sans être à créneaux, l'opération se simplifie et devient moins minutieuse. En ce cas, il suffit de cuire le biscuit dans les moules, le laisser rassir, le découper ensuite en créneaux. Toute la question repose alors sur les justes proportions des 3 moules entre eux, qui doivent forcément se raccorder.

Dans les deux cas, il est bon d'observer que les deux crénelages sont tout à fait indépendants du corps de la forteresse, et qu'ils sont tous deux plus larges, même celui du haut, formant saillie. Celui du bas est non seulement plus large, mais aussi plus épais; celui-ci doit être collé avec de la marmelade serrée, sur une abaisse pleine, en pâte d'office; celui du haut doit être collé sur un anneau également en pâte d'office. Le diamètre du crénelage inférieur doit être assez large pour laisser un petit espace libre entre lui et le corps de la forteresse, quand celui-ci sera posé sur son centre.

Quand le biscuit fin est rassis, cernez-le d'abord sur le haut, en laissant un espace égal à la largeur du deuxième crénelage qui doit surmonter le biscuit; creusez ensuite celui-ci, à mi-hauteur, contre les parois extérieures, à l'aide d'un petit couteau, 7 à 8 ouvertures plus hautes que larges, à égale distance, pour imiter les embrasures de la forteresse, auxquelles seront adaptés des demi-tubes de canon, imités en sucre taillé ou en pâte à massepain.

Masquez alors les surfaces du biscuit avec une couche de marmelade d'abricots; lissez-la, laissez-la sécher. Posez le biscuit sur une grille, nappez-le entièrement avec une glace à l'orange, légère, nuancée en jaune. Quand la glace est sèche, plaquez l'intérieur des meurtrières avec des bandes minces de pâte à massepain; puis, carrelez les surfaces à l'aide d'un mince cordon de glace poussée au cornet. — Masquez légèrement, au pinceau, avec de la marmelade, les surfaces des deux crénelages; nappez-les aussi avec de la glace à l'orange. Quand la glace est sèche, plaquez les créneaux, à l'intérieur et en dessus, avec des bandes minces de pâte blanche.

Posez d'abord le grand crénelage sur le fond en génoise, collé sur plat; au centre de ce crénelage, sur l'abaisse, posez le corps de la forteresse; masquez-en la surface plane avec de la marmelade, et posez dessus le cercle en pâte portant le deuxième crénelage.

Entre la bordure et le fond en génoise sur lequel la pièce est fixée, rangez une chaîne de boules d'égale grosseur, en pâte de marrons, glacées au chocolat. — Au moment de servir, dressez dans le creux du biscuit, soit une crème chantilly, soit une plombière à l'orange.

Si l'on disposait de moules convenables, cette pièce pourrait être exécutée en nougat; il en faudrait trois, l'un tout à fait lisse pour le corps de la forteresse, les deux autres à créneaux, de dimensions différentes. Ni les uns ni les autres de ces moules ne présentent de sérieuses difficultés d'exécution : tous les ferblantiers peuvent s'en charger. — En tout cas, le corps de la forteresse peut toujours être exécuté à l'aide d'anneaux en pâte napolitaine, en opérant comme pour les gâteaux napolitains.

DESSIN 186. — PANIER AUX ŒUFS DE PAQUES

Le panier représenté par le dessin est exécuté en pastillage, sur une forme en fer-blanc; l'anse peut être imitée en pastillage ou en sucre *tors*. Si l'on disposait d'un moule convenable, le panier pourrait être exécuté en nougat. Dans les deux cas, il est fixé sur un petit gradin ovale, formé par deux abaisses en bois, masquées en pastillage et ornées d'une bordure à jour. La plus large abaisse doit s'adapter juste à la cuvette du plat long dans lequel la pièce doit être servie.

La lisière du panier est ornée d'une guirlande de petites roses en sucre, de deux nuances : rouges et blanches, entremêlées de feuilles vertes, imitées en pâte à massepain, levées à la planche, et non artificielles. Dans les pièces de pâtisserie, mangeables, ornementées, il faut éviter avec le plus grand soin d'employer des feuilles, fleurs ou fruits artificiels, dont la couleur peut être préparée avec des produits dangereux pour la santé.

L'ouverture du panier est fermée sur le haut, à petite distance des bords, avec du carton blanc, sur lequel seront dressés les œufs, formant la garniture du panier. Ces œufs sont de deux sortes : les gros sont imités en blanc-manger, blanc et rose; les petits sont en pâte à massepain, glacés au chocolat; ces derniers pourraient aussi être imités en pâte de marrons au sucre, glacé au chocolat.

Au moment de servir, cassez les coquilles des œufs; rangez-les l'un à côté de l'autre sur l'ouverture du panier, en les appuyant sur une couche de gelée douce, finement hachée, en les inclinant légèrement et en alternant les nuances : un rouge et un blanc. — Sur le centre de l'ouverture du panier, dressez debout, un bouquet de petits œufs glacés au chocolat. Entourez la base du panier, aussi avec ces mêmes œufs glacés, posés debout; garnissez ensuite l'abaisse inférieure avec de petites meringues à la crème. — Cette pièce, d'une exécution relativement facile, est d'un effet charmant; elle peut figurer avec à propos, le jour de Pâques, sur la table d'un dîner de famille, comme pièce de milieu.

SOMMAIRE DE LA PLANCHE 27

DESSINS 187, 188. — COUPES EN NOUGAT, GARNIES DE FRUITS

J'ai réuni dans cette planche cinq sujets variés qui, par le fond, appartiennent au même genre. Ce sont des coupes, des cornes d'abondance et des corbeilles exécutées en nougat; les uns comme les autres de ces sujets peuvent être servis comme gros entremets ou comme pièces de pâtisserie, ils sont tous connus et familiers aux pâtissiers, car les moules dans lesquels on les exécute sont répandus dans tous les laboratoires, aussi bien en France qu'à l'étranger. — Ces sujets peuvent aussi être exécutés en pâte d'amandes.

Le nougat est un produit très estimable s'il est bien préparé, mais sans valeur aucune, désagréable et vulgaire s'il est mal compris, mal rendu. Son apprêt est simple, d'une exécution facile, n'offrant aucune difficulté sérieuse, et, en somme, n'exigeant pas une grande science. Cependant, on

Pl. 27.

DESSIN 187.

DESSIN 188

DESSIN 189.

DESSIN 190.

DESSIN 191.

le rencontre rarement rendu dans toute la perfection que la matière comporte. Pourquoi ce défaut, où est la cause, où est le remède ? La cause est facile à indiquer, mais difficile à combattre, car elle s'appelle *routine !* Le remède est simple, mais peu attrayant pour les esprits rebelles ou indifférents ; il se résume aussi en un seul mot : *étude !* c'est-à-dire, recherche du vrai dans l'obscurité ; profit de la pratique sur l'expérience des faits ; enfin, premier mobile du progrès !

Pour préparer du bon nougat, du beau nougat, il faut, avant tout, avoir à sa disposition de belles amandes, mondées avec soin, longtemps dégorgées, bien épongées, puis émincées et séchées ; le point le plus important, c'est de les sécher à fond, sans violence, dans une étuve tempérée, à l'abri de la poussière, étalées en couche mince sur une plaque couverte de papier ; mais, pour les sécher dans ces conditions, il faut absolument s'y prendre à temps, afin de pouvoir agir sans précipitation, car des amandes trop vivement séchées restent humides à l'intérieur, et alors, si elles sont mêlées au sucre cuit, elles le font noircir ou grainer, deux cas qui rendent l'opération imparfaite.

Après les amandes, c'est le sucre ; celui-ci doit être de premier choix ; le sucre de canne est préférable, car les sucres de betterave sont souvent défectueux : le beau sucre n'est ni plus difficile à se procurer, ni plus cher que le mauvais, mieux vaut n'employer que le meilleur. Il doit être pilé et passé au tamis, mais sans être déglacé. Les proportions du sucre avec les amandes émincées et séchées sont de moitié : 250 grammes de sucre pour 500 grammes d'amandes ; 2 cuillerées de suc de citron ou une cuillerée d'acide citrique.

Au moment d'opérer, les amandes doivent être bien chauffées. La cuisson du sucre doit avoir lieu sur un feu doux ; il ne faut pas cesser de le remuer avec une cuiller, afin que la dissolution soit plus prompte et plus régulière. C'est dans la cuisson exacte et parfaite de ce sucre que repose toute l'opération. S'il est mal cuit, le nougat sera forcément manqué, sans valeur ; il se moulera mal ou bien, il sera défectueux au regard, désagréable sous la dent. Il faut donc que le praticien étudie avec la plus grande attention ce point précis de cuisson où le sucre, de cette teinte dorée et claire qu'il acquiert au début, passe tout à coup à une autre teinte plus vive, pour arriver au ton aigu, limite extrême, la dernière avant d'arriver au brun. C'est alors que les amandes lui sont amalgamées ; car c'est le moment où il ne graine plus, se mélange sans difficulté, et où on le voit aussitôt revenir à une nuance plus claire ; c'est le signe distinct de la perfection du nougat ; c'est à ce point qu'il peut être moulé ; il se trouve exactement dans les conditions voulues pour prendre toutes les formes, il ne s'affaisse plus, car quelques minutes suffisent pour le raffermir.

Ces simples observations renferment, au fond, la théorie du nougat.

La coupe représentée par le dessin 187 est formée à l'aide de 2 moules : la base et le haut, sans charnières ; ces moules doivent toujours être légèrement huilés avant de les foncer. — Le nougat doit être foncé aussi mince que possible.

Quand la coupe est soudée sur son pied, la pièce est fixée sur un fond-d'appui masqué en pastillage, collé sur plat. Elle est alors bordée, puis garnie avec des fruits confits variés en espèce et en nuance. On groupe ordinairement ces fruits dans la coupe, à mesure qu'ils sont glacés ; mais cette méthode n'est pas rationnelle, car alors les fruits se collent ensemble avec une telle ténacité qu'on ne peut les détacher qu'en les brisant avec effort et en brisant la coupe elle-même. Or, un entremets dans de telles conditions ne peut être présenté aux convives. Dans les cas même où ces pièces sont destinées à figurer sur la table d'un buffet, il est indispensable que chacun puisse se servir à son aise. Il est donc préférable de glacer ces fruits en laissant d'abord refroidir le sucre, pour les grouper ensuite, soit en les posant tels quels, soit en les collant très légèrement avec du sucre, de façon à pouvoir les détacher facilement.

La base de cette coupe est entourée avec une couronne de petits gâteaux. Les deux anneaux peuvent être exécutés en sucre *tors*, en sucre *filé* ou en pastillage. L'anse peut être formée par une bande en sucre au *cassé* refroidie sur une forme appropriée ; elle peut aussi être en nougat ou en pâte d'amandes ; en tout cas, dès qu'elle est collée en place, elle doit être décorée, soit au cornet, soit avec de petites fleurs en glace ou en sucre, soit simplement avec du sucre filé. La bordure de la coupe est formée avec des cerises imitées en pâte d'amandes, glacées au *cassé*.

Une belle garniture de fruits glacés convient certainement à ces coupes ; cependant, on peut sans inconvénient remplacer ces fruits par un appareil de plombière, dans les cas où elles seraient servies comme gros entremets. — La coupe représentée par le dessin 188 est aussi en nougat ; elle est formée dans un moule en deux parties : le pied et la coupe ; le moule du pied est d'une seule pièce, mais celui de la coupe est à charnières. La pièce est garnie avec des fruits confits, glacés au *cassé* ; elle pose sur un fond-d'appui collé sur plat. L'anse est formée en sucre *tors*.

DESSIN 189. — CORNES D'ABONDANCE, JUMELLES, EN NOUGAT

Cette pièce peut être servie dans un dîner, comme pièce de milieu, ou sur la table d'un buffet, comme pièce de pâtisserie.

Les deux cornes d'abondance sont formées dans des moules à charnières, s'ouvrant sur leur longueur ; elles sont représentées fixées sur un fond-d'appui en pastillage ayant un montant sur son centre ; elles sont garnies sur place avec des fruits variés, glacés au sucre ; mais ceux-ci, ayant un point d'appui suffisant dans le creux des cornes, peuvent être groupés sans être collés. Le vide entre les deux cornes d'abondance est fermé par un bouquet de quartiers d'orange, glacés au *cassé* ; le tour du fond-d'appui est garni avec une chaîne de petits gâteaux décorés.

L'embouchure des cornes d'abondance est décorée avec des détails en pâte d'amandes formant bordure ; sur leur extrémité sont disposées de petites bobèches en sucre, dans lesquelles, au dernier moment, on colle un petit pompon en sucre filé. Un autre pompon plus gros est placé dans la coupe fixée sur le haut du montant central.

DESSIN 190. — CORBEILLE DE FRUITS GLACÉS

Cette corbeille est représentée dressée sur un fond-d'appui en pastillage, formant gradin. La base de la corbeille et le fond du plat sont garnis avec de petits gâteaux.

Cette corbeille est exécutée en pâte d'amandes ou en pastillage ; mais, de même que les coupes et les cornes d'abondance, elle peut être exécutée en nougat : elle est formée dans un moule en deux pièces que tout le monde connaît. Si elle est en pastillage, les surfaces extérieures sont décorées en grillage, au cornet. Les bords supérieurs de la corbeille, sa base et le point de jonction des deux pièces, sont ornés avec un liseron levé à la planche.

Le creux de la corbeille est garni avec des fruits frais et des fruits confits, glacés au *cassé*, puis groupés en pyramide, en les collant légèrement. Mais cette garniture de fruits n'est pas obligatoire ; elle peut être remplacée par un appareil de plombière, dressé en pyramide et entouré, à sa base, avec une chaîne de jolis petits gâteaux ou simplement avec des fruits imités en pâte à massepain, c'est-à-dire de la pâte d'amandes cuite ; avec cette pâte, on peut imiter des amandes vertes, fourrées, des reines-claudes ou des cerises : c'est avec elle qu'on farcit les dattes.

Dessin 191. — CORNE D'ABONDANCE GARNIE DE FRUITS GLACÉS

La position verticale de la corne d'abondance donne une élégance particulière à cette pièce ; toute la difficulté consiste à la fixer solidement. Pour plus de sûreté, il convient de ménager une cavité vers le bout, de façon à pouvoir introduire à l'intérieur un support en bois, fixé au fond-d'appui, sur lequel la corne repose ; néanmoins, il faut absolument la souder au sucre, et la caler convenablement.

Afin de diminuer le volume et le poids des fruits que la corne d'abondance porte dans son embouchure, on peut en masquer le creux avec un carton glacé, et dresser les fruits en pyramides, en ayant soin de les coller légèrement au sucre.

Les fruits qui conviennent le mieux à ces entremets sont : les petites poires confites, les prunes de reine-claude, vertes, les chinois, les abricots, les dattes farcies, les tranches d'ananas confit, les cerises bien rouges, les amandes vertes, confites, ou les amandes naturelles et blanches, les pistaches, et, enfin, l'angélique coupée en imitation de feuilles ; mais, à ceux-ci, on peut toujours adjoindre des fruits frais également glacés au *cassé*, tels que : quartiers d'orange, grosses fraises, cerises, grappes de groseilles et de raisins, puis, des petits fruits imités en pâte à massepain, également glacés.

L'embouchure de la corne d'abondance est ornée d'une bordure en pâte d'amandes ; sa base est entourée avec des quartiers d'orange, glacés au *cassé*, formant bordure et dissimulant les soutiens de la corne. Le fond-d'appui est entouré avec une chaîne de reines-claudes, glacées au *cassé*. Servie comme gros entremets dans un dîner, cette corne d'abondance peut être garnie avec un appareil de plombière, ou simplement avec de la crème chantilly.

SOMMAIRE DE LA PLANCHE 28

Dessin 192. — POISSON IMITÉ EN BISCUIT

Les quatre pièces de cette planche sont des imitations pouvant être servies comme gros entremets, dans un dîner, ou comme grosses pièces de pâtisseries dans un souper de bal ; en tout cas, elles sont d'un joli effet, et méritent toute l'attention des praticiens ; mais j'estime cependant qu'on ne doit pas les produire trop souvent, à table, car là, les surprises répétées perdent de leur charme et finissent par fatiguer.

Un point essentiel, sur lequel je dois attirer l'attention des praticiens, c'est que ces pièces doivent être sérieusement traitées, artistement rendues ; car, produites dans des conditions d'infériorité apparente, l'effet serait complètement manqué, et, au lieu d'une agréable diversion qu'on préparait aux convives, ils n'éprouveraient plus que ce sentiment mêlé de regrets et d'indifférence, qu'on ressent toujours à la vue d'un travail où il est facile de distinguer que le talent de l'artiste est resté au-dessous de ses prétentions affichées.

On peut exécuter une imitation de poisson d'après deux méthodes différentes que je vais décrire. La première, la plus simple, la plus pratique en même temps, consiste à cuire le biscuit dans deux moules représentant chacun, par la forme du moins, la moitié du poisson coupé sur sa longueur. Ces moules peuvent être exécutés en tous lieux, par un ferblantier, car les surfaces sont planes, sans empreinte aucune ; il suffit qu'ils soient munis, du côté extérieur, de deux appuis combinés de façon à les maintenir d'aplomb quand l'appareil est dedans, afin que le biscuit puisse cuire tout à fait droit. Mais à défaut de ces moules, on peut aussi cuire le biscuit sur plaque, dans une espèce de caisse ovale, formée à l'aide d'une bande de papier ciselé d'un côté, sur le travers, dont la partie ciselée se trouve collée sur la plaque, de façon que l'effort naturel de l'appareil en cuisson n'en altère pas la forme. Par ce procédé, le résultat est évidemment moins parfait, mais cependant praticable.

L'appareil employé, peut être du biscuit ordinaire ou du biscuit au beurre, de la génoise sur feu ou madeleine aux blancs d'œuf, mais le biscuit-punch est préférable. — Si le biscuit est cuit dans un moule en deux parties, il faut le démouler, le laisser rassir ; puis, le couper droit du côté plat, et vider chaque partie en laissant une épaisseur suffisante à la croûte extérieure, afin que l'imitation conserve sa forme. Les parties enlevées sont coupées en tranches, fourrées avec de la marmelade ou de

Pl. 28

Dessin 192.

Dessin 193.

Dessin 194.

Dessin 195

l'appareil moka, remises en forme et replacées chacune à leur place première, mais après avoir masqué les parois du creux avec une couche de marmelade ou d'appareil, afin de les coller ensemble.

Avant de rassembler les deux parties formant le corps du poisson, il est nécessaire d'en masquer les surfaces avec une couche de marmelade bien réduite, apte à les maintenir adhérentes. Le poisson, ou tout au moins l'imitation, est alors posée sur une abaisse, en la plaçant bien d'aplomb et debout, c'est-à-dire sur le côté figurant le ventre. C'est alors qu'elle est façonnée avec le couteau, depuis la tête jusqu'à l'extrémité du corps, afin de lui donner une forme plus correcte. Les yeux sont imités, aussi bien que possible, avec de la colle claire, moulée dans une cuiller à racine ou une cuiller à café, en ayant soin de disposer un point noir dans le centre. Les nageoires des ouïes, du dos et celles de la queue, sont imitées avec de la pâte napolitaine, du biscuit sec ou même de la pâte d'office cuite et limée. Les surfaces du poisson sont masquées avec une couche de marmelade de reines-claudes de teinte verte, puis nappées avec une mince couche de glace-royale parfumée aux liqueurs ; elles sont ensuite décorées en écailles, à l'aide d'un cornet très fin, avec de la glace-royale. Le poisson doit être bien calé sur les côtés, et, pour plus de sûreté encore, maintenu d'aplomb à l'aide de hâtelets garnis, piqués aux deux extrémités : sur l'avant et sur l'arrière.

C'est dans ces conditions que l'abaisse et le poisson sont posés sur un fond-d'appui masqué en pastillage, fixé sur un plat long ; la base du poisson est entourée avec un cordon de gelée hachée, et l'abaisse en pâte, dissimulée aussi avec de la gelée. Le fond-d'appui est entouré avec de beaux croûtons alternés avec de la gelée hachée.

La deuxième méthode consiste à imiter la forme du poisson avec du biscuit en feuille, d'environ 1 centimètre d'épaisseur ; mais, pour que ce biscuit se ploie bien, il doit être cuit de la veille, et tenu dans un lieu frais pendant plusieurs heures.

Pour opérer, il faut former un noyau avec de la génoise ou du biscuit-punch cuit dans un moule ou une caisse en papier de forme longue ; ce biscuit doit être préalablement fourré avec de la marmelade d'abricots, puis grossi avec le biscuit en feuille dont les surfaces sont aussi masquées de marmelade pas trop molle : la forme d'un poisson est une imitation facile à obtenir.

Dès que cette forme est acquise ou à peu près, il faut en masquer les surfaces avec de la marmelade, les couvrir entièrement, de chaque côté, avec une seule feuille en biscuit aussi mince que possible, afin de lui faire bien prendre les contours et la forme du poisson. A ce point, il faut l'envelopper avec des bandes de papier, et le laisser ainsi quelques heures pour donner au biscuit le temps de faire corps. Le poisson est ensuite façonné avec le couteau, afin de rendre l'imitation aussi parfaite que possible ; il est alors terminé dans les conditions prescrites plus haut.

DESSIN 193. — LIVRE IMITÉ EN BISCUIT

Le dessin représente un livre posé sur coussin ; le coussin est imité en génoise ou en biscuit-punch cuit dans un moule en fer-blanc, sans fond, exactement de la forme et des dimensions qu'il doit avoir. Ce biscuit peut être fourré à l'intérieur ; en tout cas, il doit être paré et lissé à l'aide d'un couteau, afin de lui donner une forme correcte ; les surfaces sont alors masquées avec une couche légère de marmelade d'abricots, et ensuite avec une couche de glace-royale de teinte rosée. Aussitôt glacé, avant même que la glace soit refroidie, il est nécessaire de poser le coussin sur le plat dans lequel la pièce doit être servie. C'est dans le plat même que le coussin doit être décoré, avec un cornet de glace-royale blanche, en imitant des broderies. Les glands disposés sur les angles sont adaptés après ; ils peuvent être imités soit en sucre taillé au couteau, soit en sucre coulé, soit tout simplement à l'aide d'un cornet de glace-royale, poussé sur un morceau de biscuit coupé de forme voulue : ceci n'est qu'un détail ; il suffit qu'ils soient bien imités et bien rajustés au coussin.

L'imitation d'un gros livre est, en somme, d'une exécution n'offrant pas de difficultés sérieuses, quant à la forme et aux détails d'ornements ; il suffit tout simplement que l'imitation soit correcte, et établie dans des proportions exactes avec le coussin : ni trop grosse, ni trop petite.

Le corps du livre, c'est-à-dire la partie représentant les feuillets imprimés, est préparé avec du biscuit fin, rassis, cuit dans une caisse en fer-blanc, sans fond, de 28 à 30 centimètres de long sur 24 de large et 6 de haut. Ce biscuit est paré, coupé en tranches minces sur sa longueur, fourré avec un appareil moka ; il est ensuite remis en forme, et façonné dans le genre d'un livre prêt à être relié, arrondi du côté du dos, légèrement creusé sur les trois côtés de son épaisseur.

La reliure du livre est formée en trois pièces : les deux couverts et le dos. Ces pièces peuvent être en pâte napolitaine, en génoise ou en biscuit-punch cuit sur plaque, pas trop épais ; les couverts sont coupés exactement de même forme, mais nécessairement un peu plus larges et plus longs que le corps du livre ; ils sont d'abord abricotés, puis nappés avec une glace au chocolat dont la couche est cependant très mince ; ils doivent être passés quelques secondes à la bouche du four, afin de donner du brillant à la glace. On peut voir, par le dessin, que le dos du livre est légèrement bombé en dehors ; il est donc nécessaire que cette partie soit aussi bombée d'un côté, et légèrement creuse de l'autre, de façon qu'elle puisse s'emboîter avec le corps du livre ; elle doit être également glacée au chocolat, puis passée à la bouche du four, décorée ensuite.

Maintenant, il ne reste plus qu'à assembler les différentes parties, et former le livre dans son entier, en commençant par poser le corps du livre sur l'un des deux couverts, dont la surface est masquée avec une mince couche de crème beurrée, au café, ou de marmelade, afin de mieux le fixer. L'épaisseur du livre est alors masquée, sur ses trois faces, avec une couche mince et régulière de crème beurrée, qu'on raye aussitôt avec la lame du couteau, de façon à bien imiter les feuillets du livre : cette opération est des plus simples. Le livre est ensuite posé sur le centre du coussin, puis recouvert avec la deuxième moitié de la couverture, et masqué, sur le dos, avec la pièce qui lui est destinée ; ces pièces doivent être bien assemblées, bien ajustées, les jointures entièrement dissimulées au regard. Sans ces soins, le mérite de l'imitation disparaît et s'efface.

C'est seulement alors que le livre est formé, qu'on procède au décor du couvert supérieur et du dos. Les ornements sont exécutés à l'aide d'un cornet de glace-royale bien blanche, bien travaillée, coulante, mais se soutenant parfaitement. Ces cordons de glace blanche, nettement dessinés et corrects, sont d'un très joli effet sur un fond nuancé, surtout un fond brun ; il faut seulement éviter de les pousser trop épais, comme aussi d'exécuter un décor trop saillant, trop chargé : il doit être simple, franc et correct ; il doit se rapprocher des ornements dont les relieurs embellissent leurs livres de luxe : les modèles sont faciles à trouver.

Dessin 194. — JAMBON IMITÉ EN BISCUIT

En pâtisserie, l'imitation d'un jambon étant des plus faciles à exécuter, il convient d'y porter tous les soins qu'elle réclame, aussi bien dans son ensemble que dans ses détails.

La pièce est représentée, sur le dessin, dressée dans un plat long, mais sur un fond vide, en bois de tamis, masqué en pastillage blanc et décoré sur son épaisseur.

Il faut d'abord préparer un appareil de biscuit-punch ou même de biscuit fin, un petit appareil de biscuit en feuille et enfin de la pâte sèche, soit une pâte frolle ou pâte d'office.

Pour que l'opération soit prompte et correcte, il faut disposer d'un *cercle à jambon* ayant les dimensions voulues, c'est-à-dire un moule sans fond, en fer-blanc, de 5 à 6 centimètres de haut, ayant exactement le profil d'un gros jambon. Il en est de ces moules comme des *cercles à flan*, les pâtissiers doivent en avoir de toutes les dimensions. Quand on ne les possède pas, on les fait exécuter en quelques heures par le premier ferblantier venu. C'est dans ce moule que l'appareil de biscuit-punch est cuit; celui du biscuit en feuille est cuit sur plaque masquée de papier; la pâte frolle est aussi cuite sur plaque en abaissse pas trop mince; elle est ensuite coupée avec le cercle à jambon.

Il faut laisser rassir le biscuit, le parer convenablement sur toutes ses surfaces, le couper ensuite en tranches minces sur sa longueur. Ces tranches sont alors reprises une à une, masquées de marmelade d'abricots, et remises aussitôt en place sur l'abaisse en pâte sèche, de façon à remettre en forme l'imitation du jambon.

Les surfaces de celui-ci sont masquées de marmelade, puis enveloppées d'une abaisse mince de biscuit, en l'appuyant convenablement, afin de lui faire prendre la forme, et l'assimiler au corps du jambon. Cette enveloppe est encore parée, et, à son tour, masquée d'abord d'une couche de marmelade, puis d'une couche légère de glace-royale blanche; mais seulement sur les deux tiers de sa longueur, et sur la partie la plus large. La partie du manche est aussitôt enveloppée avec une petite abaisse mince de biscuit en feuille, coupée en demi-cercle d'un côté, festonnée sur les bords; il faut d'abord l'humecter, au pinceau, avec de la marmelade, puis en masquer la surface avec une glace au chocolat.

Le jambon est alors dressé sur le fond-d'appui pour en décorer la surface blanche, au cornet, avec de la glace-royale : ce décor doit être simple et correct. Sur les côtés du jambon sont piqués, en éventail, 2 hâtelets de fruits imitant des hâtelets en racine, découpés au couteau sur des pommes ou des poires. Le manche du jambon est orné d'une jolie papillotte en papier blanc, enroulée autour d'une baguette en pâte d'office cuite. Le fond-d'appui est entouré, à sa base, avec de gros croûtons carrés de gelée douce, alternés par des bouquets de gelée hachée.

Présentée dans de telles conditions, cette pièce est d'un fort joli effet, elle mérite de ne pas être perdue de vue par les jeunes gens studieux.

Je me suis souvent demandé pourquoi, dans ce Paris intelligent, on ne voit jamais des pièces de ce genre sur la montre des pâtissiers. Ce n'est certainement pas la difficulté de l'apprêt qui les arrête, car ces maisons fourmillent de jeunes gens aussi adroits que laborieux; ce ne peut être le prix de revient, qui est sans importance ; ce n'est donc que l'indifférence en matière de progrès, ce n'est que cette éternelle habitude de la routine qui, petit à petit, enferme l'esprit dans un cercle étroit vicieux dont on ne peut plus sortir sans un suprême effort.

Eh bien ! pourquoi les pâtissiers, les directeurs de ces grands laboratoires, dont la renommée est en quelque sorte universelle, ne feraient-ils pas cet effort ? Ils ont beau dire que les temps ne sont plus les mêmes, que les belles et grandes pièces ne se vendraient plus, personne ne les croira. De tout temps, il y a eu à Paris et il y aura toujours un public riche, intelligent, amateur des nouveautés, ne s'arrêtant jamais au prix de l'objet qu'il recherche, mais seulement à l'intérêt qu'il présente ou à sa valeur intellectuelle. Les pâtissiers ne vendent plus de beaux sujets, de grandes pièces, parce qu'ils n'en font plus, parce qu'on n'en voit nulle part.

On ne saurait contester (et je suis le premier à le reconnaître) que c'est à Paris où l'on fait la meilleure pâtisserie ; mais il est un fait qui n'est pas moins patent et qui saute aux yeux de tous, c'est que les directeurs des grandes maisons ont tout à fait perdu de vue les efforts de leurs devanciers pour faire progresser l'art.

Autrefois, on voyait sur la montre des grandes maisons pâtissières : les *Magnans*, les *Pichet*, les *Chiboust*, les *Lançon*, et tant d'autres, des sujets intéressants, des pièces remarquables, sans cesse renouvelées : de belles coupes montées, de splendides sultanes, de majestueux croquembouches, des pièces-montées correctes, élégantes, modèles intéressants, auprès desquels les jeunes gens venaient chercher des inspirations ou retremper leur amour du beau ; c'était comme une école permanente qui certainement ne fut pas sans profit pour les jeunes gens d'alors.

Je me rappelle volontiers ce temps où, certain d'y glaner quelque chose, j'allais chaque soir dans les rues de Paris, d'une devanture à l'autre, étudier les petites merveilles qui m'électrisaient toujours, et dont le souvenir m'est si bien resté dans l'esprit, qu'on peut aujourd'hui en retrouver les traces lointaines dans ce livre-ci, où j'ai concentré toutes les réminiscences du passé, en les alliant aux productions du progrès moderne.

Mais, aujourd'hui, où trouver les étincelles lumineuses qui miroitaient à nos yeux éblouis ? Où trouver les traces de ces merveilles envolées dont nous emportions l'image avec fierté et amour ? Hélas ! je les cherche en vain !

Dessin 195. — HURE DE SANGLIER, IMITÉE EN BISCUIT

Cette pièce est d'une exécution plus difficile que les précédentes si l'on veut la rendre dans les conditions de vérité qu'elle réclame. Mais cette observation, quoique réelle, ne doit pas cependant intimider les praticiens ; c'est, au contraire, dans les travaux compliqués et minutieux qu'ils doivent exercer leur intelligence et en démontrer toute la vigueur ; les succès faciles ne sont jamais les plus appréciés, ni les plus intéressants.

Pour exécuter cette pièce, il faut préparer 1 kilogramme d'appareil de biscuit au beurre et aux amandes ; le diviser en deux parties, cuire celles-ci dans un moule en fer-blanc, exécuté en deux pièces, représentant chacune une demi-hure coupée sur la longueur. Un tel moule n'est ni coûteux ni difficile à faire exécuter ; on ne doit donc pas hésiter à se le procurer. A défaut de ces moules, il faut cuire ce biscuit dans deux caisses formées avec une bande de fort papier dont la base ciselée, est collée sur la plaque ; ces caisses doivent être disposées de façon à imiter, aussi bien que possible, le profil de la hure. Indépendamment de cet appareil, il faut cuire deux plaques de biscuit en feuille.

Quand les biscuits des moules sont refroidis, parez-les superficiellement, divisez-les en tranches, fourrez-les avec de la marmelade, puis remettez-les en forme ; assemblez-les, après les avoir masqués de marmelade, en les soutenant à l'aide d'une brochette en argent, glissée dans la plus grande épaisseur du biscuit ; coupez droit celui-ci, en dessous, afin de lui donner l'aplomb nécessaire ; collez alors la hure sur une abaisse en pâte ferme ; façonnez-la avec le couteau sur toutes ses surfaces, en lui donnant, autant que possible, la forme requise ; masquez-la entièrement avec une couche de marmelade ; puis enveloppez-la, dans son ensemble, avec du biscuit en feuille, paré très mince, afin que cette enveloppe puisse exactement prendre les contours de l'imitation, en l'appuyant avec les mains. Néanmoins, il faut toujours y revenir avec le couteau pour lui donner une plus grande ressemblance de forme, en façonnant avec plus de soin le museau, en creusant l'ouverture de la mâchoire et celle des yeux ; enfin, en lui donnant cette expression de vraisemblance qu'elle exige. Il ne suffit pas que ceux qui examinent le sujet devinent ce qu'on a voulu reproduire, il faut que cette reproduction soit exacte, incontestable, aussi parfaite que possible.

Les oreilles de la hure sont imitées en biscuit coupé ou en pâte à gaufres italiennes, cuite sur plaque ; elles sont rajustées à leur place et maintenues à l'aide d'une petite brochette. C'est dans ces conditions que la hure est d'abord masquée avec une mince couche de marmelade d'abricots, et ensuite avec une glace au chocolat de belle nuance foncée, légère, coulante ; mais il n'est pas nécessaire de la passer au four pour lui donner du brillant : la nuance doit rester mate.

Le côté du cou de la hure coupé droit, doit être masqué, sur sa partie centrale, avec une couche de glace-royale couleur de chair, puis lissé avec la lame d'un couteau ; cette surface est ensuite coloriée au pinceau avec du rouge et du caramel, de façon à imiter les chairs crues du cou d'un sanglier. Deux défenses, imitées soit en sucre taillé, soit en pâte d'amandes, sont fixées de chaque côté du museau ; entre les deux yeux, est disposé un petit bouquet de truffes imitées en pâte d'amandes, groupé sur un fond blanc. La hure est alors posée sur le centre d'un fond-d'appui masqué en pastillage, collé sur plat, et entouré, à sa base, avec des croûtons de gelée douce, alternés avec des bouquets de gelée hachée. Le bas de la hure est aussi garni avec de la gelée. Deux hâtelets garnis avec des fruits : poires ou pommes coupées en imitation de légumes, sont piqués en éventail sur le côté coupé du cou.

Une telle pièce, finie avec goût, en attirant l'attention des amateurs, ne peut manquer de mettre en relief le mérite de celui qui l'a exécutée.

J'ai servi quelquefois cette pièce sur la table d'un buffet de bal, exécutée dans les mêmes conditions où le dessin la représente, à l'exception qu'elle était dressée sur un tambour ovale posé sur quatre pieds. Ce genre de dressage est préférable, toutes les fois qu'il s'agit de faire figurer la pièce sur la table d'un buffet de bal, non seulement parce qu'elle occupe moins de place, puisqu'il n'y a pas de plat, mais aussi par ce motif qu'on peut lui donner des dimensions plus étendues.

SOMMAIRE DES PLANCHES 29 A 38

DESSINS 196 A 200. — MODÈLES DE MANDRINS ET DE GRADINS
A SUPPORT, POUR ENTREMETS FROIDS

Les gradins pour entremets doivent être exécutés selon les dimensions des plats dans lesquels ils seront servis; mais un peu moins larges que le diamètre de leur cuvette.

Les cinq modèles de mandrins reproduits à cette première planche sont en bois : le fond et le support; mais ces fonds sont garnis avec des viroles en fer-blanc et d'une pointe en fer, disposés sur le centre même de la virole. Établis dans de telles conditions, ces mandrins constituent une innovation essentiellement pratique qui mérite d'être mise à profit par les hommes du métier, car elle s'impose d'elle-même par ses bons résultats, surtout quand il s'agit d'entremets historiés, portant sur leur centre des sujets en sucre ou en pastillage, tels qu'ils sont reproduits dans les planches précédentes.

Ces cinq mandrins constituent des modèles divers également praticables, et donnant toutes les garanties désirables de sûreté qu'on doit viser à obtenir en telle occurence. La forme des viroles et des supports importe peu ; c'est un affaire d'à-propos ; cependant, les supports à base effilée sont plus particulièrement applicables aux entremets moulés, car les cylindres des moules étant ordinairement plus étroits à la base que sur le haut, il est indispensable que le support soit aussi plus effilé d'un côté que de l'autre; sans ce soin, il provoquerait, dans bien des cas, l'écartement de l'entremets démoulé. Quels qu'ils soient, ces supports doivent porter une cavité sur le centre, en haut et en bas, pour recevoir, d'un côté, la pointe disposée sur le centre de la virole, et, de l'autre, pour permettre l'introduction d'une tige en bois ou en fer qui doit relier le sujet et le support.

Le mandrin portant le sujet 198 est à vis; il convient pour le dressage des entremets qui peuvent être dressés contre le support, quand celui-ci est en place et qu'il est orné de son sujet.

DESSINS 201 A 220. — MODÈLES DE GRADINS A SUPPORT,
POUR ENTREMETS FROIDS

Les quatre modèles reproduits à la planche 30, sont à support mobile, en bois ; le support et le fond sont masqués de papier blanc ; mais le fond est orné d'une bordure en pastillage, levée à la planche, appliquée sur son épaisseur, en lui faisant légèrement dépasser le niveau du fond.

Pl. 29

DESSIN 196.

DESSIN 197.

DESSIN 198.

DESSIN 199.

DESSIN 200.

Pl. 30

Dessin 201.

Dessin 202.

Dessin 203.

Dessin 204.

Ces gradins à support sont surtout appliqués au dressage des entremets moulés ; ils doivent être collés sur plat avec du repère. Il est bon d'observer que les supports doivent être un peu moins hauts que les moules dans lesquels les entremets sont moulés, attendu qu'un entremets démoulé ne ferait légèrement et diminue, par conséquent, de hauteur : un montant plus haut que l'entremets s'écarte pas bonne figure ; il ne doit donc pas être trop haut, mais surtout un peu moins large que le cylindre des moules.

Si le cylindre du moule employé est assez large, on fixe le support dans la virole, et on démoule l'entremets, en introduisant le support dans le cylindre. Mais si ce cylindre est étroit, il faut d'abord démouler l'entremets sur le gradin et introduire ensuite l'extrémité du support dans la virole. En ce cas, il faut employer des supports à base effilée, car, d'ordinaire, le cylindre des moules d'entremets est plus large sur le fond que sur le haut.

Quand l'entremets est démoulé, on fixe le sujet sur le haut du support, en le collant solidement, bien d'aplomb, soit avec du repère ferme, soit avec du sucre au *cassé*.

Le premier et le deuxième de ces gradins sont ornés d'un sujet en pastillage : une harpe et une lyre ; l'un et l'autre sont en pastillage : ils peuvent être levés à la planche, la lyre surtout. Ils sont ensuite ornementés au cornet.

Les cordes de la lyre et de la harpe peuvent être exécutées en sucre.

Les sujets portant les numéros 203-204 sont exécutés en sucre coulé ou filé ; le premier est une aigrette à 5 montants, coulés à la cuiller, sur marbre ou sur matrice, groupés contre une petite tringle en sucre, fixée à une pastille. L'aigrette est surmontée d'un petit pompon en sucre filé à la jetée. — Le dernier sujet est composé d'une aigrette basse, également en sucre coulé, formé de 5 montants collés sur une pastille en sucre, en laissant un creux sur le haut, de façon à pouvoir y introduire l'extrémité du gros pompon en sucre filé que l'aigrette supporte.

La planche 31 renferme quatre modèles de gradins à supports, bordés, ornés chacun d'un sujet différent.

Le premier de ces sujets représente un petit vase en pastillage, à base cannelée, ornée de 2 guirlandes de petites fleurs imitées en pastillage ou au cornet ; il est orné sur le haut d'une bordure inclinée, en pastillage ou en sucre blanc. Le vide du vase peut être garni avec des fruits imités en pâte d'amandes ou avec des petites boules en sucre filé.

Le deuxième sujet, portant le numéro 206, représente une cassolette antique, imitée en pastillage et décorée au cornet.

Le troisième sujet, portant le numéro 207, est une imitation de coupe en pastillage sur son pied, bordé, garnie avec des cerises imitées en pâte d'amandes, nuancée en rouge, et glacées au *cassé*.

Le quatrième sujet représente une imitation de porte-bouquet, en pastillage blanc, décoré au cornet, orné sur le haut d'une fine bordure à jour, levée à la planche ; le vide de la coupe est garni de petites fleurs en pastillage ou en sucre, entremêlées de fleurs vertes imitées en sucre *tiré*.

L'exécution de ces petits sujets n'exige pas, en somme, un travail ni bien long, ni bien difficile ;

il suffit d'y apporter l'attention et l'intelligence voulues. Les modèles que je reproduis dans cette série sont tous faciles à comprendre et à saisir.

Dans les occasions où il devient nécessaire de servir des entremets ornementés, les pâtissiers doivent s'y prendre d'avance pour se préparer une collection variée de petits sujets dans le genre de ceux reproduits ici, mais il convient de les préparer par séries de deux, de quatre ou de six, car les entremets de même nature, servis dans un dîner, doivent forcément être ornementés dans le même ordre ; ceci est de toute rigueur. Avec ces précautions on ne se trouve pas dans la nécessité de servir les mêmes sujets plusieurs fois ; on peut à chaque dîner changer de série. Ceci est d'autant plus facile que ces sujets peuvent être préparés d'avance et conservés longtemps en bon état. Les praticiens pourront ainsi se créer des ressources et des moyens de variétés, toujours agréables aux convives, et qui finissent tôt ou tard par les faire distinguer.

Les quatre gradins d'entremets reproduits sur la planche 32 sont à support fixe ; en ce cas, les sujets qui les surmontent ne peuvent être mis en place qu'alors que les entremets sont dressés. Ces gradins sont en bois, masqué de pastillage, mais le support et la surface plane du fond peuvent être simplement masqués de papier blanc. Les sujets qui les surmontent sont de même nature, exécutés dans le même ordre, ce sont des vases et des aiguières ouvragés ; ils peuvent être en pastillage ou en sucre coulé.

Les quatre gradins d'entremets, reproduits à la planche 33, sont à supports mobiles, emboîtés dans une virole ; la base du support est ornée d'une bordure en pastillage, levée à la planche ; le support et la surface plane du gradin, peuvent être masqués de papier blanc.

Les sujets surmontant ces supports appartiennent à un genre absolument nouveau ; ils sont surtout appréciables par la simplicité de leur construction ; ils méritent, par ce fait, toute l'attention des praticiens. Quant à l'effet qu'ils doivent produire, il est facile de s'en rendre compte en les examinant.

La construction de ces petites pièces est beaucoup plus simple qu'elle ne paraît au premier abord : c'est un travail minutieux, voilà tout ; quant à l'exécution, en travaillant avec un modèle sous les yeux, il est presque impossible de ne pas les réussir, même après un premier essai, à moins de n'avoir aucune idée pratique de l'ornementation ; la difficulté que ces sujets présentent, réside plus dans l'exactitude des proportions que dans le travail d'exécution ; c'est dire que de simples notions suffisent pour tourner l'obstacle et atteindre son but.

Ces pièces sont construites en carton blanc glacé ; toutes les divisions sont exécutées séparément ; les parties angulaires ou carrées s'obtiennent par de fausses-coupes, soudées à la colle ou à l'aide de bandelettes de papier gommé, disposées à l'intérieur. La jonction extérieure est dissimulée avec un cordon de glace-royale. Les parties cylindriques n'ayant qu'une soudure sont également maintenues en forme à l'aide de bandelettes gommées. Les tourelles sont rapportées ; les balustrades sont imitées avec des liserons à jour, en pastillage ; les petits détails : les ogives, les

Pl. 31

DESSIN 205.

DESSIN 206.

DESSIN 207.

DESSIN 208.

Pl. 32.

DESSIN 209.

DESSIN 210.

DESSIN 211.

DESSIN 212.

Pl. 33

Dessin 213.

Dessin 214.

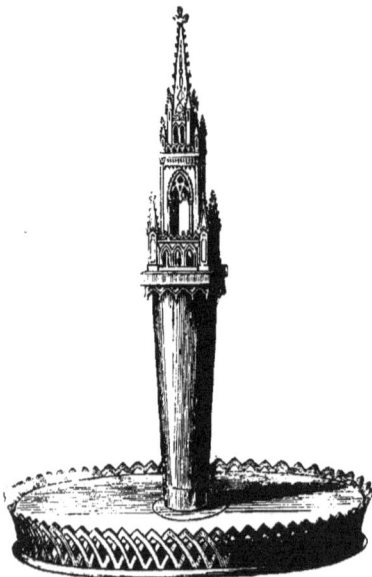

Dessin 215.

Dessin 216.

meurtrières, les arêtes de flèches sont imitées au cornet avec de la glace-royale. Les accessoires trop difficiles à obtenir en carton, sont exécutés en pastillage. — Les différentes divisions sont soudées soit avec de la glace-royale, soit avec du repère en pastillage. Les pièces elles-mêmes sont toujours fixées sur une base en fort carton ou en bois mince, masqué en pastillage. — Le fond de ces pièces reste blanc, mais les détails d'ornement doivent toujours être nuancés en vert ou en rose, en lilas ou en bleu léger, même en brun-clair ou en chocolat.

Aussitôt terminées, ces pièces doivent être collées sur les supports mobiles des gradins, afin de n'avoir pas à les toucher trop. Si l'emploi n'est pas immédiat, on les enferme dans un lieu sec, et, autant que possible, dans une armoire à l'abri de la poussière et du soleil, qui finiraient par en altérer la fraîcheur.

De même que les précédentes, ces pièces ne doivent pas être exécutées partiellement, elles doivent l'être par série de deux ou de quatre, de façon à se réserver à temps un motif de variété, car dans les maisons où les dîners sont fréquents il faut éviter de se répéter, même dans les accessoires de l'ornementation.

La hauteur de ces pièces varie de 18 à 20 centimètres ; la légèreté de leur forme autorise une certaine licence sous le rapport de l'élévation.

Les quatre gradins d'entremets reproduits à la planche 34 sont à support mobile, emboîtés dans une virole ; leur base est ornée d'une bordure montante, formant rebord sur la lisière du gradin. Ces gradins sont ornés d'aigrettes d'un nouveau genre, exécutées en pastillage. Elles se composent de 6 montants découpés au couteau, séchés à plat, puis groupés.

On ne peut pas dire que ces aigrettes égalent en élégance celles en sucre, mais elles n'en sont pas moins fort jolies et d'un agréable effet. D'ailleurs, elles sont bien loin d'offrir les mêmes difficultés d'exécution, et sont susceptibles d'une grande variété ; ce qui leur donne surtout une valeur très appréciable, c'est qu'elles peuvent être préparées d'avance, sans précipitation, et qu'elles sont moins exposées à se détériorer que les aigrettes en sucre. J'en ai souvent gardé plusieurs mois, dans mes armoires, sans qu'elles aient perdu de leur fraîcheur, ni que l'humidité de l'air les ait endommagées. Ce sont là des avantages réels dont il faut bien tenir compte. J'engage donc les jeunes gens à s'adonner à ce travail qui n'a rien de difficile, et dont ils pourront tirer satisfaction.

Pour préparer ces aigrettes, il faut d'abord couper un patron en carton dans la forme et les proportions qu'on veut donner à l'aigrette ; on abaisse ensuite du pastillage très mince et bien blanc ; on le laisse reposer quelques minutes, puis, à l'aide du patron et d'un petit couteau, on coupe 6 montants, tous sur le même patron. On place alors ces montants sur une plaque couverte de papier, on les cisèle avec le couteau, en bandelettes droites, plus ou moins longues et fines, selon le genre d'ornement adopté ; cela fait, on incline ou on roule ces bandelettes de façon à obtenir le dessin proposé ; l'opération est simple, le succès certain, pourvu que le travail soit bien compris. On couvre ces montants avec du papier, on les laisse à la température de la cuisine jusqu'à ce qu'ils soient complètement secs. Il ne s'agit plus alors que de les assembler, en les collant avec de la glace-royale à la fécule ; on doit d'abord les assembler et les coller de trois en trois ; on réunit ensuite les deux parties ;

43

mais il faut avoir bien soin de ne pas les faire sécher tout à fait à plat; c'est-à-dire, il faut relever sensiblement deux des montants de chaque côté, en les soutenant avec 2 baguettes, de façon qu'une fois les montants consolidés, en rapprochant les deux parties, ils se trouvent à distance égale l'un de l'autre, pour former une aigrette correcte à 6 montants. On colle ensuite l'aigrette avec du repère, sur une pastille en pastillage, coupée à la colonne, également bien séchée. C'est dans ces conditions que les aigrettes sont fixées sur le haut des supports.

En examinant attentivement les modèles de montants reproduits aux planches 35, 36, 37, 38, ainsi que les modèles d'aigrettes de la planche 34, il me semble que tout le monde est à même de se rendre un compte exact de l'opération.

DESSIN 217.

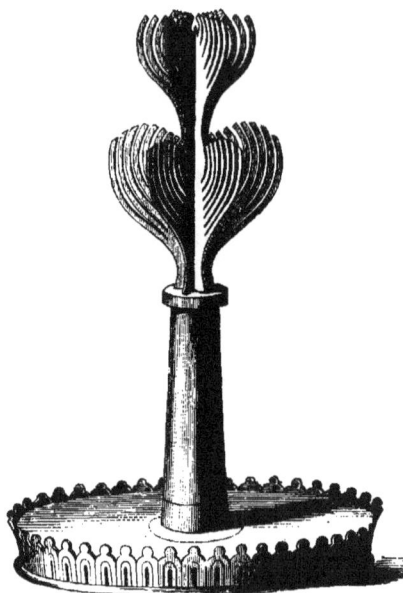

DESSIN 218.

DESSIN 219.

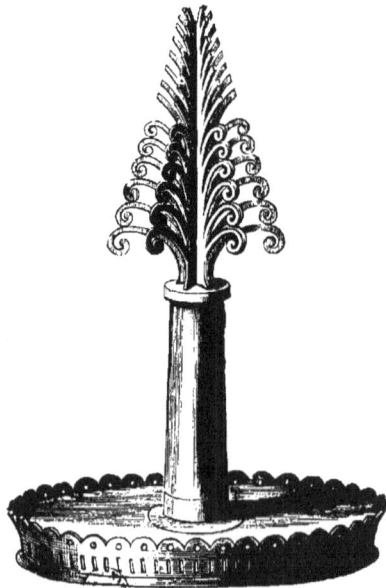

DESSIN 220.

Pl. 35

DESSIN 221.

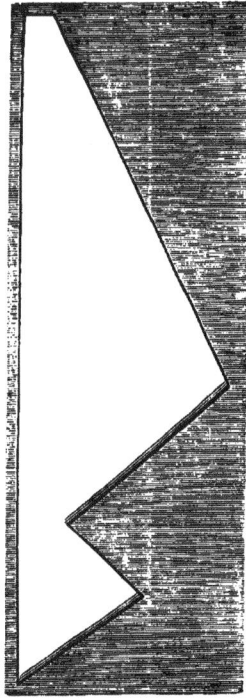

DESSIN 222.

DESSIN 223.

DESSIN 224.

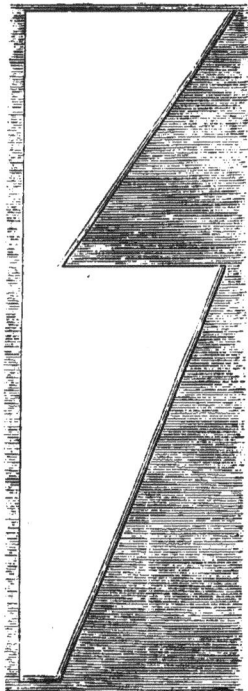

DESSIN 225.

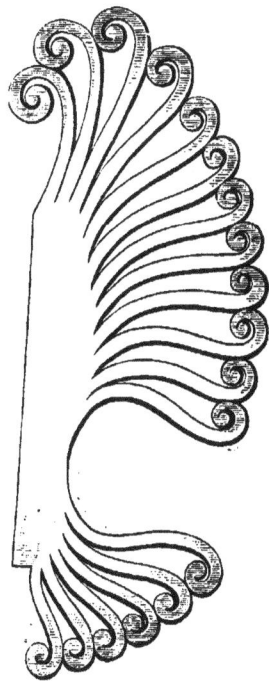

DESSIN 226.

Pl. 36

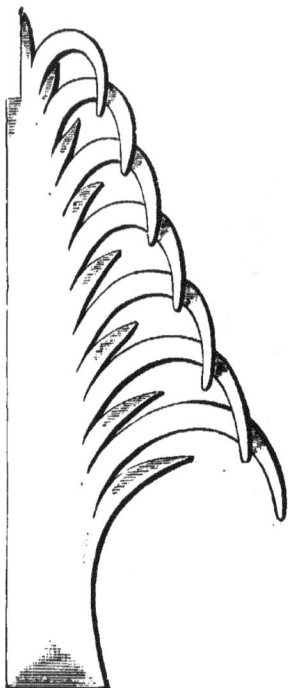

DESSIN 227.

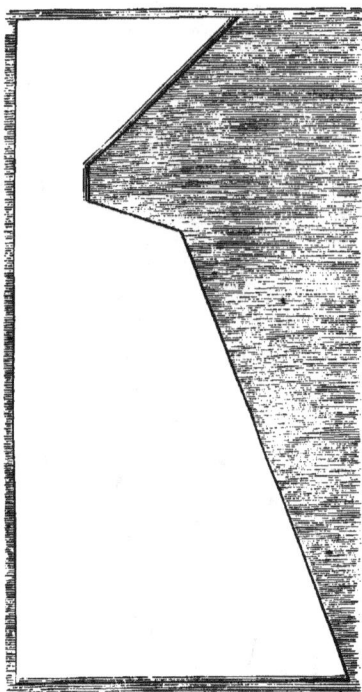

DESSIN 228

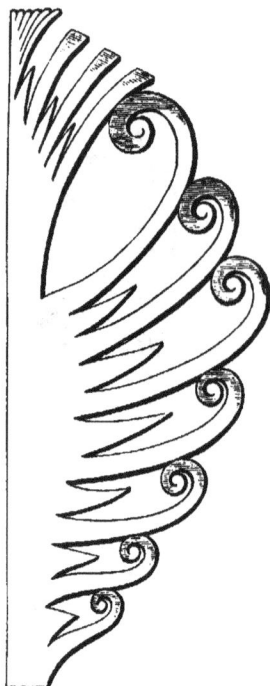

DESSIN 229.

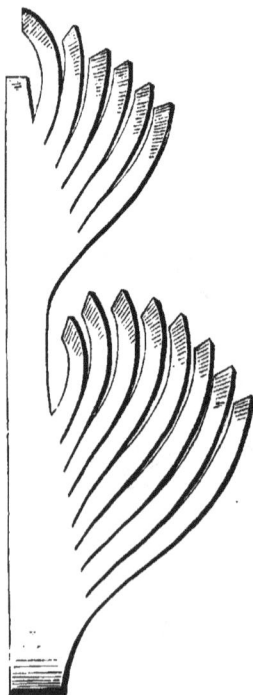

DESSIN 230.

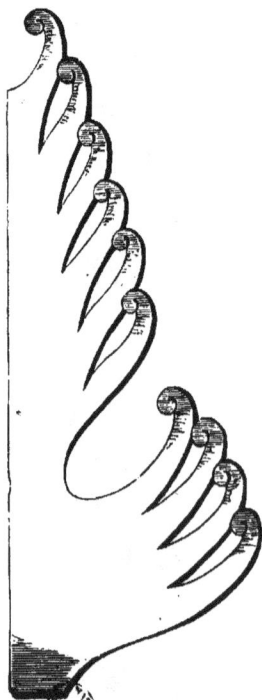

DESSIN 231.

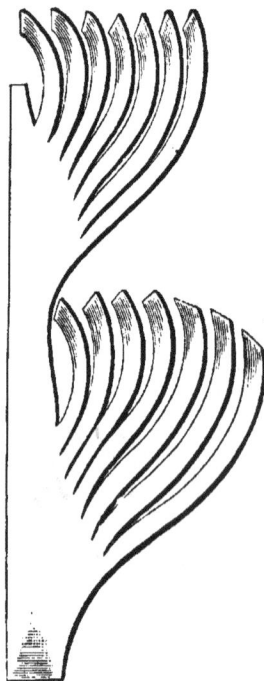

DESSIN 232.

Pl. 37

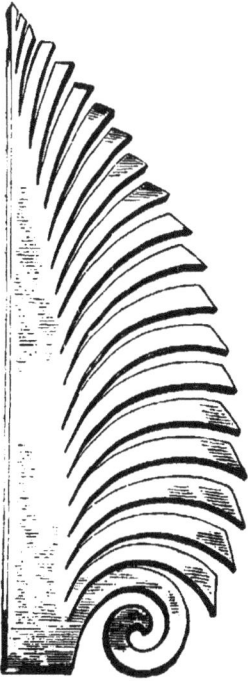

DESSIN 233

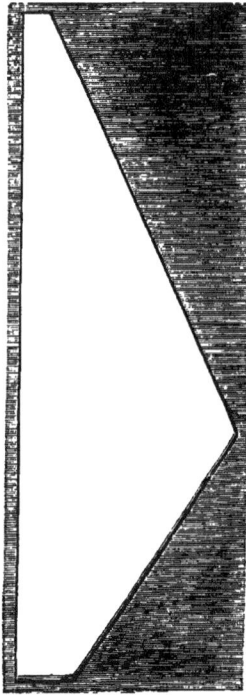

DESSIN 234.

DESSIN 235

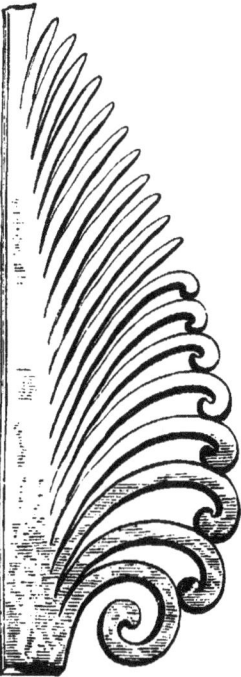

DESSIN 236.

DESSIN 237.

DESSIN 238.

Pl. 38

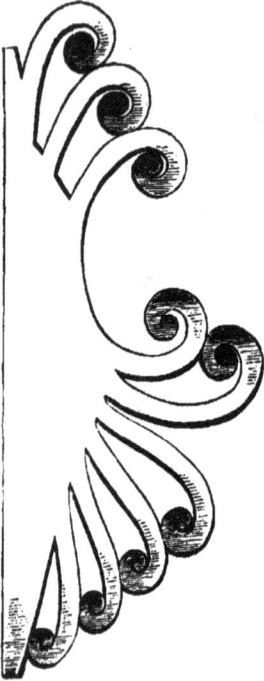

DESSIN 239.

DESSIN 240.

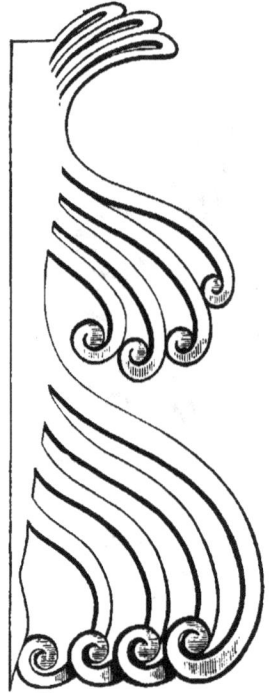

DESSIN 241.

DESSIN 242.

DESSIN 243.

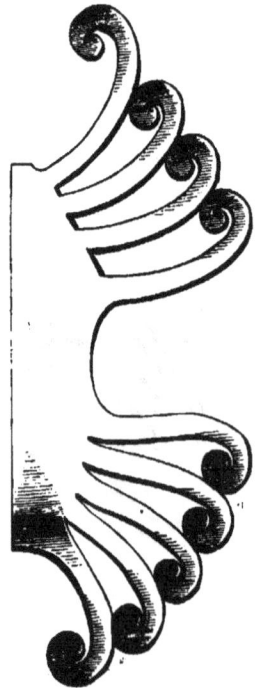

DESSIN 244.

TABLE ALPHABÉTIQUE

DU TOME PREMIER

44 *bis.*

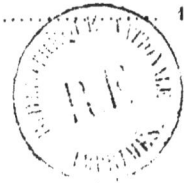

FIN DE LA TABLE ALPHABÉTIQUE DU TOME PREMIER.

MOTTEROZ, Adm.-Direct. des Imprimeries réunies, A, rue Mignon, 2, Paris

44 ter.

www.ingramcontent.com/pod-product-compliance
Lightning Source LLC
Chambersburg PA
CBHW071624270326
41928CB00010B/1772